博学而笃志,切问而近思。
(《论语·子张》)

博晓古今,可立一家之说;
学贯中西,或成经国之才。

复旦博学·复旦博学·复旦博学·复旦博学·复旦博学·复旦博学

主编简介

薛可，上海交通大学长聘教授、博士生导师，上海交大－南加州大学文化创意产业学院副院长，国务院特殊津贴专家。南开大学管理学博士，上海交通大学和北京大学两站博士后。美国麻省理工学院高级访问学者，加州大学圣地亚哥分校、加拿大不列颠哥伦比亚大学访问学者。主持国家社科基金艺术类重大课题、国家社科基金重点课题、国家社科基金一般课题、教育部人文社科项目、民族民委研究重点项目、国家广电总局社科研究项目、上海市决策咨询重点项目等纵横向课题20多项，出版专著、教材30多种，发表学术论文100多篇，担任国际期刊主编、SSCI期刊副主编。获教育部新世纪优秀人才、上海市教育系统"三八红旗手"、"宝钢教育奖"、"上海交通大学校长奖"等多个称号和奖项。

陈晞，上海师范大学影视传媒学院副教授。北京大学国际关系学院法学学士，上海交通大学媒体与设计学院文学硕士、管理学博士。目前涉及的研究领域包括危机传播、品牌传播、社会化媒体、网络舆论、组织传播等。曾在国内外核心期刊发表论文20余篇，出版专著、译著各1部，在国内外学术期刊上发表论文20余篇，主持国家社科面上项目、教育部人文社科青年项目、中国博士后基金面上项目等多个课题。

文创系列
CULTURAL AND CREATIVE SERIES

会展文创理论与实务

薛可 陈晞 主编

复旦大学出版社

扫二维码登录本书电子资源平台,
可获得相关思维导图、课件和习题。

序

会展业,又称博览业,被称为人类文明的盛宴,既完成了商流、信息流、资金流的交换,也完成了技术共享、资源共享,促进了合作与共赢,是现代经济社会发展中不可或缺的重要环节。

会展业起步于农耕文明时代的集市,中国古文献早在几千年前就记载"日中为市,致天下之民,聚天下之货,交易而退,各得其所"。欧洲中世纪开始,就有了商人定期集会交易,当时最有名的便是欧洲北部香槟区的香槟集市。这些都是现代会展业的雏形。

以蒸汽机发明为标志的现代工业革命,拉开了工业文明的序幕。近代史上,1798年在法国巴黎举办的工业产品大众展是世界上第一个由政府组织的国家工业展览会。1851年,英国伦敦举办第一届世界博览会,则标志着全球化、综合性的现代会展业正式登上历史舞台。此后每一届世界博览会上几乎都发生了具有划时代意义的创举。比如,1889年为庆祝法国大革命100周年举办的世界博览会,在博览会场建造了埃菲尔铁塔,后来成为法国和巴黎的象征;1893年,美国芝加哥世博会展出了电气火车;1904年,美国圣路易斯世界博览会展示了莱特兄弟发明的飞机,从而开启了航空时代。

以互联网为标志的科技革命,开启了信息文明的全新时代,会展业发展也进入了新的阶段。以上海举办的中国国际进口博览会(China International Import Expo, CIIE)为标志,从2018年开始,每年11月初在上海国家会展中心举行,场馆总面积超过150万平方米,线下线上联动,展期非展期联动,产品展示与技术合作联动,实物展出与趋势探讨联动,交易买卖与文化共享联动,成为各种要素集聚整合的嘉年华。文创也成为会展中的重要创新点和运营抓手。

"文创"是文化创意的简称,自1912年约瑟夫·熊彼特(Joseph Schumpeter)提出"创意"理论和20世纪30年代法兰克福学派提出对"文化"的系统阐述,经过实践尝试和理论总结,到20世纪80年代,美国学者约翰·霍金斯(John Hawkins)出版《创意经济》,标志着文创正式成为一门学科。1997年,时任英国首相安东尼·布莱尔(Anthony Blair)对"创意产业"的积极推动使文创作为大产业被广泛关注。文创从一开始就与会展业结下了不解之缘,会展、旅游、产品、活动是文创最重要的四大发力领域,而文创也为会展业注入了新的亮色与要素,使会展业更具魅力与温度。可以说,会展因文创而灵动,文创因会展而丰富。这正是本教材出版的基础。

本人所在的上海交通大学-南加州大学文化创意产业学院是中国双一流大学中最早设立

文创专业的高校,已培养出一大批文创英才,他们中有不少在会展行业从事文创策划与文创管理工作。本"文创系列"教材便是根据目前中国高校文创教育发展需求与文创从业人员事业发展需求而编写的第一套文创丛书,第一批五本,分别是《文化创意学概论》(薛可、余明阳主编,复旦大学出版社2021年4月出版,62.1万字)、《文化创意伦理与法规》(薛可、余雪尔主编,复旦大学出版社2022年7月出版,37.5万字)、《文化创意传播学》(薛可、龙靖宜主编,复旦大学出版社2022年10月出版,31.4万字)、《会展文创理论与实务》(本书)和《旅游文创理论与实务》(即将出版),本教材便是其中之一。

本书主编之一陈晞博士系上海师范大学副教授,她从北京大学本科毕业后,在上海交通大学跟随我完成了硕士学位和博士学位的攻读,以优异成绩毕业后,在高校从事会展文创等相关学科的教学、科研与社会实务工作,取得了丰硕的成果,也与我有多年的合作交流,是一位功底深厚、认真踏实的学术后起之秀。本书由本人设计章节目框架、编写体例、确定相关要求,陈晞博士协助我完成编写、审阅、修改,最后由本人统审定稿。具体执笔人如下:第一章,陈晞、宋昊;第二章、第三章、第五章,薛可、陈晞、徐厚荣;第四章,薛可、侯瑞丹;第六章,陈晞、谢灿;第七章,刘素华、沈金梦、林静、陈露;第八章,薛可、周薇。

本书的内在结构如下:第一章会展与会展文创,界定会展业的定义、类型、特点、发展现状、形成条件和影响、未来发展趋势,界定文创产业的内涵、定义和范畴、发展现状,并对会展与文创的融合进行系统阐述。第二章会展文创理论、原则与历史沿革,阐述了会展文创的基础理论、基本原则,梳理了会展文创在国际、国内发展的基本脉络。第三章会展文创定位,阐述了会展文创的市场研究、竞品分析和消费需求,从而确定会展文创的战略定位。第四章会展布展文创、第五章会展产品文创、第六章会展宣传文创是会展文创的三大组成部分与主体内容,分别从布展、产品、宣传三方面阐述在会展中如何运用文创手段赋能。第七章会展文创流程从调研、策划、组织实施、评估四个阶段,介绍了会展文创的基本流程及各个环节的要求和操作要点。第八章会展文创的组织保障,从人才与团队要求、中介机构服务、应急处置三方面讲述了会展文创需要的要素保障及应变策略。每章附有一个综合案例,供学习者讨论研究,从而提升实践能力。

感谢复旦大学出版社方毅超先生及责任编辑李荃对本书的辛勤付出,母校复旦大学出版社在选题前瞻性和审稿中的敬业、专业等方面给我们留下了深刻的印象,也是本教材和本系列丛书得以面世的重要因素。

会展文创无论学术体系还是实务运作都处于初创和探索阶段,具有一定的不成熟性,我们希望通过不断修正、完善,使其日益成熟。

上海交通大学二级教授、博士生导师
上海交通大学-南加州大学文化创意产业学院　副院长

目 录

第一章　会展与会展文创　1

第一节　会展产业　2

第二节　文创产业　13

第三节　会展与文创的融合　23

案例研读　博物馆展览文创的法国经验　34

思考题　38

本章参考文献　38

第二章　会展文创理论、原则与历史沿革　40

第一节　会展文创的基础理论　41

第二节　会展文创的基本原则　65

第三节　会展文创的历史沿革　69

案例研读　成都的会展文创发展之路　77

思考题　84

本章参考文献　84

第三章　会展文创定位　87

第一节　会展文创产业的市场研究　88

第二节　会展文创的竞品分析　97

第三节　会展文创的消费需求　104

第四节　会展文创的战略定位　113

案例研读　清代文化在沈阳故宫博物院文创定位中的应用　127

思考题　131

本章参考文献　131

第四章　会展布展的文创	133
第一节　会展内容与风格的文创	134
第二节　会展空间与动线的文创	143
第三节　会展主题与配套的文创	157
案例研读　贝聿铭收官之作——苏州博物馆的文创设计	167
思考题	172
本章参考文献	172

第五章　会展产品文创	175
第一节　会展产品的文创赋能	176
第二节　会展文创产品的开发	187
第三节　会展文创产品的挖掘	196
案例研读　冬奥"顶流""冰墩墩"的诞生	203
思考题	211
本章参考文献	211

第六章　会展宣传文创	214
第一节　会展宣传的整体策划	215
第二节　会展宣传的媒体推广	232
第三节　会展宣传的文创设计	247
案例研读　《如果国宝会说话》的博物馆文创宣传启示	254
思考题	259
本章参考文献	259

第七章　会展文创流程	261
第一节　会展文创的调研	262
第二节　会展文创的策划	272
第三节　会展文创的组织实施	284
第四节　会展文创效果评估	291
案例研读　缘起书香,以艺术点亮生活	301
思考题	309
本章参考文献	309

第八章　会展文创的组织保障　312

第一节　会展文创人才的要求与培养　313

第二节　会展文创的中介机构　330

第三节　会展文创的应急处置　343

案例研读　后疫情时代的艺术展会　350

思考题　355

本章参考文献　355

图目录

图 3-4-1　波士顿矩阵	121
图 4-1-1　河南博物院外观	138
图 4-1-2　英国自然历史博物馆(Natural History Museum)	139
图 4-1-3　迪拜未来博物馆(Museum of the Future)	140
图 4-1-4　上海当代艺术博物馆藏"床/自然系列"No. 10	141
图 4-1-5　展览"主要结构：年轻的美国和英国雕塑家"，犹太博物馆	142
图 4-1-6　展览"其他主要结构"，犹太博物馆	142
图 4-2-1　上海油罐艺术中心	148
图 4-2-2　巴拉特哈瓦那艺术中心的建筑设计	149
图 4-2-3　武进莲花会展中心	150
图 4-2-4　2017 德国慕尼黑建筑建材展览会展位	151
图 4-2-5　车展中的地台空间	152
图 4-2-6　罗马国立艺术博物馆(National Museum of Roman Art)	152
图 4-2-7　清华大学艺术博物馆"博物馆之夜"	153
图 4-2-8　顺流路线示意图	155
图 4-2-9　回流路线示意图	156
图 4-2-10　自由路线示意图	156
图 4-3-1　索尼公园展	166
图 4-4-1　苏州博物馆外观	168
图 4-4-2　苏州博物馆廊道"木格栅"	169

图号	图名	页码
图 4-4-3	"黄金为尚：历史·交流·工艺"展览动线设计	170
图 4-4-4	片石假山	171
图 5-3-1	中国国家博物馆"海晏河清"和"金玉满堂"系列文创产品	202
图 5-4-1	2022年北京冬奥会吉祥物"冰墩墩"	204
图 6-1-1	会展宣传计划的层次结构	215
图 6-1-2	会展宣传计划的四个步骤	216
图 6-1-3	会展宣传控制的工作过程	232
图 7-5-1	光的空间·心厅模型	301
图 7-5-2	新华文创·明珠美术馆外景	301
图 7-5-3	"慕夏"展现场	303
图 7-5-4	艺术生活实验室（LAb）	303
图 7-5-5	"慕夏"展明信片	304
图 7-5-6	"慕夏"展文件夹	304
图 7-5-7	LU露怡×慕夏联名限量款礼盒	304
图 7-5-8	"慕夏"展团扇	304
图 7-5-9	"慕夏"展服饰	305
图 7-5-10	《慕夏》画册	305
图 8-1-1	会展人才分类	314

第一章 会展与会展文创

学习目标

学习完本章,你应该能够:
(1) 了解会展产业的范畴、发展现状和意义等;
(2) 了解文创产业的范畴和发展轨迹等;
(3) 了解会展文创融合的概念和类型;
(4) 了解会展文创融合的效应、问题和对策。

基本概念

MICE　文创　会展文创　产业融合　发展趋势

第一节 会展产业

会展产业是由会展经济活动引发的相互联系和相互作用的同类企业的总和,是现代经济体系的有机组成部分。会展产业具有强大的经济功能,包括联系和交易功能、整合营销功能、调节供需功能、技术扩散功能、产业联动功能和促进经济一体化等。一个社会的文明程度越高,社会成员之间对物质、文化交流的需求也越大,会展产业在经济生活中的地位也就越高。在我国,会展产业经历了从无到有、从小到大、从粗到精的发展历程,围绕北京、上海、广州、大连、成都等一级会展城市初步形成了五大会展经济产业带。在数字技术的背景下,会展产业将朝着数字化、虚拟化、智能化的方向深入发展。

一、会展业的定义

美国著名的会展理论家桑德拉·莫罗(Sandra Morrow)对会展的定义是:会展是在专门修建的场所里进行,一般由政府部门组织或者由企业团体在政府帮助下组织,其目的是商贸促销;制造商应邀而来展示商品,而展示对象则是来自当地、外地乃至国际市场的贸易商、零售商和批发商[1]。显然莫罗对会展的定义是狭义定义,即展览。广义的会展业是会议业、展览业、节事活动和奖励旅游等的总称。

在美国,广义会展业通常被称为 MICE,即会议(meeting)、奖励旅游(incentive travel program)、协会和团体组织会议(convention)以及展览(exhibition)。随着会展业的发展,MICE 的内涵也在不断扩大,如"MICE"中的"E",不仅代表着 exposition(博览会)和 exhibition(展览),也代表着 event(节事活动),所以也通常被表述为 MICEE。在欧洲,会展也被称为大会和展览(convention & exhibition,C&E)、会议和展览(meeting & exhibition,M&E)等。

在我国,会展通常是会、展、节、演、赛等集会活动以及奖励旅游的统称。"会"包括各种会议、研讨会、论坛,以及群众性集会等。"展"是指展览会、展销会、博览会等各种形式的交易和交流性的展会。从字面上理解,"展览"有"陈列、观看"的意思;在形式上,它拥有正规的展览场地,并具有现代组织管理的特点;在内容上,不仅有贸易性和娱乐性,而且还扩大到科学技术、文化艺术等人类活动的各个领域。"节"指各种定期或不定期的节事、节庆活动。"演"是各类文艺演出活动。"赛"是各类竞赛,主要是指体育赛事。奖励旅游则是近年来盛行的为实现企业特定目标而给予相关人员一个非比寻常的旅游假期的团体旅游活动,其间还会安排会议、培训、典礼等活动。

总而言之,会展就是指在特定的空间和时间内多人集聚,围绕展示、交易或竞赛等特定主

---

[1] 马骐.会展策划与管理[M].北京:清华大学出版社,2011:1.

题而进行的交流活动[1]。会展活动通常有以下特点:发生在特定的空间场域内,如会展中心或会议厅;有特定的时间,如世博会一般会持续数月,而会议则通常只维持几天;具有特定的主题,如2022年北京冬奥会的主题是"一起向未来",传递了14亿中国人对未来的美好期待;人员聚集,会展是一种集体性、群众性的活动;以展示、交易或竞赛等为目的,会展旨在促进物质和文化的交流,包括商品、物品、货币、信息、知识、观念和文化交流等。

二、会展业的类型

现代会展起源于1894年德国莱比锡样品展览会,迄今为止已走过100多年的发展历程。按照广义分类,会展通常可以被分为四个大类即会议、展览、活动和奖励旅游。

(一)会议

会议是指有组织、有领导、有目的的议事活动,它是在限定的时间和地点,按照一定的程序进行的[2]。会议一般包括讨论、决定和行动三个基本要素,其中,讨论是会议的主要过程,决定是会议的直接产出,而行动是会议的最终成果。

在现代社会,会议已成为人们经济政治生活中的主要沟通形式。在全球化迅猛发展的年代,每天都在举行各种规模大小的国际会议,全世界每年召开的有一定规模和影响力的会议就达数十万个[3]。会议的内容也各自迥异,有:经济型会议,如公司会议、行业会议、商务会议等;政治型会议,如议会会议、外交会议等;专业型会议,如学术会议、研讨会等;文化交流型会议;等等。例如,二十国集团(G20)由中国、韩国、印度、美国、英国、加拿大、德国、意大利、法国、俄罗斯、日本、欧洲联盟、印度尼西亚、墨西哥、南非共和国、沙特阿拉伯、土耳其、澳大利亚、阿根廷、巴西20个国家和国际组织组成,原本仅举行财长和央行行长会议。2008年国际金融危机爆发后,在美国的倡议下,G20提升为领导人峰会,并成为国际经济合作的主要论坛。2016年的G20峰会是在中国浙江杭州召开的,而2022年的峰会则是在印度尼西亚巴厘岛举行的。

(二)展览

展览是一种具有一定规模和相对固定日期,以展示组织形象和产品为主要形式,促成参展商和观众之间交流洽谈的一种活动[4]。

具体来说,展览包括展览会、展销会和博览会等。展览会侧重展览的展示功能,广义的展览包括博物馆、美术馆等非商业展览;展销会侧重展品的市场交换功能,具有直接进行商品交换的特性,如传统的乡村集市等也属于展销会的范畴;博览会则是弥补展销会和展览会之间差异的纽带,博览会一般规模较大,由政府部门或者由企业团体在政府的帮助下组织,其目的是促进商贸,博览会上通常不会直接进行商品买卖,参展商参展的目的是展示商品和实力,提升

---

[1] 张义,杨顺勇.会展导论[M].上海:复旦大学出版社,2009:6.
[2] 张俊竹,苏镜科,尹铂.会展设计[M].北京:化学工业出版社,2019:5.
[3] 2022年会展服务研究报告[EB/OL].https://baijiahao.baidu.com/s?id=1743396293137331322&wfr=spider&for=pc.[访问时间:2023-02-07].
[4] 龚维刚,陈建国.会展实务[M].上海:华东师范大学出版社,2007:1-10.

认知度,以促进未来的商品销售。在近代史上,法国是第一个由政府举办以展示、宣传国家工业实力为目的的博览会的国家,从此"exposition"一词就有了"宣传性质的展览会"的内涵[1]。例如,中国国际进口博览会(China International Import Expo, CIIE)简称"进博会",由我国商务部和上海市人民政府主办,是世界上第一个以进口为主题的国家级展会。它是中国着眼于推进新一轮高水平对外开放做出的一项重大决策,是中国主动向世界开放市场的重大举措。经过数年的发展,进博会已经成为让展品变商品、让展商变投资商,交流创意和理念,连通中国和世界的重要平台和国际公共产品。

(三) 活动

活动是节庆活动和特殊事件活动的总称。它包括了各种传统节日和新时期的创新节日,以及具有纪念性的事件[2]。

活动涉及的类型十分广泛,至少可以被分为以下几种:文化节庆活动,包括节日、狂欢节、宗教事件、历史纪念活动等;文艺娱乐活动,如音乐会、文艺展览、授奖仪式等;体育赛事,如运动会、职业比赛、业余比赛等;政治/政府事件,如就职典礼、授职仪式等;教育科学活动,如研学活动等;休闲活动,如化装舞会、烟火表演活动等;私人活动,如周年纪念、家庭活动、社交活动等。

活动通常都有特定的主题,如风情特产、文化、宗教、民俗、体育、政治以及自然景观等。由于活动是群众性的休闲娱乐行为,大众的参与性很强,所以活动时往往会呈现一片热闹景象。目前,活动也被许多城市列为发展自身经济和提高城市形象的突破口。例如,依托于基督教文化而诞生的狂欢节活动在欧美等地区十分盛行,在狂欢节活动中往往会举办化装舞会、彩车游行、宴会等。其中,最负盛名的巴西狂欢节被称为世界上最大的狂欢节,有"地球上最伟大的表演"之称。在巴西狂欢节中,里约热内卢狂欢节又是最令人神往的盛会。该市狂欢节以其参加桑巴舞大赛的演员人数之多、服装之华丽、持续时间之长、场面之壮观堪称世界之最。

(四) 奖励旅游

根据国际奖励旅游协会的定义,奖励旅游的目的是协助企业达到特定的目标,并对达到该目标的参与人士给予一个尽情享受、难以忘怀的旅游假期作为奖励。其种类包括商务会议旅游、海外教育训练,以及对公司运营和业绩增长有功人员的奖励[3]。

需要指出的是,奖励旅游并非一般的员工旅游,而是由企业业主提供一定的经费,委托专业旅游业者精心设计的不同寻常的旅游活动。把旅游作为对员工的奖励,往往能够进一步调动员工的积极性,增强企业的凝聚力。例如,格力电器公司开展奖励旅游的目的就在于以旅游的方式对年终获奖的优秀员工进行奖励,以激励员工,进一步提升员工士气,也让员工在享受旅游时得到放松。

---

[1] 马骐.会展策划与管理[M].北京:清华大学出版社,2011:2.
[2] 胡平.会展管理概论[M].上海:华东师范大学出版社,2007:1-8.
[3] 梁晓莹.奖励旅游向你走来[J].企业导报,2003(9):2.

三、会展业的特点

(一) 经济与社会效益高

会展业通常被认为是高收入、高盈利的行业,其利润率在 20%～25%,甚至超过 25%,国际上会展业的产业带动系数大约为 1∶9,也就是说会展场馆的收入如果是 1,那么相关的社会收入能达到 9。国际上,德国汉诺威、慕尼黑和杜塞尔多夫,法国巴黎,英国伦敦,瑞士日内瓦,美国纽约,以及新加坡和中国香港地区等这些世界著名会展城市的会展业都为当地带来了巨额利润和空前繁荣[1]。每年美国会展业对国内生产总值(gross domestic product, GDP)的直接贡献额高达数千亿美元,而且会展业的年均就业增长率达到了 10%,远高于美国所有行业年均值 7%[2]。法国是世界会展强国,每年举办约 120 个国际展。根据法国贸易展览国际推广处的《法国国际会展情况》报告,2018 年,法国会展业产生了价值超过 305 亿欧元的合同,创造了 75 亿欧元的收入和 12 万个工作岗位[3]。中国香港地区每年也通过举办各种大型会议和展览获得可观的收益。会展业不仅给当地带来巨大的经济利益,同时也带来积极的社会效益,包括提升会展举办地的城市综合竞争力,提高举办地的知名度,帮助进一步完善基础设施建设,以及改善市容市貌等。例如,2008 年北京奥运会、2010 年上海世博会、2016 G20 杭州峰会、2018 年第一届中国国际进口博览会、2019 年世界义乌人大会、2022 年北京冬奥会等大型会展活动,对举办地的城市管理、城市基础建设、市容整洁、环境保护以及市民整体素质的提高等方面都具有深远的影响。

(二) 产业联动性强

会展的产业联动性是指会展业可以通过产业拉动效应、扩散效应以及旁侧效应实现与其他产业的共同增长。会展业的产业拉动效应主要是指一个大型的会展活动除了带来会务费、场租费、搭建费、广告费、门票等直接收入外,还能拉动城市的餐饮宾馆、建筑、邮电通信、交通运输、零售、物流、装潢设计等行业的间接收入的增长。会展业的扩散效应主要表现在:会展活动能够促进商品更好地从生产商转移到经销商或消费者手中,从而提高流通效率,促进商品销售;通过信息交流,可以使生产要素实现重新组合配置,使生产要素流动到能发挥更大效用的组织中,从而提高生产要素的使用效率;通过经济技术示范,给行业带来方向性的战略指导;改善城市发展环境,提升文明水平和城市知名度。会展业的旁侧效应主要指会展业的发展能辐射会计、保险、旅游、金融、市政建设、环保等辅助性产业的发展[4]。

(三) 行业导向性强

会展业在诞生后之所以长盛不衰,还在于它具有强烈的行业导向性,是一种前瞻性经济,

---

[1] 张义,杨顺勇.会展导论[M].上海:复旦大学出版社,2009:9-10.
[2] 2020 年美国展览公司最新排名[EB/OL]. https://baijiahao.baidu.com/s?id=16597623379222643 91&wfr=spider&for=pc.[访问时间:2023-02-07].
[3] 会展经济,为城市发展增添动力——来自一些国家的报道[EB/OL]. https://baijiahao.baidu.com/s?id=1743000564015857553&wfr=spider&for=pc.[访问时间:2023-01-05].
[4] 张义,杨顺勇.会展导论[M].上海:复旦大学出版社,2009:10.

反映着经济和社会发展的未来趋势。社会科学技术和各个产业的最新成果和发展趋势都可以通过展览、会议和大型活动等向全世界传递,这对于传播和展示新理念、新知识、新技术和新产品来说,起到了不可或缺的推动作用[1]。例如,慕尼黑国际博览集团率先在业内提出了导向性博览会的理念,举办的展会不仅仅是普通的产品推介会,还是不同行业的技术先导和趋势发布的平台。该公司每年举办的展会有近一半都是导向性的展会,涉及的行业包括资本、货物、高科技和消费品,并且在各个领域都拥有专业超群的品牌[2]。

(四)运作专业性强

随着会展业的发展,产业内部的专业性特征越来越明显。首先是综合性的展会活动相对减少,而专业性的展会越来越多。以法国为例,法国展览业的优势就是综合性展会,但是现在法国越来越重视举办专业性的国际贸易博览会,综合性展会的总展出面积、参展企业数量以及观众人数同时下降[3]。其次是会展运营和管理的专业化。会展活动从前期的立项、申办、中标、策划,到现场管理执行和后期的评估反馈,是一项庞杂的系统工程,需要主承办方具有专业化的知识和丰富的实践经验。最后是会展机构的专业化。目前,全球会展业主要是由一些专门的国际组织来协调和管理的,如国际会议策划人员协会(Meeting Professionals International,MPI)、国际专业会议组织者协会(International Association of Professional Congress Organizers,IAPCO)、国际展览与项目协会(International Association of Exhibitions and Events,IAEE)[4]。

四、会展业的发展现状

(一)国际会展业的发展情况

会展经济的早期形式主要是工业产品展销。最早的现代博览会是1851年英国伦敦举办的首届世界博览会,即"万国工业博览会"。此后,随着世界工业制造业的不断繁荣,国际会展业逐渐壮大。到现在,国际会展业经过170多年的发展,运作模式已趋近完善。美国、德国、意大利、法国、西班牙、俄罗斯、新加坡和中国香港地区等发达国家和地区凭借着在科技、交通、通信、服务业水平等各个方面的综合优势,成为会展业发展中的佼佼者。在长期发展的实践过程中,它们也逐渐摸索出了政府推动型、市场主导型、协会推动型以及政府市场结合型这四种成熟的会展业运作和发展模式。

会展业作为具有很大发展潜力的新兴产业,能够为人类带来可观的经济和社会收益,对国家和地区的国民经济的快速发展起到积极而重要的作用。因此,世界各个国家和地区都十分重视会展业的发展。自第二次世界大战结束以来,国际会展业整体呈现比较平稳的发展趋势,但仍然有明显的不平衡状态。从展馆面积来看,作为世界会展发源地的欧洲,拥有历史悠久的

---

[1] 刘松萍,李晓莉.会展营销与策划[M].3版.北京:首都经济贸易出版社,2015:144-156.
[2] 会展业的特点和作用[EB/OL].https://www.guayunfan.com/baike/807522.html.[访问时间:2023-02-07].
[3] 张义,杨顺勇.会展导论[M].上海:复旦大学出版社,2009:22.
[4] 同上书:12.

会展经济,积累了丰富的办展经验和优质的展览资源,展馆面积稳居全球首位;从办展的直接支出来看,北美国家经过多年的发展,早已成为全球展览活动支出最高的国家,市场规模仅次于欧洲;亚洲地区尽管在会展经济上起步较晚,但增速迅猛,亚洲制造业进程的加快和对外开放程度的不断提升都为亚洲会展业的腾飞奠定了基础[1]。

以会展头号强国德国为例,德国拥有世界上最发达的会展业,因有汉诺威、法兰克福、杜塞尔多夫、柏林、慕尼黑、科隆等诸多知名的会展城市而享誉全球。德国拥有 26 个大型会展中心,每年在本国举办约 300 场展会,其中国际展和国内展各半。全世界 2/3 的顶级行业展会都在德国举办。德国的国际展会上约有一半以上的参展商来自海外,其中 1/3 来自欧洲以外的国家,约 1/4 观众来自海外,其中专业观众比例高达 30%。此外,德国展会主办机构还积极从事海外展会业务的拓展,自 2011 年实施"海外展会计划"开始,至新冠疫情前,每年在海外举办展会约 250 场。据德国经济展览和博览会委员会(Association of the German Trade Fair Industry)统计,在世界范围内影响较大的 210 个专业性国际贸易展览会中,有 150 多个是在德国举办的,每年吸引约 18 万参展商和 1 000 万观众。德国的注册展会企业年营业总额超过 30 亿欧元,世界展览企业营业额排名前十的公司有 5 家在德国。德国展览场馆集中,形成了规模效应,面积超过 10 万平方米的展览中心有 10 个,面积超过 2 万平方米的展览中心有 11 个[2]。2019 年年底以来,由于受新冠疫情影响,德国会展市场急剧萎缩,会展业自 2020 年 11 月起几乎处于完全停摆状态,原定于德国举行的 368 场各类会展中,仅有约 30%最终如期举行。根据德国国家旅游局、欧洲活动中心协会和德国会议促进局联合发布的报告,随着新冠疫苗接种的推广,德国会展业从 2021 年起逐步复苏,到 2022 年,线下会展模式加速恢复,线上线下相结合的会展活动仍将保持强劲的发展势头[3]。

(二)国内会展发展的情况

自改革开放以来,我国会展业从无到有,经历了迅速起步和腾飞的过程,行业经济效益逐年攀升,年均增长达到了 20%以上,场馆建设日益完善。全国以北京、上海、广州、大连、成都为一级会展中心城市,初步形成了五大会展经济产业带:由北京、天津、烟台、廊坊等地形成的环渤海会展经济带;以上海为龙头,沿江沿海为两翼的长江三角洲会展经济带;以广交会和高交会为龙头的珠江三角洲会展经济带;以大连为中心,依托东北工业基地的产业优势及区位优势形成的东北会展经济带;围绕成都、重庆等中西部主要城市形成的中西部会展经济带(如表 1-1-1 所示)。

---

[1] 张俊竹,苏镜科,尹铂. 会展设计[M]. 北京:化学工业出版社,2019:5-7.
[2] 德国展览业概况[EB/OL]. http://de.mofcom.gov.cn/article/ztdy/201612/20161202169794.shtml. [访问时间:2023-01-05].
[3] 德国会展业有望逐步复苏[EB/OL]. https://baijiahao.baidu.com/s?id=1701589878143322510&wfr=spider&for=pc. [访问时间:2023-01-05].

表 1-1-1 我国会展经济产业带概况[1]

产业带	中心	特征
环渤海会展经济带	以北京为中心,以天津等城市为重点	会展业发展早、规模大、数量多,专业化、国际化程度高,门类齐全,品牌展会集中,辐射广
长江三角洲会展经济带	以上海为中心,以南京、杭州等城市为依托	会展产业带已经形成。该产业带起点高,政府支持力度大、规划布局合理,贸易色彩浓厚,受区位优势、产业结构影响大,发展潜力巨大
珠江三角洲会展经济带	以广州为中心,以广交会为助推器,以深圳等城市为会展城市群	形成了国际化和现代化程度高、会展产业结构特色突出、会展地域及产业分布密集的会展经济带
东北会展经济带	以大连为中心,以沈阳、长春等城市为重点	依托东北工业基地的产业优势及东北亚的区位优势,形成了长春的汽博会、沈阳的制博会、大连的服装展等品牌展会
中西部会展经济带	以成都为中心,以贵阳、郑州、重庆等城市为重点	通过不断发展,已经形成了成都的中国西部国际博览会、重庆的高交会、郑州的全国商品交易会等品牌展会

中国会展经济的兴起和发展与经济全球化有着密切的联系。20世纪90年代,全球经济掀起了新的全球化浪潮,而我国的会展经济正是在这一时期迅速发展起来的。尤其是在2001年12月10日我国正式加入世界贸易组织(World Trade Organization, WTO)后,我国经济在整体上面临更大程度的开放以及前所未有的机遇和挑战。加入世界贸易组织后,中国在更广泛的领域和更高的层次上参与国际经济分工以及国际竞争与合作,这为中国更加充分地利用国际市场和资源、发挥劳动力资源优势、分享现代文明的各种成果、加快与国际经济接轨创造了有利条件。会展业作为一个新的产业,因其特有的属性在经济快速发展的过程中也迎来了红利期。

根据观研报告网发布的《中国会展行业现状深度研究与投资前景预测报告(2022—2029年)》,2014—2019年,我国境内展览数量由7 495场增长至11 033场。2020年受新冠疫情影响,我国境内展览数量大幅下降,为5 408场,较上年同比下降51%。2021年,随着疫情好转,我国境内展览数量小幅回升,为5 497场,较上年同比增长1.6%。其中,江苏省、广东省、上海市的展览数量排名全国前三位,总占比达33.78%。我国境内展览面积也随展览数量的变化而变化。2014—2019年,我国境内展览面积由9 736万平方米增长至14 877万平方米,2020年下降至7 727万平方米,增速为−48.1%。2021年,我国境内展览面积回升至9 189万平方米,增速为18.9%。其中,广东、上海、山东的展览面积位居全国前列,总占比达37.64%。尽管2020年以来我国境内展览数量及面积下降,但平均展览面积的增长表明我国会展行业的发展正逐渐规模化。2020年,我国平均展览面积为1.43万平方米,较上年同比增长5.9%;2021年,我国平均展览面积为1.67万平方米,较上年同比增长16.8%。北京市平均展览面积位居我国首

---

[1] 根据观研报告网发布的《中国会展行业现状深度研究与投资前景预测报告(2022—2029年)》整理。

位,为4.3万平方米[1]。

与境内展览相比,我国境外展览规模较小,2020—2021年受到疫情的影响较大。2020年,我国境外展览数量为2场,增速为－98.5%;我国境外展览面积为1.58万平方米,增速为－97.6%。2021年,我国境外展览数量为14场,增速为600%;我国境外展览面积为2.4万平方米,增速为42.9%。会展产业不仅能够带来巨大的经济效益,还能带来突出的社会效益,是国民经济和社会文化持续发展的助推器。后疫情时代的不确定性将驱动会展服务进行新一轮的升级改造。与此同时,数字化势头正盛,虚拟科技、智能科技等技术应用将为会展服务的发展提供新的潜能[2]。

五、会展业的形成条件和影响

(一) 会展业的形成条件

1. 发达的经济条件

高度发达的商业活动和达到一定水平的对外开放程度是会展业形成的先决条件。一般而言,那些商业发达、对外开放程度高的国家或地区通常是会展业发展的领先之地,而那些闭关自守、商业落后、计划经济色彩较为浓厚的国家或地区,会展业的发展就要滞后许多。国际展览联盟(Global Association of the Exhibition Industry, UFI)曾在报告中指出,一个城市如果基础设施相对完备,人均收入在世界属中等以上,服务业占GDP比重过半,外贸依存度接近或超过100%,行业协会的力量相对较强,那么,会展业就会在该地区得以强势增长,并发挥积极的作用[3]。这是因为只有当国民总收入和人均国民总收入都达到或接近小康水平时,人们才有可能形成对会展产品的有效需求,而供给约束型或饥饿型的经济体系则会抑制人们对会展产品的消费,从而阻碍会展业的形成与发展。由于各国居民的消费习惯、传统文化不同,在既定的收入水平下,对会展产品的有效需求也不同,会展业的形成与发展程度必然有所不同。同时,会展业有着极大的基础设施依赖性。若一个国家、城市或地区受经济条件的限制,基础设施不完善、不健全、不发达,将严重制约会展业的形成与发展[4]。例如,如果没有便捷的交通和通信设施,就不太可能成功举办一系列大型国际会议。

2. 适宜的社会文化条件

稳定的社会秩序和开放包容的文化环境也是会展业形成和发展不可缺少的条件。在一个拒绝市场化和商品化的社会文化体系中,几乎不可能出现会展业。只有社会文化具有开放性和包容性,才能够吸收外部世界的优秀文化,才有可能允许反映各种风格和不同文化传统的会展活动的开展。只有当社会有序,能够提供较为稳定的法律、法规和制度环境,会展活动才能

---

[1] 我国会展行业现状及发展趋势分析 未来行业将超数字化转型[EB/OL]. https://www.chinabaogao.com/market/202209/608648.html. [访问时间:2023-01-05]。
[2] 同上。
[3] 解析中国五大会展经济产业带[EB/OL]. https://new.qq.com/rain/a/20201006A01AEI00. [访问时间:2023-02-07]。
[4] 苏文才. 会展概论[M]. 北京:高等教育出版社,2004:11-13。

稳定有序地进行,并减少产业发展中的社会动荡风险。只有当一个社会把追求利润和效率作为自身文明进步的标志,引导人们通过各种合法的手段实现利润最大化的追求,才有可能使会展活动成为连接社会生产与消费的桥梁,会展产业也才能得到相应的发展[1]。

3. 良好的国际经济环境

会展产业的形成和发展不仅会受国内经济和社会文化条件等的影响,还会受到来自外部的国际经济环境的影响。在经济全球化浪潮的冲击下,任何一个经济体都不可能脱离外部世界而独立存在。随着新技术革命和全球化的不断兴起,各国之间的分工体系得到进一步深化,多元化的国际经济发展态势已经形成,多极化的趋势不可阻挡。经济全球化和多极化发展为国际会展业的繁荣提供了更多的机遇和空间。

然而,现存的国际经济体系也有一些不利于会展业发展的因素。例如:贸易保护主义在一些国家抬头,增加了国际贸易和生产要素跨国界流动的难度;一些强权政治组织或霸权国家利用各种手段扩大自身的垄断利益,不断推出各种所谓的制裁措施;一些跨国公司利用技术转让的垄断地位,限制、抑制高新技术向外扩散与传播;世界上各种利益集团之间的矛盾和冲突依然存在,限制了会展活动的跨区域、跨国界、跨文化、跨民族和跨宗教开展。总之,没有适宜的国际经济环境,全球会展产业也将无从发展完善[2]。

(二) 会展业的影响

1. 对企业的影响

(1) 降低营销成本,拓展营销渠道。由于会展活动通常采取规模经营的方式,企业可以在非常短的时间里,在相对集中的场所面对面地与客户直接沟通或建立联系。如果要在会展以外的场合完成相同的营销任务,则可能要花费几倍于此的时间和精力。据英联邦展览业联合会调查的结果,展会是优于专业杂志、直接邮寄、推销员推销、公关、报纸、电视、电话等手段的最有效的营销中介体[3]。据美国展览业研究中心(Center for Exhibition Industry Research, CEIR)的调查,在互联网已经高度发达的今天,美国企业仍然把参加贸易展会作为最有效的市场营销和对外联系交流的途径与方法,在制造业、通信业和批发业中,有 2/3 以上的企业经常参加展会[4]。

(2) 树立企业形象,提升企业知名度。企业通过参加展会,可以在参展的整个活动中,借助展位的设计与布置,图片、文字资料的印发,新闻发布会、产品推介会、客商联谊会、会展旅游等活动的举办,以及各种现代化展示手段,更加全面、立体地展示企业品牌、企业文化、企业实力和经营理念等,从而更好地塑造企业形象,提高企业知名度,为企业进一步发展积累有形和无形的资产,最终增强企业竞争力。因此,尽管网络技术的发展使得企业对外营销和交流的

---

[1] 苏文才. 会展概论[M]. 北京:高等教育出版社,2004:13.
[2] 同上书:12.
[3] 会展业的特点和作用[EB/OL]. https://www.guayunfan.com/baike/807522.html. [访问时间:2023-02-07].
[4] 网络展会发展现状及趋势浅析[EB/OL]. http://news.expoon.com/c/20130724/2942.html. [访问时间:2023-02-07].

可选途径和手段大大增加,但大多数企业仍认为展会活动的意义和作用并不会由此而降低[1]。

(3) 确定市场定位与企业地位。参加展会也是企业进行市场调查的一种有效手段。通过在展会期间的观察与调研,企业可以收集到有关竞争者、分销商和新老客户的市场信息和技术信息等,能够迅速、准确地了解国内外最新产品和发明的现状与行业发展趋势,了解主要竞争者的经营业绩、发展潜力和价值取向,明确本企业在行业竞争中所处的地位[2]。

2. 对地区的影响

(1) 加快基础设施建设,完善区域功能。会展是一种规模较大的群众性集体活动,要求有符合展览条件的场所,具备一定接待能力且高中低档相配合的旅行社、宾馆、酒店,便捷的交通、通信和安全保障体系,以及具有吸引力的旅游景点等。为了获得大型会议、展览等活动的举办权,地方政府会积极地加快和提升城市建设,包括建设机场、车站、高速公路、饭店、展览中心、城市绿地、商圈等。通过发展会展业,还可以进一步增强区域作为贸易中心、服务中心、信息中心、金融中心、科技中心等诸方面的功能,进而从整体上完善区域功能,提高整个区域的吸纳和辐射能力[3]。

(2) 提高地区综合竞争力和知名度。为了实现会展活动的目标,区域的基础设施建设和市政管理服务功能将得到不断加强和完善,区域环境也将得到根本性的治理,从而使得地区的综合实力稳步提升,竞争力逐渐提高。为了办好会展,主承办方也必然要在国内外进行广泛的宣传推广活动。这些宣传往往是与对地区经济、交通、科技和人文等环境的推荐捆绑在一起的,因而客观上起到了提高会展所在地知名度的作用。

(3) 扩大内需,增加就业。会展产业的发展会相应地增加一定的劳动就业机会,而会展业能带动外贸、旅游、酒店、交通、保险、金融、房地产、零售等其他相关产业的发展,在这些相关产业同样也会增加就业机会。就业的增加意味着居民可支配收入和消费的增长,最终将通过乘数效应促进整个地区经济的繁荣与发展[4]。

六、会展业的未来发展趋势

(一) 线上线下会展融合创新

随着物联网、大数据、5G等前沿技术的涌现和成熟,虚拟展会和线上展会的优势得以更好地体现。和传统的线下展会相比,线上展会筹建时间短、参展成本低、无安全隐患,同时还可以打破时空的限制,实现"永不落幕"的展示。尤其是在新冠疫情时期,线上展会不受国家和地区防疫政策的限制,体现了高度的灵活性。这些优势无一不在吸引着展会主承办方、设计搭建商、参展商和服务供应商等多方的积极参与和实践。例如,为促进国际产业链、供应链持续发

---

[1] 赵富森. "文化创意+"会展融合发展[M]. 北京:知识产权出版社,2019:13-17.
[2] 同上.
[3] 同上.
[4] 同上.

展,中国政府提出了"创新展会服务模式"。上海在会展上"云"、线上线下"共振"方面就走在了世界前列。2020年5月,阿里巴巴与上海市贸促会成立了云上会展有限公司,7月初首次与商业展会合作,把"三展联动"的线下展会用数字化方式投射到网络上。根据相关的统计数据,2020年全年,上海有近20个展会上线运行,在办好线下展会的同时,也推出了高水平的线上展会。从云参展到云洽谈,再到云签约,会展行业在疫情期间首次打通线上全流程,通过创新服务模式,大大提高了展会的数字化水平。相比线下展会,线上营销和管理拥有更高的自动化水平和更低的成本,并且可溯源、可量化。线上线下共存互补、共生互进的智慧会展将在上海奏出新篇章,带动上海会展业走向新的高度[1]。

不过,线下展会还是有着独特的不可替代的优势。一方面,基于长期以来形成的习惯,很多参展商和专业观众还是更倾向于参加线下展会。在传统的线下展会,尤其是工业类展会中,客户可以实际接触到真实的产品,从而获得更直接、更完整的产品体验。线下展会通常还会为企业提供商品陈列和观摩体验的场景,也为供求双方的信息沟通和商务洽谈提供便利条件,因而获客率远远高于线上。另一方面,线下实体展会还能带动当地经济发展,宣传城市形象,这也是会展业经济效益和社会效益的重要体现。因此,在可预见的未来,线上展会不会完全取代线下展会,线上线下的双线融合将是会展业的发展潮流和主要趋势。

(二)绿色会展推动低碳和可循环经济

会展业在各地区经济发展过程中起到的推动作用日益明显。目前,国内外业界人士和学者针对会展发展模式进行了系统的研究和深入的探索,认为绿色会展将是会展业未来的发展方向和演变趋势之一。当前,在会展搭建工程行业中所使用的材料多为一次性材料,暴露出包括环境污染问题和安全问题等在内的大量问题。在现场制作加工过程中产生的废弃物和对木材的消耗等给环境保护带来了较大的压力,而木质材料的大量使用也不可避免地造成了一些安全隐患。目前,绿色会展理念已经得到了业界的广泛认可。绿色会展理念要求减少展览材料的污染性,控制对环境造成的破坏;要求材料能够循环利用,最好能够重新回收进行再生产,以便最大限度地减少现场的废弃物。未来,绿色会展将成为会展业发展的必然方向。绿色会展业在规模不断扩大的同时,也势必会对全人类的生活行为和经济方式产生积极、深远的影响。通过循环经济和低碳经济,绿色会展产业链在实现经济发展的同时,也能控制污染物的排放,保护好地球生态环境,促进人类社会的可持续发展。

(三)会展专业化程度持续提高

会展业发展至今,每个行业的展会基本都形成了自己的专业龙头品牌。会展专业化已经成为现代会展品牌发展的一个重要趋势。其中,从综合到细分就是会展业迈向专业化的重要标志之一。传统展会一般由行业协会组织,并且多为综合性展览,这种展览方式大大增加了会展成本,而且目标不明确,往往造成较大的资源浪费。随着市场对会展活动需求的不断增加,会展行业内的竞争程度也变得越来越激烈。现在已有许多行业协会将展会出售给了专业的展

---

[1] 会展业未来发展的9大趋势[EB/OL]. https://baijiahao.baidu.com/s?id=1712133320550343145&wfr=spider&for=pc. [访问时间:2023-01-05].

览公司,或将经营管理权转移给展览公司,只保留一定的股份,以谋求更大利益。这些专业展览公司通常更善于把握市场动态与需求,办展能力更强,经营模式更灵活,也拥有更多的专业人才。同时,自1898年在德国莱比锡举办首个现代专业展览会以来,专业性展会发展迅速,规模越来越大,并开始再次细分,涌现出一批长盛不衰的专业细分性展会,如德国科隆五金展、法兰克福国际家用及商用纺织品展览会等[1]。

在我国,办展主体包括政府、行业协会及各所有制企业等不同类型。不同的办展主体在展览市场中各显其能,举办的展会也特色各异。一般来说,政府所举办的展会类型多为综合性展会,办展的主要目的是促进地区经济发展、强化区域功能和提高城市知名度等;行业协会所举办的展会多为本行业的专业性展会,行业展会在多年的发展和实践过程中,规模和数量不断提升,并在行业内具有较大的影响力;企业型办展主体的数量较为丰富,但规模和辐射面通常较小,产生的经济和社会效益也较为有限。在我国会展业蓬勃发展的过程中,主要以行业协会专业展会和企业专业展会为主,对中国会展业的跨越式发展起到了重要的作用。伴随着改革开放以来经济体制改革的深入,我国中央和地方政府对会展业的发展给予了大量的政策优惠和财政支持。但是受到商品市场升级、历史机遇改变等因素的影响,中国会展业在具有广阔发展前景的同时,也面临着前所未有的竞争。2022年,北京成功举办了冬奥会,吸引了大量国际客户对中国市场的关注。但目前我国会展业相关产业的发展相对落后,缺乏良好的市场开拓能力和健全的市场机制。要提高我国会展业在国际市场中的综合竞争力,就必须重视市场所发挥的作用,对会展业进行总体上的规划,协调发展资源,并推进会展行业的立法工作,为会展业的发展提供良好的市场竞争机制和健全的法律环境,发挥中国会展业本身的独特优势,进而在世界舞台上获得更加有利的竞争地位[2]。

第二节 文创产业

英国是全球最早提出创意产业的国家,也是世界上第一个政策性地推动创意产业发展的国家。20世纪90年代,时任首相托尼·布莱尔(Tony Blair)听取了"创意经济之父"约翰·霍金斯(John Howkins)教授的建议,将"创意经济"上升为国家战略,以提振处于停滞状态的英国经济。从1998年英国的"创意产业纲领文件"到2005年的"创意经济方案",再到2017年的"现代工业战略",创意经济在英国蓬勃发展,并为英国经济重新焕发活力做出了重要的贡献。自2006年中共中央、国务院发布《关于深化文化体制改革的若干意见》以来,我国同样大力提倡发展文化创意产业,并且明确提出了国家发展文化创意产业的主要任务,标志着国家已经将文化创意产业放到文化创新的高度进行了整体布局。

---

[1] 朱琳. 会展业发展的五个趋势[EB/OL]. http://www.hweelink.com/articles/2538.html.[访问时间:2023-01-05].
[2] 苏文才. 会展概论[M]. 北京:高等教育出版社,2004:13-16.

一、文化创意的内涵

(一) 什么是文化

文化是相对于经济、政治而言的人类全部精神活动及其产品。文化一词在西方源于拉丁语"cultura",意为土地耕耘和栽培,后来引申为对人的身心教养。卡尔·马克思(Karl Marx)和弗里德里希·恩格斯(Friedrich Engels)在《德意志意识形态》中从唯物主义理论出发,指出文化从本质上是起源于人类物质生产活动的思想,说明文化既来自物质生产活动,同时也是一种人类思想精神的产物[1]。联合国教科文组织在2001年通过了《世界文化多样性宣言》,明确地将"文化"定义为"某个社会或某个社会群体特有的精神与物质,智力与情感方面的不同特点之总和;除了艺术和文学外,文化还包括生活方式、共处的方式、价值观体系、传统和信仰"。

在我国古代,《周易》中最早出现了关于"文化"的定义:"刚柔交错,天文也;文明以止,人文也。观乎天文,以察时变;观乎人文,以化成天下。"根据这一定义,"文化"就是"人文化成""以文教化"。随着西方文化的传入,我国学者也对文化进行了重新定义。如钱穆在《文化学大义》中指出:"文化只是'人生',只是人类的'生活',唯此所谓人生,并不指个人人生而言。文化是指集体的、大群的人类生活而言。"[2]余秋雨在吸收瑞士心理学家卡尔·荣格(Carl Jung)集体人格理论的基础上提出:"文化,是一种包含精神价值和生活方式的生态共同体。它通过积累和引导创建集体人格。"[3]

实际上,文化的定义有广义和狭义之分。广义的文化是指人类在社会历史实践中所创造的物质财富和精神财富的总和;狭义的文化是指社会的意识形态以及与之相适应的制度和组织机构。换句话说,广义的文化包含人类所创造的所有有形的物质财富和无形的精神财富,而狭义的文化则仅指精神财富。文化定义的丰富多样也是人类文化多样性的直接体现。正如《世界文化多样性宣言》中所说的:"文化在不同的时代和不同的地方具有各种不同的表现形式。这种多样性的具体表现是构成人类的各群体和各社会的特性所具有的独特性和多样化。文化多样性是交流、革新和创作的源泉,对人类来讲就像生物多样性对维持生物平衡那样必不可少。从这个意义上讲,文化多样性是人类的共同遗产,应当从当代人和子孙后代的利益考虑予以承认和肯定。"总而言之,文化是人类在社会历史发展中做出的行为活动和形成的生活方式的集合,它们既是物质的,也是精神的,同时具有群体性差异的特征[4]。

(二) 什么是创意

1699年,法语中的"orginalité"(原创)一词首次出现。到1775年,又出现了"create"(创造)一词,而在此基础之上才又衍生出其名词变体"creativity"(创意)。1999年,美国心理学家罗伯特·斯滕伯格(Robert Sternberg)和陶德·陆伯特(Todd Lubart)给创意下了一个比较宽泛的

---

[1] 马克思恩格斯全集(第三卷)[M].北京:人民出版社,1960:42-43.
[2] 钱穆.文化学大义[M].济南:山东人民出版社,1990:9.
[3] 余秋雨.文化到底是什么?[N].光明日报,2012-10-14.
[4] 薛可,余明阳.文化创意学概论[M].上海:复旦大学出版社,2021:5.

定义:"创意是生产作品的能力,这些作品既新颖,又适当。"[1]随后,"创意产业之父"约翰·霍金斯在《创意经济》一书中明确提出了创意的概念:"'创意'就是催生某种新事物的能力,它表示一人或多人创意和发明的产生,这种创意和发明必须是个人的、原创性的,且具有深远意义的和有用的。"这一定义的提出对于创意经济理论以及实践的发展起到了奠基的作用。

在我国,早在东汉时期,王充在《论衡》中就提到:"孔子得史记以作《春秋》,及其立义创意,褒贬赏诛,不复因史记者,眇思自出于胸中也。"这里的"创意"可以被理解为"立意"。到了现代,"创意"通常被用来指代一种通过创新思维意识,进一步挖掘和激活资源组合方式进而提升资源价值的方法。在《现代汉语词典》中,"创意"既可以被用作名词,即"有创造性的想法、构思等",也可以被用作动词,即"提出有创造性的想法、构思等"。可见,"创意"一词的解释在现代变得更加丰富具体,也更加通俗了。综上所述,创意在动态上是指一种创造性思维活动,而用得更多的则是它在静态上的含义——具有创新性、原创性的意念和巧妙的构思[2]。

(三)文化创意的内涵

文化创意从字面上来看是文化与创意的组合,但两者不是简单机械地相加,而是在有机结合的过程中实现内涵的交织、互补与深化。

王万举在其2017年出版的《文化创意学》中认为,文化创意是对文化元素的重构再现,既要重组文化元素,又要挖掘创新的文化元素。白庆祥、李宇红在其2010年出版的《文化创意学》中指出:文化与创意是互相依存的关系,文化是创意的基础和精髓,而创意则是文化传承的动力之源;文化创意就是以知识为元素,融合多元文化、整合相关学科、利用不同载体而构建的再造与创新的文化现象。胡鹏林将文化创意的内涵纳入人类的文明与历史文化的范畴,认为它包含文化、创意和艺术三个元素,文化是基础,创意是核心,艺术是手段[3]。由上述定义可见,这些学者们认为文化创意理应更侧重文化,创意是为了文化而服务的。2014年,韩国科学技术计划评价院(Korea Institute of S&T Evaluation and Planning, KISTEP)的《文化创意规划简报》则明确指出,文化创意的内容包括想象的能力、解释世界的原创想法与新方法,以及透过文本、声音和影像的表达。这份规划从思想和智力的层面来定义文化创意,更接近创意的概念,强调创意的表达与表现[4]。创造性思维贯穿文化创意始终。思维是人们通过在自然中实践产生的心理活动过程。思维的顺序、思维的方向、思维的价值选择、思维的方法和模式等决定了思维的产物。在文化创意思维中,文化的差异必然体现出不同的思维特点和方式,体现出行为表现上的不同,体现出文化创意成果的不同。因此,思维过程就是文化创造的过程[5]。

不同国家、地区对文化创意的定义各有不同。比如:日本对文化创意的关注点在文化内容;欧洲的文化创意不仅包括文化、艺术、设计,还纳入了文化保护的内容;美国的文化

---

[1] 罗伯特·斯滕伯格,陶德·陆伯特.创意心理学:唤醒与生俱来的创造力潜能[M].北京:中国人民大学出版社,2009:1-5.
[2] 薛可,余明阳.文化创意学概论[M].上海:复旦大学出版社,2021:7.
[3] 胡鹏林,刘德道.文化创意产业的起源、内涵与外延[J].济南大学学报(社会科学版),2018,28(2):121-131,160.
[4] 薛可,余明阳.文化创意学概论[M].上海:复旦大学出版社,2021:8-9.
[5] 白庆祥,李宇红.文化创意学[M].北京:中国经济出版社,2010:10-12.

创意则强调文化版权与知识产权。本系列丛书中所谓的"文化创意"更多是从创意产业、文化创意产业等产业相关概念中提炼出来的,因而很难脱离产业背景去孤立地解释何为文化创意[1]。

二、文创产业的定义和范畴

(一)文化创意产业的定义

由于各个国家、地区的经济社会发展和文化历史的差异,对于文化创意产业的内涵和边界的界定在全球范围内出现了多样化的特征,相近的概念包括文化产业、创意产业、娱乐产业、文化休闲产业、内容产业、版权产业等。各个国家、地区由于社会发展和文化历史上的差异,在如何界定创意产业上也有所不同。如澳大利亚、英国、新加坡使用"创意产业"(creative industries)一词;美国、加拿大则将类似产业称为"版权产业"(copyright industries);日本、韩国倾向于采用"内容产业"(contents industries)的称谓;中国大陆以及法国、芬兰等国家称之为"文化产业"(cultural industries);德国、中国台湾地区和中国香港地区则倾向于称之为"文化创意产业"(cultural and creative industries)。目前,在世界范围内,各国在产业内容上逐渐接近英国所界定的"创意产业"的范畴,并将版权产业也纳入其中,在称谓上逐渐倾向于使用"创意产业"来替代"文化产业"[2]。

在我国,文化创意产业这一概念是中国台湾地区于 2001 年提出的,其后北京、上海等一些城市也开始广泛接受和使用。中国台湾地区首先借鉴英国创意产业发展的经验,将文化产业和创意产业的概念结合起来,提出了"文化创意产业"这一概念,即"源自创意或文化积累,通过智慧财产的形式与运用,具有创造财富与就业机会的潜力,并促进整体生活之提升的行业"。我国香港地区则将文化创意产业定义为"一个经济活动群组,开拓和利用创意、技术和知识产权以生产并分配具有社会和文化意义的产品与服务,更可望成为一个创造财富和就业的生产系统"。内地学者金元浦认为:"文化创意产业是在全球化的条件下,以消费时代人们的精神、文化、娱乐需求为基础的,以高科技的技术手段为支撑的,以网络等新的传播方式为主导的一种新的产业发展模式。"[3]这一定义进一步肯定了文化创意产业是一种以消费活动为主的产业,并且突出强调了新技术与网络在未来发展中的重要性。在我国的官方表述中,2006 年发布的《国家"十一五"时期文化发展规划纲要》就提到要大力发展文化创意产业,这是"文化创意产业"概念首次出现在政府文件中。2009 年,国务院出台《文化产业振兴规划》,提出重点发展文化创意等九类产业,其中文化创意产业包括文化科技、音乐制作、艺术创作、动漫游戏四类。之后,中国多个重点城市在规划纲要、行业分类标准等文件中采用"文化创意产业"这一说法。"文化创意产业"这一概念不仅吸纳了英国创意产业的精髓,同时也扩展了中国文化产业的内

---

[1] 薛可,余明阳.文化创意学概论[M].上海:复旦大学出版社,2021:9.
[2] 同上.
[3] 金元浦.我国文化创意产业发展的三个阶梯与三种模式[J].中国地质大学学报(社会科学版),2010(1):26-30.

容,其外延随着中国文化创意产业实践的发展不断而扩大[1]。

(二) 文化创意产业的范畴

2009 年,我国国务院出台《文化产业振兴规划》,提出重点发展文化创意等九类产业。自此,中国开始对文化产业与文化创意产业进行区分。

在 2012 年发布的《国家"十二五"时期文化改革发展规划纲要》中,包括文化创意产业在内的四个产业被纳入新兴产业行列。同年,为适应我国文化产业发展的新情况、新变化,国家统计局参考了《2009 年联合国教科文组织文化统计框架》,根据《国民经济行业分类》(GB/T 4754—2011)对分类进行修订完善,形成了《文化及相关产业分类(2012)》,使分类更加切合发展需要。以此分类为基础开展的统计工作反映我国文化产业的发展状况,为文化体制改革和文化产业发展的宏观决策提供了重要的基础信息。

2018 年,国家统计局再次发布《文化及相关产业分类(2018)》,对 2012 年的版本进行修订。新版本的分类共设置九大类别,分别是新闻信息服务、内容创作生产、创意设计服务、文化传播渠道、文化投资运营、文化娱乐休闲服务、文化辅助生产和中介服务、文化装备生产,以及文化消费终端生产。全部活动类别可进一步归纳为两个领域,即文化核心领域和文化相关领域[2]。在新版本中,纳入了互联网文化娱乐平台、观光旅游航空服务、娱乐用智能无人飞行器、可穿戴文化设备等新兴门类。根据腾讯研究院发布的《中国"互联网+"指数报告(2018)》,2017 年,中国互联网平均每秒进入 672.5 G 的信息,或为文本,或为图片,或为网页,或为视频,或为 H5 动画,或为直播,或为网游,或为小程序。随着互联网时代的到来,以"互联网+"为依托的文化新业态不断涌现并发展迅猛,日益成为文化产业新的增长点。从世界范围来看,现代科技的发展尤其是信息技术、传播技术、自动化技术和激光技术等高科技的广泛运用,都影响着文化产业和文化消费方式的变化。日益普及的宽带连接、移动手机、视频和音乐播放器等技术在促进文化产业结构调整与升级的同时,也将打破文化产业与电信业、计算机网络业的业务界线,加快完善文化创新体系,创造出新的文化产品形态。从"互联网+"到"+互联网",加上数字中国、大数据战略的推进,互联网对经济社会发展的重要作用将更为凸显。互联网文化娱乐平台和其他智能文化消费设备制造等文化新业态的建设日益重要。同时,当下正是中国文化创意领域原创力集中爆发的时期,关注原创的发展在文化产业分类调整中也得到了体现[3]。

1. 文化核心领域

(1) 新闻信息服务,包括新闻服务、报纸信息服务、广播电视信息服务和互联网信息服务等。其中,广播电视信息服务可以分为广播、电视和广播电视集成播控;互联网信息服务包括互联网搜索服务和互联网其他信息服务。

---

[1] 薛可,余明阳. 文化创意学概论[M]. 上海:复旦大学出版社,2021:12.
[2] 国家统计局解读《文化及相关产业分类》[EB/OL]. http://www.gov.cn/zhengce/2018-04/23/content_5285149.htm. [访问时间:2023-01-07].
[3] 文化产业分类:六年之变透露出哪些信息[EB/OL]. https://news.gmw.cn/2018-05/02/content_28580768.htm. [访问时间:2023-01-07].

(2) 内容创作生产，包括出版服务、广播影视节目制作、创作表演服务、数字内容服务、内容保存服务、工艺美术品制造和艺术陶瓷制造。出版服务包括图书出版、期刊出版、音像制品出版、电子出版物出版、数字出版和其他出版业；广播影视节目制作包括影视节目制作和录音制作；创作表演服务包括文艺创作与表演、群众文体活动、其他文化艺术业；数字内容服务包括动漫、游戏数字内容服务，互联网游戏服务，多媒体、游戏动漫和数字出版软件开发，增值电信文化服务，以及其他文化数字内容服务；内容保存服务包括图书馆、档案馆、文物及非物质文化遗产保护、博物馆，以及烈士陵园和纪念馆；工艺美术品制造包括雕塑工艺品制造、金属工艺品制造、漆器工艺品制造、花画工艺品制造、天然植物纤维编织工艺品制造、抽纱刺绣工艺品制造、地毯和挂毯制造、珠宝首饰及有关物品制造，以及其他工艺美术及礼仪用品制造；艺术陶瓷制造包括陈设艺术陶瓷制造和园艺陶瓷制造。

(3) 创意设计服务，包括广告服务和设计服务。广告服务又包括互联网广告服务和其他广告服务；设计服务则包括建筑设计服务、工业设计服务和专业设计服务。

(4) 文化传播渠道，包括出版物发行、广播电视节目传输、广播影视发行放映、艺术表演、互联网文化娱乐平台、艺术品拍卖及代理和工艺美术品销售。出版物发行包括图书批发，报刊批发，音像制品、电子和数字出版物批发，图书、报刊零售，音像制品、电子和数字出版物零售，图书出租，以及音像制品出租；广播电视节目传输包括有线广播电视传输服务、无线广播电视传输服务和广播电视卫星传输服务；广播影视发行放映包括电影和广播电视节目发行，以及电影放映；艺术品拍卖及代理包括艺术品、收藏品拍卖和艺术品代理；工艺美术品销售包括首饰、工艺品及收藏品批发，珠宝首饰零售，以及工艺美术品及收藏品零售。

(5) 文化投资运营，包括投资与资产管理，以及运营管理。其中，运营管理包括文化企业总部管理和文化产业园区管理。

(6) 文化娱乐休闲服务，包括娱乐服务、景区游览服务和休闲观光游览服务。其中，娱乐服务包括歌舞厅娱乐活动、电子游艺厅娱乐活动、网吧活动、其他室内娱乐活动、游乐园和其他娱乐业；景区游览服务包括城市公园管理，名胜风景区管理，森林公园管理，其他游览景区管理，自然遗迹保护管理，动物园、水族馆管理服务，以及植物园管理服务；休闲观光游览服务包括休闲观光活动和观光游览航空服务[1]。

2. 文化相关领域

(1) 文化辅助生产和中介服务，包括文化辅助用品制造、印刷复制服务、版权服务、会议展览服务、文化经纪代理服务、文化设备(用品)出租服务和文化科研培训服务。其中，文化辅助用品制造包括文化用机制纸及板纸制造、手工纸制造、油墨及类似产品制造、工艺美术颜料制造、文化用信息化学品制造；印刷复制服务包括书、报、刊印刷，本册印制，包装装潢及其他印刷，装订及印刷相关服务，记录媒介复制和摄影扩印服务；文化经纪代理服务包括文化活动服务、文化娱乐经纪人、其他文化艺术经纪代理、婚庆典礼服务、文化贸易代理服务和票务代理服

---

[1] 文化及相关产业分类(2018)[EB/OL]. http://www.gov.cn/zhengce/zhengceku/2018-12/31/content_5427877.htm. [访问时间：2023-01-07].

务；文化设备(用品)出租服务包括休闲娱乐用品设备出租和文化用品设备出租；文化科研培训服务包括社会人文科学研究、学术理论社会(文化)团体、文化艺术培训和文化艺术辅导。

(2) 文化装备生产，包括印刷设备制造、广播电视电影设备制造及销售、摄录设备制造及销售、演艺设备制造及销售、游乐游艺设备制造和乐器制造及销售。印刷设备制造包括印刷专用设备制造，以及复印和胶印设备制造；广播电视电影设备制造及销售包括广播电视节目制作及发射设备制造、广播电视接收设备制造、广播电视专用配件制造、专业音响设备制造、应用电视设备及其他广播电视设备制造、广播影视设备批发和电影机械制造；摄录设备制造及销售包括影视录放设备制造、娱乐用智能无人飞行器制造、幻灯及投影设备制造、照相机及器材制造和照相器材零售；演艺设备制造及销售包括舞台及场地用灯制造和舞台照明设备批发；游乐游艺设备制造包括露天游乐场所游乐设备制造、游艺用品及室内游艺器材制造和其他娱乐用品制造；乐器制造及销售包括中乐器制造、西乐器制造、电子乐器制造、其他乐器及零件制造、乐器批发和乐器零售。

(3) 文化消费终端生产，包括文具制造及销售、笔墨制造、玩具制造、节庆用品制造和信息服务终端制造及销售。其中，文具制造及销售包括文具制造、文具用品批发和文具用品零售；笔墨制造包括笔的制造以及墨水、墨汁制造；信息服务终端制造及销售包括电视机制造、音响设备制造、可穿戴智能文化设备制造、其他智能文化消费设备制造、家用视听设备批发、家用视听设备零售、其他文化用品批发以及其他文化用品零售[1]。

三、文创产业的发展现状

(一) 国家政策支持

2006年以来，各项文化创意行业相关政策的出台表明我国对发展文化创意产业的重视程度不断提升。

2019年8月，《国务院办公厅关于进一步激发文化和旅游消费潜力的意见》(国发办〔2019〕41号)发布，提出鼓励文创产品开发与经营，拓宽文创产品展示和销售渠道，引导文化企业和旅游企业创新商业模式和营销方式。

2019年11月，国家发改委发布《产业结构调整指导目录(2019年本)》，将文化创意设计服务、工业设计列为"对经济社会发展有重要促进作用，有利于人民美好生活需要和推动高质量发展"的鼓励类项目。

2019年12月，司法部发布《中华人民共和国文化产业促进法(草案送审稿)》，表明国家将促进文化产业发展纳入国民经济和社会发展规划，并制定促进文化产业发展的专项规划，发布文化产业发展指导目录，促进文化产业结构调整和布局优化。国家鼓励文化产业与科技及其他国民经济相关产业融合发展，拓展文化产业发展广度和深度，发挥文化产业在国民经济和社会发展中的重要作用。

---

[1] 文化及相关产业分类(2018)[EB/OL]. http://www.gov.cn/zhengce/zhengceku/2018-12/31/content_5427877.htm. [访问时间：2023-01-07].

2020年9月,《国务院办公厅关于以新业态新模式引领新型消费加快发展的意见》发布,提出要引导实体企业更多开发数字化产品和服务,鼓励实体商业通过直播电子商务、社交营销开启"云逛街"等新模式。

2020年11月,《文化和旅游部关于推动数字文化产业高质量发展的意见》发布,提出要深刻把握数字文化内容属性,加强原创能力建设,创造更多既能满足人民文化需求又能增强人民精神力量的数字文化产品。培育和塑造一批具有鲜明中国文化特色的原创IP,加强IP开发和转化,充分运用动漫游戏、网络文学、网络音乐、网络表演、网络视频、数字艺术、创意设计等产业形态,推动中华优秀传统文化创造性转化、创新性发展,发展社会主义先进文化,打造更多具有广泛影响力的数字文化品牌。

2021年3月,中共中央发布《中华人民共和国国民经济和社会发展第十四个五年规划和2035年远景目标纲要》,提出实施文化产业数字化战略,加快发展新型文化企业、文化业态、文化消费模式,壮大数字创意、网络视听、数字出版、数字娱乐、线上演播等产业。推进沉浸式视频云转播等应用。实施文化品牌战略,打造一批有影响力、代表性的文化品牌。积极发展对外文化贸易,开拓海外文化市场,鼓励优秀传统文化产品和影视剧、游戏等数字文化产品"走出去",加强国家文化出口基地建设。

2021年4月,文化和旅游部发布《"十四五"文化和旅游科技创新规划》,提出围绕实施文化产业数字化战略,以科技创新提升文化生产和内容建设能力,提高文化产业数字化、网络化、智能化发展水平。开展云展览、云娱乐、线上演播、数字艺术、沉浸式体验等新兴业态的内容生成、定制消费、智慧服务和共治管理的关键技术研究,支持新形态数字艺术关键技术与工具研制,培育数字文化产业新形态。

2021年5月,文化和旅游部发布《"十四五"文化产业发展规划》,提出坚持以创新驱动文化产业发展,落实文化产业数字化战略,促进文化产业"上云用数赋智",推进线上线下融合,推动文化产业全面转型升级,提高质量效益和核心竞争力。强调顺应数字产业化和产业数字化发展趋势,深度应用5G、大数据、云计算、人工智能、超高清、物联网、虚拟现实(virtual reality,VR)、增强现实(augmented reality,AR)等技术,推动数字文化产业高质量发展,培育壮大线上演播、数字创意、数字艺术、数字娱乐、沉浸式体验等新型文化业态。

(二) 产业发展现状

1. 发展空间大

2021年,我国6.5万家规模以上文化及相关产业企业实现营业收入119 064亿元,较2020年增加20 550亿元,同比增长20.86%,增长空间广阔。我国文化及相关产业营收的不断增长带动我国文化创意设计营收的增长,据统计,2016—2021年,我国文化及其相关产业营业收入由80 314亿元增长至119 064亿元,规模以上文化创意设计营业收入由9 854亿元增长至19 565亿元,占比由12.9%提升至16.4%。文创产业的蓬勃发展也表现为文创企业数量的大幅增加。2016—2021年,我国文化创意产业相关企业注册量由2 015家增长至10 955家。2022年,我国文化创意产业相关企业总量超3.6万家。从企业区域分布来看,陕西、江苏、广东在业/存续文创相关企业数量排名前三,分别为5 801家、3 476家、3 348家,占比15.94%、9.55%、9.20%[1]。

从文化创意产业园区的发展情况来看,截至2018年,全国文化产业园区超过2 599家,其中,由国家命名的文化创意产业各类相关基地、园区就已超过350个,文化产业示范园区和基地在全国32个省、区、市都有分布[2]。根据国务院发展研究中心东方文化与城市发展研究所与湖北日报传媒集团《支点》杂志社共同发布的"中国文化发展指数"中的"中国文化产业园区100强"名单,2022年中国文化产业园区中的前十强分别为上海张江文化控股有限公司、中央新闻纪录电影制片厂(动漫)、懋隆文化创意产业园、江苏省南京秦淮特色文化产业园、北京京都文化投资管理公司、北京人大文化科技园建设发展有限公司、北京数字娱乐发展有限公司、中广国际广告创意产业基地发展有限公司、北京东亿国际传媒产业园和北京传媒总部基地[3]。来自地方的数据也显示,各地文化创意产业发展势头良好,尤其是在北京、上海和深圳等一些基础较好的城市,文化创意产业占居民总收入的比重均达到5%以上,已经成为区域经济发展的战略性支柱产业和新的经济增长点。北京市统计局公布的信息显示,2021年北京市规模以上文化产业实现营业收入17 563.8亿元,同比增长17.5%,在全国占比14.75%,实现利润总额1 429.4亿元,同比增长47.5%,吸纳从业人员64万人,同比增长4.8%。从结构来看,文化核心领域收入合计15 848.3亿元,同比增长17.8%,占总收入的90.2%。其中,文化娱乐休闲服务和内容创作生产分别同比增长38.5%和30.8%。新闻信息服务、文化传播渠道分别同比增长21.5%、12.5%。创意设计服务和文化投资运营服务对文化产业增长的贡献率分别为6.2%和11.1%[4]。

2. 内容为王

新经济的典型特征是知识密集,而文化创意产业具有高科技产业的特征,即文化创意产业的发展需要多样化技术的融合,需要以良好的计算机技术为基础设施。内容的原创性和创新性是文化创意产业链的核心部分,是文化创意产业链的高利润环节。文化创意产业的核心生产要素是知识,特别是技术和文化等无形资产,因此,它是具有知识产权的高附加值产业。创意是技术、经济和文化相互交融的产物,因而文化创意产品是新思想、新技术、新内容的物化形式,是数字技术和文化、艺术的交融和升华。简而言之,文化创意产品是技术产业化和文化产业化交互发展的结果,对其相关产业部门具有很强的渗透性[5]。

3. 中小企业为主

文化创意企业多是由创意达人、艺术家和有技能的人创办的,因而其企业组织形式多以中小企业甚至小微企业为主,企业规模一般都不大。依据中小企业存在理论,在企业集群中,

---

[1] 2022年中国文化创意产业发展现状及前景展望,行业呈现出蓬勃发展的态势[EB/OL]. https://baijiahao.baidu.com/s?id=1750250549232272613&wfr=spider&for=pc. [访问时间:2023-01-07].
[2] 我国文化创意产业现状概述[EB/OL]. https://www.guayunfan.com/lilun/959444.html. [访问时间:2023-01-07].
[3] 2022年中国文化产业园区100强名单[EB/OL]. http://www.meihu5.com/file/84298.html. [访问时间:2023-02-07].
[4] 2022年北京市文化创意产业园区市场现状及竞争格局分析 文化创意产业园区数量位居前列[EB/OL]. https://baijiahao.baidu.com/s?id=1734034579180971233&wfr=spider&for=pc. [访问时间:2023-02-07].
[5] 赵富森. "文化创意+"会展融合发展[M]. 北京:知识产权出版社,2019:153-157.

中小企业可以凭借企业外部的力量来弥补自己在企业内部规模经济方面的不足,用灵活多样的网络性市场交易合约替代官僚性质的科层性企业组织合约,并通过知识的累积和信息的节约体现出巨大的优势。因此,文化创意企业呈现出小型化、扁平化、个体化、灵活化的特点,"少量的大企业,大量的小企业"是行业的普遍现象,由此形成的网络化的现象也十分突出[1]。

(三) 存在的问题

1. 法律制度尚不完善

现阶段,我国文化创意产业的立法体系尚不完善,规范产业发展的法律法规以政策性文件为主,其中又以管理型法规居多,引导和激励市场主体发展的奖助法较少。文化创意产业领域的一般法缺失,当前在文化创意产业领域,由国家层面出台的法律仅有《中华人民共和国电影产业促进法》这一特别法。文化创意产业领域尤其是数字文创产业的知识产权保护力度不足。因为数字产品具有独特的属性,针对数字产品和服务的知识产权保护制度具有滞后性,而新模式和新问题的迅速迭代也对相关立法和监管工作不断地提出新的要求[2]。

2. 内容原创力不足

从商业化和产业化的角度看,现代文化创意已经不仅仅是艺术家脑中稍纵即逝的灵感,而是从灵感产生到市场价值实现的全过程。产业的目的是产生经济效益和社会效益,即与一般意义上的创新相比,文化创意的创新也包括了市场创新、组织创新等,并会运用大量的技术创新。在中国,虽然文化创意产业发展迅猛,但在创新性方面仍旧存在大量的效仿和跟风。创意同化和产品同质现象较为严重,文化创意领域内的许多产品没有生命力,只是简单地复制加工,内容趋同、照搬成风,掉入了虚假繁荣、创意贫瘠的瓶颈。

3. 缺乏完善的商业模式

文化创意产业与其他产业的加速融合催生了新业态的发展,但传统文化产业在数字化转型中面临阻力与障碍,主要体现在优质产品数量不足、缺乏成熟的商业模式等。我国数字文化企业发展速度较快,但总体来看,行业发展良莠不齐,优质产品数量不足。与发达国家相比,我国的文化创意产品以初级产品为主,科技含量低,产品附加值不高,文化市场仍以传统文化产品为主。在数字文化产业中的数字影音、游戏动漫等领域,与达到国际先进水平的数字企业相比,差距较为突出,在国际上的行业话语权受到限制。

4. 产业发展不均衡

目前,我国东部与中西部、城市与农村之间的数字鸿沟仍然存在。中国互联网络信息中心(China Internet Network Information Center,CNNIC)发布的第 50 次《中国互联网络发展状况统计报告》显示:截至 2022 年 6 月,我国农村网民规模为 2.93 亿,占整体网民的 27.9%,城镇网民规模为 7.58 亿,占网民整体的 72.1%;农村地区互联网普及率为 58.8%,而城镇地区互联

---

[1] 赵富森. "文化创意+"会展业融合发展[M]. 北京:知识产权出版社,2019:153-157.
[2] 后疫情时代的文创产业数字化发展[EB/OL]. https://www.shushangyun.com/article-6101.html. [访问时间:2023-01-07].

网普及率则为 82.9%[1]。从数字文化产业的区域分布来看,城市仍然是数字文化产业的主要聚集区,城市居民对文化创意产品和服务的接受程度更高。受制于数字基础设施建设、居民的收入水平、受教育程度、消费生活理念等多重因素的制约,与城市居民相比,农村居民的文化消费活动更为单一,从而导致文创产业发展相对落后[2]。

第三节 会展与文创的融合

会展业和文创产业的创新模式正在不断涌现,会展业与文创产业、电子商务、体育产业的融合为会展业的转型升级和创新发展带来了新机遇。会展业与传统文化产业的融合和交互也使传统文化产业呈现出勃勃生机,使文化会展业成为"十四五"规划中的热点之一。当前各类动漫展的办展热潮以及博物馆、美术馆等的文创热潮,正体现了文化创意产业与会展业的共赢发展趋势。会展业和文创产业的产业融合还表现在会展业越来越成为国内各级政府、各类社会组织和各行各业、各类企业宣传自身文化、提高自我形象的重要途径和形式,越来越成为社会大众乐于接受、喜闻乐见的重要平台和载体。全国各地各类节事节庆活动的创意性开展,各式各类国际文化、体育活动、赛事的举办,人民群众日益提高的对精神文明和文化娱乐活动的内在要求和迫切愿望,也为会展业日益与人民群众的社会文化和文化消费相互融合提供了广阔的发展前景。

一、产业融合的内涵

(一)产业融合的定义

产业融合是指不同产业或同一产业不同行业之间相互渗透、相互交叉,最终融合为一体,逐步形成新产业的动态发展过程。研究者们最早是从技术层面来认识产业融合的。1963年,美国学者内森·罗森博格(Nathon Rosenberg)在研究美国机械工具产业时发现,该产业是在钻孔技术、研磨技术等不同技术应用于不相干的产业时自然形成的,因而他将机械工具产业的形成过程称为技术融合[3]。麻省理工学院媒体实验室的创始人尼古拉斯·尼葛洛庞帝(Nicholas Negroponte)用了三个重叠的圆圈来考察计算机、广播业和印刷业之间的融合,并认为三个圆圈的交叉处是产业成长最快、创新最为频繁的领域[4]。谢恩·格林斯滕(Shane

---

[1] 第 50 次《中国互联网络发展状况统计报告》[EB/OL]. http://www.cnnic.net.cn/n4/2022/0914/c88-10226.html. [访问时间:2023-01-07].

[2] 后疫情时代的文创产业数字化发展[EB/OL]. https://www.shushangyun.com/article-6101.html. [访问时间:2023-01-07].

[3] Rosenberg N. Technological change in the machine tool industry: 1840-1910[J]. The Journal of Economic History, 1963, 23: 414-446.

[4] 李美云. 国外产业融合研究的新进展[J]. 外国经济与管理, 2005(12):12-27.

Greenstein)和韩太云(Tarun Khanna)两位学者则在1997年以数字融合为基础,将产业融合定义为"为适应产业增长而发生的产业边界的收缩和消失"[1]。瑞典学者乔纳斯·林德(Jonas Lind)的定义则更为直接,他认为融合是跨市场和产业边界进入壁垒的消失,是分离市场间的一种合并[2]。欧盟委员会1997年发布的《电信业、媒体业和信息技术部门融合绿皮书》中对产业融合的定义体现了系统性的融合理念,该报告对产业融合进行了细致的分析和深入的探讨,从综合性的角度将产业融合定义为技术与网络平台的融合、产业联盟和并购、服务与市场的融合,以及政策和规制框架的融合[3]。该报告发表后产生了广泛的影响,加拿大、澳大利亚等国家也相继颁布了产业融合的相关报告和文件。

我国学者对产业融合的研究大多也受到欧盟委员会报告等的影响。马健通过对国内外产业融合的分析,认为其比较规范和系统的含义可界定如下:科技进步以及产业管制的放松使产业边界和交叉处首先发生了技术融合,使原属产业的产品特征以及原来产业的市场需求发生改变,从而导致竞争合作状态在产业中的企业间发生调整,最终导致产业边界的日益淡化甚至消失[4]。傅玉辉认为,产业融合在产业边界的突破即新产业形态中起到了革命性作用,在物质融合、结构融合、组织融合、制度融合等协同合作基础之上,电信和传媒产业之间实现了产业融合[5]。李美云认为,产业融合是指以前各自独立、性质迥异的两个或多个产业出现产业边界的消弱或模糊化,而使彼此的企业成为直接竞争者的过程[6]。产业融合的结果是出现了新的产业或新的增长点。胡金星认为,产业融合是在开放的产业系统中,技术与标准等新奇事物的出现与扩散引起不同产业构成要素之间相互竞争、协同与共同演进而形成一个新兴产业的过程,其本质也是一个自组织的过程[7]。虽然学者们对于产业融合的界定有所不同,但基本都认同产业融合的形成过程需要经历技术创新、技术融合、产品与业务融合、市场融合等阶段。

(二)产业融合的类型

1. 按照产业性质进行分类

格林斯滕和汉纳按产业性质将产业融合分为两个维度,即替代性融合与互补性融合[8]。在此基础上,两个全新的维度被引入,即需求和供给,构成一个全新的矩阵,分别是需求替代性融合、需求互补性融合、供给替代性融合和供给替代性融合[9]。尼尔斯·斯蒂格利茨(Nils

---

[1] Greenstein S, Khanna T. What does industry convergence mean[A]//Yoffie D. Competing in the age of digital convergence[C]. Boston, 1997: 201-226.
[2] Lind J. Convergence: history of term usage and lessons for firm strategies[R]. Stockholm School of Economics, Center for Information and Communications Research, 2004.
[3] 信息产业, 影响和改变着其他行业, 成为后工业时代的一个典型特征[EB/OL]. https://baijiahao.baidu.com/s?id=17401087499279073978wfr=spider&for=pc. [访问时间:2023-01-07].
[4] 马健. 产业融合识别的理论探讨[J]. 社会科学编辑, 2005(3): 86-89.
[5] 傅玉辉. 大媒体产业: 从媒介融合到产业融合[M]. 北京: 中国广播电视出版社, 2008: 3-35.
[6] 李美云. 国外产业融合研究的新进展[J]. 外国经济与管理, 2005(12): 12-27.
[7] 胡金星. 产业融合的内在机制研究——基于自组织理论的视角[D]. 复旦大学博士学位论文, 2007.
[8] Greenstein S, Khanna T. What does industry convergence mean[A]//Yoffie D. Competing in the age of digital convergence. Boston, 1997: 201-226.
[9] 薛金霞, 曹冲. 国内外关于产业融合理论的研究[J]. 新西部, 2019(10): 73-74, 90.

Stieglitz)等将产业融合分为技术替代性融合、技术互补性融合、产品替代性融合和产品互补性融合四种[1]。

２．按照产业融合的过程进行分类

阿伊莎·马尔霍特拉(Ayesha Malhotra)将产业融合分为功能性融合与机构性融合：功能性融合(functional convergence)是当购买者认为两个产业的产品具有替代性或互补性时发生的融合；机构性融合(institutional convergence)是假设企业间产品存在相关性，那么在生产、销售等环节会发生融合。根据融合程度的不同，也分为功能和机构的高度融合，高功能和低机构，以及低功能和高机构三种不同的融合形式[2]。胡汉辉和邢华则把产业融合分为产业渗透、产业交叉和产业重组三类[3]。产业渗透是指高科技产品或工艺渗透到其他产业，实现大面积的推广应用，使传统产业得到改造；产业交叉是指通过产业间功能的互补和延伸实现产业融合，往往发生于高科技产业产业链自然延伸的部分；产业重组主要发生于具有紧密联系的产业之间，这些产业往往是某一大类产业内部的子产业。

３．按照融合技术的新奇程度分类

按照融合技术的新奇程度，弗雷德里克·哈克林(Fredrick Hacklin)等人将产业融合分为应用融合、横向融合和潜在融合三类。应用融合是基于问题提出解决方案，形成新的创造力；横向融合指的是新技术和已知技术组合，从而产生横向加强的融合类型；潜在融合指的是全新技术的融合，进而产生新技术并且带来突破性的解决方案[4]。

二、会展与文创融合的背景

(一) 会展业蓬勃发展

会展业作为一个新兴的服务行业，不仅是 21 世纪的朝阳产业，更与旅游业、房地产一起被并称为三大新经济产业。我国经济呈现出新常态，也就是在经济结构的对称态基础上的经济可持续发展和稳定增长。经济新常态是强调"结构稳增长"的经济，而不是总量经济，着眼于经济结构的对称态及在对称态基础上的可持续发展，而不仅仅是 GDP、人均 GDP 增长与经济规模最大化。经济新常态就是用增长促发展，用发展促增长。

在经济新常态的背景下，会展业作为现代服务业的重要增长点和文化产业的重要组成部分，成为国家层面积极培育的新兴产业。会展业作为"无烟产业""环保产业"，对国民经济有很强的拉动作用。密集的展会带来人流的同时也带来可观的经济收入。通过大力发展会展业，也能提升城市和国家形象和品牌，使外界对于当地的资源、条件、环境越来越认可，进而带动旅

---

[1] Gerum E, Sjurts I, Stieglitz N. Industry convergence and the transformation of the mobile communication system of innovation [R]. Phillips University of Marburg, Department of Business Administration and Economics, 2004.

[2] Malhotra A. Film strategy in converging industries: an investigation of U. S. commercial bank responses to U. S. commercial-investment banking convergence[D]. University of Maryland, College Park, 2001.

[3] 胡汉辉,邢华. 产业融合理论以及我国发展信息产业的启示[J]. 中国工业经济,2003(2):16-21.

[4] Hacklin F, Raurich V, Marxt C. Implication of technological convergence on innovation trajectories: the case of ict industry[J]. International Journal of Innovation and Technology Management, 2005(2): 313-330.

游、餐饮、娱乐等其他配套消费产业链发展。在经济新常态下,大力推动会展业的发展对经济又好又快发展以及调整经济结构产生了重要的影响和作用[1]。

"十三五"期间,我国展会面积和展会数量跃居全球首位。这一时期会展业的高速发展离不开2015年发布的《国务院关于进一步促进展览业改革发展的若干意见》等国家相关法律法规的规划和扶持。2021年3月,十三届全国人大四次会议审议通过了《中华人民共和国国民经济和社会发展第十四个五年规划和2035年远景目标纲要》(简称《"十四五"规划纲要》)。这项规划的通过和发布不仅对我国各行各业的经济发展起到了指导作用,同时也为会展业提供了前进的方向。对于会展业而言,如何结合经济发展战略抓住经济发展趋势,是未来亟须解决的问题。对于我国会展业的发展,《"十四五"规划纲要》中明确提出了"推动生产性服务业融合化发展""深化服务领域改革开放""促进国内国际双循环""推动进出口协同发展"等主要方向,说明会展业的转型势在必行。如前所述,会展业将不再局限于线下会展,而是线上线下协同发展,打破会展业的传统形态,提高服务效率和服务品质,构建优质高效、结构优化、竞争力强的会展业新体系。

此外,"一带一路"倡议也为会展业的发展提供了更加广袤的国际空间。"一带一路"(Belt and Road, B&R)是"丝绸之路经济带"和"21世纪海上丝绸之路"的简称,2013年9月和10月由中国国家主席习近平分别提出建设"新丝绸之路经济带"和"21世纪海上丝绸之路"的合作倡议。依靠中国与有关国家既有的双多边机制,借助既有的、行之有效的区域合作平台,"一带一路"倡议旨在借用古代丝绸之路的历史符号,高举和平发展的旗帜,积极发展与沿线国家的经济合作伙伴关系,共同打造政治互信、经济融合、文化包容的利益共同体、命运共同体和责任共同体。这也给会展业的发展注入了新的动力和机遇。在"一带一路"倡议背景下,各级政府高度重视市场经济监管机制的完善,通过税收优惠等各类助推政策为会展业走向专业化、特色化和国际化提供了政策保障。"一带一路"倡议也有利于会展业特色品牌的建设,优化会展业发展的空间格局,尤其是中西部地区的会展业将迎来新的发展契机。在"一带一路"倡议指引下,沿线地区和国家积极响应,会展业可以充分发挥其中介和交易功能、技术扩展功能以及整合营销功能。从单一的商业展览会到国家级的旅游节庆活动以及体育赛事,不仅为现代会展业提供了新的融资平台和创新活力,更为会展产业的转型升级提供了机遇[2]。

(二)文创产业崛起

在当代社会,各类产业的利润主要是靠领先的创新和进步来实现的,而文化创意产业正是创意密集的一个产业门类。文化创意产业在区域经济与社会发展中的引领作用已成为世界各国和地区政府的共识。我国对文化创意产业也日益重视。同时,文创产业作为低碳、绿色经济,也契合我国产业结构转型发展与经济结构调整升级的历史趋势。党的十九大报告指出,要"健全现代文化产业体系和市场体系,创新生产经营机制,完善文化经济政策,培育新型文化业态"。未来文化创意产业的发展是我国到2035年建成文化强国的重要组成部分,是国民经济

---

[1] 赵富森."文化创意"+会展业融合发展[M].北京:知识产权出版社,2019:9-10.
[2] 同上书:8-9.

中支柱性、先导性的组成要素。《"十四五"规划纲要》中更是明确指出：实施文化产业数字化战略，加快发展新型文化企业、文化业态、文化消费模式，壮大数字创意、网络视听、数字出版、数字娱乐、线上演播等产业；培育骨干文化企业，规范发展文化产业园区，推动区域文化产业带建设。从这一重大规划中可以看出我国政府对于文化创意产业发展的重视和支持。

各省区市也积极响应国家发展规划，因地制宜地提出了各地文化创意产业的发展规划，并出台了一系列指导和扶持政策。2017年，上海就出台了"上海文创50条"，即《关于加快本市文化创意产业创新发展的若干意见》（以下简称《意见》），通过50条具体措施，为进入新时代的人文之城建设"升级"提供强有力的体制机制保障。《意见》提出，未来五年，上海文化创意产业增加值占全市生产总值比重达到15%左右；到2030年，占比达到18%左右，基本建成具有国际影响力的文化创意产业中心；到2035年，全面建成具有国际影响力的文化创意产业中心。2021年4月，北京在《北京市国民经济和社会发展第十四个五年规划和2035年远景目标纲要》中提出，到2025年，力争文化产业增加值占地区生产总值比重达到10%以上，建设具有国际竞争力的创新创意城市；持续深化国家文创实验区建设，打造引领全国文化产业高质量发展的示范园区。2021年4月，广东省发布《广东省国民经济和社会发展第十四个五年规划和2035年远景目标纲要》，提出推动产业链创新链深度融合，优化提升文化产业链价值链，实施内容精品战略，培育原创内容精品，推进"版权兴业"工程，做强版权产业等。

由于统计指标的不同，目前我国文化创意产业的数据表现较平，但就其与科技的融合来看，实际上已经在国民经济中占有重要地位。在我国经济走向高质量发展的阶段，作为发展引擎的文化创意产业将带来新的蝴蝶效应。人民群众对美好生活的更高追求必将带来海量的文化需求，这无疑为未来塑造文化经济的新形态、实现文化强国提供了更强的动能[1]。

（三）会展文创的协同发展

文化创意是会展业的灵魂，而会展业是文化创意产业发展的重要平台。文创产业和会展业都秉承以人为本的基本理念，有着天然的密切联系。会展业一方面可以被纳入现代服务业，另一方面也可以被纳入文化创意产业。会展业是一个高度复合的产业，它最大的特点就是可以把相同、相近以及上下游的产业有机地组织在一起，面向社会及广大的受众群体宣传、推广、普及各个产业的最新成果。文化创意产业自身的发展也很少是孤立的，几乎都与其他产业融合并且达到共同发展。如在文化创意产业和会展业的结合中，创意给了会展业新的关注点和举办形式，而会展业给了创意产业更宽广的平台。两大产业的融合能产生"一加一大于二"的效果。

随着网络、数字通信等新技术的发展，文化创意产业的领域也在不断拓宽。全球化趋势不可阻挡，各国文化相互影响，文化对经济发展的作用巨大。会展业的可参与性使受众能够跨越空间距离身临其境，与文化创意产业、文化创意产品零距离接触，从而高效推动文创产业的发

---

[1] 文化创意产业发展现状[EB/OL]. http://www.ccidaily.com/html/2022126819.htm. [访问时间：2023-01-10].

展;文化创意产业则以新鲜感、创造力和相关技能为动力,在有限时间和空间里,用多样的方式带给人们全新体验,从而使人们获得精神层面的满足感。

会展业既是文化创意产业的有机组成部分,又是文化创意产业发展的重要平台。作为有机组成部分,会展业离不开文化创意产业,因为会展业本身就包含了大量的创意。会展产业与文化创意产业的协同发展已经成为一种必然趋势[1]。

三、会展与文创融合的类型

如前所述,依据不同的分类标准,产业融合呈现出不同的类型。从会展业和文创产业的融合表现来看,主要可以划分为以下三类。

(一) 技术融合

互联网的普及和信息技术创新促使信息产业成为其他产业的黏合剂,为产业融合提供了更多的可能。在现代信息技术发展的背景下,不管是会展业还是文化创意产业都更需要移动互联网、大数据、人工智能、云计算等各种数字化技术的支撑与加持。

会展是物流、人流、资金流、信息流的高度聚合。由于会展期间的资源消耗较多,会展举行时间短,参与者结构复杂,传统的线下会展业务在促进贸易方面存在诸多限制。随着移动互联网技术和多媒体视听技术的蓬勃发展,会展业也发生了巨大的变化。从在线注册系统,到二维码识别、移动客户端 App,再到线上会展、虚拟现实观展等,每一项新技术的出现都不断影响着传统会展业的运营习惯甚至思维方式,提升会展活动的效率、广度和深度。随着网络基础设施的完善和国内外客户的不断积累,会展业和云计算、大数据、物联网、移动互联网等新技术的结合将进一步加深,离散的产业资源也将得到进一步整合[2]。线上会展作为信息时代的产物,将是对传统会展的创新与突破,也将是现代化会展的重要组成部分。凭借国际领先的互联网科技,我国会展业也可以弯道超车,赢得后发优势,借助在线展览技术和大数据工具等,将会展的贸易效率和展览体验提升到前所未有的高度。

数字文化创意产业是一个以数字技术为主导、以文化创意为核心的战略性新兴产业,主要包括影视、游戏、网络文学、动漫、创意设计、虚拟现实和在线教育七个子领域。数字文化创意产业是信息技术与文化创意高度融合的产业形式,涵盖数字游戏、互动娱乐、影视动漫、立体影像、数字学习、数字出版、数字典藏、数字表演、网络服务、内容软件等,为三网融合、云计算、无线网络等新兴技术和产业提供内容支撑。数字文化创意产业从广义上来说属于信息消费。新冠疫情期间,以线上消费为主的数字文化产业出现爆发式的增长。一是疫情对数字文化产业用户习惯的养成来说是一个前所未有的机遇。疫情改变了人们的生活习惯,特殊时期形成的用户使用习惯在未来还会保持一定的惯性。二是疫情加速了直播与商业业务的结合,将推动

---

[1] 会议会展活动运营管理之关于文创产业与会展业发展的一些思考[EB/OL]. http://zhuanlan.zhihu.com/p/80899198. [访问时间:2023-01-13].

[2] 会展行业主要特征及行业主要壁垒[EB/OL]. https://www.reportrc.com/article/20200114/3315.html. [访问时间:2023-02-07].

新的线上服务场景的构建。三是疫情将推动传统文化产业的线上转型,加快线上线下融合发展趋势,为文化产业的高质量发展赋能[1]。

现代信息技术不仅使会展业和文创产业各自的疆域得到了拓展,而且还为会展业和文创产业之间的融合互通提供了技术桥梁。例如,会展元宇宙就是依托元宇宙技术融合会展业和文创产业的产物。元宇宙是平行于现实世界的一个虚拟世界或者说数字世界。阿里巴巴达摩院XR实验室的负责人谭平认为,元宇宙就是虚拟现实/增强现实眼镜上的整个互联网。全球数字资产商业银行将其定义为虚拟现实和增强现实与互联网融合的产物。清华大学的沈阳团队认为,元宇宙是下一代互联网应用和社会形态。会展元宇宙则是元宇宙在会展领域的垂直应用,或者说是会展场景在元宇宙之中的虚拟呈现,也就是由主办方或参展企业(品牌方)建立的,将元宇宙理念和技术应用在会展领域,提供新的营销和体验场景的技术应用的总称。会展元宇宙通常包括一个虚拟平台和八大基础服务:门户端和入口;数字分身(avatar);互动游戏;通信和交流;数字会展空间;虚拟漫游;虚拟展示;数据统计。除了传统会展的展示和交流功能,会展元宇宙还高度融合了数字文化创意产业中的数字游戏、互动娱乐、立体影像、数字出版、数字典藏和数字表演等形式,为会展业赋予了更为多元丰富的文化创意成分[2]。

(二) 产品融合

会展产品是指会展经营者基于会展参加者的整体需求,向会展参加者提供的用以满足其需求的会展经济活动及全部服务,包括会展细分行业及相关的旅游、交通、商业等行业提供的产品和服务。会展产品是一个整体概念,它是由多种成分组合而成的综合体,是构成和支持会展活动的各种元素的有机集合。会展产品的完整内涵应包括会展服务、会展设施、会展延伸或派生的服务等要素。其中,会展服务是会展产品的功能体现,是会展产品的内核,会展活动是会展产品的外在表现形式,是会展产品的构成主体[3]。会展业属于服务产业,所以会展产品在很大程度上具有无形性的特征,即会展企业无法直观地展现产品的外形、内部构成以及使用价值。这无疑加大了会展企业与其潜在客户进行有效沟通的难度。会展产品的客户在购买之前既无法看到,也不能试用,无法预计其使用效果,也不能预计其成本和效益,这必然会加大他们的购买风险。会展客户购买决策的依据往往是购买的附加服务、相关群体的口碑宣传、大众媒体宣传以及相关物品的外在表现[4]。

文创产品即文化创意产品,是指依靠人的智慧、技能和天赋,借助现代科技手段对文化资源、文化用品进行创造与提升,通过知识产权的开发和运用而产出的高附加值产品。文创产品是源于文化主题,经由创意转化,从而具备市场价值的产品,它由文化主题、创意转化以及市场价值三个方面共同构成。文创产品可以分为两个大类,即一体型文创产品与IP衍生型文创产

---

[1] 后疫情时代的文创产业数字化发展[EB/OL]. https://www.shushangyun.com/article-6101.html.[访问时间:2023-02-07].

[2] 什么是会展元宇宙?[EB/OL]. https://zhuanlan.zhihu.com/p/580322449.[访问时间:2023-02-07].

[3] 会展产品[EB/OL]. https://baike.baidu.com/item/%E4%BC%9A%E5%B1%95%E4%BA%A7%E5%93%81/8702297?fr=aladdin.[访问时间:2023-01-11].

[4] 展会的产品[EB/OL]. http://www.lps114.com.cn/430428.html.[访问时间:2023-01-11].

品。一体型文创产品以文创内容、产品载体、结合方式的融合作为核心点。一体型文创产品是某种文创内容与其对应的产品载体及结合方式,以特定的关系结合为一体。同时,其中的文创内容脱离此种关系的产品载体后无法独立存在,或无法再次与其他广泛的产品载体进行结合,因而"内容、载体、方式"三种条件形成了特定"一体化"关系。例如,将徽派建筑的元素与水墨艺术的风格进行融合作为文创内容,结合便笺纸这种载体,以特殊工艺效果作为文创内容与产品载体的结合方式,创作出的一体型文创产品,这种文创产品中的文创内容与结合方式很难以同样方式应用于其他产品载体。IP衍生型文创产品则以"文创内容"为核心,辅以"结合方式"。所谓IP,即知识产权,指"权利人对其所创作的智力劳动成果所享有的财产权利"。IP衍生型文创产品即从"文创IP"创作内容特色出发,衍生应用于市场现有产品载体,结合方式基本是在产品载体原有形态上进行表面结合(如通过印刷、雕刻等工艺),应用方式不改变产品载体原有特定结构[1]。

文创产品的有形性能够弥补会展产品的无形性,而会展业中的诸多品牌产品则恰恰能够为IP衍生型文创产品的开发与设计提供IP基础。例如,故宫博物院就衍生了一系列的故宫文创产品。从故宫国风胶带、千里江山图,到紫禁太平有象书签、脊兽钥匙扣等,各种独特的故宫文创扎根于中华五千年历史的脉络,带来收益的同时又起到了文化传播的作用。

(三) 空间融合

如前所述,会展业提供的主要是包括会展空间在内的无形的会展服务,而文创产业提供的更多的是有形的文创产品,所以会展文创的融合也表现为会展空间与文创产品的融合。特展就是会展业和文创产业在空间层面上融合的一个典型的例子。

特展也叫特别展览、临展、主题展览,原本主要在博物馆、美术馆举办。现在,特展正越来越受到大众的追捧,举办地点也越来越多样化。随着特展的发展,各地的艺术中心、画廊、文化中心、演艺中心、"网红"书店等文化空间、文创园区如雨后春笋般涌现出来,数量庞大,成为最受欢迎的特展举办地之一。北京市在2019年1月正式发布了33家首批北京市文化创意产业园区名单;截至2022年,上海有经认定的市级文创园区149家。北京建国门外的文创园"郎园Vintage",前身是万东医疗设备厂,原有的厂房变身为时尚的艺术中心和演艺中心。2019年8月9—11日,北京兰境艺术中心上演了"B计划试验所"(Plan B Lab)策划的《九宫矩阵》音乐光影艺术展。2019年7月11日,"达·芬奇IN成都全球光影艺术体验大展"在成都东郊记忆文创园区拉开了帷幕,这是致敬达·芬奇光影艺术展的第三站,主办方在东郊记忆文创园西大门入口处的空地上搭起2 000多平方米的空间,建成了12个展区。上海中心是目前已建成项目中中国第一、世界第二高楼,其地下公共大街经常举办各类艺术展览,形成一条"公共艺术长廊",在2019年还举办了庆祝新中国成立70周年系列展览。上海环球金融中心4层和94层双层联演的"OCEAN BY NAKED'如海·空间'沉浸式特展"于2019年7月13日—2020年2月16日举办,其中,4层讲述了一个在真实海洋中探索的故事,94层则想象了一个在云端海洋里

---

[1] 文创产品包括哪些内容[EB/OL]. https://xue.baidu.com/okam/pages/strategy-tp/index?strategyId=125032417619157&source=natural. [访问时间:2023-01-11].

畅游的幻境。

此外，特展还开始选择其他新型场地作为举办地，如景区/文旅小镇、科技馆、售楼处、机场、医院、书店等。无论国有企业还是民营企业投资建设的文旅小镇和新景区，其运营方都敏锐地捕捉到80后、90后甚至00后人群对艺术、娱乐的需求，积极引进、主办特展。比如，无锡拈花湾小镇在这方面便是佼佼者。2019年4月28日，拈花湾春季美好生活节及主题美陈装置亮相，吸引众多年轻人前往打卡。7月初，拈花湾引进了拥有百万粉丝的网红猫"吾皇"，互动、体验式五大展区遍布小镇，在暑期以"星光凉夏'猫'在拈花湾"为主题，通过景区夜游产品与自带流量的吾皇IP的契合，获得了良好效果[1]。

特展举办地的多样化显示了文创产业和会展业在空间上的不断融合，独特、个性化，不断突破传统藩篱的特展空间体现了文创产业的创意性实质，而"文创+会展"也为充分发挥这些新型空间的经济效益、文化效益和社会效益提供了契机。

四、会展与文创融合的效应

（一）促进传统产业创新

会展与文创产业融合有助于促进传统文化产业的创新，进而推进产业结构优化与产业发展[2]。由于产业融合容易发生在高技术产业与其他产业之间，产业融合过程中产生的新技术、新产品、新服务在客观上提高了消费者的需求层次，取代了某些传统的技术、产品或服务，造成这些产业的市场需求逐渐萎缩，在整个产业结构中的地位和作用不断下降。同时，产业融合催生出的新技术融合了更多的传统产业部门，改变着传统产业的生产与服务方式，促使其产品与服务结构升级，并使市场结构在企业竞争合作关系的变动中不断趋于合理化。当前的市场结构理论认为：如果将有限的市场容量和各企业追求规模经济的动向结合在一起，就会造成生产的集中和企业数目的减少；而在产业融合以后，市场结构会发生更复杂的变化。产业融合能够通过建立与实现产业、企业组织之间新的联系而改变竞争范围，促进更大范围的竞争。产业融合使市场从垄断竞争向完全竞争转变，经济效率得以大幅度提高[3]。

（二）提高产业竞争力

会展与文创产业融合有助于提高产业竞争力。产业融合与产业竞争力的发展过程具有内在的动态一致性。技术融合提供了产业融合的可能性，企业把融合过程融入各个运作层面，从而把产业融合的可能性转化为现实。不同产业内企业间的横向一体化加速了产业融合进程，提高了企业竞争力、产业竞争力。同时，产业融合对企业一体化战略也提出了新的挑战。产业融合中，企业竞争合作关系发生变革，融合产业内的企业数量不断增加，企业间的竞争加剧，企业的创新能力与灵活性被提升到新的战略高度。在这场技术革命与产业变革中，创新能力弱、

---

[1] 文创特汇展.博物馆、艺术空间、文旅小镇，日趋多元化的特展场地怎么选？——中国文创特展行业的发展现状和特点【二】[EB/OL].https://zhuanlan.zhihu.com/p/109180029.[访问时间：2023-01-13].

[2] 张义,张顺勇.会展导论[M].上海：复旦大学出版社.2009:176-194.

[3] 赵永辉.产业融合发展：结构调整的战略选择[J].浙江经济,2008(20):2.

灵活性差的企业会以更快的速度被淘汰出局[1]。

(三) 推动区域经济一体化

会展与文创产业融合有助于提高区域之间的贸易效应和竞争效应，加速区域之间资源的流动与重组。产业融合将打破传统企业之间和行业之间的界限，特别是地区之间的界限，利用信息技术平台实现业务重组，产生贸易效应和竞争效应。产业融合将促进企业网络的发展，提高区域之间的联系水平。产业融合带来的企业网络组织的发展将成为区域联系的主体，有助于打破区域之间的壁垒，增强区域之间的联系。产业融合加强了区域中心的扩散效应，有助于改善区域的空间二元结构[2]。

(四) 有利于民族文化的繁荣发展

改革开放以来，我国经济快速发展，国际地位大大提高，文化视野不断拓展，文化自信不断增强，这些都为中华民族伟大复兴提供了前所未有的历史机遇。习近平总书记指出："中华民族伟大复兴需要以中华文化发展繁荣为条件。"[3]这一重要论断深刻阐明了中华文化发展繁荣对于中华民族伟大复兴的重要意义。会展业与文创产业的融合对于进一步繁荣发展民族文化、增加文化自信力、提高国际竞争软实力来说，具有重要的推动作用。会展业与文创产业的融合有助于打造新型产业链，开拓国际文化传播平台。通过会展的传播作用，可以将我国优秀的文创产品向外输出；通过文化创意的加持，也可以进一步推动我国品牌会展的国际影响力和竞争力。会展业与文创产业的融合还有助于挖掘传统文化精华，提升文化亲和力。我国历史悠久的传统儒家文化为文化软实力提供了丰富的文化资源。儒家文化强调和而不同，以中庸之道来对待文化交流，对于承担交流功能的会展业来说无疑提供了一个重要的精神和理论内核。通过挖掘儒家文化的精髓，以创意的方式加以开发，以文创产品为载体，以会展为渠道进行传播，将大大提升我国民族文化的亲和力，推动中国文化不断走出国门、走向世界。

五、会展与文创融合中的问题与对策

(一) 会展与文创融合中的问题

如前所述，会展业是文化创意产业的有机组成部分，而创意是会展业的灵魂。会展产业的任何一个环节都离不开创意，可以说创意是任何一次会展乃至整个会展产业成功和成熟的关键。但目前在两者融合发展的初期仍然存在诸多问题。

1. 场馆和园区的盲目建设及同质化程度高

由于会展业和文化创意产业能够产生巨大的经济价值和社会效应，全国各地都迅速建起了各种会议展览馆和文化创意产业园区。一方面，各地区为建而建，盲目跟风建设，缺乏实际调研，在同一区域重复建设，导致展馆之间和文创产业园区之间形成不良竞争，对行业的发展

---

[1] 何立胜,李世新.产业融合与产业竞争力研究[J].产业与科技论坛,2006(1):3.
[2] 陈柳钦.产业发展的相互渗透：产业融合化[J].贵州财经学院学报,2006(3):31-35.
[3] 民族伟大复兴要以中华文化发展繁荣为条件[N].光明日报,2013-12-04(1).

起到了负面的作用。另一方面,这些硬件的投入没有以市场为导向,要么远大于会展活动和文创企业的实际需求,要么出现定位错误,导致展馆和文化产业园区空置率奇高,浪费严重。同质化的问题则特别体现在文化创意园区的建设上。国家对文化创意产业的重视使得创意产业园遍地开花。但由于经验不足或投机等原因,这些园区的建设脱离了本地实际情况,照搬其他地区现成的文化产业园,在定位、布局、产业结构等方面同质化严重,最后导致名为"创意"产业园区,实际却成为一个个位置不同,但定位和布局完全相同,甚至完全没有创意的场所。

2. 会展活动缺乏文化创意,缺乏相关人才

目前,我国高端会展、国际化会展、品牌化会展相对不足,这主要是由于会展业文化创意不足以及相关人才不足。国内有很多会展活动,无论在会展场馆的建设、会展活动的定位,还是在布置、营销、服务等方面都是流水线产品,缺乏新颖性。没有创意的融入,会展活动很难脱颖而出,也无法吸引关注。我国会展业和文化创意产业虽然发展迅速,但起步较晚,整个产业链还不够完善。专业的会展创意人才严重缺乏,完全满足不了众多会展活动的需要,导致会展创意产业很难快速发展。因为人才的缺乏,我国国际性会展的比重偏低,打造高质量会展活动的能力较弱。在拥有被誉为"中国第一展"的广交会的广州,仅有的几所开设会展专业和文化创意产业相关专业的院校,仍然存在招生数量较少、课程设置落后、实践操作匮乏以及大量毕业生跨专业择业等问题。这些问题不只出现在广州,也出现在全国各地。人才的缺乏最终导致会展创意产业发展动力不足。

3. 知识产权保护意识和力度不足

文化创意是会展业的核心竞争力,对文化创意的保护就是对核心竞争力的保护。但是在我国,从业者知识产权保护意识不足,对其他文化创意工作者缺乏尊重,加上法律制度的不完善,导致抄袭成风,知识产权保护不力,在很大程度上影响了会展业和文化创意产业的可持续发展。知识产权申请过程较烦琐,保护范围存在局限,互联网监管不力,维权成本高,处理效率低,这些问题导致知识产权的保护在我国较为落后,成为会展和文创产业融合发展的硬伤。

(二)会展与文创融合的对策

1. 合理规划场馆和园区的硬件投入

首先,应当加强对有关部门工作人员的专业培训,要求后续建设会展场馆和文创空间之前应当先出具场地选址与规模控制的合理性分析报告,对包括餐饮、交通、通信、人流量、住宿、配套设施维修等因素进行周全、科学的模拟与分析。其次,可以将馆内设施的配套设置及维护、馆内运营业务通过购买服务的方式,外包给有资质的专业企业,由其对场馆空间进行专业运营与维护。最后,应当定期对场馆和空间的商业活动承受力、人流量、设备需求量进行评估,及时调整接待能力。

2. 加大会展文创人才的培养力度

由于国际会展业和文化创意产业的发展,会展创意产业的市场需求与分工日益细化。这就要求对会展文创人才的教育进一步专门化和职业化。可以在吸引专业型会展人才和文化创

意人才以及分析把握市场人才供需信息的基础上,对相关专业学生进行定点、定向精细化培养。除了专业上的精细化培养,还要引导鼓励学生的创意思想,形成人才蓄水池。

3. 加大会展文创的知识产权保护力度

从国家层面加强对会展文创知识产权的保护意识,完善法律法规,简化知识产权申请的过程,适当拓宽保护范围,加强对互联网侵权的监管,降低企业和个人的维权成本,提升处理效率。从企业和行业层面提升对知识产权保护的认知,建立行业规范和监督机制,共同维护行业的良好秩序。在从业者个人层面也要加强教育,提升个人素质和修养,提高保护意识和能力[1]。

案例研读

博物馆展览文创的法国经验

博物馆文创产品作为博物馆展品文化的延伸,是会展业与文化创意产业融合的产物。提到历史悠久的文化大国法国,我们可能首先会想到时尚、浪漫的埃菲尔铁塔和巴黎圣母院,以及被载入西方艺术史的艺术大师塞尚、莫奈、杜尚等。这些丰富的艺术文化遗产使得法国博物馆拥有大量精美的藏品,也为法国博物馆文创的发展提供了基础。

在法国约有1 200座博物馆、1 500座纪念性建筑物、44 000座建筑物历史古迹,这也是法国可以吸引全球游客,成为世界第一文化旅游大国的原因。法国不仅拥有丰富的历史文化遗产,还拥有高度繁荣的文化创意产业。法国文化创意产业具有鲜明特色,其文创产业的发展模式是典型的国家主导模式,在博物馆文创开发与设计上也有自身的独特经验。

一、成熟的协同开发模式

法国博物馆文创产品开发有着近百年的历史,已发展出一套成熟的衍生品开发思路和模式,在产品创意、设计、生产、渠道、售后等方面形成了完整的产业链。文创产品的销售收入占博物馆收入比重很大,吸收借鉴其成功经验对我国博物馆衍生品开发将十分有益。

在法国,法国国家博物馆联合会(RMN)与卢浮宫、凡尔赛宫、卢森堡博物馆等32所知名博物馆协同开发馆藏复制品、衍生品。时至今日,法国国家博物馆联合会已开发数千种商品,艺术年代跨越时空,各类别皆有,商品更畅销全球各地。该联合会下设38个实体商店,每年光顾实体店的顾客超过300万人次,年销售额超过5 200万欧元。例如,在塞纳河畔的卢浮宫收藏着大量古埃及、古罗马、古希腊和东方的古董以及绘画、雕塑、素描、工艺美

---

[1] 邱越. 会展业与文化创意产业融合发展研究[D]. 四川省社会科学院硕士学位论文,2018.

术等藏品,每天接待游客近1.5万人,旺季高达8万人次以上。馆内设置了种类不同的文创产品店,其中大多利用著名的画作、雕塑及其文化背景进行文创产品塑造,如《米洛的维纳斯》《胜利女神之翼》等文物缩小件销量位列法国国家博物馆联合会各商店销售前十。

法国对国有博物馆文创产品的开发实行集中授权管理。以卢浮宫为例,在博物馆文创产品的开发中,卢浮宫博物馆不直接作为授权方,而是委托授权经纪方,即法国国家博物馆联合会-大皇宫对外处理授权事宜。通过平台授权的方式,依照委托合同,法国国家博物馆联合会-大皇宫负责设计的相关事宜。卢浮宫博物馆在产品开发中不直接参与商业经营,将产品开发的权利交给委托方。这样卢浮宫博物馆可以集中行使博物馆的收藏、研究、展览、教育等主要职能。法国国家博物馆联合会-大皇宫和包括卢浮宫在内的多家博物馆集体签订了委托合同,免去了分别授权的环节,可以更好地进行相关的设计生产等工作。

法国国家博物馆联合会-大皇宫是2011年由法国国家博物馆联合会与法国大皇宫合并而成的法国文化与新闻部下属的公共文化机构,其前身是创建于1895年的法国国家博物馆联合会。1991年,法国政府通过与博物馆有关的政令,法国国家博物馆联合会成为在法国文化部监督下在工业和商业领域运作的国家公共机构。经过改革,法国国家博物馆联合会和大皇宫在法律上的身份是拥有商业性质和文化机构双重属性的工商业性质的公共机构。

1934年以来,法国国家博物馆联合会引领了法国展览目录的出版,每年出版大约50本关于展览和艺术史的新书。法国国家博物馆联合会为了追求创新,不断开发新的领域,覆盖范围广泛,从文学到青年出版社,再到电子出版和展览专辑的数字化,不断延续其文化经营。20世纪70年代以来,法国国家博物馆联合会和大皇宫还一直在和外界联合制作博物馆文化电影[1]。

二、多措并举开发展览类衍生品

据法国国家博物馆联合会文创产业总监玛丽安娜·勒桑普勒(Marianne Lesimple)介绍,该机构在衍生品开发方面有两种模式,即展览类衍生品开发和馆藏展品开发。博物馆常年举办各种展览,与展览相关的画册和文创衍生品往往购买率非常高。因为涉及的艺术家、艺术风格较多,工作内容较多,所以在法国,展览类衍生品大多单独开发运作。以画展为例,如何在画家诸多作品中选出合适的画作进行衍生品开发呢?

法国国家博物馆联合会的做法是,选出最能代表画家艺术特点的画作。选图后,制作团队要确定作品风格,一般制作风格分经典风和艺术风:经典风往往以经典的油画产品为主,颜色相对素雅;艺术风的产品则多是更具现代感的油画。值得注意的是,该机构在制作任何风格的产品时都会做一些限量版的产品,这些限量版帆布手提袋、小钱包等只能在博物馆买到,在网上和分销渠道都无法购买。限量版产品定价高、数量少,但因为稀缺,往往更畅销。

---

[1] 崔萌.法国卢浮宫博物馆文创产品开发模式研究[D].西北大学硕士学位论文,2020.

同时，法国国家博物馆联合会还会授权其他品牌开发展览衍生品，通过与其他品牌合作，扩大展览的影响力。该联合会鼓励合作机构开发不同种类、独具特色的衍生品。例如，展览衍生品板块越来越看重儿童市场，开发了一系列儿童限量版画作衍生品，在T恤、魔方、拼图、铅笔、胶带、徽章等日用品上印制儿童特色的画作图案，开拓儿童消费市场和礼品市场。

以卢浮宫为例，卢浮宫博物馆商店的文创产品涵盖面较为广泛，产品共计两千余种，大致可以分为藏品复制品和仿制品、出版物、音像产品以及文化产品四类。

（一）藏品复制品和仿制品

卢浮宫博物馆的手工工坊以馆藏品作为开发对象，按照传统工艺进行开发制作，制成铜版画、雕塑作品等藏品复制品和仿制品。文物复制缩小件如《萨莫色雷斯的胜利女神》等衍生品是销量最佳的产品之一，提供多种颜色，如原色、白色、蓝色、绿色、黑色、浅蓝、红色等。铜版画有现代艺术、博物馆杰作、当代创作等，涉及法国历史、巴黎、建筑、自然历史等，如《狄安娜出浴》、巴黎圣母院的塔楼、老佛爷肖像画，以及达·芬奇的绘画系列作品等。雕塑作品有欧洲艺术、伊斯兰艺术、东方和埃及古物、古罗马艺术、亚洲艺术、非洲和大洋洲古物、史前古物等，如《端坐的书记员》、阿梅诺菲斯二世头像、图坦卡蒙雕塑等。此外还提供定制的产品，根据需要可以订购绘画或者雕塑作品，有动物、现代艺术、纪念碑、静物写生、景观、照片、肖像、历史场景等，并提供多种不同的尺寸和价位选择，以及纸质和画布两种材质。

（二）出版物

出版物的装帧选取博物馆的镇馆之宝《蒙娜丽莎》以及卢浮宫和玻璃金字塔等标志元素作为封面。博物馆指南有《字母顺序排序版藏品指南》和《家庭参观指南》，以及包含了各大藏馆的将近600件藏品的卢浮宫藏品指南。由卢浮宫保管员尼古拉斯·米洛瓦诺维奇（Nicolas Milovanovic）所著的《1小时30分参观卢浮宫》仅在2018年12月初的销售量就超过5 700份，起初只有英法两种语言，后来又翻译成中文、日文、俄文、西班牙文、德文、葡萄牙文、韩文等语言版本。还有展览目录漫画书、文化DVD、展览专辑、公众读物、卢浮宫《大画廊》报纸、科学出版物、会议记录、儿童读物、儿童漫画书、漫画书等。2007年以来，《卢浮宫杂志》期刊出版了超过600期。《卢浮宫杂志》由著名作家、策展人、艺术史学家、作家、艺术家和嘉宾等撰写。卢浮宫博物馆每年都在推出新的出版物，在2018年增加了42种出版物。

（三）音像产品

卢浮宫博物馆致力于音频视频产品的开发，使得博物馆文化在电视或社交媒体上得到了广泛的传播，如卢浮宫YouTube视频频道。卢浮宫博物馆推出的DVD将卢浮宫中的珍宝按照路线制成了一个小时长的游览路线导览，并提供中文、英语、日语、法语、俄语、西班牙语的语音解说。2018年，卢浮宫博物馆制作了一部52分钟的围绕艺术家欧仁·德拉克洛瓦(Eugène Delacroix)的展览的新纪录片。这部纪录片已经在法国5家电视台播出，在卢浮宫学校和博物馆礼堂放映，并以DVD的形式出版发行。

（四）文化产品

卢浮宫博物馆的文化产品是以其博物馆藏品文化元素为创作出发点，并结合临时展览，通过和设计师的合作，交付专业厂商开发生产的文化产品。文化产品包括专为儿童设计的产品，海报和文具，装饰品，时尚、美容产品与首饰，铜版画以及雕塑等。其中：文具包括笔记本和册子、日历和日程表、明信片、文件夹等；装饰品有冰箱贴、马克杯、靠垫、餐桌等；时尚、美容产品与首饰包括唇膏、香薰、化妆包等。针对观众的需要，在圣诞节等重要节日期间，还会推出带有节日元素的产品，如在圣诞期间推出的拿破仑人形偶、十字架珍珠挂坠、圣诞装饰球等，观众可以挑选作为节日装饰或者礼品赠送[1]。

三、推陈出新，从体验入手

拥有丰富的馆藏品是博物馆的第一要义。馆藏品的衍生品开发要关注不同类型游客的不同需求。对于首次到访博物馆的游客，重在提供优质的旅游体验，衍生品种类多样且方便购买至关重要；衍生品商店要吸引多次来访的游客，还必须不断推出新产品，衍生品的更新频次要高，这样游客每次都会有不同的体验，消费需求才会增加。

以卢浮宫镇馆之宝《蒙娜丽莎》为例，将其与当下的潮流结合，就会为游客带来全新的感觉。以此为思路，卢浮宫最"萌"的一件纪念品就这样诞生了——面向儿童读者的卢浮宫导览册。在这本导览的封面上，蒙娜丽莎的怀里多了一只小猫，这只小猫正准备畅游卢浮宫，蒙娜丽莎则为小猫充当向导。依托蒙娜丽莎这一大IP，开发吸引当下消费者喜欢的衍生品，不仅可以提高客单价，还为游客提供了更多选择，吸引游客多次造访。

此外，法国经验还指向了丰富的礼品类产品，在礼品类中特别深耕儿童礼品和珠宝类礼品的设计。依托卢浮宫丰富的珠宝馆藏，结合时尚发展趋势打造的高端商品珠宝和个人配饰，因设计精美、极具创意而广受好评。当然，这也与法国高度发达的时尚产业紧密相关。

不过，法国国家博物馆联合会在衍生品开发方面也存在一些问题，其设计的产品相对传统和保守。颇具先锋精神的文创公司Arteum正在挑战该联合会在法国博物馆衍生品开发领域的垄断地位。Arteum公司开发的衍生品更偏重实用性、更新潮，并进行了可穿戴设备的尝试，不再拘泥于传统的复制、仿制，越来越受到年轻群体的喜爱。但不可否认的是，法国国家博物馆联合会衍生品开发的体系化经验十分值得学习借鉴，在流程化的基础上进行创新，将更加有益[2]。

---

[1] 崔萌.法国卢浮宫博物馆文创产品开发模式研究[D].西北大学硕士学位论文,2020.
[2] 博物馆衍生品开发的法国经验[EB/OL]. https://baijiahao.baidu.com/s?id=1630843602339501924&wfr=spider&for=pc.[访问时间:2023-02-07].

思考题

1. 我国有哪些会展业产业带？
2. 会展业的未来发展趋势是什么？
3. 文创产业有哪些范畴？
4. 我国文创产业发展中有哪些现存的问题？
5. 会展文创融合有哪些类型？能产生什么样的效应？
6. 会展文创融合中存在哪些问题？应该如何加以解决？

本章参考文献

[1] 薛可,余明阳.文化创意学概论[M].上海:复旦大学出版社,2021.

[2] 马骐.会展策划与管理[M].北京:清华大学出版社,2011.

[3] 刘松萍,李晓莉.会展营销与策划[M].3版.北京:首都经济贸易出版社,2015.

[4] 张俊竹,苏镜科,尹铂.会展设计[M].北京:化学工业出版社,2019.

[5] 赵富森."文化创意+"会展融合发展[M].北京:知识产权出版社,2019.

[6] 苏文才.会展概论[M].北京:高等教育出版社,2004.

[7] 钱穆.文化学大义[M].济南:山东人民出版社,1990.

[8] 余秋雨.文化到底是什么?[N].光明日报,2012-10-14.

[9] 白庆祥,李宇红.文化创意学[M].北京:中国经济出版社,2010.

[10] 金元浦.我国文化创意产业发展的三个阶梯与三种模式[J].中国地质大学学报(社会科学版),2010(1):26-30.

[11] 李美云.国外产业融合研究的新进展[J].外国经济与管理,2005(12):12-27.

[12] 马健.产业融合识别的理论探讨[J].社会科学编辑,2005(3):86-89.

[13] 傅玉辉.大媒体产业:从媒介融合到产业融合[M].北京:中国广播电视出版社,2008.

[14] 胡金星.产业融合的内在机制研究——基于自组织理论的视角[D].复旦大学博士学位论文,2007.

[15] 薛金霞,曹冲.国内外关于产业融合理论的研究[J].新西部,2019(10):73-74,90.

[16] 胡汉辉,邢华.产业融合理论以及我国发展信息产业的启示[J].中国工业经济,2003(2):16-21.

[17] 张义,张顺勇.会展导论[M].上海:复旦大学出版社,2009:176-194.

[18] 赵永辉.产业融合发展:结构调整的战略选择[J].浙江经济,2008(20):2.

[19] 何立胜,李世新.产业融合与产业竞争力研究[J].产业与科技论坛,2006(1):3.

[20] 陈柳钦.产业发展的相互渗透:产业融合化[J].贵州财经学院学报,2006(3):31-35.

[21] 我国会展行业现状及发展趋势分析 未来行业将超数字化转型[EB/OL]. https://www.chinabaogao.com/market/202209/608648.html.[访问时间:2023-01-05].

[22] 会展业未来发展的9大趋势[EB/OL]. https://baijiahao.baidu.com/s?id=1712133320550343145&wfr=spider&for=pc.[访问时间:2023-01-05].

[23] 朱琳.会展业发展的五个趋势[EB/OL]. http://www.hweelink.com/articles/2538.html.[访问时间:2023-01-05].

[24] 文化产业分类:六年之变透露出哪些信息[EB/OL]. https://news.gmw.cn/2018-05/02/content_28580768.htm.[访问时间:2023-01-07].

[25] 我国文化创意产业现状概述[EB/OL]. https://www.guayunfan.com/lilun/959444.html.[访问时间:2023-01-07].

[26] 后疫情时代的文创产业数字化发展[EB/OL]. https://www.shushangyun.com/article-6101.html.[访问时间:2023-01-07].

[27] 信息产业,影响和改变着其他行业,成为后工业时代的一个典型特征[EB/OL]. https://baijiahao.baidu.com/s?id=17401087499279073978&wfr=spider&for=pc.[访问时间:2023-01-07].

[28] 文化创意产业发展现状[EB/OL]. http://www.ccidaily.com/html/2022126819.htm.[访问时间:2023-01-10].

[29] 崔萌.法国卢浮宫博物馆文创产品开发模式研究[D].西北大学硕士学位论文,2020.

[30] Rosenberg N. Technological change in the machine tool industry: 1840-1910[J]. The Journal of Economic History, 1963, 23:414-446.

[31] Greenstein S, Khanna T. What does industry convergence mean[A]//Yoffie D. Competing in the age of digital convergence. Boston,1997:201-226.

[32] Lind J. Convergence: history of term usage and lessons for firm strategies[R]. Stockholm School of Economics, Center for Information and Communications Research, 2004.

[33] Gerum E, Sjurts I, Stieglitz N. Industry convergence and the transformation of the mobile communication system of innovation[R]. Phillips University Marburg. Department of Business Administration and Economics, 2004.

第二章

会展文创理论、原则与历史沿革

学习目标

学习完本章,你应该能够:
(1) 了解会展的基础理论;
(2) 了解文创的基础理论;
(3) 了解会展文创的基本原则;
(4) 了解会展文创的历史沿革。

基本概念

会展文创　基础理论　基本原则　历史沿革

第一节 会展文创的基础理论

一、会展基础理论

(一)服务经济理论

1. 服务经济的内涵

美国著名经济学家维克多·富克斯(Victor Fuchs)在《服务经济学》中提出:"美国现在正在经济发展方面开创一个新时期。在第二次世界大战结束以后,这个国家已经成为世界上第一个'服务经济'国家,即第一个一半以上就业人口不从事食物、衣着、房屋、汽车或其他实物生产的国家。"富克斯用服务业就业占全部从业人员比重来判断"服务经济时代"[1]。所谓服务经济(service economy),就是以人力资本基本生产要素形成的经济结构、增长方式和社会形态。服务经济可以被量化为两个指标:一是服务业在国民经济中要占有绝对比重;二是生产者服务业在服务业中要占有相当比重[2]。

从全球经济结构的演进规律来看,服务业主导的经济结构转型和变革,以及由此所表现出来的农业、工业和制造业增加值在GDP中占比的下降和服务业增加值在GDP中占比的上升,正在成为一种不可逆转的潮流和趋势。2022年9月世界银行公布的《全球服务贸易创新趋势报告2022》中表明,服务业增加值占全球GDP比重已超60%,为服务贸易的较快发展奠定了坚实的产业基础。根据我国商务部公布的数据,2022年我国服务进出口总额59 801.9亿元,同比增长12.9%。2022年,我国服务出口28 522.4亿元,增长12.1%;进口31 279.5亿元,增长13.5%;逆差2 757.1亿元[3]。我国服务业规模持续扩大,对GDP的贡献率明显提高;服务业就业增长同样显著,已经成为吸纳劳动就业的主要渠道;同时,服务业也已经成为外商投资最为青睐的领域。这些都表明,我国已进入服务经济时代。

2. 服务业与经济发展阶段

(1) 罗斯托的五阶段理论。美国经济史学家沃尔特·罗斯托(Walt Rostow)是非均衡经济发展理论的代表人物之一。他提出经济发展存在五个主要阶段,即传统社会阶段、为起飞创造前提条件阶段、起飞阶段、向成熟推进阶段,以及高额消费阶段。后来,罗斯托又在高额消费阶段后面加上一个追求生活质量阶段。

罗斯托所说的传统社会阶段,是指人类的生产力水平低下,生产完全受自然条件的限制,生产活动集中于农业部门,生产的扩张主要靠人口和土地的增长的阶段。为起飞创造前提条

---

[1] 中国快速迈向服务经济时代[EB/OL]. https://baijiahao.baidu.com/s?id=1642435207654137401&wfr=spider&for=pc. [访问时间:2023-02-08].
[2] 郭岚. 上海现代服务经济发展研究[M]. 上海:上海社会科学院出版社,2011:6-9.
[3] 2022年我国服务贸易接近6万亿元[EB/OL]. https://www.cet.com.cn/cjpd/yw/3316443.shtml. [访问时间:2023-02-08].

件阶段是由传统社会向起飞阶段的过渡时期,这是一个激烈的动荡期,社会观念、文化价值和制度都在发生深刻变化,在经济上逐步表现出社会商业化的趋势。在起飞阶段,经济进入快速增长的稳定时期,新的价值结构已经建立并成为主流;在产业结构上,主要表现为现代部门的增长,传统产业如农业已经实现了产业化。向成熟推进阶段主要是依靠技术进步以达到高度物质文明,可以说是纯技术阶段。这一阶段基本的社会政治和文化结构是稳定的,变化主要体现在由技术进步引起的主导产业的变化上。到了高额消费阶段,大部分人的衣食住行完全得到满足,人口高度城市化,就业劳动力高度白领化,物质财富高度发达,出现社会福利化的资源配置方式。追求生活质量阶段是社会经济发展过程中继起飞阶段之后的又一次关键性突变。在追求生活质量阶段,人们向往优美的环境、清新的空气、舒适的生活和精神方面的享受。人类社会不再以生产有形产品为主,转而生产无形产品,即提高服务品质,因此,以服务业为代表的提高人们生活质量的有关部门就成为主导部门[1]。

如果将为起飞创造前提阶段、起飞阶段、向成熟推进阶段、高额消费阶段概括为高速增长阶段,而将追求生活质量阶段称为高质量发展阶段,那么我国目前无疑已经进入高质量发展阶段。正如习近平总书记指出的,现阶段,我国经济发展的基本特征就是由高速增长阶段转向高质量发展阶段[2]。在这一阶段必须要从供给侧发力,推进产业基础高级化和产业链现代化,发展以会展业等为代表的服务产业。

(2) 贝尔的三阶段理论。美国社会学家丹尼尔·贝尔(Daniel Bell)提出了以后工业社会理论为核心的人类社会发展的三阶段理论。他认为人类社会发展存在三个阶段。

第一阶段:前工业社会。这是在传统制度下构造起来的农业社会,社会生产率低下,生产主要满足基本生活需要,社会活动的基本单位是大家庭。

第二阶段:工业社会,即商品生产社会。这是由机器统治的社会,是一个技术化或工具理性化的世界,人、物质和市场被组织起来只是为了商品的生产和流通。

第三阶段:后工业社会。这个社会的基础是服务,因而后工业社会是服务社会;知识、科学和技术在社会生活中占据主要地位;专业人员和技术人员具有突出的重要性;价值体系和社会控制方式也发生了变化,财富的来源不再是体力、能源,而是信息。

贝尔还指出,服务业在经济中的比重与经济发展水平的关系并非简单的线性关系,因而要将后工业社会中的服务业与在此之前发展的服务业加以区分,以突出后工业社会作为服务社会的独特性。为此,他将服务业的发展划分为三个阶段:在前工业社会中,生产率低,剩余劳动多而素质差,因而服务业主要为个人服务和家庭服务;在工业社会则是以与商品生产有关的服务业(如商业服务)为主;在后工业社会则是以知识型服务和公共服务为主[3]。

3. 服务经济相关理论

(1) 配第-克拉克定律。这一定律主要揭示了经济发展过程中劳动力在三次产业结构变化

---

[1] 高曦,杨可扬. 罗斯托经济增长阶段论概述[J]. 法制与经济,2022,31(1):117-120.
[2] 中共中央党史和文献研究院. 十九大以来重要文献选编(上)[M]. 北京:中央文献出版社,2019:138.
[3] 郭岚. 上海现代服务经济发展研究[M]. 上海:上海社会科学院出版社,2011:6-9.

中的规律。配第-克拉克定律首先由威廉·配第(William Petty)在1691年提出,后来柯林·克拉克(Colin Clark)在配第研究成果的基础上,进一步分析了经济发展和劳动力在产业间的分布和变化趋势。配第基于早期地理大发现带来的海上贸易的发达,发现工商农三业之间的收入差异,认为工业收益比农业多,而商业收益又比工业多,这种收益差距会促使劳动力由低收益部门向高收益部门转移。克拉克进一步扩大了研究视角,使考察周期覆盖完整的第二次工业革命。在著作《经济进步的条件》(1940)中,克拉克进一步描述了三大产业的内涵,即第一产业以农业为主,第二产业是制造业,其他经济活动均归入第三产业。他认为,由于在不同产业间存在收入差异,随着人均国民收入的持续提高,劳动力将从第一产业向第二产业转移,最终流向第三产业,并将持续一定经济时期。克拉克认为他的研究发现只是印证了配第的观点而已,因而后人把克拉克的发现称为配第-克拉克定律。

(2)库兹涅茨法则。美国经济学家西蒙·库兹涅茨(Simon Kuznets)在克拉克研究的基础上,在《现代经济增长》(1966)和《各国的经济增长——总产值和生产结构》(1971)等著作中,进一步搜集和整理了欧美主要国家的长期经济统计数据,从劳动力分布和国民收入两方面对产业结构与经济发展的关系进行了分析。

国民经济是一个有机整体,与此对应的经济结构中包含诸多相互关联的子结构,其中产业结构是其基本的结构形态,因为产业结构的形态决定了一国经济增长的格局。库兹涅茨对部分国家和地区农业、工业和服务业三个部门在总产值和总就业中的份额进行了横截面考察,所提炼出的法则表明,不同部门的劳动力分布和产值份额随人均国民总收入的增加而呈现出规律性的变化:农业(包括林业、渔业和狩猎业)部门产值在国民总收入中的比重和劳动力在全部劳动力中的比重与人均国民总收入呈负相关关系,处于不断下降之中,且前者的下降程度超过后者;工业部门产值占国民总收入的比重不断上升,而劳动力比重大致保持不变;服务业的劳动力占全部劳动力的比重几乎都是上升的,但其产值占国民总收入的比重基本不变或者略有上升[1]。

(3)钱纳里标准产业结构模型。霍利斯·钱纳里(Hollis Chenery)和摩西·塞尔昆(Moshe Syrquin)借助多国模型,研究了各国在经济增长过程中产业结构的变动规律。他们认为,在经济发展过程中,产业结构的变动趋势具有很高的一致性,由此提出了产业结构的二阶段动态发展模型,即初级产品生产阶段、工业化阶段和发达经济阶段。初级产品生产阶段以农业为主,全要素生产率提高得极为缓慢。工业化阶段中,制造业开始超过农业,对经济增长产生主要贡献。到发达经济阶段,制造业在国民总收入和就业中的比重开始下降,社会基础设施对经济增长的贡献超过制造业。在三个阶段中,服务业的增长贡献率始终是最大的。该模型中所说的社会基础设施目前有相当一部分被列入了服务业的范畴。同时,其发达经济阶段并不完全等同于现在广义所指的工业化后服务业超过制造业占据主导地位的阶段,而是特指社会基础设施贡献超过制造业的阶段。因此可以认为,该模型中的社会基础设施与服务业加总的广义服

---

[1] 库兹涅茨法则的基本概念以及三次产业的关联结构性[EB/OL]. https://baijiahao.baidu.com/s?id=1707609083179278287&wfr=spider&for=pc.[访问时间:2023-02-08].

务业增长速度大大超过制造业部门的增长速度,从而使得前者在经济增长中的贡献也开始大大超过后者,其中尤以社会基础设施类服务业的增长为甚,这些特征共同形成了发达经济阶段[1]。

4. 发展服务经济的措施

从国外大都市的发展特别是发展转型过程来看,政府都以积极的态度,采取各种措施推进服务经济发展。归纳起来,大致有以下六个方面的主要做法。

(1) 成立专门的服务业发展机构。例如,纽约市政府商务部门分别与能源、环境保护、卫生、教育等相关机构和行业协会的官员组成促委会,东京经济财政咨询会议和金融厅这两大政府机构成立了服务业专门研究小组。

(2) 制定产业发展总体规划,明确城市服务功能定位。例如:纽约定位为全球金融服务业和商业中心;东京定位为全球金融和商务中心,将东京及附近地区改造成以知识和信息为基础的产品基础;中国香港地区定位为国际金融、贸易和航运中心,发展金融、物流、资讯等服务业。

(3) 出台系列产业发展政策。例如:纽约制定了"曼哈顿振兴计划"这一综合经济激励政策,包括商业振兴项目和曼哈顿能源项目两部分,鼓励商业、零售业和住宅业等相关产业的发展;新加坡政府在金融、跨国运营总部、采购中心等方面都出台过相应的优惠政策,具体措施包括税收优惠、简化审批手续、城市基础设施优先安排等。

(4) 积极改善发展环境。例如:英国曼彻斯特市政府着力解决了住房、公共运输、园区土地供应等影响服务企业的问题;日本政府颁布了新版经济成长战略,制定培训人力资源、利用信息技术等政策来改善服务业发展环境。

(5) 大力培育和发展服务外包。例如,韩国将服务外包提升至战略高度加以培育,建立"外包服务提供商数据库""外包服务需求企业"等网上检索系统,对外包服务企业实行"国家公认资格证书"制度,每年进行一次"外包产业不公正行为实际调查",等等。

(6) 为中小服务企业提供支持和服务。具体包括,通过减轻中小企业行政负担和放松管制来改善中小服务企业的经营环境,如简化中小企业注册、登记和申请程序等[2]。

(二) 市场分工理论

产业是国民经济中以社会分工为基础,在产品和劳务的生产和经营上具有某些相同性质的企业或单位及其活动的集合[3]。分工理论是产业和产业集群形成和存在的基础。会展业也不例外。

1. 巴朗斯基的分工理论

在苏联经济地理学家尼古拉·巴朗斯基(Nikolay Baranskiy)的研究中,他把区域分工理解为社会分工的空间形式。由于自然条件的差异,区域分工可以分成两种情况:一种是一个国家/地区完全不能生产某种商品,为了本国/本地区的消费,必须从另一个国家/地区引入;另一

---

[1] 汪欢欢. 数字经济时代的服务业与城市国际化[M]. 杭州:浙江工商大学出版社,2020:65-89.
[2] 周振华. 城市转型与服务经济发展[M]. 上海:格致出版社,2009:3-31.
[3] 简新华,马迪军. 论社会主义资本理论的几个难题[J]. 当代经济研究,2003(4):11-14,32-73.

种是一个国家/地区可以生产某种商品,但是生产的成本相对于另一个国家/地区来讲太高,因而出于本国/本地区收益最大化的考虑,也会从另一个国家/地区引入该商品,即分为绝对和相对两种情况。可见,形成区域分工的条件在于至少存在两个国家/地区,其中一个国家/地区为另一个国家/地区劳动,并且这种商品能够在两个国家/地区之间流动,从而促使商品的生产地和消费地不在同一个国家/地区。巴朗斯基认为,区域分工之所以形成并不断发展是受经济利益驱动的,在历史中看到的地理分工方面的巨大发展,其原动力就是因实现地理分工而获得的经济利益[1]。

2. 马克思的分工理论

马克思非常强调分工的重要性,甚至认为一个民族的生产力水平可以在该民族分工的发展程度上体现出来,并且生产力的发展只要不是由量的扩大造成的,都会引起分工的进一步深化。马克思将分工分为两类:一类是劳动的社会分工,即"第一类分工";另一类是工厂内部的分工,即"第二类分工"。相关的主要观点包括以下三个方面。

(1) 分工的本质在于它是生产的基本形式,也是社会劳动的基本形式,是社会的基本结构。

(2) 分工的发展和规模不能超越生产力的发展水平,而且分工的发展还受制于同期社会的需求规模和社会所能提供的剩余劳动量。

(3) 随着生产的发展,分工也越来越细,从一开始最基本的劳动门类的划分,依次出现了劳动门类中生产部门的分工、生产部门中生产行业的分工、生产行业中企业的分工、企业内部生产工种和生产工序的分工等。分工推动了经济区域的形成和发展,并最终推动了生产力的发展[2]。

(三) 现代区位理论

区位理论主要研究人类活动的空间分布和空间组织优化,尤其侧重研究区位与经济活动的关系[3]。区位理论的发展与现实经济发展有密切的联系,这一理论产生于18世纪下半叶的资本主义早期,大致经历了五个发展阶段。

1. 新古典区位理论阶段

新古典区位理论是指以新古典经济理论的假定为主的区位理论,即完全竞争市场结构、收益递减、完全理性、利润最大化等。新古典区位理论的代表人物包括约翰·海因里希·冯·杜能(Johan Heinrich von Thünnen)、阿尔弗雷德·韦伯(Alfred Weber)、贝蒂尔·俄林(Bertil Ohlin)、奥古斯特·勒施(August Lösche)和沃尔特·艾萨德(Walter Isard)等。新古典区位理论可以说是从杜能的农业区位理论开始的。杜能农业区位理论的要点是土地位置的不同(即距离城市市场远近的不同)导致农业成本在空间上的差异,从而对地租发生不同的影响[4]。韦伯认为,最低成本就是企业区位选择的基本因素,只有经济因素影响工业区位,而经济因素

---

[1] 翁金兴.区域分工理论与生产性服务业的发展[D].厦门大学硕士学位论文,2009.
[2] 同上。
[3] 大韩国土与都市计划学会.区域经济论[M].首尔:普成阁,1999:63-75.
[4] 蔡孝箴.城市经济学[M].天津:南开大学出版社,1998:215-217.

主要是成本因素。虽然成本因素有很多种,但韦伯认为真正起作用的只有运输成本和劳动成本,严格来讲还包括聚集成本。他分析运输成本和劳动成本与工业区位的关系,提出了原料指数概念;针对劳动成本对工业区位的影响,则提出了劳工系数的概念[1]。俄林将贸易理论和价格理论结合,试图建立一般区位理论。其观点包括两部分。第一部分考虑的是在假定资本和劳动自由流动的条件下,如何确定工业区位。其结论是商品在区域间流通或区域内流通取决于运输成本,即运输成本决定工业区位。第二部分考虑的是资本和劳动不能自由流动的情况下的工业区位问题。他认为,利息率和工资水平的区域差异是决定工业区位的重要因素[2]。勒施的区位理论被称为"市场区位理论"。施勒认为最重要的区位因素就是市场,即市场的利润。工业区位主要是由其销售范围大小和需求量决定的。因此,市场区位理论也被称为"最大需求理论"。同时,他还从宏观经济上解释了何谓市场区位。他既强调个别工厂区位决策,同时也重视总体均衡,重视个别和体系之间的相互影响[3]。艾萨德则特别强调区位的现实意义,他将杜能的农业区位理论、韦伯的最小成本区位理论和勒施的最大需求区位理论综合起来,并试图建立具有现实意义的"一般空间区位理论"。虽然新古典区位理论具有理论逻辑性,但是它的假设存在不少问题。第一是新古典区位理论不考虑个人能力、心理满足、未来不确定性、需求者的偏好等问题[4],把区位看成一个黑箱,对箱中的经济活动不做更多的考虑。第二是假设过于严格,因而新古典区位理论与现实的距离较大。其中最突出的问题是新古典区位理论中的完全竞争假设不适合空间问题的研究。而且完全信息和完全理性假定在很大程度上制约了区位研究的空间意义[5]。

2. 以行为经济学为主的阶段

区位选择是一种经济行为。严格来讲,区位选择主体是在非完全竞争和非完全信息条件下做出的区位选择。梅尔文·戈林赫特(Melvin Greenhut)强调个人因素在区位选择中的重要性。他认为,个人行为不可能是千篇一律的,因而区位因素应该包括成本因素、需求因素、收益因素、个人成本因素、个人收益因素等。赫伯特·赛默恩(Herbert Simon)也认为,在有限信息条件下,区位决定行为就是有限合理性的行为,并且理性合理性条件下,经济人会追求利润最大化。在有限合理性约束下,每个人的约束条件都不一样,有些人还会追求满足次善(the second best)。他将"利益的空间界限"的概念应用于区位理论,认为企业的区位并不局限于单一地点,而是在能够得到利润的任何地点都可以成为区位客体,这就是大卫·史密斯(David Smith)的"准最佳区位"(suboptimal location)概念。20世纪60年代以企业行为为主的区位理论研究发展成为"企业地理学"(geography of enterprises)。彼得·乌德(Peter Wood)认为,"企业地理学"就是研究个别企业所形成的空间结构以及研究企业的区位选择的[6]。

---

[1] 阿尔弗雷德·韦伯.工业区位论[M].北京:商务印书馆,1997:102-106.
[2] 贝蒂尔·俄林.地域间及国家间贸易[M].金迪教,译.首尔:韩国经济新闻社,1933:209-234.
[3] 金相郁.20世纪区位理论的五个发展阶段及其评述[J].经济地理,2004(5):294-298,317.
[4] 洪起容.区域经济论[M].首尔:博英社,1999:70-71.
[5] 金相郁.20世纪区位理论的五个发展阶段及其评述[J].经济地理,2004(5):294-298,317.
[6] 同上。

3. 以结构主义为主的阶段

以结构主义为主的区位理论认为,行为区位理论的贡献在于摆脱了新古典区位理论的决定性假定,但是行为区位理论较侧重企业本身的区位行为,因而难以解释宏观经济结构与空间现象之间的关系。20世纪70年代以结构主义为主的区位理论认为,产业区位及其变化是资本主义市场经济的产物,而资本主义的历史发展以及生产过程就是企业行为和组织行为的整体结构框架,其生产过程具有广义的含义,包括政治结构和资本劳动关系的社会过程。以结构主义为主的区位理论之所以重视分析跨国公司和大型企业,是因为它们对外部环境的控制力量较大,并且区位变化的力量来自大型企业固有的垄断特征[1]。依附区位理论的特征是以发达国家与不发达国家之间的剥削关系为研究对象。依附理论强调世界资本主义体系对区位的影响。以往的区位理论认为,世界资本主义体系是当然的,也是固定的,但是依附区位理论认为,产业区位的变化是世界资本主义体系的副产物,企业区位并不是由企业或区域内部因素决定的,而是由世界资本主义市场经济结构决定的。以结构主义为主的区位理论突破了以往区位研究的"微观化问题",其研究视角是宏观、整体的。以结构主义为主的区位理论进一步完善了区位理论的研究框架[2]。

4. 以生产方式为主的阶段

经过20世纪70年代的世界经济危机,到20世纪80年代,西方发达国家进入了产业再结构化阶段,其生产方式从大量生产转变为柔性生产。以柔性生产方式为核心的区位理论认为,生产方式的变化影响区位选择的变化,其有两个主要理论基础。一是产品周期理论。雷蒙德·弗农(Raymond Vernon)认为,不同的产品周期阶段具有不同的区位特征,如产业区位在新产品研究开发阶段较集中于核心地区的大城市中心,在大量生产阶段较集中于大城市周边地区,在产品增长衰退阶段较集中于非城市地区[3]。二是柔性专业化理论。它表明了以多品种小数量生产方式为主的中小企业的区位特征[4]。

在20世纪80年代区位理论的发展中,艾伦·斯科特(Allen Scott)的"新产业空间理论"是重要的一笔。其基础理论是调整理论(regulation theory)、制度经济学,以及后期韦伯类的经济地理学。斯科特认为:企业内部交易成本大于企业外部交易成本,其结果是造成空间集中;反之,则造成空间分散。在柔性生产方式中,区位的核心因素并不是聚集经济、规模经济以及劳动市场规模,更重要的是对环境变化的适应能力。这样一来,所形成的"新产业空间"既具有独特的社会政治形态,也具有自己的发展路径[5]。

5. 以非完全竞争市场结构为主的阶段

20世纪90年代,布莱恩·阿德尔(Brian Arthur)和保罗·克鲁格曼(Paul Krugman)等经

---

[1] 蔡孝箴.城市经济学[M].天津:南开大学出版社,1998:215-217.
[2] 金相郁.20世纪区位理论的五个发展阶段及其评述[J].经济地理,2004(5):294-298,317.
[3] Vernon R. International investment and international trade in the product cycle[J]. Quarterly Journal of Economics, 1996, 8(4): 16.
[4] Ruigrok W, van Tulde R. The logic of international restructuring[M]. London: Routeledge, 1995: 29.
[5] 金相郁.20世纪区位理论的五个发展阶段及其评述[J].经济地理,2004(5):294-298,317.

济学家认识到了收益递增在经济理论中的重要作用。尤其是克鲁格曼等经济学家在生产要素的收益递增及市场的非完全竞争结构的假定下研究空间，并且形成了"新经济地理学"及"新区域经济学"的新研究领域。克鲁格曼20世纪90年代区位理论的最大贡献就是建立动态空间模型。克鲁格曼认为，昌西·哈里斯(Chauncy Harris)的市场潜在力模型以及弗勒德的累积循环模型忽视了微观基础，而沃尔特·克里斯泰勒(Walter Christaller)和勒施的模型则忽视了市场潜在力和累积循环的作用。克鲁格曼认为，经济地理模型应该包括两种力量，即向心力和离心力。向心力就是产生聚集的力量；离心力就是产生分散的力量[1]。20世纪90年代以非完全竞争市场结构为主的区位理论对以往的区位理论产生了极大的影响：一方面找到了新的区位因素；另一方面改变了传统区位理论的框架。以往的区位理论较重视因素分析，而新的区位理论则较重视体系或整体分析，尤其是更加重视"非经济因素"在区位理论中的重要作用。

现代区位理论对会展经济也有较强的指导意义。现代区位理论是在全球工业化、城市化进程加快的历史背景下产生的，它是一种立足于国民经济发展、以空间经济研究为特征、着眼于区域和城市经济活动的最优组织、注重宏观动态平衡的崭新的产业布局理论，对社会各行业的发展都能提供一定的借鉴价值。一方面，它能为企业对外扩展的区位选择提供关键性的决策参考，能尽量避免企业因错误决策布局而带来的经济和利益损失；另一方面，企业区位选择研究也是从微观角度理解城市结构变动的重要途径之一[2]。现代区位理论对现代会展业区位选择和空间布局(特别是展览场馆的区位选择)有着较强的指导意义。经济全球化进一步提高了集聚经济在全球经济网络中的专业生产的特质性，扩大了产品的消费市场，增加了获取全球信息和技术的途径，增强了集聚经济的国际竞争力，而经济全球化导致的集聚竞争力的增强又反过来进一步促进了当地集聚的引力。会展业的产业集聚表现得很明显，如一般展览场馆附近必有宾馆、餐饮、交通、娱乐等基础设施，这些上下游产业之间形成互相促进的关系。展会的举办会带动相关产业的发展，而相关产业反过来促进会展业的发展，提高展会的质量。展览经济与相关产业互动，最终会实现会展业与其他相关产业的"双赢"[3]。

区位论研究已经进入比较成熟的阶段，并在区域经济建设中得到了广泛的应用。但由于会展业涉及众多因素，数据的搜集难度较大，而且许多因素难以量化，所以减少了在会展业发展研究中直接应用传统区位理论的可能性[4]。

(四) 城市地理学

1. 城市地理学的研究对象与任务

城市是有一定人口规模，并以非农业人口为主的居民集居地，是聚落的一种特殊形态。城市是一种复杂的动态现象，它的兴起和发展受自然、经济、社会和人口等方面因素的影响。不同历史时期、不同地区、不同的社会经济发展水平和发展速度、不同的人口分布和迁移特点等，

---

[1] Krugman P. A dynamic spatial model[C]. NBER Working Paper, W4219：1992.
[2] 邓薇. 跨国展览企业的全球区位分布及网络特征研究[D]. 上海师范大学硕士学位论文, 2022.
[3] 兰婷. 城市展览业发展的地理条件分析[D]. 广州大学硕士学位论文, 2010.
[4] 丁萍萍. 浙江会展产业的市场选择与地域分工[D]. 浙江大学硕士学位论文, 2005.

都对城市的发展速度、性质、规模、空间组织等产生影响。城市不仅具有区域性和综合性的特点,而且属于历史范畴。一方面,人们都把城市作为人类文明的代表,是时代经济、社会、科学、文化的焦点。另一方面,城市也集中了整个社会生活、整个时代所具有的各种矛盾。所以,城市也是一个复杂的动态大系统。这个系统包含的内容很广,不仅包括生产、消费、流通等空间现象,也包括造成空间现象的非空间过程。为了揭示城市系统的空间现象,必须深入研究形成这种空间现象的社会、文化和思想意识形态等非空间因素。这些都是城市地理学所要研究的对象。城市地理学是研究在不同地理环境下,城市形成发展、组合分布和空间结构变化规律的科学,既是人文地理学的重要分支,又是城市科学群的重要组成部分。

一般来讲,城市地理学最重要的任务是揭示和预测世界各国、各地区城市现象发展变化的规律性。揭示和掌握世界各国、各地区城市现象的规律,属于认识世界的任务;科学预测世界各国、各地区城市现象的变化规律,属于改造世界的任务[1]。

2. 城市地理学研究的主要内容

城市地理学研究涉及的内容十分广泛,但其重心是从区域和城市两种地域系统中考察城市空间组织,即区域的城市空间组织和城市内部的空间组织。

(1) 城市形成发展条件研究。研究与评价地理位置、自然条件、社会经济与历史条件对城市形成、发展和布局的影响。

(2) 区域的城市空间组织研究。区域的城市空间组织研究包括三个方面:①城市化研究,包括城市化的衡量尺度、城市化过程、城市化动力机制、城市化的效果与问题、城市化水平预测,以及各国和各地区城市化对比研究等;②区域城市体系研究,一般侧重从区域角度、整体观点分析一国或一地区城市体系的结构(规模、类型)和空间组织,各城市间的相互关系,城市在区域中的集聚与扩散,大都市带或城市连绵区的形成和发展等;③城市分类研究,包括规模分类、形态分类和职能分类,通过对一国或一地区城市的考察,拟定分类的依据、指标和方法,划分出各种类型的城市。城市分类研究主要侧重职能分类,其方法从定性拓展到用统计方法处理,又发展到把一定地域内各城市的经济与非经济的变量加以综合,用多变量分析方法找出城市之间的异同。

(3) 城市内部空间组织研究。主要内容是在城市内部分化为商业、仓储、工业、交通、住宅等功能区域和城乡边缘区域的情况下,研究这些区域的特点、它们的兴衰更新,以及它们之间的关系,研究各种区域的土地使用,进而研究整个城市结构的理论模型。城市内部空间组织研究还包括以商业网点为核心的市场空间,由邻里、社区和社会区构成的社会空间,以及从人的行为考虑的感应空间的研究。

(4) 城市问题研究。主要研究城市环境问题、交通问题、住宅问题和内城问题(如内城贫困)的具体表现形式、形成原因、对社会经济发展的影响,以及解决问题的对策。城市是人类社会经济活动的载体,社会经济发展的速度、水平及结构,在很大程度上决定着城市发展的速度、

---

[1] 许学强.城市地理学[M].北京:高等教育出版社,1997:1-3.

水平和结构。城市是一定区域范围内的中心,是城区社会经济发展的焦点和缩影。因此,城市地理学研究不能就城市论城市,而应从区域出发,注意研究社会经济与城市发展的关系,只有这样,才能揭示城市发展的客观规律[1]。

3. 城市地理学与会展业

城市地理学的研究内容主要包括城市的形成与发展、城市化进程与演变规律、城市职能与分类、城市形态与地域结构以及城市体系等,对城市职能和分类的研究具有重要的理论与实践意义。作为一种新型的经济现象和产业形式,会展已成为众多现代化城市的重要职能之一。为促进会展经济的健康、有序发展,应该积极借鉴城市地理学研究的相关成果。事实上两者本来就是相辅相成的,前者在一定程度上丰富了后者的研究内容,后者为前者提供了产业发展的若干方法及原则。概括而言,城市地理学对会展业发展的指导作用主要有三个方面:指导场馆建设和城市规划的对接;分析会展业发展对城市化的作用机制;优化会展业的地域结构层次[2]。

美国的马丁·欧普曼(Martin Opermann)指出,协会会议组织者在选择目的地时主要考虑会议设施、饭店服务质量、城市形象、交通费用、气候、夜生活等因素[3]。应丽君、张西振在分析重庆会展产业时提出了五个因素,即环境(政策、经济、管理机构)、吸引力(会展知名度)、效益(参展商、观众等)、组织(会展服务公司、专业人才)和基础(场馆、配套服务设施等)[4]。马勇、陈慧英在分析城市会展业发展的评价指标体系时,讨论了会展场馆设施、经济发展水平、旅游业发展、商贸发展水平、区域交通条件、社会事业发展、地理区位条件等因素[5]。依绍华从四个方面分析了城市发展会展业的必要条件:独特的资源环境与良好的气候条件;地理位置优越、交通便捷;拥有优势产业,市场条件好,开放度高;有符合一定标准的展览场所[6]。许庆明、牟群月则认为,会展业属于第三产业,第三产业的成长壮大是经济发展、产业高级化的产物,因此,经济发展状况是影响一个国家/地区会展业发展水平的基本因素。经济发展状况的具体影响通过市场基础需求与产业基础供给两个因素表现出来,市场基础与产业基础制约着会展业发展的总体规模与层次,最终决定了一个国家或地区会展业发展的可能空间。因此,城市会展业发展的基本因素可以归纳为市场基础与产业基础。其中,市场基础包括一个国家或地区的需求总量与市场容量,它决定会展产品和会展产业的规模;从结构上看,一个地区的需求结构与市场结构决定会展产品和会展产业的层次与特色。产业基础则包括会展业所要展示的商品、技术和信息的供给状况,它决定了会展业的规模与层次,会展产业链则决定了会展业活动的成效[7]。

---

[1] 许学强. 城市地理学[M]. 北京:高等教育出版社,1997:1-3.
[2] 兰婷. 城市展览业发展的地理条件分析[D]. 广州大学硕士学位论文,2010.
[3] 许庆明,牟群月. 城市会展业发展的区位因素分析[C]. 全国经济地理研究会第十二届学术年会暨"全球化与中国区域发展"研讨会论文集,2008.
[4] 应丽君,张西振. 重庆市会展产业现状分析[J]. 重庆工学院学报,2001,15(6):5.
[5] 马勇,陈慧英. 基于AHP中国城市会展业竞争力综合评价指标体系构建研究[J]. 旅游研究,2013(1):6.
[6] 依绍华. 解析城市会展业发展基石[J]. 时代经贸,2006(4):2.
[7] 许庆明,牟群月. 城市会展业发展的区位因素分析[C]. 全国经济地理研究会第十二届学术年会暨"全球化与中国区域发展"研讨会论文集,2008.

(五)可持续发展理论

1. 可持续发展理论的形成背景

早期的可持续发展主张者是美国生物学家蕾切尔·卡森(Rachel Carson),她在1964年发表的著作《寂静的春天》中,对美国大量使用杀虫剂造成种种环境污染和破坏进行了批评。她指出:"地球上生命的历史一直是生物及其周围环境相互作用的历史……仅仅在出现了生命新种——人类——之后,生命才具有了改造其周围大自然的异常能力……在人对环境的所有袭击中,最令人震惊的是空气、土地、河流和海洋受到了危险甚至致命物质的污染。这种污染在很大程度上是难以恢复的,它不仅进入了生命赖以生存的世界,而且也进入了生物组织内部。"[1]卡森的论点告诉人们,人类社会的工业化、城市化、现代化带给人类的不仅是经济和社会的繁荣昌盛,在这种繁荣昌盛的背后还存在着种种危害。这一论点引起了全球范围内对环境危机的关注,对唤起人类重新认识经济发展与环境之间的相互关系,以更大的责任感和使命感保护环境的意识,起到了极其重要的启示和促进作用。

1969年,美国在世界上首次将环境监测和评价制度写入国家法律《美国国家环境政策法》,该法律对其目的做出了以下的阐述:"本法之目的为:宣示国家政策,以促进人类与环境间之丰饶且令人愉悦之和谐;努力提倡防止或减少对环境与天体生命之伤害,并增进人类之健康与福祉;充分了解生态系统及自然资源对国家重要性;设置环境质量委员会。"[2]

1972年,罗马俱乐部发表了一份研究报告《增长的极限》。该报告深刻阐明了环境对于人类生存的意义和重要性,同时指出了环境资源与人口之间的相互关系。报告认为,地球环境可以提供给人类的物质财富是有极限的,人类人口的增长以及城市化、工业化的快速发展将不可避免地超越地球资源的极限,最终导致经济增长和难以控制的衰退。为了避免地球资源的耗尽、制止世界经济的崩溃,限制增长或"零增长"是最好的解决方法。这一论点把环境与经济发展对立起来,遭到了人们的普遍批评。但该报告提醒人们不能单一地考虑人类自己的利益要求,还必须考虑地球的接受能力。它所阐述的"合理的、持久的均衡发展"为孕育可持续发展的思想提供了土壤[3]。

1972年,联合国人类环境会议在斯德哥尔摩举行。大会通过了《联合国人类环境会议宣言》(简称《人类环境宣言》),并明确提出"世界遗产"的概念,提出了7个共同观点和26项共同原则,呼吁世界各国政府和人民都应为维护和改善人类环境而做出共同的努力。这次会议作为探讨解救地球环境的首次国际性会议,明确地建议和要求各国、各地区积极关注环境污染的严峻形势,号召大家共同努力保护地球环境,对人类环境保护意识的提高具有重大意义。

1980年,联合国环境规划署、国际自然和自然资源保护联合会、世界野生生物基金会联合提出了"可持续发展"的理念。1983年,在挪威首相格罗·哈莱姆布伦特兰(Gro Harlem

---

[1] 蕾切尔·卡森.寂静的春天[M].上海:上海译文出版社,2008:5.
[2] 美国国家环境政策法(中文版)[EB/OL]. https://zjenlaw.zafu.edu.cn/info/1058/2138.htm.[访问时间:2023-01-24].
[3] 增长的极限[EB/OL]. https://xuewen.cnki.net/R2014096510000234.html.[访问时间:2023-01-24].

Brundtland)夫人的倡导下成立了世界环境与发展委员会。联合国要求该组织制订解决环境问题的长远计划、对策和方法。经过多年的深入研究和论证,1987年,该组织向联合国提交了一份题为《我们共同的未来》的报告。这份报告由三个部分组成,即"共同的关切""共同的挑战"和"共同的努力"[1]。

2. 可持续发展理论和文化生态学

目前,可持续发展作为一个完整的理论体系正处于形成过程中。可持续发展核心思想是,健康的经济发展应建立在生态可持续能力、社会公正和公民积极参与自身发展决定的基础上。它追求的目标是,既要使人类的各种需要得到满足,个人得到充分发展,又要保护资源和生态环境,不对后人的生存和发展构成威胁。它特别关注的是各种经济活动的生态合理性,强调对有利于资源和环境的经济活动给予鼓励。在发展指标上,不单纯用国民总收入作为衡量发展的唯一指标,而是用社会、经济、文化、环境等多项指标来衡量发展。这种发展观较好地把眼前利益与长远利益、局部利益与全局利益有机地统一起来,使经济能够沿着健康的轨道发展[2]。

生态科学发轫于19世纪末的欧美,自诞生伊始,这门新科学就与环境保护有着密不可分的联系。生态学直接促进并支持了人们对可持续性的思考。成为可持续发展思想的重要一环。生态学对可持续发展最主要的贡献是对生物环境的科学描述和分析。生态学中一系列描述自然系统运作模式的概念,为可持续发展提供了有力的基础。20世纪上半叶,随着植物生态学、动物生态学、人口生态学、系统生态学的不断完善,产生了"生态系统""食物链""数量金字塔""生态位""种群平衡""最大可持续产量""人口增长规律"等一系列描述自然系统运作模式的概念,为可持续发展提供了有力科学依据和理论基础[3]。

文化生态学最初由美国人类学家朱利安·斯图尔德(Julian Steward)提出。1955年,他在《文化变迁理论:多线性变革的方法》一文中提出建立文化生态学的观点,为文化研究开辟了新的视角。斯图尔德将生态学的观点引入人类学研究,认为人类是生物圈层中的一个组成部分,生物层与文化层之间的交互作用构成了一种共生的关系,从而决定了文化的类型和模式,即文化之间的差异是由社会与环境相互影响的特定适应过程引起的,这种适应过程是一种双向互动的关系。一方面,来自自然环境的生存条件对人类活动具有强大的影响力和制约作用;另一方面,身处于社会与文化中的人对自然环境也具有认识与改造的能力。斯图尔德倡导关注人与环境之间关系的复杂性,主张应着重考察特定环境下的特定行为模式关系,"而非可应用于所有文化环境之状况的通则",并提出了基本的研究步骤:分析生产技术与环境的相互关系;分析以一项特定技术开发特定地区所涉及的行为模式;确定环境开发所涉及的行为模式对于文化其他层面的影响程度。斯图尔德认为,文化中与环境关系最密切的部分是生存或生产方式,即"文化内核"。随着时间的推移,文化内核会因特定的环境条件而发展变化,并反过来促成其他文化特征的生成,从而在文化与环境之间形成不断交互的过程,这一思想为文化生态学理论

---

[1] 韩鲁安.旅游地可持续发展理论与实践的探索[M].北京:旅游教育出版社,2011:92-94.
[2] 杨永忠.创意产业经济学[M].福州:福建人民出版社,2009:247.
[3] 王世奇.西方可持续发展理念的形成线索及轨迹研究[J].可持续发展,2019,9(2):103-110.

的早期发展奠定了基础。

基于斯图尔德的理论和方法,文化生态学的理论和实践研究产生了新的进展。20世纪60年代末,第一代受斯图尔德影响的人类学家相继发表了三部重要的著作,其中,罗伊·拉帕波特(Roy Rappaport)的著作被视为文化生态学分析的典范,他将生态系统视为一个单元进行分析和定量统计,这种研究方法被广泛应用。他期望一种"有担当的人类学",认为人类的责任不仅包括思考"这个世界",还要"站在这个世界的角度"去思考。他指出了文化生态学说存在的不足以及应如何加以完善,同时克服了斯图尔德在理论和方法上存在的诸多局限性。其研究已从环境如何塑造人类社会文化的发展,转变为社会文化如何维持与环境之间的关系了。

上述学者均对文化生态学进行了明确的界定,他们试图把生物生态学的某些原则融进文化生态学,使其成为一门单一的生态学科。他们认为,文化特质就如同生物特质一样,可以从适应或不适应的角度来考察。罗伯特·内亭(Robert Netting)随后又出版了《文化生态学与生态人类学》,认为"生态人类学的理论基础来源于地理学、环境决定论、生物学模式以及斯图尔德的文化生态学",体现了文化学、人类学与生态学的进一步结合[1]。

如前所述,会展业作为绿色经济的典型行业之一,也正在探索一条可持续发展的道路。绿色会展作为一项系统工程,涉及会展产业链的上下游以及相关各方,如场馆、搭建、能源、交通、食材、印刷品等。在兼顾美观与实用性的同时,也应当将可持续发展理念贯穿会展产业链的始终,在多方的协作之下落实绿色、环保、低碳的会展实践。

二、文创基础理论

(一)比较优势理论

1. 比较优势理论的内涵

比较优势理论认为,在所有商品都有比较优势的情况下,也可以进行贸易。比较优势理论阐述了世界各国的外贸战略政策,应该是"两利相权取其重,两弊相权取其轻",只生产自己国家具备比较优势的商品,不考察这些商品是不是有绝对优势。如果各个大国都按照比较利益准则来进行生产,不但贸易可以顺利完成,还能对全世界的产品资源都进行合理的分配。

在新古典经济学中,比较优势理论是一种非常重要的分析方法。传统村落空间结构的相对优势当然也可运用以上基本原理来体现。当一些基本要素类型在空间分布上是受限的,就具有绝对优势,如大多数的旅游资源便是这样[2]。

2. 古典和新古典比较优势理论

(1)古典比较优势理论。比较优势理论一直被认为是国际贸易理论的基石。大卫·李嘉图(David Ricardo)被认为是比较优势理论的创立者,而他的思想则可以追溯到亚当·斯密(Adam Smith)的绝对优势理论。根据亚当·斯密在《国富论》中提出的绝对优势理论,贸易的产生是基于各国之间生产技术的绝对差别,进而造成在劳动生产率和生产成本上的绝对差异。

---

[1] 王慧卿.区域文化生态及可持续发展研究[M].长春:吉林人民出版社,2020:79-85.
[2] 詹思羽.比较优势理论下的关中地区传统村落空间研究[D].西北农林科技大学硕士学位论文,2022.

他认为,每个国家都有其绝对有利的、适合某些特定产品生产的条件,如果各国都按照其绝对有利的生产条件去进行专业化生产并彼此交换产品,就能有效地利用各自的资源、劳力和资本,从而有效地提高劳动生产率,增加各自的福利。1817年,李嘉图在其《政治经济学及赋税原理》中提出了比较优势理论。他认为,即使一国在两种产品的生产上都处于绝对劣势,但可以选择劣势较轻的产品(即比较优势部门)进行专门化生产并出口,处于优势的国家则选择优势较大的产品实行专门化生产并出口,同样可以因贸易而获益。这就是所谓的"两利相权取其重,两弊相权取其轻"。相对比较优势理论的诞生标志着国际贸易理论总体系的建立,确立了其后国际贸易理论发展的方向。

(2) 新古典比较优势理论。新古典比较优势理论是从伊莱·赫克歇尔(Eli Heckscher)、俄林等人提出的要素禀赋理论开始的。要素禀赋理论将瓦尔拉斯一般均衡(Walrasian general equilibrium)的分析方法引入国际贸易理论,提出了与李嘉图不同的比较优势理论思想。要素禀赋的差异引起国家间的贸易,各国分别出口密集使用各自丰裕要素的产品,进口密集使用各自稀缺要素的产品,从而通过发挥各自出口产品的成本优势,确立自身在国际贸易中的比较优势和贸易模式。要素禀赋理论认为,决定比较优势差别的是国家间不同要素禀赋(要素丰裕度)的差异,而假定劳动生产率(或技术水平)是无差异的。同时,生产要素显然不再仅限于劳动,而存在着两种或两种以上的生产要素。此外,无论国际贸易还是国内区域贸易,均由要素禀赋的差异决定相互间贸易模式。之后,众多学者通过各自的研究使要素禀赋理论不断细分,形成了在一般均衡框架下,包含偏好、技术、要素禀赋的严格的理论模型,最终使要素禀赋理论成为新古典时期毫无争议的核心贸易理论,并成为新古典学派理论体系的重要部分[1]。

3. 不完全竞争条件下比较优势理论

(1) 规模经济与比较优势。规模经济指的是随着生产规模的扩大和产量的增加,产品的平均成本下降,厂商从而获得额外的报酬,因而规模经济也被称为"规模报酬递增"。但是,生产规模不可能无限地扩大,当边际规模报酬达到最大后,单位成本就会随着产量的增加而提高。由于垄断的存在,厂商就能够运用自己的垄断力扩大产量,获得规模报酬。规模经济有内部规模经济和外部规模经济之分。内部规模经济指厂商本身扩大产量带来的报酬;外部规模经济则是指因为行业规模扩大而给厂商带来的报酬。无论哪一种规模经济,厂商都可以降低成本,从而取得价格上的优势。规模经济(无论外部规模经济还是内部规模经济)的存在使产品价格下降、生产成本降低,而且在差异产品和规模经济的推动下发生的国际贸易还为各国消费者带来了更多可供选择的产品,消费的多样性得到满足。因此,规模经济也是比较优势的动因之一,但它不同于李嘉图比较优势和要素禀赋比较优势,规模经济优势是事后获得的比较优势,而前两者是事前已经确立的比较优势。

(2) 外生技术差异理论。迈克尔·波斯纳(Michael Posner)在1961年研究了时滞(需求时滞、模仿时滞)影响下技术差距所导致的贸易模式,他认为:技术领先国家通过技术创新生产出

---

[1] 张鹏,黄攀.比较优势动态演化下的战略性新兴产业区域嵌入研究[M].广州:华南理工大学出版社,2016.

新型产品,并通过向外国出口此产品获得利润;随后外国市场对此新型产品需求逐步增加,同时外国渐渐通过多种技术溢出途径获得这些产品的生产能力,之后外国开始生产并出口这些产品,进而造成技术领先国利润下降;为保持利润,技术领先国只有不断进行技术创新,推出新型产品,保持住技术差距[1]。

区域文创产业开发比较优势是指在区域文创产业开发过程中,特定的区域和其他区域相比,在开发条件、开发规模、开发前景和预期上所表现出来的优势条件、因素和过程,具有层次性、综合性、动态性和潜在性四大基本特征。它是一个综合体,是多种要素禀赋综合作用的结果。文创产业作为一个产业,其区域开发要遵循经济学的比较优势理论原则,区域文创产业开发要坚持比较优势思想。因此,要正确分析区域文创产业开发的综合比较优势,综合考察影响区域文创产业开发比较优势的各要素禀赋,科学评估比较优势,探讨比较优势的实现机制,归纳出基于比较优势的文创产业开发战略和模式[2]。

(二) 竞争优势理论

1. 竞争优势的定义

英国经济学家爱德华·张伯伦(Edward Chamberlin)在《垄断理论》中最早提出竞争优势的概念,随后这一概念被引入战略管理领域。对于竞争优势主要有两种定义:一种是从竞争优势的结果即获利能力来定义,普遍认为竞争优势是指相比竞争对手在行业中居领先地位,业绩更为出众,能赚取比同行更高的利润率的能力;另一种主要从竞争优势来源出发进行定义,认为竞争优势就是拥有独特、难以模仿、难以替代的资源或能力,能够比竞争对手创造更多资源价值。国内学者童保宝、葛宝山等综合以上两种定义认为:企业竞争优势来源于其拥有的独特的资源和能力;企业竞争优势表现为企业的盈利水平和市场领先地位;企业竞争优势会导致企业市场绩效的提高[3]。

2. 竞争优势理论的起源

西方竞争理论的渊源最早可以追溯到古典经济学派,亚当·斯密是其杰出代表。亚当·斯密以一种"自然秩序"的假定为基础,从生产和交换两个视角考察竞争,强调市场这只"看不见的手"的作用,主张自由竞争,从社会分工的角度论述产业集群竞争优势。马克思主义批判性地吸收了古典竞争理论的科学成分,揭示了资本主义竞争的基本规律,从分工与协作的角度研究产业集群竞争优势,并为不同历史时期企业主流生产模式发展和演变的实践所印证,在产业集群竞争优势理论发展史上具有不可动摇的历史地位[4]。

3. 马克思主义关于竞争优势的理论

竞争和竞争优势理论是马克思经济学说的重要内容之一。马克思生前没有写过关于竞争和竞争优势问题的专著,但他的竞争和竞争优势理论见于其许多著作,特别是《资本论》及其手

---

[1] 刘厉兵.改革开放以来我国比较优势动因分析[M].北京:中国经济出版社,2011:19-24.
[2] 徐艳芳.区域文化产业开发的比较优势研究[D].山东大学博士学位论文,2009.
[3] 王永志.基于竞争优势理论的江苏省休闲体育产业集群化发展研究[D].南京师范大学硕士学位论文,2018.
[4] 张元智,马鸣萧.产业集群:获取竞争优势的空间[M].北京:华夏出版社,2006:17.

稿。在继承和发展古典竞争理论的基础上,马克思从生产与交换的辩证关系出发,采用历史与逻辑、动态与静态、微观与宏观相结合的分析方法,全面、历史地考察了竞争的动态过程,形成了自己独特的竞争和竞争优势理论。马克思把竞争当作一个历史范畴,认为竞争是一种普遍的社会现象。社会竞争是社会主体之间基于社会分工和不同需求,在交互作用中产生的"敌对、较量和比赛",它贯穿人类社会生活的各个领域,并产生重大影响。马克思认为,社会分工"使独立的商品生产者互相对立,他们不承认任何别的权威,只承认竞争的权威,只承认他们互相利益的压力加在他们身上的强制"[1]。在研究资本主义经济规律时,马克思从商品着手,揭示了商品经济的客观规律主要是价值规律、供求规律和竞争规律。这三个规律是互相联系、互相作用的,竞争规律要反映价值规律和供求规律的要求,而价值规律和供求规律要通过竞争规律发挥作用;如果没有竞争规律,价值规律和供求规律都无法发挥作用。马克思指出:"竞争,这个资产阶级经济的重要推动力,不能创立资产阶级经济的规律,而是这些规律的执行者。"[2]马克思从分析商品货币关系开始,对竞争问题展开讨论。根据竞争范围的不同,马克思把生产者之间的竞争区分为部门内部的竞争与部门之间的竞争。一方面,同一部门内部的生产者之间的竞争使得商品价值由社会必要劳动时间决定这一规律得以贯彻,使商品的个别价值形成社会价值。同一部门内部生产者与消费者之间的竞争(即供求关系的变化)最终决定着商品价值的实现程度。另一方面,商品生产者之间的竞争,其实质是商品生产者使生产的商品的个别劳动时间低于社会必要劳动时间、个别价值低于社会价值,从而获得超额剩余价值的动态过程,其根本手段是提高劳动生产力。在考察商品价值量的决定时,马克思指出:"商品的价值量与实现在商品中的劳动的量成正比地变动,与这一劳动的生产力成反比地变动。"[3]在考虑相对剩余价值生产时,马克思进一步强调了提高劳动生产力在资本主义竞争中的重要性。他指出:"必须变革劳动过程的技术条件和社会条件,从而变革生产方式本身,以提高劳动生产力,通过提高劳动生产力来降低劳动力的价值,从而缩短再生产劳动力价值所必要的工作日部分。"[4]相对剩余价值生产是作为单个资本家追求超额剩余价值的结果而实现的。"每个资本家都抱有提高劳动生产力来使商品便宜的动机";"提高劳动生产力来使商品便宜,并通过商品便宜来使工人本身便宜,是资本的内在的冲动和经常的趋势"[5]。

4. 波特的竞争优势理论

竞争优势理论是由迈克尔·波特(Michael Porter)在比较优势的基础上提出的。波特认为,自然资源禀赋差异是潜在的比较优势,是以各国资源上的有利地位表现的;而竞争优势却是国际贸易格局中的现实状态,是在比较优势的基础上经多种要素综合作用的结果。波特的竞争优势理论分为企业和产品竞争优势、产业和区域竞争优势,以及国家竞争优势。在此基础上,波特在其《竞争战略》一书中提出三种战略思想,即总成本领先战略、差异化战略和

---

[1] 马克思. 资本论(第一卷)[M]. 北京:人民出版社,2004:366.
[2] 马克思恩格斯全集(第三十卷)[M]. 北京:人民出版社,1995:551.
[3] 马克思. 资本论(第一卷)[M]. 北京:人民出版社,2004:53-54.
[4] 同上书:366.
[5] 同上书:369,371.

专一化战略。这些战略思想的目标是使得企业经营在产业竞争中获得优势。贯彻任何一种战略,都需要企业全力以赴,并且要有一个支持这一战略的组织安排。以企业战略为基础,波特提出了国际竞争优势模型(又称钻石模型),由四种本国决定因素和两种外部力量组成。本国决定因素包括生产要素、需求条件、企业战略结构竞争和相关支持行业;外部力量包括机会和政府要素[1]。

以我国山东省为例,可以运用钻石模型对其文创产业竞争力进行分析。在生产要素方面,在地理位置上,山东省处于黄河下游,东临渤海、黄海,与朝鲜半岛、日本隔海相望。特殊的地理位置使山东省有极高的对外开放度,有利于对国内外的文化吸引与传承。在自然资源上,作为大汶口文化的发祥地,山东省有大量的具有研究价值和保护价值的文化历史古迹,为文化创意产业的发展贡献了巨大的价值。在人力资源上,文化产业的发展高度依赖人才,虽然山东省已经出现了不少创新创业型人才,人力资源开发力度仍不够大,培养院校少且注重专业技能,而忽视了文化底蕴、艺术修养和创新创意培养。在资本资源上,依托山东省强劲的经济发展势头,山东省文化创意产业总规模处于全国前列,但是吸引外资的水平不高,以政府投入为主要方式。在基础设施方面,省会济南作为文化中心,在第十届中国艺术节("十艺节")的推动下,已经建成了省会文化艺术中心,包括大剧院、图书馆、美术馆、群众艺术馆以及剧团、书城、影城等文化事业和文化产业配套项目,一些现代化、多功能、标志性的公共文化服务设施满足了日益增长的民众文化需求。在需要条件方面,作为人口大省,山东省不断与时俱进,对文化创意产业的需求非常显著。济南、青岛、泰安、聊城、临沂、济宁等地区高校聚集,高校学生成了文化创意产业和产品的积极拥护者,并且响应国家号召,乐于开展创业创新活动。从乡镇到城市,从国内到国外,从电视到网络,山东省的文化创意产业需求潜力巨大。省内居民的文化创意需求已不局限于影视、出版等一两个领域,而是扩延到动漫、游戏、传媒、演艺、旅游等更多空间。这些需求促进了山东省文化创意产业博览交易会、文化创意产业发展论坛、文化创意网站等组织的建立和发展,使山东省初步建立了门类齐全、功能完善、布局合理的文化产业体系。在关联及辅助性行业方面,文化创意产业的竞争力也取决于相互关联的辅助性行业,关联及辅助性行业的支撑越强,越能与文化创意产业形成互惠互利的关系。一般文化创意产品需要通过制造业生产出来,更多概念性的文化创意产品则需要高新技术产业和制造业支撑,完成概念到产品的转变。此外,文化创意产业需要良好的创业环境、高效的政策支持机制、高技术的基础设施、相互接驳的产业链条、打破原有行业界限的重组场域,高速顺畅交换传播的数字网络和一个高度市场化的交易平台。在企业战略、竞争结构与同业竞争方面,山东省文化创意产业的发展起步较晚,目前除少数形成规模的文化创意企业,如齐鲁文化产业园,仍缺乏具有竞争优势的企业。国有产业文化集团占竞争优势,民营文化产业缺少培育条件。省内不同地区的文化创意产业发展也不均衡,产业园区集中在淄博、青岛、枣庄、烟台等,其他地区的竞争力比较弱。在机会与政策方面,加入世界贸易组织之后,山东省可以依靠地理优势和先天资源优势,实现国

---

[1] 唐利如. 产业集群的竞争优势:理论与实证[M]. 北京:中国经济出版社,2010:34-45.

内外市场的联合扩展。此外,随着文化创意产业成为国家新的经济增长点,山东省也将文化创意产业发展上升到战略层次。这些机会和政府支持都会促使文化创意产业蓬勃发展。通过钻石模型分析可以看出,山东省文化创意产业的各要素发展不平衡,还需要在各个方面进行深入挖掘或产业集聚,必要时还需要依靠政府支持和人才开发等来赢得文化创意产业的新突破[1]。

(三)创意经济理论

1. 创意经济概述

创意经济是以创意为基本原动力的经济形态和社会组织,具体来说,就是指那些凭借个人的创造力、技能和天分获取发展动力的企业,以及那些通过对知识产权的开发创造潜在财富和就业机会的活动。观察各国专家学者对创意经济的研究成果,对创意经济含义的界定主要分为两个方向:一种是把创意经济等同于创意产业加以分析和解读;另一种是把创意经济作为一种新型的经济形态加以界定。

2. 创意经济的特征

创意经济的特征包括以下四个方面。

(1)创意经济的核心是创意。创意经济"以人为本",是具有生命演进特点的生产方式,究其本质是依托智力资源的知识经济。约翰·霍金斯(John Hawkins)认为,创意并不一定是经济行为,但是一旦创意具有了经济意义或者提供了可供交换的产品,创意就可能成为经济行为。"创意"这样一个抽象的概念,在知识经济和信息经济不断发展的状态下,逐渐取代了土地、劳动、货币成为经济发展的核心资本。创意本身没有任何经济价值,它需要落到实处并且创造出经济价值,才能被称为创意经济。因此,创意经济的"创意"与"经济"是不可分割的两个部分,而创意经济的核心要素是创意。

(2)创意经济的实质是知识产权交易。知识产权是创意经济的财富源泉,知识产权的形成、保护和积累的过程也是创意产业孕育、成长和壮大的过程。创意经济实现市场化的基础是知识产权在创意产业链上的流动和交易。

(3)创意经济的动力是创新。1912年,美国经济学家约瑟夫·熊彼特(Joseph Schumpeter)在他的著作《经济发展理论》中首次提出了"创新"的概念。20世纪90年代,我国把"创新"一词引入科技界,形成了"知识创新""科技创新"等各种提法,进而发展到社会生活的各个领域,使创新的提法几乎无处不在。清华大学科学与社会研究所教授李正风认为,"创新"一词在我国存在着两种理解:一是从经济学角度理解;二是根据日常含义理解。人们经常谈及的创新,简单说来就是"创造和发现新东西"。这里使用的实际上是"创新"的日常概念。从这个广义的概念来看,人类社会的每一次进步都离不开创新。创意,狭义来讲是指文学、音乐、美术等文化艺术元素的原始创新、集成创新和引进消化再创新。由此来看,创意和创新有着相似的内涵,只是创新包含的领域更为广泛,并不是所有的创新都是创意。一般来说,创新活动应用于传统制造业,而创意活动是将文化、艺术元素融入传统制造业,在产品价值中的比重超过

---

[1] 文化创意产业竞争力分析[EB/OL]. https://max.book118.com/html/2022/0508/8116037122004077.shtm. [访问时间:2023-01-24].

了物质要素。

（4）创意经济的表现形式是创意产业。创意产业指源于人的创造力、技能和才华,运用知识产权的作用,具有创造财富和就业潜力的行业。创意产业包括广告、建筑、艺术和文物交易、工艺品、设计、电影、音乐、表演艺术、出版、软件以及电视、广播和创意生活等行业。创意经济作为一种新的经济形态,是对传统旧经济发展模式的颠覆,创造了一种契合现代社会经济变化的新发展模式,而创意经济的成形和发展依靠的是创意产业的发展,创意产业发展的优劣直接影响创意经济形势的好坏[1]。

（四）复杂系统理论

1. 复杂系统

复杂系统是由许多可能相互影响的组件组成的系统,如地球的全球气候、生物体、人脑、电网、交通或通信系统等基础设施、复杂的软件和电子系统、社会和经济组织(如城市)、生态系统、活细胞,以及最终整个宇宙。由于复杂系统部件之间或给定系统与其环境之间的依赖关系、竞争关系或其他类型的相互作用,难以从本质上对其行为建模。作为一个跨学科领域,对复杂系统研究的贡献来自许多不同领域,如物理学的自组织和关键现象研究、社会科学的自发秩序研究、数学的混沌研究、生物学的适应等。因此,复杂系统通常被用作一个广义术语,涵盖许多不同学科的问题研究方法,包括统计物理学、信息论、非线性动力学、人类学、计算机科学、气象学、社会学、经济学、心理学和生物学[2]。复杂系统具有以下七个方面的特征。

（1）系统性。复杂系统主要关注系统的行为和属性。广义上的系统是一组实体,通过它们的交互、联系或依赖关系形成一个统一的整体。复杂系统总是根据它的边界来定义,决定了实体是或不是系统的一部分。位于系统之外的实体则成为系统环境的一部分。一个系统可以表现出与其各部分不同的属性和行为;这些系统范围内或全局的属性和行为是系统如何与环境交互或出现在其环境中的特征,或者系统各部分在系统内如何表现的特征。行为的概念意味着系统的研究还涉及随时间发生的过程。由于其广泛的跨学科适用性,系统概念在复杂系统中发挥着核心作用。作为一个研究领域,复杂系统是系统论的一个子集。一般系统理论同样关注相互作用实体的集体行为,但它研究的系统类别更广泛,包括传统还原论方法可能仍然适用的非复杂系统。

（2）复杂性。系统可能是复杂的,如它们具有混沌行为,或在计算上难以建模等。一个系统表现出复杂性意味着系统的行为不能轻易地从它的属性中推断出来。任何忽略这些困难或将其描述为噪声的建模方法都必然会产生既不准确也无用的模型。迄今为止,还没有出现解决这些问题的复杂系统的完全一般理论,因而研究人员必须在特定领域的背景下解决它们。

（3）网络性。复杂系统的交互组件形成网络,网络是离散对象及其之间关系的集合,通常被描述为由边连接的顶点图。网络可以描述组织内个体之间、电路中逻辑门之间、基因调控网络中基因之间或任何其他相关实体集之间的关系。网络经常描述复杂系统中复杂性的来源。

---

[1] 杨永忠.创意产业经济学[M].福州:福建人民出版社,2009:12-13.
[2] 复杂系统研究思路[EB/OL].http://www.studyofnet.com/396292491.html.[访问时间:2023-01-26].

因此,将复杂系统作为网络进行研究,可以实现图论和网络科学的许多有用应用。

(4) 非线性。复杂系统通常具有非线性行为,这意味着它们可能会根据其状态或上下文以不同的方式响应相同的输入。在数学和物理学中,非线性描述了输入大小的变化不会产生输出大小的成比例变化的系统。对于给定的输入变化,根据系统的当前状态或其参数值,此类系统可能产生显著大于或小于输出的比例变化,甚至根本没有输出。

(5) 涌现性。复杂系统的另一个共同特征是涌现行为和属性的存在:这些是系统的特征,它们在孤立的组件中并不明显,而是由它们在系统中组合在一起时形成的相互作用、依赖关系或其他关系产生的。涌现广泛地描述了这些行为和属性的出现,并被应用于社会科学和物理科学中研究的系统。虽然涌现通常仅指在复杂系统中出现无计划的有组织行为,但涌现也可以指组织的崩溃。它描述了从构成系统的较小实体中难以甚至不可能预测的任何现象。

(6) 自发秩序和自组织。当涌现描述无计划秩序的出现时,它是自发秩序(在社会科学中)或自组织(在物理科学中)。自发秩序可以在从众行为中看到,即一群人在没有集中计划的情况下协调他们的行动。自组织可以在某些晶体的全局对称性中看到,如雪花的明显径向对称性,这是由水分子与其周围环境之间纯粹的局部吸引力和排斥力引起的。

(7) 适应性。复杂自适应系统是具有自适应能力的复杂系统的特例,因为它们具有改变和从经验中学习的能力。复杂自适应系统的例子包括股票市场、社会昆虫和蚁群、生物圈和生态系统、大脑和免疫系统、细胞和发育中的胚胎、城市、制造企业、文化和社会系统(如社区)等[1]。

2. 作为复杂系统的文化创意产业

从系统学理论来看,文化创意产业是通过构成其系统的诸多要素或不同子系统间的相互协调来建构有效系统并实现其不断发展的。文化创意产业具有大量相互影响的创意设计师、创意产品制造商、经纪人、行业组织协会、中间商等行为主体。在复杂的区域环境中,这些行为主体构成了文化创意产业的相关子系统,包括参与主体(政府、企业、产业)、资源(社会资源与环境资源)和环境(市场环境、政策环境和文化环境等)。文化创意产业就是通过区域三大子系统以复杂方式相互作用、相互协同,使文化创意产业在区域系统形成一定功能的空间、时间或时空的自组织结构。其中,资源是一切经济的原动力,没有资源,文化创意产业就成了一个空壳。参与主体是推动文化创意产业发展模式形成的主动力。政府是制度的制定者,是公共基础设施服务的提供者。企业在相关与辅助性产业中扮演吸引供应商、服务供应商、互补性产品供应商以及组成填补空隙的供应商的角色。此外,作为系统的重要组成部分,环境传递给系统的反馈信息也推动了系统的演化升级。

文化创意产业主体之间以及与其所处的环境之间也处于不断相互适应的非平衡状态。钱平凡、黄川川指出,创意和市场的不确定性决定了文化创意产业各层之间存在着非线性的作用关系[2];文化创意产业中,创意产品设计师跟创意产品制造商两者之间,他们与两者所处的外

---

[1] 复杂系统研究思路[EB/OL]. http://www.studyofnet.com/396292491.html. [访问时间:2023-01-26].
[2] 钱平凡,黄川川. 模块化:解决复杂系统问题的有效方法——以家庭装修项目为例[J]. 中国工业经济,2003(11):85-90.

部宏观环境之间,也在不断的交互作用过程中交流信息、学习和累积经验,并时不时地根据市场环境以及外部环境的变化相应地改变自己行为的方式,从而推动文化创业产业不断地从无序到有序,从低级到高级。此外,王洁通过总结国外经验,认为政府推动、法规制度、相关协会机构、文化环境等是影响文化创意产业发展的主要影响因素[1]。

文化创意产业的发展模式表现为影响文化创意产业的各子系统组合而形成的一定发展规律的特性,因此,文化创意产业的发展模式具有一定的区域产业关联性。这种关联性体现为文化创意产业的发展需要有一定的产业基础作为支撑。此外,还体现在文化创意产业的发展必然受到区域特色资源和区域经济、文化和环境的影响,所以在推动文化创意产业的发展时不能仅仅从产业或者区域的角度出发,应结合文化创意产业自身的特点,从区域产业综合的复杂系统的角度,分析影响文化创意产业的发展模式[2]。

(五) 跨文化理论

1. 文化的概念

人类学之父英国人类学家爱德华·泰勒(Edward Tylor)在《原始文化》中对"文化"所下的定义是:"文化或文明,就其广泛的民族学意义来讲,是一个复合整体,包括知识、信仰、艺术、道德、法律、习俗以及作为一个社会成员的人所习得的其他一切能力和习惯。"他所强调的是知识、习俗、能力、习惯等,不是具体的实物[3]。这个定义将"文化"解释为社会发展过程中人类创造物的总称,包括物质技术、社会规范和观念精神。文化是由先辈流传和后人习得的,包括语言、知识、社会规范和价值观在内的,由某个特定人群共享的符号,它影响着群体成员的行为方式。

文化可以被区分为广义文化和狭义文化,或大文化和小文化。日本著名社会学家富永健一认为,广义的文化是作为与自然相对应的范畴来使用的。在这种情况下,技术、经济、政治、法律、宗教等都可以被认为属于文化的领域。也就是说,广义的文化与广义的社会的含义是相同的。但是,狭义的文化与狭义的社会却有不同的内容:后者是通过持续的相互关系而形成的社会关系系统;而前者是产生于人类行动但又独立于这些的客观存在的符号系统[4]。

2. 跨文化交际和跨文化理论

跨文化交际的概念最早产生于美国,英文是"intercultural communication",指的是具有不同文化背景的个人之间的交际。换句话说,跨文化交际是不同文化背景的人之间所发生的相互作用。跨文化交际的历史也可以说是人类自身的发展史。20世纪70年代初,狭义的跨文化交际被引入有关外语和交际培训的文献。跨文化交际意味着一种特定的交际情境:在直接面对面的交流情境中,来自不同文化背景的人用不同语言和话语策略进行交流。随着该术语的普遍使用,它被广泛地用于翻译研究、对比语言学外国文学阅读以及文化意义的比较分析中。

---

[1] 王洁.产业集聚理论与应用的研究——创意产业集聚影响因素的研究[D].同济大学博士学位论文,2007.
[2] 文化创意产业发展模式的理论依据[EB/OL]. https://www.docin.com/p-2617641454.html. [访问时间:2023-01-26].
[3] 人类学开山之作:泰勒《原始文化》[EB/OL]. https://www.meipian.cn/xefpfax. [访问时间:2023-01-26].
[4] 关于文化的定义[EB/OL]. http://sss.net.cn/114004/4701.aspx. [访问时间:2023-01-26].

狭义的跨文化交际研究和应用已经拓展为相对特定的兴趣领域,即对来自不同文化背景的人所进行的面对面的交流而开展的话语分析[1]。

目前主要的跨文化理论包括四个方面。

(1) 文化休克理论。文化休克(cultural shock)是20世纪中叶新造的一个术语,它是跨文化传播研究领域最具代表意义的一个概念。1960年,该术语的创造者卡莱沃·奥博格(Kalervo Oberg)第一次在学术论文中使用它,并将其定义为人们突然失去了熟悉的社会交往符号和标志所导致的一种精神焦虑。在该定义的基础上,他概括了种种跨文化不适应症状,之后广泛流传。奥博格在《文化休克:对新文化环境的调整》一文中这样写道:"文化休克是移居到国外生活的人们的一种病症。和所有的病症一样,这种病也有它自己的发病原因、症状和治愈过程。"[2] 实际上,文化休克是本土文化与异文化产生冲突时造成的冲击。生活习惯、风土民情、语言心理、法律制度等方面的差异是形成"外来性"的主要因素,同时也是造成冲击的主要原因。它的发生既有价值观、社会观念不同导致的文化和社会因素,又有个人因素。此外,还与两种不同文化间的政治、经济差别有关。一般来说,差别越大,所受到的文化冲击程度就越大。接触异文化的时候,不同文化背景下的人都会毫无例外或多或少地体验到文化冲击。文化冲击是多方面的,包括身体上、感情上和思维方式上的冲击。但文化冲击所带来的症状更多是心理上的,因此,可以说它是一种心理现象。不过,这种现象只出现于在异文化环境下生活的时候,从这一点来看,它又是一种文化现象[3]。

(2) 高语境与低语境交际理论。1975年,著名的文化学家、人类学家爱德华·霍尔(Edward Hall)在其著作《超越文化》一书中系统地阐述了高、低文化理论。高、低文化理论的关键概念共有四个,即高语境文化、低语境文化、显性文化和隐性文化。文化和语境是跨文化交际中两个重要的因素。文化是人们行为的规约,文化帮助人们做出正确的选择和解释;语境能够帮助人们克服语言的局限性,完整正确地理解话语意义。语境不仅指上下文,还可指交际双方的自然历史环境、社会文化背景和心理因素。通过语境,人们可以正确地把握交际双方的意图。高语境文化通过人们的价值观念、外部环境和行为规范等来表达大部分的意思,语言表达的意思只占小部分,中国文化就是典型的高语境文化。在高语境文化中,人们通常使用间接委婉的表达方式,所表达的信息大部分是隐含的、心照不宣的,人们信息的表达主要通过非语言代码进行。在高语境文化的社会群体中,人们强调对集体的忠诚,强调内外之别,强调对他人的责任,注重面子;在生活中会存在不确定信息,人们在不确定中处理信息;人际交往较为间接,注重群体内部的和谐;在交际中人们注重情感和直觉,社会因素对交际双方的影响较大。高语境文化群体的思维方式为整体、多元的思维方式。

低语境文化直接地传递大部分信息。低语境文化不强调群体内外之别,它是面向未来、单

---

[1] 严明.跨文化交际理论研究[M].哈尔滨:黑龙江大学出版社,2009:92-95.
[2] Oberg K. Cultural shock: adjustment to new cultural environment[J]. Practical Anthropology, 1960, 7(4):177-182.
[3] 隋虹.跨文化交际理论与实践[M].武汉:武汉大学出版社,2018:17,41-43.

向度的。在低语境文化群体中,做人和做事是分开的;在信息的传达和处理上,尽量避免模棱两可和不确定的信息;在处理问题上注重理性分析,尽量避免掺杂个人感情和直觉;在处理社会关系时,低语境文化群体强调个人而非社会的关系;在社会交往中,低语境文化成员较为开放健谈,把注意力放在信息上而不是社会关系上;从思维方式来说,低语境文化群体倾向于分析的、一元的思考方式;从交际媒介来说,信息的主要传递方式为语言,较少依靠非语言方式;从交际程序来说,低语境文化群体会直奔主题,聚焦于信息;从交际结果来说,交际结果不确定,交际意义在交际过程中产生,有较大的偶然性。在世界文化的连续体(continuum)中,世界上各种不同的文化都处在两极之间的某个位置。高语境文化和低语境文化是相对而言的。文化本身无好坏之分,各文化成员会选择不同的语言策略[1]。

(3) 交际适应理论。它的雏形是言语适应理论。言语适应理论认为,说话者在与他人进行交往的过程中,运用语言策略以博取赞同或展示个性。说话者使用的主要策略取决于其动机是趋同还是趋异。这些"语言手段"分别用来缩小或拉大交际的距离。1973年,哈瓦德·柴尔斯(Haward Giles)拓展了言语适应理论的适用范围,并将之重新定名为交际适应理论[2]。从跨文化比较层面来说,交际适应理论关心的是通过个人使用的语言、非语言和副语言行为来增进不同群体间的相互了解。交际适应理论还包括个体主义与集体主义对适应过程产生的影响。在个体主义的文化里,语言交际倾向于私人化,个体主义文化的成员倾向于以积极态度与圈外人士交融。相反,集体主义文化的成员比个体主义文化的成员更会采用语言场景的风格。这种风格来源于所使用的礼貌策略和与圈外人士交往时所使用的正式语言[3]。

(4) 文化折扣理论。文化折扣亦称"文化贴现",是指因文化背景差异,国际市场中的文化产品不被其他地区受众认同或理解而导致其价值的降低。考林·霍斯金斯(Colin Hoskins)和罗尔夫·米卢斯(Rolf Mirus)在1988年发表的论文《美国主导电视节目国际市场的原因》("Reasons for the U.S. Dominance of the International Trade in Television Programmes")中首次提出此概念[4]。任何文化产品的内容都源于某种文化,对于那些生活在此种文化之中以及对此种文化比较熟悉的受众有很大的吸引力,而对那些不熟悉此种文化的受众的吸引力则会大大降低。由于文化差异和文化认知程度的不同,受众在接受不熟悉的文化产品时,其兴趣、理解能力等方面都会大打折扣,这就是所谓的文化折扣。它是文化产品区别于其他一般商品的主要特征之一。语言、文化背景、历史传统等方面的差异都可能导致文化折扣的产生。霍斯金斯等人认为,扎根于一种文化的特定的电视节目、电影或录像在国内市场很具吸引力,因为

---

[1] 赵胤伶,曾绪.高语境文化与低语境文化中的交际差异比较[J].西南科技大学学报(哲学社会科学版),2009(2):5.
[2] Giles H. Communication effectiveness as a function of accented speech[J]. Speech Monographs, 1973(40): 330-331.
[3] 马晓莹.跨文化交际理论与实践研究[M].石家庄:河北科学技术出版社,2013:10-16.
[4] Hoskins C, Mirus R. Reasons for the U.S. dominance of the international trade in television programmes[J]. Media Culture & Society, 1988, 10(4): 499-504.

国内市场的观众拥有相同的常识和生活方式,但在其他地方吸引力就会减退,因为那儿的观众很难认同这种风格、价值观、信仰、历史、神话、社会制度、自然环境和行为模式,即文化结构差异是导致出现文化折扣现象的主要原因[1]。

3. 跨文化理论与我国文创产品出海

作为正在迅速崛起和蓬勃发展的绿色朝阳产业,文化创意产业已经成为满足我国社会各界的文化需要和广大人民群众的精神需求的新兴业态,也成为新时代的突出人文亮点和重要经济支点。清华大学文化创意发展研究院院长胡钰在其著作《文创理论与中华文化创造力》中,通过对文创理论的阐释,为国潮文创等中国文创实践的剖析提供了新鲜且多维的观察视角。国潮是"中国货"+"时尚潮",是以中国为 IP,以时尚为特点进行的消费。"国潮"文创是具有普遍性、真实性的经济现象,也是具有持续性、深刻性的文化现象、心理现象,有助于在实践中探索出更具文化内涵、能够引领时代的文化创新实践,用更活跃的创意、更深厚的传统、更广阔的视野、更前沿的技术、更稳定的品质、更积极的传播推动中华文化走向海外。

国潮的精神内核就是中华人文精神,表现特质就是中华美学精神,实际上,当国潮作为一种文化现象流行开来时,已经引起了国外许多媒体的关注,也引起了国际时尚界、消费领域的关注。网络文学是中国文创产品出海最大的 IP 来源,覆盖区域从东南亚、东北亚、北美扩展到欧洲、非洲。2022 年,网络文学作品《赘婿》被大英博物馆收录至中文馆藏书目,《赘婿》讲述了苏氏布商家的赘婿宁毅成长为一个真正为天下立心、为生民立命的大人物的故事。改编自《赘婿》的同名电视剧先后在韩国、日本、马来西亚等国家和地区播出,取得了热烈反响,作品中蕴含的古建筑、节日、服饰、地域习俗等中华传统文化与精神也通过这些作品传遍世界各地。从游戏来看,2021 年《原神》在海外 App Store 和 Google Play 的总收入达到 18 亿美元(占据国内自主研发游戏海外总收入的近 1/10),是最受海外市场欢迎的中国游戏之一。《原神》团队详细考察了古代西欧、古代中国、古代日本等地的文化历史,设计了七个各具特色的城邦,将民族艺术、地域文化经过游戏传递给玩家,玩家既能获得基于文化差异的冲击感(感受异域风土),又能基于文化基因引发"共鸣感"(探索本国文化)。

国际经验、国际元素、国际市场日益成为国内文化发展中的影响因素,这体现在传统文化的创造性转化与创新性发展上,表现为不仅关注"传承",也关注与国际文化元素相"融合"。文创产业的发展不仅要关注国内市场覆盖率,同时也要注重文化出海、拓展国际市场。提升"国潮"的国际气质,要汲取世界各国不同的文化给养,广纳百川、自成一体,最大限度地开展文化交流与合作,以更广阔的国际视野提升国潮的国际气质,而且要积极吸引国际资本对中国文创产业的关注与投入。随着中国的文化自觉与文化自信不断提升,中国有望成为"文创大国",但还需要在人才培养、政策体系和社会环境上下功夫[2]。

---

[1] 文化折扣[EB/OL]. https://baike.baidu.com/item/%E6%96%87%E5%8C%96%E6%8A%98%E6%89%A3/959842?fr=aladdin. [访问时间:2023-01-26].

[2] 胡钰:中华文化走向海外,如何提升"国际气质"[EB/OL]. https://baijiahao.baidu.com/s?id=1752288765339378691&wfr=spider&for=pc. [访问时间:2023-01-26].

同时,在跨文化传播中,我们也不可避免地会遇到文化折扣等问题。电影作为中国国际传播中的重要载体,是展示国家形象、塑造文化软实力的集中体现,是"让世界了解中国,让中国走向世界"的关键途径。过去十年间,中国电影票房呈井喷式增长。就中国主旋律电影的制作情况来看,进入新时代以来,主旋律电影已不再将自身局限在"单向宣传"的刻板印象中,而是开始尝试拓展题材的普泛性,融入类型片的创作模式,有意识地与商业和艺术元素相融合,提升观感的真实性和感染力,从而更好地达到社会效益与经济效益的统一。纵观国内电影市场,以《湄公河行动》(2016)、《战狼2》(2017)、《红海行动》(2018)等影片为代表的新时代主旋律电影几乎到了家喻户晓的程度。《湄公河行动》以11.73亿元荣登2016年度票房前十,成为第一部突破10亿元票房大关的主旋律电影。《战狼2》《红海行动》分别以56.39亿元和36.5亿元的总票房,荣登2017、2018年度票房冠军,《战狼2》在上映后短短两周的时间里便拿下了高达31亿元的国内票房。但与国内市场的劲爆表现形成鲜明对比的是,主旋律电影在海外市场频频遇冷。以《战狼2》为例,在其56.39亿元的票房中,海外票房仅1.16亿元。在北美同步上映时,该片在同样的两周时间内仅获得111万美元的票房,总票房也不过700余万美元。与国内票房相比,结果尤为惨淡,接连出现较低的排片率和褒贬不一的评价,并在奥斯卡最佳外语片的提名竞选中遗憾落选。2018年的贺岁大片《红海行动》具有相同的"命运",其在国内收获36亿元总战绩的同时,在北美仅有154万美元的票房,海外票房仅占全球总票房的10%。新时代主旋律电影在国内市场份额占比虽不断提高,但仍难以走出国门。这些反差强烈的数据迫使我们冷静反思出现此种境遇的原因。随着各国文化交流与沟通的日益加深,文化多样性成为当今世界的基本特征之一,电影作品毫不例外地被卷入其中。因此,文化产品的创作既需要体现本国的意图与思想,还必须考虑传播范围与对象国的接受程度。走向国际化的中国电影除了要契合本国观众的观影喜好外,也不可忽视海外市场的接受口味与习惯[1]。

第二节 | 会展文创的基本原则

一、创意先行原则

广义的创意是指头脑中的一种思维以及有形的创作;狭义的创意仅指创作。这里的阐述以广义的创意为主。创意的生成经历"知识积累—思想酝酿—创意启发—创意形成—创意推销"五个阶段,即从无意识的积累过渡到有意识的开发,从脑中的创意点子过渡到手中的创意产品。在这个整合营销的消费者时代,物质产品的过剩使得人们疲于选择,创意便在形成产品的过程中起到了极大的作用。创意无处不在,对于创作者来说,对来源的把握是创意成功的关键。创意源自丰富的生活,对于生活的体验、观察和思考是创意来源的根本。创意作为一种大

---

[1] 文化折扣视域下主旋律电影的国际传播现状[EB/OL]. https://baijiahao.baidu.com/s?id=1689551875255505364&wfr=spider&for=pc. [访问时间:2023-01-26].

脑活动,其目的在于突破已有,创造新的概念。产品的目的则在于市场销售。虽然创意与产品的目的不同,但它们在创意产品中却呈正相关,具有一致性。有了创意之后,将其物化成具体的产品,使创意与产品融为一体,成为创意产品。因此,创意产品是体现创意的载体:创意是无形的思维活动,若想体现其价值,必须使其进入市场,面对消费者,成为创意产品[1]。

在会展文创的原则中,坚持创意优先是取得经济效益的前提。会展文创产品是会展文创产业的最终产品,创造性是它的本质属性。对会展文创产品来说,人的智慧、创造是其价值构成中不可或缺的部分,坚持创意优先是取得市场业绩的前提。在实践操作层面,产品的开发要注重提取文化符号,通过艺术改造将其转化成更易为人们接受、鉴赏的艺术品[2]。

二、市场导向原则

会展文创产业既然兼具公益性与经济性目的,那么,其开发就必须奉行市场化原则,用市场营销的基本原则来创造市场份额与业绩[3]。根据我国经济、文化的发展状况,可以通过自行研发、授权合作开发、公开市场采购等多种方式开发会展文创产品,或举办各类竞赛和培训活动,向社会公开征集有创意的提案,或建立博物馆衍生品联盟,寻求优质合作伙伴,联手打造品牌。例如,2012年,"江苏省博物馆商店联盟"正式挂牌成立,以南京博物馆为依托,以江苏省博物馆学会为纽带,以江苏省长江文物艺术发展公司为市场运作核心,由江苏省各有关博物馆商店自愿加盟组成行业连锁战略联合体,商店联盟采用先进的连锁管理运营模式和市场营销理念,依据共同章程、规则,整合全省博物馆及其商店资源。联盟提供统一的商店形象,如统一的商标、环境布置、形象设计、品牌,在统一的运营管理体系下,统筹博物馆文化创意衍生品精品系列的研发、营销及市场推广,充分利用多馆的藏品及展览资源,在最大程度上降低研发成本,保护知识产权,打造了一个新型的一体化博物馆产业平台。在利益主导原则的指引下,借鉴国外模式,拓宽融资及销售渠道,解决目前国内衍生品销售渠道单一的问题,并借鉴国外比较成熟的电商平台及衍生品展售模式,找准文化卖点,加大宣传力度,让不同年龄、不同职业背景的群体都能了解艺术衍生品,让艺术走近大众。此外,为保证销售渠道的畅通,融资途径也不断多元化,实现了融资与销售的最佳产业循环。在融资渠道上,除了国家艺术基金的支持外,采用"文化权限"参观的方式发展个人捐助或大公司筹款[4]。

三、专业规划原则

专业化原本是针对企业经营与管理提出的理念。企业必须根据市场需要向社会提供专业化的产品或服务,形成自身特有、适应市场需求的产品或服务,并长期保有一定的市场份额,才能生存和发展。企业专业化发展最基本的原则就是一业为主、主线明确。企业可以多样化经营,但首

---

[1] 卜彦芳.创意经济概论[M].北京:中国传媒出版社,2014:29.
[2] 刘怡.博物馆文化创意衍生品创新研发模式研究[J].自然科学博物馆研究,2017,2(S1):96-101.
[3] 杨煜.地方博物馆文化衍生品开发策略研究[J].文物春秋,2010(2):62-66.
[4] 邱永生,李民昌.文化创意与博物馆藏品融合发展研究[J].中国博物馆文化产业研究,2015(1):53.

先应立足主业,必须具有明确的、有别于他人的主营产品或服务。专业化可以加速企业的差异化发展,获得市场竞争优势;专业化还可以提高管理效率,提高资源利用率,创造核心竞争优势。

会展文创专业化包括会展题材、内容专业化和文创运作管理专业化。会展题材、内容专业化是指会展项目以某一特定产业为基础和依托,以特定产业类产品、技术、服务为核心,组织业内专业厂家参加,主要对专业观众开放;文创运作管理专业化是指将会展文创经营活动分工细化,在各个方面进行分工合作。会展文创专业化首先应当实现会展文创题材的专业化,增强题材主题化、活动集约化,紧扣不同主题,突出行业细分和地方特色,鼓励各地方、各行业办出特色,办出差异,实行差异化发展,形成全国地方行业优势突出、优势互补、百花齐放、丰富多彩的会展文创产业体系;组建专业化的会展文创运作主体,取代组委会下属专设执委会运作制度,政府部门逐步退出实际运作,用专业的机构、专业的人才,采取专业化手段和机制办专业的事;提升会展文创组织专业化水平,学习借鉴先进理念,借鉴成熟经验,按照国际规范进行运作,健全专业化的产业链服务体系,引入专业化分工协作机制,提供专业性服务[1]。

"凡事预则立,不预则废",会展文创产业还应制定富有前瞻性的规划,主要包括目标规划、运作规划和人力资源规划。首先是目标规划。要结合会展文创产业发展的实际,全面衡量各种有利、不利因素,充分进行论证,制定五年乃至十年的研发规划,确立研发种类、方向和经济效益的预期目标。其次是运作规划。要按照既定工作目标,制定并执行一系列策划、生产、销售方案,通过强有力的执行,不断修正方法,调整方向,凝聚力量,稳步推进。最后是人力资源规划。要有目的地培养和引进产品开发所需要的各类人才,重点培养具有跨学科、复合型知识结构的领导者,形成一支有专业素养、精通市场运作的团队,提供人力资源的保证[2]。

四、协同开发原则

会展文创产品创意开发的全过程包括不同主体与服务阶段,因此,进行会展文创产品的开发需要发挥各个服务方的优势与专业能力,以协同、创新、合作的方式,营造优良的定制服务环境,为用户解决所有问题和需求。这一过程涉及设计师、制造商、版权评估专家、艺术家等不同服务主体,各方的服务内容、流程以及提供的服务也不同。例如,设计师可通过发挥个人专业特长与创新思维,对产品的设计不断优化,设计出具有创意性的产品。制造商应提供相关产品的生产制造参数,包括产品的价格、工艺、材料、尺寸、色彩、制作周期等,提高产品生产的效率和缩短制作周期[3]。同时,也可以利用高校人才优势,加强创意研发。国内会展文创产品存在品类单调、消费能力不足等现象,反映了加强创意研发的重要性。国外会展文创产品开发主要有两种模式:一是自主设计研发,再授权厂家制造;二是由被授权商负责整个研发生产过程。但无论哪种开发模式,成功的关键都在于创意研发。会展文创的创意研发要把艺术创作、产品设计与会展的定位结合起来,设计出既有艺术特色又具有实用性的会展文创产品。目前,我国

---

[1] 赵富森."文化创意+"会展业融合发展[M].北京:知识产权出版社,2019:95.
[2] 刘怡.博物馆文化创意衍生品创新研发模式研究[J].自然科学博物馆研究,2017,2(S1):96-101.
[3] 麦月晴.艺术衍生品线上创意定制服务模式研究[D].中国美术学院硕士学位论文,2018.

高校人才资源优势突出,美术、设计以及文化产业管理专业的人才储备极为丰厚,本、硕、博的人才梯度结构较为完善,因此,相关部门可与高校科研院所合作开发,也可以吸纳实习生、优秀毕业生积极加入会展文创的研发团队,研发既有艺术美感又贴近大众需求的作品[1]。

五、科技赋能原则

坚持用信息化技术为会展文创产业赋能。信息化建设是指为了管理的提升而进行的一系列软硬件系统的搭建、推广应用与维护升级。随着移动互联网、云计算、大数据、物联网等新一代信息技术的不断发展和推广应用,信息化建设不断被赋予新的内容,"互联网+"思维、现代信息技术越来越深刻地影响着人们的思维、工作和生活,改变社会活动组织形式、经济运行方式和商业运营模式。

会展文创信息化就是运用"互联网+"思维,采用互联网技术,推动信息共享,促进供需匹配,提升互动体验,实现服务智慧化和信息利用智慧化,提高服务效率,实现管理升级,提高会展整体质量和水平。具体来说,可以利用互联网技术对目标受众进行深度分析,了解客户需要,量身打造,提供精准定制服务,了解供给、需求双方的交易和项目需求,有针对性地提供交易服务,开展网上配对,增强交易合作匹配度,提高实际交易成效;利用大数据技术,建设跟踪服务体系,实现客户关系管理智能化、智慧化;运用网络系统,推进流程程式化、智能化、规范化和管理自动化;应用最新二维码签到、移动互联网基于位置的服务(location based service, LBS)、人脸识别技术等改造、提升现场服务;应用3D技术、直播互动、虚拟现实、增强现实、混合现实等再造展会现场,让用户全景感受展会氛围,认知品牌和企业;建设经济有效、自由方便、快速准确、具有极强互动性的网络平台,加强展前、展中、展后服务全过程管理,实现主办方、参展商、服务商和观众的互动体验和信息共享,实现多方共赢;利用互联网技术为客户提供增值服务,推广使用线上—线下—线上的O2O2O模式(online to offline to online),提供线上线下展示、交易、金融、物流服务,节约交易成本,提高交易效率[2]。此外,在全球都开始关注的元宇宙话题背后,其实是数字文创产业与前沿科技融合的新趋势。人工智能、虚拟现实、增强现实等新兴技术的发展和突破,也将为我们带来更多更沉浸、互动性更强和信息含量更大的会展文创产品,让优秀的文化以更低的门槛走进群众生活。

六、国际发展原则

生产和经营的国际化是指设计、制造适应不同区域要求的产品和服务,在跨国经营活动中推出自己的品牌,并融入世界市场的过程,是企业在全球性生产、营销活动中树立自己品牌定位形象,全面利用国内外资源条件和市场进行跨国经营,在国内外投资、生产、组织和策划国际市场营销活动,达到全球化运营目的的过程[3]。

---

[1] 张爱红.博物馆艺术衍生品创意开发模式研究[J].艺术百家,2015,31(4):210-214.
[2] 赵富森."文化创意+"会展业融合发展[M].北京:知识产权出版社,2019:96-97.
[3] 同上书:97.

在我国会展业界,国际化被普遍认为是我国会展未来发展的方向之一。会展"国际化"的一个基本的指标是:来自境外的参展商占展会参展商总数的20%或以上,或者来自境外的观众占展会到会观众总数的5%或以上。从我国目前会展业的发展现状来看,要达到这一目标并非易事。办展理念决定着一个展会的办展模式。展会要国际化,办展理念首先要国际化。展会功能是展会能提供给客户价值的载体,是展会价值的集中反映。展会的主要功能包括贸易、信息、展示和发布四项。其中,贸易是展会最基础的功能,贸易成交、取得订单往往是许多企业参展、观众参观展会的主要目标。但是,观察国际知名的品牌展会发现,越是国际化程度高的展会,贸易功能越不是它们引以为傲的地方。这些展会真正的标杆意义在于它们是行业引领和前沿发布的平台。如意大利米兰家具展,展示行业最新、最前卫的设计和产品,成为行业的标杆,每年展会举办,行业人士趋之若鹜。展会要国际化,在国际化办展理念的指引下,展会的功能也一定要国际化。要将展会的贸易功能夯实,并在此基础上,打造好展会的信息、展示和发布功能,使展会不仅是一个贸易成交的平台,还是一个行业信息汇聚的平台,更是一个行业新产品、新设计、新技术的展示和发布平台。此外,展会营销、展会管理和服务也同样需要采用国际化的标准和方法,使展会在形象、服务、管理等各个环节上与国际水平对接[1]。

会展文创国际化应当在市场化改革、专业化运营和信息化建设的基础上,加强与国际会展文创组织和机构的合作,学习国际先进经验,推行国际通行运作准则和流程,提高运作水平;加强国际宣传推广,扩大国际影响力和知名度,争取更多国际认可和参与;加强与国际行业组织、知名企业的合作,引进成建制品牌文化展会,扩大规模,提升影响;探索会展股权改制,组建合资经营企业运作展会;创造条件,输出品牌,异地办展,跨境办展,多方联动[2]。

第三节 会展文创的历史沿革

一、国际会展文创的发展概况

(一)英国

20世纪90年代以来,全球文化创意产业已经由产业萌芽期走向产业发展期。创意产业的理念最早可以追溯到德国经济学家熊彼特1912年指出的"现代经济发展的根本动力不是资本和劳动力,而是创新"。1986年,经济学家保罗·罗默(Paul Romer)也撰文指出,新创意会衍生出无穷的新产品、新市场和财富创造的新机会,所以新创意才是推动一国经济成长的原动力。

但首先将创意产业理念作为一种国家产业政策和战略明确提出的,是英国创意产业特别工作小组。1997年5月,时任英国首相布莱尔为振兴英国经济,提议并推动成立了创意产业特

---

[1] 如何使会展国际化[EB/OL]. http://www.zzhzw.net/web/front/news/detail.php?newsid=3478. [访问时间:2023-01-26].
[2] 赵富森. "文化创意+"会展业融合发展[M]. 北京:知识产权出版社,2019:97-98.

别工作小组。这个小组于1998年和2001年分别两次发布研究报告,分析英国创意产业的现状并提出发展战略。1998年,英国创意产业特别工作小组首次对创意产业进行了定义,将创意产业界定为源自个人创意、技巧及才华,通过知识产权的开发和运用,具有创造财富和就业潜力的行业。根据这个定义,英国将广告、建筑、艺术和古董市场、工艺、设计、流行设计与时尚、电影与录像、软件与游戏、音乐、表演艺术、出版、电脑软件、广播电视等行业确认为创意产业。

2003年,英国首相战略小组指出,如果用就业和产出衡量,伦敦创意产业对经济发展的重要性实际上已经超过了金融业。1997—2004年,创意产业产值年平均增长率是5%,而同一时期英国总体经济年平均增长率是3%,可见创意产业的增长要比英国整体经济年增长率高约2个百分点。此外,创意产业还成功推动了英国出口,有效地抵补了货物贸易逆差。英国政府对文化创意产业的重视以及正确的产业政策,促进了经济的发展,增加了就业。

(二)美国

美国既是会展业和文化创意产业发展最早的国家之一,也是当前会展文创产业最为发达的国家,尤其是其文创产业的竞争力和总体实力,没有其他国家可以与之分庭抗礼。美国文化创意产业规模庞大,门类齐全,而且大都具有世界领先地位。在美国,最富有的400家公司中有72家是文化创意企业,美国文化创意产业的年产值超过了汽车、飞机、计算机等传统行业,成为第一出口项目。在特有的现代科技和雄厚资本支持下,美国形成了以电影、音像、报刊、动画、娱乐业、体育业等为核心的强大的文化创意产业集群,并且建成了庞大的全球销售网络,控制了许多国家的销售网和众多电影院、出版机构及连锁店。同时,美国利用技术优势,在诸多行业率先进行技术革新和改造,取得了文化创意产业的先发优势。

美国博物馆行业内部的联合发展是其博物馆发展文化创意产业的主要特色,即联合各个博物馆以及周边产业,形成博物馆文化创意产业链,设立博物馆商店协会,规范博物馆文化创意产品的授权、开发、制造、零售等,以避免过度的商业化和保证社会效益。如大都会博物馆,以其典藏文物通过版权认证方式制作和研发了大量音乐、演讲、文娱、影像等文化创意产品,与中央公园的数十家博物馆联合,形成强大的博物馆文化创意产业聚集区,与巴黎、罗马等博物馆联合开发"大都会产品",使文化创意产品远销国际市场,还与众多行业联合开发珠宝首饰类文化创意产品。联合发展的模式节约了成本,扩大了效益。在产业化运作中,高效的管理营运方式和产业化的经营手段创造了巨大的经济收入和社会影响力,使博物馆坚持的教育功能和服务社会发展功能有了更坚实的经济基础。市场化运作与文化创意产业的发展没有影响其公共服务机构的本质。美国等发达国家博物馆文化创意产业的迅猛发展,既源于法律和政策的保驾护航、多元化的运作方式,也源于其文化创意产业发展相对成熟,"创意"氛围浓厚,更离不开政府对博物馆创意产业发展的重视与支持。通过制度保障,博物馆在努力发展创意产业的同时,也不忘初衷,使博物馆在社会、教育、文化和服务方面的功能拓展和延伸得到了更积极的发展[1]。

---

[1] 冯拓菲.黑龙江博物馆文化创意产业发展研究[D].哈尔滨师范大学硕士学位论文,2017.

(三) 德国和法国

德国和法国也是传统的会展和文化创意产业强国。德国和法国文化创意产业的发展与其丰富的文化创意资源相关。两国都是拥有深厚历史文化创意传统的国家,具有深厚的历史文化底蕴。文化创意产业在为德、法两国创造就业机会,推动经济发展和创造社会财富方面发挥了重要的作用。

德国在出版、影视、表演艺术、会展等行业上的发展十分突出,处于世界领先地位。作为欧洲经济最发达的国家,德国文化创意行业发展前景良好。德国将文化创意行业定义为"文化与创意经济"(Kultur- und Kreativwirtschaft),涵盖设计、建筑、出版、广告、软件和电子游戏等11个核心细分市场和领域,其国内对外经济发达,政府认为文化创意行业能有效提高其制造业、工业等产品附加值,提高企业市场竞争力,因此,为了推动文化创意产业发展,德国政府实施了一系列鼓励措施和优惠政策。根据新思界行业研究中心发布的《2020—2024年德国文化创意市场深度调研分析报告》,2007年,德国联邦政府制定了《文化创意产业倡议》,该倡议从提高公众对文化创意产业认识、提升文化创意产业和就业增长、增强文化创意产业竞争力和影响力三个角度支持文化创意产业发展。2009年,德国政府正式成立了文化创意产业事务中心,该平台总部设置在黑森州埃施博尔恩,不仅向初创文化创意企业和自由职业者提供相关业务、政策等咨询服务,还搭建了文化创意产业经营者和社会各界交流平台,促进了文化创意行业和各领域结合。2010年,德国文化创意产业事务中心在全国成立了8个办事处,进一步为其文化创意产业发展提供了有利条件。不仅如此,为了保障文化创意产业可持续健康发展,2010年以来,德国政府先后修订了专利法、外观设计法、规范信息社会著作权法等相关法律法规,为文化创意产业各种知识产权保护政策措施提供了法律依据,保障了文化创意企业及从业者合法权益。在此背景下,德国文化创意行业发展迅速,无论企业数量、企业规模还是从业人员均呈现出良好发展态势,行业对各领域增加值贡献总额不断提升,有效推动了其国内经济增长[1]。

法国政府则十分重视文化创意产业的发展,其基础文化创意设施齐全,文化创意产业发展水平较高,在电影、图书出版、艺术表演、音乐、美术以及文化创意旅游等方面居世界前列。以法国戛纳电影节为例,戛纳电影节是当今世界最具影响力、最顶尖的国际电影节,与威尼斯国际电影节、柏林国际电影节并称世界三大国际电影节,定在每年五月中旬举办,为期12天左右。作为戛纳的形象宣传窗口和经济"火车头",电影节每年吸引至少6万名电影界专业人士和20万名游客。据悉,短短不到两周的盛会,就会给当地创造3 000个就业机会,总共带来2亿欧元左右的收入,15天的收入就占戛纳旅游年度收入的四分之一。同时电影节期间,还有4 000多部电影在电影市场进行交易,销售额高达10亿美元。此外,电影节也带动了周边的酒店住宿、旅游餐饮以及媒体经济的发展,形成了复合型产业链,向世界完美诠释了什么是"一个产业一座城"。戛纳电影节在创造经济奇迹的同时,其IP的商业运作也被全世界关注。戛纳电影节每年的运营资金约为2 000万欧元,大部分由国家影视中心及政府承担,其余部分由协

---

[1] 德国政府高度重视文化创意行业 可挖掘潜力较大[EB/OL]. http://www.newsijie.cn/TZD/TouZiDiMenuInfo/12507/9/9/TZHJ. [访问时间:2023-01-26].

会和企业赞助,戛纳政府在不损害青山绿水的前提下促进城市发展,为推动"绿色经济"和文化产业树立了绝对标杆[1]。

(四)日本和韩国

在亚洲,日本和韩国的文化产业发展处于领先的地位。日本是亚洲文化创意产业最发达的国家。1996年,日本提出"文化立国"的战略构想。1998年3月,为了推进文化立国战略,通过了《文化振兴基本设想》报告,这一报告具体解释了文化立国想要达到的目标和需要发展的内容。在20世纪后期,文化创意产业逐渐成为日本经济的一个重要支柱。日本近几届政府也都把发展资源消耗低、附加值高的文化创意产业作为一项基本国策。日本文创产业经过20多年的发展,取得了瞩目的成绩。不仅如此,还带动了动漫、音乐、游戏等其他产业及周边制造产业的发展。2015年8月,日本经济部门提出了"酷日本"政策。为了推广这一目标,主要有三个战略方向:创造日本风潮,有效宣传日本的魅力;在当地构架可获利的平台,在新兴市场推广日本文化、产品及服务时,可向日本经济产业部门申请"新兴国市场开拓等事业费补助金",作为市场拓展的经费补助;推广日本国境内消费,促使别国的游客前往日本进行消费,如把体验观光项目、传统工艺器具、动漫和周边等产品输出海外,通过海外市场的宣传和产品销售,吸引大量的游客访日。日本文创产业和文创产品的竞争力实质上来源于文化的内容。日本注重继承传统的日本文化,吸收外来文化,并且学习和借鉴国外先进的理念和项目。以动漫为例,动漫本身具有故事性和艺术性,日本动漫不仅取材于本国的传说故事,更加入了外国元素。同时,在发掘文化项目的时候,积极地学习和引进国外的可取之处,选题新颖独特,使文化项目能持续发展。日本文创产业与传统文化的结合,不仅给文创增加了新意和活力,更对传统文化的传承和发扬起到了很好的促进作用。日本的很多玩偶,如Hello Kitty,都会有和服款和樱花款,设计独特,有标志性,往往一上市就受到追捧。结合传统的同时注入新元素,这也是日本文创产业保持活力的一个原因[2]。

1997年亚洲金融危机给了韩国沉重打击,为了摆脱危机,韩国实施经济转型,于1998年提出"设计韩国"战略。经过多年的实施之后,设计和创新在韩国开花结果,韩国已经拥有三星、乐金(LG)等全球著名品牌,韩国也从制造国家向设计创新国家成功转型。韩国政府为推动文化创意产业设立了文化产业局,下设12个附属机构,其中,文化产业振兴院是协助将创意文化内容衍生成文化产品的一个辅助机制,振兴院界定的产业项目有动画、音乐、卡通、电玩等,主要提供设备租借、投资、技术教育训练,协助发展国际行销策略,进行产业中长期计划的研究,并与其他国家、地区单位发展策略联盟的伙伴关系。1998年,时任韩国总统金大中与时任英国首相布莱尔共同发表《21世纪设计时代宣言》,宣示设计在国际竞争中的重要性,并与各国开展设计合作。同年,韩国成立游戏产业振兴中心(壮大游戏软件产业)和信息技术(IT)业振兴院

---

[1] 文化产业发展的法国经验[EB/OL]. https://mp.weixin.qq.com/s?__biz=MjM5ODg1MTAxMg==&mid=2652531423&idx=2&sn=8aef93aa59b50562328bf62453ad1ea9&chksm=bd2ab2748a5d3b62ec8908c98b61dfc783414a7da882cab8d40f5ae40bdb8950f0f2fef6bb69&scene=27.[访问时间:2023-01-26].

[2] 日本文化创意产业发展的经验与启示[EB/OL]. https://www.fx361.com/page/2019/0830/5475736.shtml. [访问时间:2023-01-26].

(壮大数字内容与软件)。1999年,韩国通过《文化产业促进法》,明确"协助文化、娱乐、内容产业",另成立"文化产业基金",提供新创文化企业贷款[1]。2011年4月,韩国政府成立了文化创意产业振兴委员会,由总理任委员长,成员包括11个政府部门的部长及8名民间人士,主要目的是集国家之力振兴文化产业。2011年5月,韩国还专门制定了文化创意产业振兴基本计划。根据该计划,在政府主导下成立了"种子基金",向文化创意项目提供启动支持,并对3D等高端技术领域给予政策倾斜。另外,韩国还通过改善贷款保证制度和保护知识产权等措施,为文化创意产业的发展提供良好的市场环境。韩国文化体育观光部和未来创造科学部还对不同国家和地区的市场情况进行了分析和梳理,制定了适合不同目标市场的发展战略,南美、中东、非洲等新兴市场将作为今后韩国文化产业输出的重点市场。政府将会通过搭建平台,为韩国企业提供更多的机会。对于亚洲地区这类成熟的市场,则强调合作,重点推动在电影和动漫方面的联合制作,如通过亚太广播联盟等机构,推动以亚洲历史文化为素材的节目联合制作等。对于美国和欧洲市场,则要强化商业网络的运作和分工合作。为了实现2017年100亿美元、2020年224亿美元的经济目标,韩国政府下属各部委成立名为"海外出口协议会"的机构,共同对海外市场信息进行调查和分享。韩国政府以韩国文化产业振兴院为中心,联合相关部门在与出口相关的市场、法律、人力资源和海外创业等方面,为企业提供对口服务[2]。

二、国内会展文创的历史沿革

(一) 2000—2005年:萌芽时期

2002年2月,美国人罗伯特租下了北京798厂120 m² 的回民食堂,改造成前店、后公司的样貌。罗伯特是做中国艺术网站的,一些经常与他交往的人也先后看中了这里宽敞的空间和低廉的租金,纷纷租下一些厂房作为工作室或展示空间,798艺术家群体的雪球就这样滚了起来。由于部分厂房属于典型的现代主义包豪斯风格,整个厂区规划有序,建筑风格独特,吸引了许多艺术家前来工作、定居,慢慢形成了今天的798艺术区。2004年,我国的文化产业在文化体制改革的兴奋与躁动之中走过。这一年,为了落实中央十六届三中全会精神,实现经济社会全面、协调、可持续发展,文化体制改革试点工作继续深入,对文化产业发展的推动作用越来越明显。随着党的十七大"社会主义文化大发展大繁荣"战略目标的提出,全国各地的文化创意产业项目开始跃跃欲试,纷纷上马。在这个阶段,人们一提起文化创意产业就会想起798艺术区,提起优秀的文化创意产业项目范例,也会想到798艺术区。于是,全国各地负责文化产业的党政干部、企事业相关人员纷纷组成考察团到798艺术区参观、学习、考察,一一效仿,纷纷利用闲置的厂区、空余的车间和仓库引进艺术家,开始发展各自的文化创意产业园区。今天为大众所熟知的北京798艺术区(2000)、北京宋庄(1997)、上海田子坊(1998)、上海M50

---

[1] 韩国发展创意产业策略[EB/OL]. https://www.douban.com/group/topic/4783983/?_i=4725146T-o8co. [访问时间:2023-01-26].

[2] 世界文化产业创意中心:韩国为何如此重视文化?[EB/OL]. http://mt.sohu.com/20160808/n463181411.shtml. [访问时间:2023-01-26].

(2000)、创智天地、深圳华侨城 LOFT 创意文化园(2004)、广州 TIT 创意园(2007)、南京 1912 (2004 年开街)、杭州 LOFT49(2002)等等,这些文创园区基本都是这一时期的产物,现在也都成为城市的文化地标和创意中心。

在影视文创方面,2000 年上映的《卧虎藏龙》是第一部获得奥斯卡金像奖最佳外语片奖的中国电影。当时另一个创新性的尝试是红遍全国的《超级女声》。2004 年《超级女声》举办了第一届,而这个节目也让中国的娱乐业发生了翻天覆地的变化,电视上开始出现真人类选秀的节目,开启了中国真人秀节目的浪潮。在这之前,荧幕上的娱乐明星多以中国港澳台地区明星为主,从这个节目开始,新一代大陆娱乐明星诞生,成为影响现代年轻人的文化娱乐风向标。

在游戏方面,2000 年,中国游戏正式进入网络时代。由于网络游戏不易受盗版影响,发展迅速。其中,"联众世界"以同时在线 17 万人、注册用户 1 800 万的规模,成为世界用户数量第一的在线游戏网站。后来的《大话西游》《剑侠情缘》等也成为国产游戏中的佼佼者。虽然与欧美网游相比,中国网游还相对落后,但随着 2004 年《魔兽世界》公测,国产网游开始追赶欧美网游[1]。

(二) 2005—2010 年:发展早期

2006 年 1 月,中共中央、国务院发出《关于深化文化体制改革的若干意见》,同年北京、上海市级层面首先引入文化创意产业的概念,发布了文化创意产业的相关文件,这也是中国从政策层面进行改革和引导的关键时期,之后各个城市和地方开始逐步出台政策,建设各类文化创意产业园区,推动文化创意产业的发展。2006 年是中国文化创意产业具有里程碑式意义的年份,也开启了中国文化产业原创力量崛起的时代。

这一时期中国原创动漫的发展是中国文化创意产业原创作品崛起的重要力量。2005 年,中国第一部原创动漫电影《喜羊羊与灰太狼》上映,截至 2020 年 1 月,《喜羊羊与灰太狼》共播出作品 31 部 2 427 集(主线 21 部 1 802 集,网络短剧 10 部 625 集),电影 9 部,舞台剧 5 部。这一时期,中国动漫公司三巨头之一奥飞动漫开始进军动漫原创领域,建立产业运营与动漫形象创作一体化的营利模式,2009 年成功上市。"二次元"的代名词"哔哩哔哩"(B站)也开始萌芽。它于 2009 年 6 月创建,早期就是一个动画、漫画、游戏(ACG)内容创作和分享的视频网站,现在围绕用户、创作者和内容,构建了一个源源不断产生优质内容的生态系统,成为中国年轻世代高度聚集的文化社区和视频平台,并于 2018 年在美国纳斯达克上市,2021 年在港交所二次上市。

另外一股力量就是中国电影。2005 年,顾长卫的《孔雀》获得了柏林电影节银熊奖;2006 年上映的宁浩的《疯狂的石头》、2009 年上映的《疯狂的赛车》以及之后的疯狂系列电影成为热点。徐峥的"囧系列"第一部《人在囧途》在 2010 年上映,引起巨大反响,之后有了"泰囧"系列。2009 年 12 月,《阿凡达》创造了当时的历史最高票房,进一步推动了大院线电影的热度。这一时期各类电影层出不穷,电影娱乐市场蓬勃发展。2010 年,我国电影票房规模突破百亿大关。根据 2008 年的统计数据,在当年 406 部影片的总产量中,近 80%的影片产生于国有制片厂,非

---

[1] 2000—2020 回顾中国文化创意产业发展二十年[EB/OL]. https://zhuanlan.zhihu.com/p/113882495?utm_id=0.[访问时间:2023-01-26].

国有资本连续多年占据电影制片投资的主体。市场化的力量是推动电影原创的重要动力。

与此同时,在线视频的巨头优酷和土豆崭露头角,PPS、电驴下载、BT 下载等视频下载网站也收获了大众用户。个人电脑时代的视频网站成为年轻人在线娱乐的主战场,这个时期也是培育大众形成观看在线视频习惯的重要时期,80 后、90 后从那时候开始习惯了网络视频消费,也成为潜在的网络在线娱乐用户。可以说这一时期是中国娱乐进入在线网络时代的重要时期。

此外,这一时期的两个世界级文化体育盛会也值得关注:一是 2008 年的北京奥运会;二是 2010 年的上海世博会。这两项世界级的大型活动推动了我国文化创意产业的发展,吸引了全世界的目光,让世界了解中国这个超级市场[1]。

(三) 2010 年以后:高速发展期

中国经济的发展和网络密不可分,文化创意经济的发展也是如此。2010 年上市的 iPhone 4 集照相手机、个人数码、媒体播放和无线通信于一体,真正开启了掌上娱乐的新纪元。这一时期,中国的文化创意产业也真正开启了"泛娱乐"时代。"泛娱乐"是指基于互联网和移动互联网,对游戏、文学、动漫、影视、音乐这五个重点领域进行整合,使得文化内容通过强平台实现版权 IP 的价值最大化。2011 年的腾讯游戏已经是国内最大的网络游戏社区之一,拥有休闲游戏平台、大型网游、中型休闲游戏、桌面游戏、对战平台五大类总计逾 60 款游戏,拥有丰富的游戏 IP 资源。"泛娱乐"就是腾讯集团以 IP 为中心,以游戏运营和互联网平台为基础,打造的多领域共生、多业务协同的新商业模式。这主要得益于中国文化版权保护的逐渐强化。中国的文化版权可以说从这个时期才真正开始流转和价值转化。从过去的盗版免费到开始逐渐为版权付费,这就是新商业模式出现的基础。

这一时期最具代表性的就是微电影的出现。2010 年,中国第一部微电影《老男孩》红遍全国,神曲《小苹果》唱遍大街小巷,从此掀起了微电影的热潮,除了许多业余人士参与微电影的拍摄之外,许多商业广告也出现了以讲故事为核心的微电影,比较经典的是益达的微电影广告,即益达木糖醇"酸甜苦辣"系列。

2015 年,中国正式开启 4G 的商用年,工业和信息化部向中国电信、中国联通两家企业发放 FDD-LTE 牌照,开始了 4G 网络的商用。随着 4G 流量资费的逐步降低,我们的娱乐方式从电脑、电视、游戏逐渐转移到了手机移动终端,可以随时随地享受娱乐生活。这个时期的中国游戏市场处于爆发期,2016 年的全球游戏收入突破 1 000 亿美元,是电影市场的三倍,特别是手游市场成为游戏行业最大分支。2016 年,中国拥有超过 6 000 万游戏玩家,是世界上最大的游戏玩家市场,也拥有全球估值最高的游戏企业。2015 年,腾讯游戏发行的多人在线战斗竞技场(multiplayer online battle arena, MOBA)手游《王者荣耀》成为最大的获益者;2017 年,王者荣耀游戏收入最高,活跃用户达 2 亿。2018 年,王思聪的战队 IG 夺得英雄联盟世界总冠军,把中国的电竞产业推向了新高潮。网络游戏不再是不务正业的娱乐,而成为一种国际体育竞赛

---

[1] 2000—2020 回顾中国文化创意产业发展二十年[EB/OL]. https://zhuanlan.zhihu.com/p/113882495?utm_id=0.[访问时间:2023-01-26].

运动。2019年,中国拥有6.2亿视频游戏用户,移动游戏实际销售收入达1580多亿元,与美国争霸全球游戏市场。

这一时期,网络大电影诞生并快速发展。网络大电影是指时长超过60分钟、拍摄时间几个月到一年左右、规模投资几百万元到几千万元、电影制作水准精良、具备完整电影的结构与容量、以互联网为首发平台的电影。这个模式颠覆了传统电影的大制片厂模式和大院线模式,投资小,周期短,收益高。这也得益于网络视频用户基数大,而且用户为电影付费的意识已经建立。爱奇艺和腾讯2018年公布的VIP会员数几乎破亿,如果网络大电影的单片价格2.5元,一亿会员观看就是2.5亿元收入。

同时,网文IP价值放大。目前,IP主要涉猎的领域包含文学、电影、漫画、游戏等。这一时期,网络文学众多IP被改编、翻拍成电影、电视剧,成就了一些成熟的网文作者。刘慈欣的《流浪地球》拍成电影后大火,票房超45亿元,这部电影就是根据刘慈欣1999年在《科幻世界》连载的中篇科幻小说改编的。根据网络小说改编的《三生三世十里桃花》《陈情令》《庆余年》《斗破苍穹》《凤囚凰》等也成为大热的电视剧。网络文学的发展已经经历了20多年,积累了大量的文学IP和成熟的网络文学作者。有数据显示,2018年,我国网络文学用户达3.78亿,原创作品总量达1646.7万种,日更字数1.5亿[1]。不同语种翻译传播中国网络文学的海外网站已有上百家。腾讯在2018年提出了"新文创"战略,就是更多地围绕IP建立文化创意产业的共生生态,构建文化创意产业的新模式。

技术改变了娱乐方式和生活方式,也催生了新的生产方式。随着数字化与互联网的发展,更多类似众筹、众包这样的生产方式在文化创意领域出现。例如,《大圣归来》就是一部众筹电影,它召集了100位众筹投资人,众筹投资780万元,2个多月时间就赚足了10亿的票房。

2019年年底到来的新冠疫情让中国经济按下暂停键,国家紧急推动"新基建"的万亿经济刺激计划,进一步加快了5G、大数据、云计算、人工智能、物联网等数字技术和信息基础设施的发展。这些新技术、新基建不仅改变我们的生活方式,更将变革我们的社会、城市和产业发展。未来的时代将是万物互联的时代,每一个联网的物体都可能被媒体化、平台化。除了手机、电视、电脑、影院大屏等终端成为文化传播载体之外,更多的物体表面会成为终端。这也意味着,根据不同场景定制专属的内容成为可能。文化创意产业只是这场变革的头牌阵营。从数字出版的个性定制到今日头条的算法推送,从B站的二次元视频创作到喜马拉雅音频平台,从陪伴机器人到娱乐机器人,大数据和人工智能正全面渗透传统文化产业,改变生产和消费方式。未来的视频直播无延时,大屏时代,实时互动,虚拟现实,物联场景,所有的物体都将是文化媒体。虚拟现实电影、4K/8K超高清视频,传统文化业态的可视化、交互性、沉浸式等,都将是对未来文化创意产业可能的场景、载体、业态的想象[2]。

---

[1] 新华调查:3.78亿读者关注"中国网文"为何能赢得世界关注?——代表委员把脉网络文学发展[EB/OL]. https://baijiahao.baidu.com/s?id=1594539469822845949&wfr=spider&for=pc.[访问时间:2023-03-01].
[2] 2000—2020回顾中国文化创意产业发展二十年[EB/OL]. https://zhuanlan.zhihu.com/p/113882495?utm_id=0.[访问时间:2023-01-26].

 **案例研读**

成都的会展文创发展之路

为打造中国最适宜数字文创发展城市，高水平建设世界文创名城，2021年5月25—30日，成都举办了2021"天府文创 锦绣云上"数字文创产业成都峰会，以世界级的舞台展现成都数字文创在产业活力、人才活力、政策活力、传播活力等方面的现状及优势。此次大会以"新文创、新机遇、新活力"为主题，由成都市文产办、成都市"三城三都"办、成都市委网信办主办，红星新闻网、成都中贸文创会展股份有限公司、成都天府文创金融科技有限公司承办。大会通过举办一场主峰会、20场专业峰会、"2021天府文创大集市"和数字文创IP重点项目路演四大系列活动，打造一场全国聚集、全域联动、全球链接、全民互动的数字文创产业大会。2022年，城市级的数字文创前沿盛宴，助力成都打造中国最适宜数字文创发展城市。11月9日14点整，以"古今共舞 蓉创新生"为主题的大屏数字交互舞拉开了2022成都数字文创产业峰会大幕。原创数字虚拟主持人手持文创手书翩翩而来，一条数字时空隧道尽显成都数字文化创新形势与新机遇。

一、成都数字文创无尽魅力

2021数字文创产业成都峰会于2021年5月25日晚在成都梵木创艺区·无尽空间启幕。本次峰会运用AI虚拟主持、3D全息投影等技术方式，展现璀璨千年的天府文脉、丰富绚烂的当代成都文创成就。据了解，"文创之夜"邀请了动漫、影视、游戏、电竞等领域的众多大咖，如文化部原副部长、国家博物馆首任馆长潘震宙，全球电子竞技联合会副主席、亚奥理事会终身名誉副主席魏纪中，伽马数据董事长张遥力，峨眉电影集团总裁向华全，成都乐狗CEO侯柯，AG电竞俱乐部董事长乐可登等，他们从数字文创领域出发，通过主题演讲畅谈成都文创优势和发展前景，同时，来自电竞、艺术、传媒等领域的全球"成都粉"欢聚一堂，共话成都数字文创。《万国觉醒》是成都乐狗科技有限公司自研的第一款游戏，自2018年海外上市以来，风靡全球，2020年9月国服已上线，常年位居策略类模拟游戏（simulation game，SLG）收入榜前列。据介绍，成都正打造中国最适宜数字文创发展城市，在"文创之夜"上，还展望了成都数字文创产业未来5年发展前景、发布成都数字文创30强、《成都市文化创意产业发展报告（2020）》等内容。

改革开放以来，成都数字文创IP产业蓬勃发展，真正做到了把文化创意、深度体验及生活美学融于衣、食、住、行、游等领域。为了发掘更多优秀项目，探讨出更多有关产业发展的可能性，在5月25日下午"文创之夜"开始前，还举行了"天府文创 锦绣云上"成都文创IP产业发展论坛暨文创项目路演活动。同时，成都音之美科技有限公司、哈工科教少儿机器人编程、网络短纪录片系列《凡事凡食》、四川唯桑予梓农业有限公司、四川启荟科技有限公司等项目进行现场路演。"逛不完的成都文创街区、买不够的成都文创产品、看不尽的成都文化创意",为突出"文创场景营城"理念,聚焦成都文创消费新场景升级,此次峰会期间,还举行了"2021天府文创大集市"系列活动。活动以"逛市井、探风物、赏文创——来自熊猫故乡的幸福生活"为主题,集聚了一批文创集市,发布了一批代表成都文创产业发展成效的文创产品,同时推出了一批具有成都特色、全链发展的文创消费新场景[1]。

(一)重点领域迅速发展

《2021中国数字经济城市发展白皮书》显示,成都数字经济发展水平位居全国第6位。2021年,成都文创产业产值首次突破2 000亿元大关,产业增加值为2 073.84亿元,同比增长14.83%,占全市生产总值的10.4%,连续两年超过10%。在产值规模不断扩大的同时,成都文创产业实现由高速增长向高质量增长转化。其中,文创产业发展重点领域加快发展。2021年,成都数字文创产业重点领域呈现蓬勃发展态势,信息服务、创意设计、现代时尚、传媒影视产业增加值分别实现418.6亿元、326.1亿元、207.6亿元、170.1亿元,成为数字文创产业重要支撑。2021年,成都国家级文化和科技融合示范基地以规范优化后的成都高新区南部园区为重点,深耕游戏与电竞、在线视频、数字音乐三大领域,推动文化科技产业建圈强链,基地内已聚集文化科技重点企业600余家;2021年,137家规上文化科技企业实现营收595亿元,同比增长16.9%。游戏和电竞领域已聚集腾讯、西山居、创人所爱等代表企业,2021年实现营收512亿元,同比增长18.2%,占全国游戏产业收入1/8,游戏产业规模居全国第4位。此外,成功举办核聚变电子竞技嘉年华2021成都站暨2021首届中日(成都)文创电竞展、成都电竞产业高峰论坛等电竞活动,办赛数量仅次于上海,是名副其实的中国电竞第二城。成都影院数量为272家,票房收入14.05亿元,分别居全国主要城市第2位、第5位。音乐相关产业产值达574.91亿元,同比增长14.59%,第十三届中国音乐金钟奖吸引现场观众超5万人次,网络直播观看突破4亿人次,成都音乐坊获评首批国家级夜间文化和旅游消费聚集区。涌现出《哪吒之魔童降世》《王者荣耀》等现象级文创产品,研发出《银河帝国》《万国觉醒》等数字文创出海精品力作。打造梯次分明的产业发展载体,拥有成都影视城、天府数字文创城等6个文创业建圈强链承载地,省级文化产业示范园区(基地)23家、市级文化产业示范园区(基地)40家,238条文创街区,75个文创镇(村),2 301个文创空间,文创产业园区面积968万平方米。

(二)产业空间持续优化

充分发挥各区域数字文创产业发展基础与资源优势,不断提高各区域资源利用率、推动产业集群集聚发展,共同打造千亿能级的数字文创产业集群,全力构建了"双核多极两带"的数字文创产业空间发展格局。"双核"是以成都高新区与四川天府新区为核心,聚焦

---

[1] 打造中国最适宜数字文创发展城市 2021"天府文创 锦绣云上"数字文创产业成都峰会启幕[EB/OL]. https://baijiahao.baidu.com/s?id=1700642538755466906&wfr=spider&for=pc.[访问时间:2022-01-04].

发展影视动漫、电竞游戏、数字音乐等数字文创细分领域;"多极"则由锦江区、青羊区、金牛区、武侯区和成华区共同构成,聚焦发展数字传媒媒体、数字艺术、数字音乐等细分领域;"两带"指龙门山数字文创产业带和龙泉山数字文创产业带,重点发展网络文学、数字文旅、智能文化装备等细分领域。

(三) 项目引建稳步推进

新引进耀客传媒、光线影业、"我想创意"、"人民中科"等文创明星项目,已聚集起字节跳动创新业务中心、网易成都数字产业基地、完美世界文创园等重大产业化项目;天府国际动漫城、天府新区网络视听高品质文创空间、量子界数字文化双创产业园等项目加快建设;城市音乐厅、天府艺术公园、凤凰山露天音乐公园等新生活方式、新消费业态的重大文化地标相继建成,产业发展基础进一步筑牢[1]。

二、新形势下成都文创产业面临的机遇与挑战

新冠疫情暴发正值文化旅游消费旺季,受疫情影响,线下文旅市场瞬间进入"停摆"状态,致使文创产业基础薄弱、现金流短缺、严重依赖社会消费等问题更加突出,成都文创产业发展、项目建设、文化消费等多个方面受到较大影响,并相应发生新的变化。

(一) 文旅产业发展规模和增速遭受冲击

疫情在较长时间内持续影响国内居民文化和旅游消费市场,严重冲击出入境旅游市场,对企业稳定经营和发展预期有较大影响,对成都文创产业发展规模和发展增速产生显著冲击。据中国旅游研究院预计,2020年一季度及全年,国内旅游人次分别负增长56%和15.5%,全年同比减少9.32亿人次;国内旅游收入分别负增长69%和20.6%,全年减收1.18万亿元。在疫情期间,成都文旅经济遭受巨大损失,全部公共文化空间关闭,1069家文化娱乐经营场所和2722家上网服务场所全部停业,影院全部歇业,所有旅行社停止营业,86家A级旅游景区暂时关闭,约70%酒店停业。以春节期间为例,全市游客接待量降幅超过95%,文旅产业直接损失预计超过200亿元。

(二) 文化旅游消费需求和模式发生转变

受疫情影响,终端消费需求随之逐渐减少,经由供应链传导,整个产业链体系的生产也受到明显冲击,各类企业面临显著增加的经营压力。但是随着"互联网+"向更多传统消费领域持续渗透融合,涌现出线上消费、宅经济、无人经济、互联网医疗等新的消费模式。疫情背景下,消费者在游戏、短视频、直播、在线教育、在线阅读等创意经济行业的消费习惯将加速革新,相关消费电子产品也都形成更多需求支撑。其中,手游是按需内购付费,受益程度更大。以手游《王者荣耀》为例,在除夕夜当天流水达到20亿元,较2019年同比增长50%,超越了2018年整个春节档。

---

[1]《2021年度成都市数字文创产业发展报告》发布[EB/OL]. https://baijiahao.baidu.com/s?id=174900308821313 7348&wfr=spider&for=pc.[访问时间:2023-01-05].

(三)文创企业面临较大的生存经营压力

围绕文创企业的经营现状、受损情况、面临困难、政策期待与应对举措等5个方面的内容,成都市文产办对成都市23个区(市)县和15个文旅(运动)产业功能区的文创企业及行业协会进行线上问卷调查。从调查的1055份企业有效问卷来看,近七成的文创企业面临较大的经营困难,集中反映在工资社保与房租物业支出压力增加,普遍存在现金断流。其中近一半文创企业50%以上的业务都将延期,而仅有一成的文创企业预计业务延期比例低于10%。按照门类分析,业务受到影响最大的主要集中在文化创意投资运营、休闲娱乐服务业两大类文创企业,有六成左右受访企业预计业务量延期比例高于50%,超四成企业拟推迟新员工的招聘计划或有裁员的意向。

(四)重大产业项目招引促建工作面临挑战

一方面,疫情对在建项目复工建设带来了一定的影响,对文创企业的投资信心、投资规划、建设进度将形成一定冲击,出现施工人员短缺、原材料供应受到制约、项目现场踏勘工作推迟等现象,青羊区东和省文艺改造项目、东蓉欧国家馆、星光影视文旅城等37个重大项目不同程度受到影响。另一方面,重大项目的招商引资和投资促建工作难以顺利开展。作为稳增长稳投资的有力支撑、调结构转动能的关键载体、补短板惠民生的重要引擎,一个重大产业项目就是一个新的经济增长点,能够释放出强大的辐射带动作用,拉动全市经济蓬勃发展。

(五)"六大新经济形态"发展形势较为严峻

成都提出营造新生态、发展新经济、培育新动能,重点发展数字经济、智能经济、绿色经济、创意经济、流量经济、共享经济"六大新经济形态"以及七大应用场景。其中,数字经济、智能经济、绿色经济企业大部分集中分布于5G、大数据、集成电路、人工智能、工业云、新能源汽车和轨道交通等制造业。疫情期间出现"用工难""复产难",供应链会出现暂时停摆状态,原材料和零部件供应不足或价格上涨。创意经济主要集中在游戏和文创两大行业,在游戏行业中,需要面对的问题是投资需求降低带来的融资困难,特别是游戏收入不确定性极高。共享经济大部分由生产性服务业和生活性服务业构成,疫情带来人流和交通出行限制,加上消费者的生活性服务需求骤减,会直接影响该领域共享经济企业的收入。

三、新形势下成都文创产业高质量发展的实现路径

成都要深刻把握经济生活发展趋势的新变化,创新发展、化危为机,加快把潜力优势转化为发展动能,紧紧围绕成德眉资同城化发展、成渝地区双城经济圈建设等重大战略高起点规划、高标准建设、高质量发展,着力强创新、补短板、成声势,加快推进世界文创名城提质增速,推动成都文创产业高质量发展与四川建设文化强省、旅游强省相互促进、同频共振。

(一)引入新投资培育新动能,构筑文创产业发展优势

紧跟国际文创产业发展新趋势及前沿技术,深度挖掘投资新领域,用高能级项目推动

产业高质量发展。一是围绕产业生态圈强链补链。紧抓成渝地区双城经济圈、成德眉资同城化协同发展等重大机遇战略，制定《世界文创名城建设重点招引培育项目清单》，精准开展专业招商、链条招商、企业招商，强化国际知名品牌导入、资本注入、项目落地和人才引进，重点招引深圳浪尖国际设计港、锐丰国际演艺装备产业园、CEC 784万谷智慧产业园、中日城市设计产业中心等项目。二是引培高能级总部企业。聚焦"六类500强企业"、功能型总部和亚太区、中国区等区域型总部，建立目标总部企业库，加强总部企业招引，建立全生命周期服务体系，大力促进大企业、大集团分支机构转为子公司，子公司升级为区域或中国总部，中国或区域总部升级为亚太区总部，推进腾讯新文创总部、英雄体育管理有限公司（VSPN）乐竞西南总部、特想集团西南区域总部、河马股份成都文化创意总部、禅驿国潮文旅总部等落地落实。三是加快重点项目建成投产。提速建设东华门遗址、天府艺术公园、成都自然博物馆、成都美术新馆等一批城市地标性文化设施，加快推进天府智媒体城、中国大熊猫国家公园主题公园、天府影都等重大项目建设，建成一批具有世界影响力和全球标识度的标志性项目。四是做大做强市场主体。打造文创企业上市培育基地，培育一批成长性好、带动力强的重点文创企业。与西南财大、深交所、上交所等机构深入合作，全面开展文创金融专业课程培训，编制成都文创企业上市培育计划，建立拟挂牌上市企业数据库，加大挂牌上市企业政策奖励力度，帮扶企业直接融资实现做优做强。

（二）构建新平台打造新引擎，助力文创产业加速发展

坚持需求导向，强化信息技术支撑，搭建文创产业发展服务平台，实现全行业资源整合，标准统一，互惠互利。一是建设"天府文创云"文创金融投融资服务平台。高效运用数字新基建，全力建成面向世界、国内先进的多维服务天府文创金融投融资服务线上平台，整合信贷、基金、保险、债券、路演等全方位金融产品服务，建设文创金融服务、文创政策发布、文创项目路演和文创金融行业资讯等十大应用场景。二是建设成都市数字版权综合服务平台。充分利用区块链技术优势加强版权保护，设置版权认证、版权存证、版权流转监测、线上维权等主要功能，建立全市作品版权登记数据库，开放作品版权信息，实现市、县、公众三级分级查询，为后期版权及版权衍生品授权交易创造安全、高效的在线平台。三是建设成都市影视产业综合服务平台。统筹成都本地影视拍摄资源，建立影视拍摄协调机制，为在蓉开展影视业务的企业提供协调沟通、信息咨询、设备租赁、人才中介、版权交易、宣传推广等全方位一站式服务，为成都影视交流和招商引资搭建桥梁，为影视企业和项目搭建一体化服务终端。四是建设"天府文创大集市"线上博览交易平台。高效整合电商资源，在京东、微信商城、天猫、有赞等线上平台，加快打造成都文创产品空间，集中展示、销售全市优秀文创产品，通过主播带货、线上逛市集、文创产品榜单评选等活动，着力打造具有展示交易性质的文创产品平台，全面提升成都文创品牌影响力，实现成都文创的新零售布局。

（三）发展新业态释放新潜力，促进文创产业跨界融合

以文化创意为引领，加大优势资源挖掘、要素整合、产业耦合力度，催生多样化、高品质、

高端化的产业融合新业态。一是发展文化体验类业态。依托博物馆、实体书店、城市绿道、文创园区、街区、小镇等载体,通过多元文化形态迭代开发,促进内容形式交叉融合,推动形成"核心 IP+体验店+餐饮+衍生品销售"产业链,不断强化用户体验和多场景触达,重点发展博物馆书店旅游、文化遗产观光、休闲度假、美食品鉴等注重消费者深度参与和感受的体验型业态。二是发展智慧智能类业态。发挥"中国网络视听产业基地"优势,加快推进大数据、云计算、物联网、人工智能等高新技术在文创领域的创新应用,积极布局影视、音乐、动漫、虚拟现实/增强现实、直播等泛娱乐产业,以云视听、云购物、云逛展、云演出等线上场景为牵引,重点发展数字艺术、数字文博、电子竞技、智慧健身、智能穿戴等应用现代前沿科技的融合型业态。三是发展时尚美学类业态。聚焦现代城市生活需求的多样性和消费者需求的差异性,积极引导企业以新零售、数字贸易和电商直播等新商业模式为切入点,推进与消费者体验、个性化设计、柔性制造等相关的产业加快发展,重点发展时装设计、电音娱乐、冰雪运动、医美旅游等引领时代风尚、体现生活美学的融合型业态。

(四)打造新场景迸发新活力,推动文创产业创新发展

创新场景营造,推出一批彰显天府文化魅力和成都生活美学的消费新场景,着力构建空间全景化、体验全时化、时尚全民化的消费新生态。一是打造传统文化焕新场景。挖掘并提炼天府文化的场景元素、故事和产品,借助创意设计和现代信息技术手段营造体验式、互动式、沉浸式文化场景。开发"历史文化故居""非遗技艺赋新"等体验型文化消费场景,打造品质文化生活。推动博物馆与文创、艺术、会展等融合发展,打造"博物馆展示+文化体验+消费场景"的综合性博物馆,深入推进博物馆数字化创新,打造云上在线展览、直播等"云消费"系列化新产品。二是打造农商文旅体融合场景。促进农商文旅体内涵深化整合、外延融合带动,建设一批功能复合、业态融合、产城融合的农商文旅体综合体,推动潮流体验、主题游乐、民宿休闲、田园生态旅居等业态深度融合。依托龙泉山森林公园、天府中央公园、锦城公园等插花式布局博物馆、美术馆、艺术馆、书店等文化设施,将传统休憩场景打造为文创休闲场景。结合天府绿道体系,植入文创书店、音乐主题餐厅、文创体验店、创意演艺活动等消费新业态,建设一批移动街景店铺,推动天府绿道,打造国家健康旅游示范基地、国家体育旅游示范基地。依托川西林盘特色,推动老旧房屋、乡村墙绘、景观小品艺术化改造,发展农业种植、农产品加工、休闲观光和文化创意的新兴产业链,打造活力乡村创意新场景。三是打造新兴沉浸体验场景。推进高新技术的创新应用,着力打造文创与科技、会展、艺术、运动等跨界融合的新场景,重点发展全息情境营造、4K/8K 超高清沉浸式影院、全景 3D 球幕、5G 超高清赛场、数字光影艺术展、艺术感官餐厅等数字经济创新服务和产品。支持商业综合体、购物中心举办沉浸式主题展,重点招引一批沉浸娱乐剧场运营企业,打造一批多元化沉浸式剧情体验主题娱乐场馆,策划推出湖畔青年艺术节、王家塘火车铁路街区数字马戏等一批有代入感、互动性强的沉浸式体验活动。

（五）培育新品牌创造新优势，加速文创产业提质增效

推动文创企业研发新型消费产品，培育一批优质高端的品牌活动、产品、企业，打造城市经济消费新增长极。一是举办系列重大文创品牌活动。突出国际影响力和天府特色，高水平举办世界文化名城论坛·天府论坛、中国网络视听大会、国际科技生活周、成都国际时尚周、成都创意设计周、成都国际数字版权交易博览会、成都（国际）数字娱乐博览会（IGS博览会）、抖音2020超级IDOU城市大会等重大文创品牌活动，加强在更宽领域、更高层次参与国内外优质文创资源整合与竞争，加快提升成都文创品牌的吸引力、产业竞争力和国际影响力。二是提升文创产品的品牌影响力。鼓励企业加快制定品牌发展战略，引导中小民营企业主动参与文创产业发展，推动有条件企业收购国际国内知名品牌，支持企业拓展新市场、开辟新领域、打造新业务，推出一批天府"潮货""潮品""潮牌"，全面提升蜀锦、蜀绣等文创产品的影响力。三是培育壮大文创品牌企业。鼓励企业对接多层次资本市场，通过品牌经营、兼并重组、资本运作、强强联合等方式做大做强，培育壮大紫光影视、今日头条、域上和美等一批知名领军文创企业，推动尼比鲁、西山居、艾尔平方等动漫游戏研发团队国际化发展。支持企业向集设计研发、运营管理、集成制造、营销服务于一体的企业总部转变，打造一批跨界融合发展的企业集团。

（六）吸引新群体引领新趋势，强化文创消费营销造势

全面创新拓展新媒体传播品牌，围绕"美与生活"主题，全力打造具有"烟火气、蜀都味、时尚潮、国际范"的成都新文创消费形象，持续开展"YOU成都·新推荐"，以文化体验促进消费升级，吸引壮大新消费群体，持续扩大文创消费规模。一是持续开展"书香成都"品牌系列活动。采用线上、线下相结合的形式，联合全市各级图书馆和实体书店，发放购书电子折扣券，推广"好书带回家"惠购书活动，开展成都读书月、儿童阅读周、文化经典诵读、图书推荐、评选图书推荐人、线下名家分享会、寻找最美书店等阅读活动，掀起全民阅读高潮。二是持续开展"天府文创大集市"系列活动。以"读书、纳凉、赏文创"为主题，持续开展"天府文创大集市"系列活动，通过线上直播、线下探店、优惠促销等方式，以"大文化"理念和场景式体验助力文创消费。以"文创成都IP"为核心，围绕"创意成都、美好生活"，将月圆市集、四叶草汽车文创市集、四三六喜鹊夜市、好物集市、活水集市等一批创意市集培育打造为集"艺术展+美食+市集+网红游乐"于一体的沉浸式网红市集，提升文旅消费关注度。三是持续开展"成都文创"消费惠民活动。以创建国家文化旅游消费示范城市为契机，结合"成都新消费用券更实惠"活动，充分发挥文旅消费沉浸式、互动式特点，与多渠道网络（MCN）机构建立战略合作机制，汇聚网络红人力量，策划开展线上"云游"和直播带货，以金沙文化、古蜀文化、三国文化等主题文化直播带动文创产品销售，搭建数字营销场景，创新文创产品销售模式，为线下文旅消费引流助力，依托线下实体店铺，举办优惠满减促销和多样化的体验活动，与线上形成共振效应，为终端营销发展创造新机遇[1]。

---

[1] 郑正真,张萌.新形势下成都文创产业高质量发展的路径研究[J].决策咨询,2020(6):21-25.

思考题

1. 请简述会展相关理论。
2. 请简述文创相关理论。
3. 会展文创的基本原则有哪些?
4. 世界各国在发展会展文创方面主要采取了哪些措施?
5. 请结合案例分析我国会展文创产业的发展现状及趋势。

本章参考文献

[1] 周振华.城市转型与服务经济发展[M].上海:格致出版社,2009.

[2] 郭岚.上海现代服务经济发展研究[M].上海:上海社会科学院出版社,2011.

[3] 汪欢欢.数字经济时代的服务业与城市国际化[M].杭州:浙江工商大学出版社,2020.

[4] 许学强.城市地理学[M].北京:高等教育出版社,1997.

[5] 韩鲁安.旅游的可持续发展理论与实践的探索[M].北京:旅游教育出版社,2011.

[6] 杨永忠.创意产业经济学[M].福州:福建人民出版社,2009.

[7] 欧阳莹之.复杂系统理论基础[M].田宝国,译.上海:上海科技出版社,2002.

[8] 隋虹.跨文化交际理论与实践[M].武汉:武汉大学出版社,2018.

[9] 严明.跨文化交际理论研究[M].哈尔滨:黑龙江大学出版社,2009.

[10] 马晓莹.跨文化交际理论与实践研究[M].石家庄:河北科学技术出版社,2013.

[11] 严明.跨文化交际理论研究[M].哈尔滨:黑龙江大学出版社,2009.

[12] 范周,吕学武.文化创意产业前沿现场:文化的质感[M].北京:中国传媒大学出版社,2007.

[13] 范周,吕学武.文化创意产业前沿路径:建构与超越[M].北京:中国传媒大学出版社,2008.

[14] 卜彦芳.创意经济概论[M].北京:中国传媒出版社,2014.

[15] 兰婷.城市展览业发展的地理条件分析[D].广州大学硕士学位论文,2010.

[16] 翁金兴.区域分工理论与生产性服务业的发展[D].厦门大学硕士学位论文,2009.

[17] 邓薇.跨国展览企业的全球区位分布及网络特征研究[D].上海师范大学硕士学位论文,2022.

[18] 丁萍萍.浙江会展产业的市场选择与地域分工[D].浙江大学硕士学位论文,2005.

[19] 奚思韵.城市会展旅游发展战略研究——以苏州为例[D].苏州大学硕士学位论文,2014.

[20] 麦月晴.艺术衍生品线上创意定制服务模式研究[D].中国美术学院硕士学位论文,2018.

[21] 刘怡.博物馆文化创意衍生品创新研发模式研究[J].自然科学博物馆研究,2017,2(S1):96-101.

[22] 张爱红.博物馆艺术衍生品创意开发模式研究[J].艺术百家,2015,31(4):210-214.

[23] 杨煜.地方博物馆文化衍生品开发策略研究[J].文物春秋,2010(2):62-66.

[24] 邱永生,李民昌.文化创意与博物馆藏品融合发展研究[J].中国博物馆文化产业研究,2015(1):53.

[25] 冯拓菲.黑龙江博物馆文化创意产业发展研究[D].哈尔滨师范大学硕士学位论文,2017.

[26] 郑真正,张萌.新形势下成都文创产业高质量发展的路径研究[J].决策咨询,2020(6):21-25.

[27] 打造中国最适宜数字文创发展城市 2021"天府文创 锦绣云上"数字文创产业成都峰会启幕[EB/OL].https://baijiahao.baidu.com/s?id=17006425387754466906&wfr=spider&for=pc.[访问时间:2022-01-04].

[28] 赵富森."文化创意+"会展业融合发展[M].北京:知识产权出版社,2019.

[29] 钱平凡,黄川川.模块化:解决复杂系统问题的有效方法——以家庭装修项目为例[J].中国工业经济,2003(11):85-90.

[30] 文化创意产业竞争力分析[EB/OL].https://max.book118.com/html/2022/0508/8116037122004077.shtm.[访问时间:2023-01-24].

[31] 复杂系统研究思路[EB/OL].http://www.studyofnet.com/396292491.html.[访问时间:2023-01-26].

[32] 文化创意产业发展模式的理论依据[EB/OL].https://www.docin.com/p-2617641454.html.[访问时间:2023-01-26].

[33] 人类学开山之作:泰勒《原始文化》[EB/OL].https://www.meipian.cn/xefpfax.[访问时间:2023-01-26].

[34] 关于文化的定义[EB/OL].http://sss.net.cn/114004/4701.aspx.[访问时间:2023-01-26].

[35] Oberg K. Cultural shock: adjustment to new cultural environment[J]. Practical Anthropology, 1960,7(4):177-182.

[36] Hoskins C, Mirus R. Reasons for the U.S. dominance of the international trade in television programmes[J]. Media Culture & Society, 1988, 10(4): 499-504.

[37] 文化折扣[EB/OL]. https://baike.baidu.com/item/%E6%96%87%E5%8C%96%E6%8A%98%E6%89%A3/959842?fr=aladdin. [访问时间：2023-01-26].

[38] 胡钰：中华文化走向海外，如何提升"国际气质"[EB/OL]. https://baijiahao.baidu.com/s?id=1752288765339378691&wfr=spider&for=pc. [访问时间：2023-01-26].

[39] 文化折扣视域下主旋律电影的国际传播现状[EB/OL]. https://baijiahao.baidu.com/s?id=1689551875255505364&wfr=spider&for=pc. [访问时间：2023-01-26].

[40] 如何使会展国际化[EB/OL]. http://www.zzhzw.net/web/front/news/detail.php?newsid=3478. [访问时间：2023-01-26].

[41] 德国政府高度重视文化创业行业 可挖掘潜力较大[EB/OL]. http://www.newsijie.cn/TZD/TouZiDiMenuInfo/12507/9/9/TZHJ. [访问时间：2023-01-26].

[42] 文化产业发展的法国经验[EB/OL]. https://mp.weixin.qq.com/s?__biz=MjM5ODg1MTAxMg==&mid=2652531423&idx=2&sn=8aef93aa59b50562328bf62453ad1ea9&chksm=bd2ab2748a5d3b62ec8908c98b61dfc783414a7da882cab8d40f5ae40bdb8950f0f2fef6bb69&scene=27. [访问时间：2023-01-26].

[43] 日本文化创意产业发展的经验与启示[EB/OL]. https://www.fx361.com/page/2019/0830/5475736.shtml. [访问时间：2023-01-26].

[44] 韩国发展创意产业策略[EB/OL]. https://www.douban.com/group/topic/4783983/?_i=4725146T-o8co. [访问时间：2023-01-26].

[45] 世界文化产业创意中心：韩国为何如此重视文化？[EB/OL]. http://mt.sohu.com/20160808/n463181411.shtml. [访问时间：2023-01-26].

[46] 2000—2020 回顾中国文化创意产业发展二十年[EB/OL]. https://zhuanlan.zhihu.com/p/113882495?utm_id=0. [访问时间：2023-01-26].

第三章

会展文创定位

学习目标

学习完本章,你应该能够:
(1) 了解市场研究的概念;
(2) 了解会展文创市场的基本情况和细分标准;
(3) 了解竞品分析的概念与方法;
(4) 了解战略定位及基本理论。

基本概念

市场研究　市场细分　竞品分析　战略定位

第一节　会展文创产业的市场研究

一、市场研究概述

（一）市场与市场研究

1. 市场

在早期社会中，人类将在固定时段或地点进行交易的场所称为市场(market)。因此，狭义上的市场就是买卖双方进行商品交换的场所，而广义上的市场是指为了买卖某些商品而与其他厂商和个人相联系的一群厂商和个人。根据杰罗姆·麦卡锡(Jerome McCarthy)《基础营销学》中的定义，市场是指一群具有相同需求的潜在顾客，他们愿意以某种有价值的东西来换取卖方所提供的商品或服务，满足自身的需求。尽管各方可以通过易货交换货物和服务，但大多数市场依赖卖方提供货物或服务(包括劳力)来换取买方的货币。可以说，市场是商品和服务价格建立的过程。市场促进贸易并促成社会中的资源分配。市场允许任何可交易项目进行评估和定价[1]。

市场的构成要素可以用一个等式来描述：

$$市场＝人口＋购买力＋购买欲望$$

人口是构成市场的最基本要素。消费人口的多少决定着市场的规模和容量的大小，而人口的构成及其变化则影响着市场需求的构成和变化。例如，现在的消费产业都在积极关注Z世代的消费力量。Z世代即新时代人群，通常是指1995—2009年出生的一代人，他们一出生就与网络信息时代无缝对接，受数字信息技术、即时通信设备、智能手机产品等影响比较大。据2022年发布的有关统计数据，全国共有约2.6亿95后人口(1995—2009年出生人群，即Z世代)，占全国人口的约18.4％；其中处于劳动年龄(16—26岁)的约为2亿人，占劳动年龄人口的约22.7％[2]。Z世代不仅个性鲜明、视野开阔、理性务实、独立包容，而且其作为一个十分庞大的消费群体，消费潜力不可限量；他们有着与众不同的消费习性、消费选择和消费方式，并且形成自己独特的消费品位、消费模态和消费特质[3]。

购买力是指消费者支付货币以购买商品或服务的能力，是构成现实市场的物质基础。一定时期内，消费者的可支配收入水平决定了购买力水平的高低。购买力是三要素中最物质的要素。中国社会的购买力主要由三部分组成，即居民购买消费品的货币支出、社会集团购买力

---

[1] 朱捷,陈晓健.市场营销[M].成都:电子科技大学出版社,2020:3-5.
[2] 2022年中国城市95后人才吸引力排名公布,青岛位列第13名[EB/OL]. https://sdxw.iqilu.com/w/article/YS0yMS0xMzc0MTUzNw.html.[访问时间:2023-02-08].
[3] Z时代[EB/OL]. https://baike.baidu.com/item/Z％E6％97％B6％E4％BB％A3/58005691.[访问时间:2023-01-14].

和农民购买农业生产资料的货币支出。购买力的另一种含义是指单位货币能买到商品或劳务的数量,即货币购买力。它由货币本身的价值、商品的价值或劳务费用的高低决定。购买力的大小取决于社会生产的发展和国民收入的分配。社会购买力随着社会生产的增长而不断提高,而国民收入中积累与消费比例关系的变化也对购买力产生直接的影响[1]。

购买欲望是指消费者购买商品或服务的动机、愿望和要求,是由消费者心理需求和生理需求引发的。产生购买欲望是消费者将潜在购买力转化为现实购买力的必要条件。欲望是一种缺乏的感觉与求得满足的愿望,它是不足之感与求足之愿的统一。欲望的特点是具有无限性,一种欲望满足之后又会产生新的欲望,人类为了满足自己不断产生、永无止境的欲望而不断奋斗,从这一意义上来说,欲望也是推动社会前进的动力[2]。

2. 市场研究

全球市场研究者协会给市场研究下的定义是"为实现信息目的而进行研究的过程包括将相应问题所需的信息具体化、设计信息收集的方法、管理并实施数据收集过程、分析研究结果、得出结论并确定其含义等"[3]。市场研究是企业了解市场和把握顾客的重要手段,是辅助企业决策的重要工具,其主要功能是收集正确的市场信息并传递给企业的营销决策者。

当市场结构从供给驱动转向需求驱动,就产生了获知市场要求和喜好的需求。市场研究起源于欧美发达国家。20 世纪 20 年代以前为萌芽期。在这一时期,由于买方市场的形成,竞争加剧,消费需求攀升,形成了对市场研究的初步需要,并且出现了零星的市场研究组织和理论。20 世纪 20—50 年代则是西方市场研究的成长期。在这一阶段,越来越多的企业开始在生产经营活动中运用市场研究的思维和方法,以提高自身的竞争力。同时,各类市场营销和调查理论也在这一阶段大量涌现,如动机研究和质量导向研究就出现在这一时期。以欧内斯特·迪希特(Ernest Dichter)领衔的动机研究建立在对消费主义批判的基础上,提倡保护消费者。万斯·帕卡德(Vance Packard)在 1957 年出版的《隐藏的说客》(*The Hidden Persuaders*)一书中表达了当时的普遍担忧,即消费者会成为心理操控销售和诱导策略销售的自愿受害者。20 世纪 50 年代以后则是西方市场研究的成熟期。在这一阶段,市场研究的力量和技术不断发展,越来越趋近于科学。在社会经济高速发展的背景下,市场导向的转变、计算机的诞生,以及市场研究技术的创新等,都使得市场研究不断得以发展和完善。

市场研究于 20 世纪 80 年代初期进入中国,是伴随着市场经济的确立而逐步成长起来的。目前市场研究已经作为一个行业正式存在,并且由原来的政府主导转变为政府和市场调查公司共同发展。2021 年,中国信息协会市场研究业分会(China Marketing Research Association,CMRA)对上一年度(即 2020 年)从事市场调查的企业进行了调查,并发布了《2020 中国市场调查行业发展趋势报告》。根据报告中的数据,2020 年我国内地市场调查行业的规模达到了 210

---

[1] 田园. 购买力评价与经济增长潜力研究[D]. 对外经济贸易大学博士学位论文,2017.
[2] 购买欲望[EB/OL]. https://baike.baidu.com/item/%E8%B4%AD%E4%B9%B0%E6%AC%B2%E6%9C%9B/9810679. [访问时间:2023-02-08].
[3] 为什么市场研究对商业成功很重要?[EB/OL]. https://www.zhihu.com/question/501530488. [访问时间:2023-01-14].

亿元人民币。尽管受到疫情冲击,行业增长率有所下滑,但预计我国市场调查行业仍将保持继续增长的态势[1]。

(二)市场研究的目的和价值

1. 市场研究的目的

市场研究针对企业特定的营销问题,采用科学的研究方法,系统、客观地收集、整理、分析、解释和沟通有关市场营销各方面的信息,为营销管理者制定、评估和改进营销决策提供依据。因此从问题导向出发,市场研究具有以下两种目的。

(1) 了解市场环境,确立市场地位。市场研究是为了更好地为市场预测和经营决策提供科学依据,了解市场的现状和发展趋势,从而更好地开发企业市场,确立市场地位。

(2) 了解消费者,制定企业营销策略。市场研究是为了更好地了解和分析各层次消费群体的消费需求和消费行为,以及与其他产品、品牌相比的优缺点,从而不断拓展市场发展空间,最后更好地满足消费者的消费需求[2]。

2. 市场研究的价值

市场研究活动的基本价值在于为营销决策者及时提供更准确、更系统的信息,减少企业进行市场营销决策时的不确定性,降低决策错误的风险,协助决策部门制定有效的市场营销决策。市场研究的价值主要体现在以下三个方面。

一是收集并陈述事实。即获得市场信息的反馈,可以向决策者提供关于当前市场的信息和进行营销活动的线索。市场竞争的发展变化日益激烈化,不断地发生变化,而促使市场发生变化的原因很多,有产品、价格、分销、广告、推销等市场因素和政治、经济、文化、地理条件等宏观环境因素。这两类因素往往又是相互联系和相互影响的,而且不断地发生变化。企业为适应这种变化,就只有通过广泛的市场调查,及时地了解各种市场因素和宏观环境因素的变化,从而有针对性地采取措施,通过对市场因素(如价格、产品结构、广告等)的调整,应对市场竞争。对于企业来说,能否及时了解市场变化情况,并适时适当地采取应变措施,是企业能否取胜的关键。

二是解释信息或活动。即了解当前市场状况形成的原因和一些影响因素。当企业在经营过程中遇到问题时,市场研究能够帮助企业界定问题、分析问题原因,以及寻找解决问题的对策。在当代社会,影响企业市场表现的因素错综复杂,要准确地找到造成问题的原因并不容易,尤其是当许多因素交叉作用的时候,市场分析就显得格外重要。

三是预测变化趋势。即通过过去的市场信息推测可能出现的市场变化。该功能的发挥是建立在信息获取和解释的基础之上的。当企业有意进行投资或拓展市场的时候,就需要借助市场研究的预测功能,提供正确的市场信息。了解市场可能的变化趋势以及消费者潜在的购买动机和需求有助于企业识别最有利可图的市场机会,为企业发展提供新契机。市场预测还可以避免企业在制定策略时发生错误,因为只有准确的市场预判才能使企业在市场决策中规

---

[1] 2020年中国市场调查行业发展趋势报告[R].北京:中国信息协会市场研究分会,2021.
[2] 陈一君,周丽永,尹文专,等.市场研究[M].成都:西南交通大学出版社,2015:4-11.

避风险,确保利益最大化。

二、会展文创市场概况

(一) 会展文创市场

1. 会展市场概括

会展市场是联结会展主办、承办单位与参展企业的中心环节,能够灵敏地反映会展经济活动的发展变化趋势,具有开放性、多样性、年度性的特征。中国会展与改革开放同步发展,从无到有,从小到大,以年均近20%的速度递增。在北京、上海、广州、大连等中心城市会展业的带动下,形成了五大会展中心地带。随着我国经济体制的改革,会展业的发展逐步走向市场化,这主要表现为以下五个方面。

(1) 会展类型与数量日渐增多。就会展类型来说,有国际会展和国内会展,也有综合性会展和专业性会展。就国际会展而言,专业性会展占95%以上。据有关方面不完全统计,全国主要的行业展包括电子展、轻工展、食品展、石化展、汽车展、纺织服装展、建材展等。

(2) 展览场馆规模不断扩大。据统计,截至2021年,中国的展览场馆共有291座,较1985年的147座增加了约98%,2021年中国在用的291座展馆的室内可供展览总面积为1 224.42万平方米。从中国在用、在建和立项待建的展馆可以预测,未来中国可供使用的办展面积为1 585.77万平方米[1]。

(3) 国家重点展会发挥引领作用。中国国际进口博览会(进博会)、中国进出口商品交易会(广交会)、中国国际服务贸易交易会(服贸会)和中国国际消费品博览会(消博会)四个国家重点展会各显特色。2022年,第五届进博会展区继续扩容(如新增文物艺术品展区),客商参展参观热度再创新高;2021年,第130届广交会(秋季)恢复线下举办,改为国内观众参观,展览规模虽缩小为40万平方米,但通过双线运作,仍是中国商品出口贸易的最大平台;2021年,北京服贸会明确专业展会定位,首次亮相石景山首钢园展馆;2022年,海南成功举办第二届消博会,旨在搭建自由贸易港的推广平台。四展全部实现绿色搭建,为展览业践行"双碳"目标发挥了示范作用。

(4) 双线融合渐成标配,线上会展作用显著。随着技术发展,会展也逐步向着线上化与虚拟化的方向发展,并结合虚拟技术实现多样化的呈现。视频会议形式的活动大大多于线下会展,信息交流、内容分享也已成为线上会展的主流。特邀嘉宾的远程出席、演讲以及相关活动的线上传播,对于防控跨地疫情、扩大会展影响具有不可或缺的作用。网络技术广泛应用于现场防疫、进出展馆交通、入口登记、展期信息发布、贸易配对、客商酒店入住等方面,不断优化服务体验。

(5) 双循环发展格局促进会展主题创新。围绕构建国内国际双循环的新格局,政府展继续发力创新。例如,为提振消费,缓解新冠疫情对社会经济造成的不利影响,湖北省及武汉市政

---

[1] 会展场馆,这十年[EB/OL]. https://baijiahao.baidu.com/s?id=1746534232392954945&wfr=spider&for=pc. [访问时间:2023-02-01].

府在2021年11—12月创办中国(武汉)文化旅游博览会、湖北农业博览会和绿色消费博览会；为迎接冬奥会，北京、哈尔滨、吉林、深圳、青岛、承德等地相继举办了以冰雪运动为主题的展会；全国多地续办或创办跨境电商展，服务外循环。根据市场需求，商业展努力服务双循环，竞争发展[1]。

2. 文创产业市场概括

文化创意产业是指依靠创意者的智慧、技能和天赋，对文化资源进行重塑与提升，并通过知识产权的开发和运用，生产出高附加值的产品以创造社会财富、促进经济发展和增加社会就业的产业。随着文化创意产业的发展，其市场呈现出以下三个方面的特征。

(1) 营收不断增长，促进经济转型。文化创意产业是发达国家经济转型过程中的重要产物，凭借其利用文化创意提升产品附加值、拓宽产业价值链的特性，成为经济转型升级的重要动力和国家软实力竞争的重要手段。2022年，中国规模以上文化及相关营业收入为121 805亿元，按可比口径计算，同比增长0.9%[2]。

(2) 企业数量日趋增多，中国文创市场飞速发展。当前，全球文化创意产业主要集中在以美国为核心的北美地区，以西欧国家为核心的欧洲地区和以中国、日本、韩国为核心的亚洲地区。2021年，中国文创行业新增相关企业注册数量为11 464家，同比增长56%[3]。

(3) 文创专利增加，促进传统资源转化。由于文创产业特点突出，且规模增长速度高于国民经济整体增长速度，这一新兴产业越来越为我国所重视。中华民族创造了五千年光辉灿烂的历史文化，积累了深厚的文化底蕴和丰富的文化资源，因此，我国发展文化创意产业具有得天独厚的优势，资源优势转化为产业优势的潜力巨大。

(二) 会展文创的宏观市场环境

1. 人口

市场研究常分析消费者的人口特征，常用的指标包括消费者的性别、年龄、教育程度、职业、经济条件、住房状况、民族、家族规模与结构等。在不同品类的市场研究中，人口特征的描述具有不同的价值，多数时候能够定义核心消费群。当前我国人口特征主要呈现为教育程度提升、地域流动活跃、城镇化率提高、大学文化程度人口量增加，而这些特征也一定程度上成为会展文创市场的影响因素。

2. 经济环境

全球经济持续复苏，世界主要经济体呈现经济增速提高、供需矛盾加剧、通胀压力加大、宽松货币政策温和收紧的格局。在这一背景下，文化创意与会展产业是发达国家经济转型过程中的重要产物，由于附加值高、可持续性强，越来越为各国所重视，增长速度远高于整体国民经济增速，已成为世界经济增长的新动力，引领着全球未来经济的发展。发展文化创意与会展产

---

[1] 2021年中国展览数据统计报告[R].北京：中国会展经济研究会，2022.
[2] 国家统计局：2022年全国规模以上文化及相关产业企业营业收入增长0.9%[EB/OL]. https://baijiahao.baidu.com/s?id=1756624738384585777l&wfr=spider&for=pc.[访问时间：2023-02-01].
[3] 文创产品市场分析：2022年文创产品市场成本高[EB/OL]. http://yueyo8.com/newsDetail-1526.html.[访问时间：2023-02-01].

业已成为当今世界经济发展的新潮流和众多国家的战略性选择。于我国而言,庞大的人口基数和持续稳定的年经济增长率将释放出巨大的市场潜力。

3. 技术环境

新时代新发展格局的增长效益要实现从时间经济向场景经济的转型,随着互联网尤其是移动互联网的发展,以及5G、大数据、人工智能、区块链、云计算等数字技术相关新基建的加快布局和场景应用,技术环境正在全面改写会展文创产业的市场格局。科技发展给会展文创企业的经营活动和经营方式带来的重大影响具体表现在:一方面,可以给积极拥抱新技术的企业提供新的有利发展机会;另一方面,也会给一些反应滞后的企业的生存与发展带来威胁。

4. 政治法律环境

国家对文化创意产业给予了积极的政策支持。《关于加快构建现代公共文化服务体系的意见》《国务院关于大力推进大众创业万众创新若干政策措施的意见》等重要政策陆续出台。这些都是对文化产业当前和未来的关键性指导政策。在展览产业层面上,商务部印发了《商务部办公厅关于创新展会服务模式 培育展览业发展新动能有关工作的通知》,国务院印发了《"十四五"数字经济发展规划》,提出"加快推动文化教育、医疗健康、会展旅游等公共服务资源数字化供给和网络化服务"。从国家层面出台的会展文创产业政策来看,良好的政治法律环境是促进会展文创产业高质量发展的根本动力。

5. 社会文化环境

会展文创市场的发展离不开对一定社会文化资源的利用。文化资源存在于世界各地的民族传统中,体现着各个民族独特的思维方式和文化价值,是人类文明的重要载体。它们既属于本民族,也属于全人类。我国丰富的文化资源为会展文创市场提供了极大的发展空间,在推动文化资源转化为文化产品的同时,也对文化价值的深度挖掘提出了一定的要求[1]。

(三)会展文创的微观市场环境

北京师范大学文化创新与传播研究院发布的《中国文博文创消费调研报告》显示,1990年后出生的消费者占比超过53%,其中95后占比达30%。可以说,90后消费者是整个文化创意产品的核心消费群体,18~25岁的年轻人消费能力最强。数据显示,会展文创消费者中,女性占3/4,其中30岁以下的占一半,主要分布在一二线城市[2]。

在数字化时代,绝大多数消费者都已成为数字消费者。相较于传统的消费者,在从感知和研究到购买、支付和配送,再到售后的每个环节中,数字消费者的行为和心理都发生着鲜明的变化,主要表现包括:消费习惯倾向于线上线下结合;消费愈发挑剔,越来越关注体验式消费;购物渠道逐渐"社交化",在社交媒体上对购物体验的交流也愈来愈频繁。

在数字化时代,消费者的购买决策路径已经悄然改变。研究显示,如今消费者的购买决策

---

[1] 王丹微,魏冬梅,尉琪. 河北省文化创意产业发展环境分析[J]. 合作经济与科技,2017(15):46-47.
[2] 考古盲盒消费热:展现中国传统文化的魅力和经济价值[EB/OL]. https://m.gmw.cn/baijia/2021-11/04/35285285.html. [访问时间:2023-02-01].

不再是单纯的线性或环状的,反而呈现出复杂化、碎片化、无规则可循的迹象。过去,消费者更多地根据企业宣传的某个产品特性而下单,品牌是消费者了解产品的唯一途径。但随着互联网工具、平台的出现和发展,消费者获取信息的渠道不断增多,对品牌的忠诚度急剧下降,他们会通过点评类平台、搜索引擎、电商平台、社交媒体、测评网站等获取全面而细致的产品评价,以此为依据做出购买决策。因此,会展文创产业应聚焦新消费,应用大数据、云计算、人工智能等技术,重构价值链,快速迭代前台业务,把消费者的诉求转化为产品和服务,同时以数据为驱动,开展客户洞察,降低获客成本,实现精益化运营。

三、会展文创市场细分

(一)会展文创市场细分的内涵

美国营销学家温德尔·史密斯(Wendell Smith)在 1956 年提出,市场细分(market segmentation)就是从区别消费者的不同需求出发,根据消费者购买行为的差异性,把整个市场细分成两个或两个以上具有类似需求的消费者群。企业进行市场细分的根本目的是找对顾客,即选择最有利可图的目标市场。这种市场细分主要基于两大理论依据:一是顾客偏好、欲望和购买行为的多元化会产生顾客需求的差异性;二是企业要利用有限的资源去进行最有效的市场竞争。市场细分的变量通常也被分为两大类:一是根据消费者特征细分市场,常常使用不同的地理、人文和心理特征等作为划分市场的根据;二是通过消费者对产品的需求细分市场,以消费者追求的利益、使用时机和品牌忠诚度等作为划分市场的根据。总体来说,可以将地理、人文、心理和行为因素等主要变量作为市场细分的依据[1]。

会展文创市场细分就是会展文创相关企业和组织按照目标客户在需求、爱好、购买动机、购买行为、购买能力等方面的差异或差别,运用系统的方法把整体市场划分为两个或两个以上不同类型的细分市场的一系列求同存异的方法和过程。会展文创市场细分的目的是便于会展文创企业和组织选择一个或若干个细分市场作为自己的主要目标市场,并根据目标市场的需求特征有针对性地提供产品和服务,提高客户的满意度。

(二)会展文创市场细分的意义

1. 有利于发掘市场机会,开拓新市场

通过市场细分,会展文创企业可以对每一个细分市场的购买潜力、满足程度、竞争情况等进行分析对比,从而探索出有利于本企业的市场机会,使企业及时做出投产、移地等销售决策,或根据本企业的生产技术条件编制新产品开拓计划,进行必要的产品技术储备,掌握产品更新换代的主动权,开拓新市场,以更好适应市场的需要。

2. 有利于制定和调整营销方案和策略

市场细分使会展文创企业能够针对较小的目标市场制定特殊的营销策略。同时基于对细分市场及细分市场中的消费者的了解,企业也可以及时调整营销思路,制定更加契合当前市场

---

[1] 罗纪宁.市场细分研究综述:回顾与展望[J].山东大学学报(哲学社会科学版),2003(6):44-48.

的方案与策略。

3. 有利于科学开发目标市场和取得良好的经济效益

任何一个企业的人力、财力和物质资源都是有限的,而市场细分后的子市场较为具体,更便于会展文创企业集中有限的资源和力量服务相对较少的客户,即目标市场,从而以最少的经营费用取得最佳的经济效益,提高企业的市场竞争力。

4. 有利于增加销售额,提高项目的相对质量

通过市场细分,会展文创企业可以针对自己的目标市场生产适销对路的产品,既满足市场需要,又可增加企业的收入。产品适销对路可以加速商品流转,加大生产批量,降低企业的生产销售成本,提高生产工人的劳动熟练程度,提高产品质量,从而全面提高企业的经济效益[1]。

(三) 会展文创市场细分的标准

在市场营销活动中,一般将消费者按照地理、人口、行为和消费心态等标准进行分类,以此来标明和细分会展文创消费市场。这一活动具有双面性:一是为了识别出有可能做出反应的人;二是对这些人进行充分的描述,以便更好地理解他们,针对他们形成营销策略,并进行有效的传播。通常情况下,大约有20个基础变量和行为变量可以对市场进行细分(见表3-1-1)。

表3-1-1 市场细分的基础变量和行为变量[2]

变量	典型分类
1. 地理因素	
地区	东北、华北、华东、华中、华南、西北、西南
省区市	北京、上海、广州、武汉、成都、西安……
城市规模	特大型城市、大型城市、中型城市、小型城市、农村
属性	南方、北方
气候	严寒/干燥/亚热带/季风性……
经济发达程度	发达、中等、不发达
2. 人口因素	
年龄	儿童、青少年、青年、中年、老年
性别	男、女
家庭生命周期	青年/单身、青年/已婚/未育、青年/已婚/已育、青年/离异、中年/已婚/未育、中年/已婚/已育、中年/离异、老年/与子女同住、老年/独居……

---

[1] 屈云波,张少辉. 市场细分市场取舍的方法与案例[M]. 北京:企业管理出版社,2010:25-31.
[2] 文化市场的细分与定位[EB/OL]. https://www.guayunfan.com/lilun/157561.html. [访问时间:2023-01-14].

(续表)

变量	典型分类
家庭月收入	1 000元及以下、1 001—2 000元、2 001—5 000元、5 001—10 000元、10 001—20 000元、20 000元以上
职业	专业技术人员、管理人员、普通职员、学生……
教育程度	小学及以下、初中、高中/中专、大专、大学本科、研究生及以上
3. 心理因素	
社会阶层	上、中、下
生活方式	简朴型、时尚型、奢华型……
个性	神经质、外倾性、开放性、宜人性、负责性
4. 行为因素	
使用率	从未使用、偶尔使用、经常使用
追求的利益	质量、服务、经济
品牌忠诚度	非常忠诚、忠诚、一般、不忠诚、非常不忠诚
对产品的态度	非常满意、满意、一般、不满意、非常不满意
涉入程度	未知晓、知晓但不感兴趣、感兴趣、准备购买

1. 地理细分

地理细分是最简单的市场细分方法，也是大多数企业进行市场细分时选择的主要方法。企业在选择进入细分市场时，会根据国家、地区、城市的规模和特定位置以及经济发展状况等因素来研究会展文创产品的推广。如我国的北京、广东、浙江、江苏和上海等地为会展文创产业发展的高地，聚集了大量的会展文创企业，也是这些企业主要的目标细分市场。这主要是因为这些地区和城市拥有全国最为发达的市场经济和最强的消费者购买力，消费者对创意性和个性化程度较高的产品的需求和接受程度也相对更高。

2. 人口细分

人口细分通常会与地理细分相结合，以供企业进行目标市场的选择，这种做法又称为地理人口细分。例如，第二次世界大战后，美国的婴儿出生率迅速提高，到20世纪60年代，战后出生的一代已经成长为青少年，加上这个时期经济繁荣，家庭可支配收入增加，所以定位于青少年的产业和产品都取得了市场成功，如举世闻名的迪士尼乐园就是成功的代表[1]。在会展文创市场上，故宫文创就采用了年龄、性别等人口统计指标对消费者进行了画像，发现故宫文创产品的消费主力是来自一二线城市，有一定消费能力并且对文化消费潮流十分关注的90后女性。

---

[1] 文化市场的细分与定位[EB/OL]. https://www.guayunfan.com/lilun/157561.html.[访问时间：2023-01-14].

3. 消费心理细分

地理资料和人口资料可以提供显性的市场信息,但是却不能深入消费者心智模式,提供个体心理方面的信息。即便处于同一地理或人口细分市场中,不同个体也可能由于全然不同的心理需求和特征而对同一种产品表现出不同的偏好程度。在消费心理细分方面,由于消费者会出于情感诉求或文化价值观诉求而对特定的会展文创产品产生需求,可以根据生活方式、个性和价值观等变量对消费者进行进一步的细分。比如,中国上海国际数码互动娱乐展览会(ChinaJoy)就瞄准了二次元爱好者这一细分市场举办"ChinaJoy Cosplay 嘉年华全国大赛",通过模仿秀比赛为二次元爱好者们提供了一个展示创意和模仿竞技的舞台。

4. 购买行为细分

按照购买行为进行市场细分也是一个行之有效的办法。如按照使用率,可以将消费者区分为重度使用者、中度使用者和轻度使用者;按照品牌忠诚度,可以将消费者区分为忠诚用户、普通用户和边缘用户等。通过深入理解每一类具有不同行为特征的消费者,可以帮助企业找准切入点,找到独特的市场定位,并且整合优势资源,更好地制定有针对性的营销推广计划等。以博物馆为例,观众在博物馆的消费行为可以分为两个层次:针对博物馆文物藏品、文化氛围、兴趣爱好而产生的"一次消费",这是观众来博物馆的主要目的和必然发生的消费行为,含有大量的主动成分;针对博物馆文创产品或其他附加服务的消费行为则可被视为是观众的"二次消费",是观众额外的消费行为,不必然发生,存在被动的成分。所以,究竟如何激发观众的潜在消费欲望,合理调动其"二次消费"的需求,成为一项需要重点研究的内容。有调查表明,博物馆文创产品的消费动机受"设计创意有吸引力""有文化内涵、有寓意""有纪念意义和收藏价值""与文物展品关联度较高"等几项因素的影响较大。在实际工作中,可以对博物馆观众进行分类、分层,对不同群体的购物行为进行细致的梳理归类,展开有针对性的设计研发工作,使文创产品具有丰富的品类,以满足不同群体的消费需求,准确调动消费者的购物欲望[1]。

第二节 会展文创的竞品分析

一、会展文创竞品分析概述

(一) 会展文创竞品分析的内涵

随着社会经济的蓬勃发展和消费结构的不断升级,企业之间的市场竞争也日益激烈。竞争产品,简称竞品,就是产品在同一领域内的竞争对手。从企业或服务提供者的角度来说,产品或服务之间要形成竞争关系,必须满足一个条件,即"争夺"同类资源、用户或供应链等,形成直接或间接的竞争关系。从用户的角度来看,在一定的时间和空间条件下,满足自己同一种需

---

[1] 白藕. 观众消费行为引导的博物馆文创产品设计趋势[J]. 博物馆管理,2021(4):27-40.

求的可供选择的多种产品或服务之间构成了竞争关系,这些产品或服务就可以被称为竞品[1]。

　　竞品分析(competitive analysis)一词最早出现在经济学领域,但究其根源应该是出自人类学中的"比较研究法"。所谓竞品分析,就是对市场中的竞争产品进行比较分析,包括对现有或潜在的竞争产品的优势和劣势进行分析[2]。竞品分析可以帮助企业优化自身产品,或者规划出更全面的战略定位和营销策略。唐纳德·R.勒曼(Donald R. Lehman)从营销的角度分析了竞品分析方法的实际应用,指出对竞争对手和竞争产品的分析是营销策划的重要内容。迈克尔·波特将竞品分析定义为一种市场分析和企业战略制定的重要辅助工具。营销学家迈克·库涅夫斯基(Mike Kuniavsky)认为,传统的竞品分析忽视了消费者或用户的观点,应该从人们对产品的实际使用和感受出发,关注"竞争性用户体验研究"。进入信息时代,竞品分析已经在用户体验方面得到了越来越充分的应用。

　　随着人们精神文化生活需求的日益增加,越来越多的企业和组织不断涌入会展文创产业,会展文创产品的市场竞争日益激烈,对相关产品和服务的竞品分析成为企业和组织开拓市场的关键。以博物馆文创为例,自2016年3月初发布的《国务院关于进一步加强文物工作的指导意见》明确要求"大力发展文博创意产业"以来,博物馆文创产品开发越来越得到重视。中国国家博物馆、故宫博物院、南京博物院等国内知名大型博物馆的文创产品层出不穷,也涌现出一些受市场欢迎的爆款产品,如故宫博物院的胶带、口红等。但是随着越来越多的博物馆加入市场竞争,博物馆文创开发过程中也出现了一些明显的问题,包括:缺乏市场调查,盲目跟风开发;简单提取元素,缺乏独特性和创意性;文化资源利用不充分,缺少内涵;等等。这些乱象暴露出目前国内会展文创领域竞品分析意识的不足和分析方法的欠缺。

(二)会展文创竞品分析的目的与作用

　　会展文创竞品分析最主要的目的就是对会展文创产品进行分析,从而提升产品竞争力。具体而言,竞品分析的目的大致包括两类:一是为新产品的开发提供参考,也就是对产品的多维要素给出类比归纳性的分析结果,以便了解现有产品的优劣势,并将其应用于新产品研发过程;二是为产品优化或改良提供参考,也就是通过与竞品的对比,找出自身的不足或差异性优势,为产品的改进找准方向,同时,挖掘竞争对手的成功或失败之处也能为自身的改进提供学习的参照[3]。

　　对于会展文创产品而言,竞品分析有两大作用。

　　一是从会展文创产品的战略层面来说,做竞品分析可以为会展文创企业制定产品战略、布局规划提供参考依据。通过竞品分析,可以找准产品定位,找到合适的细分市场,避开强大的竞争对手。在产品运营阶段,也要根据竞争对手的市场推广策略、定价策略及时调整自己的战术。

---

[1] 程林.用户研究中的竞品分析方法研究[D].武汉理工大学硕士学位论文,2019.
[2] 马晓赟.浅析竞品分析[J].艺术科技,2014,27(2):263.
[3] 程林.用户研究中的竞品分析方法研究[D].武汉理工大学硕士学位论文,2019.

二是从会展文创产品的战术层面来说,做产品设计时,需要通过分析竞争产品,取长补短,特别是要关注产品的功能与用户体验设计。有效的竞品分析能够帮助预警避险,如政策的变化、新技术的出现、新竞争对手的出现、市场上颠覆性替代品的出现等都会影响产品的成败[1]。

二、会展文创竞品分析的方法

(一) 比较法

比较法即与竞品做横向比较,以帮助深入了解竞品,并通过分析找出优势、劣势。根据比较的形式,可以将比较法分为三种,即打钩比较法、评分比较法和描述比较法。

1. 打钩比较法

打钩比较法可以用于对产品的功能、配置、特性的对比分析。通过对比产品与竞品的功能,可以全方位地了解竞品的功能分布,为自己产品的功能规划做参考。对竞品进行功能比较时,可以在表格的首行横向列出竞品,在表格的首列纵向列出功能点,然后评估竞品的功能。如果竞品提供了该功能,就用"√"标记;如果竞品没有提供该功能,就不做任何标记,或用"×"标记。

2. 评分比较法

评分比较法就是用评分的方式对竞品进行评价,以找出自身产品的优势和劣势。评分比较法可以用于用户体验设计等方面的横向比较,通过比较可以清晰直观地发现产品与竞品之间的差异,并通过分析得到产品的优势与劣势。这种方法通常会给出1~5分的区间,根据产品某一方面的表现情况打分评估。

3. 描述比较法

描述比较法则是指用文字、表格、图片等形式详细描述各竞品的具体表现、特点、优势、劣势等,多用于产品功能细节和外观的比较。在竞品分析表中,描述比较法通常会用"图片+文字描述"的形式。描述比较法以定性分析为主,容易受个人主观因素影响,导致分析结果不客观、不可信,所以要基于事实,多用图片,有数据支持和合乎逻辑的推导过程[2](见表3-2-1)。

表 3-2-1　会展文创竞品分析表模板

• 前言 　此竞品分析模板只列出分析项目,不做细节呈现,仅供参考。
• 分析目的 　了解各竞品的优势和劣势等; 　为改进自身产品提供信息和启示。

---

[1] 张在旺. 有效竞品分析:好产品必备的竞品分析方法论[M]. 北京:机械工业出版社,2019:6-8.
[2] 同上书:126-128.

(续表)

竞品列表			
竞品名称	竞品 A	竞品 B	竞品 C
竞品介绍	略	略	略
企业介绍	略	略	略
竞品定位	略	略	略
竞品功能	略	略	略
竞品功能分析	略	略	略
竞品使用场景	略	略	略
竞品使用体验	略	略	略
竞品销售渠道	略	略	略
竞品盈利模式	略	略	略
竞品市占率	略	略	略
主要结论	略	略	略
体验时间	略	略	略
其他说明	略	略	略

(二)竞品跟踪矩阵法

竞品跟踪矩阵是指通过对竞品的发展轨迹进行跟踪记录,可以直观地看出竞品的发展情况,找到竞品的发展规律,并推测竞品下一步的行动计划。由于竞品跟踪矩阵需要耗费较多的时间和精力去长期跟踪、绘制、更新,一般只有对本企业的核心产品以及重点竞品才会应用此方法。竞品跟踪矩阵的要素包括时间、竞品在不同阶段的基本资料、竞品的变化要点和外部环境变化。

绘制竞品跟踪矩阵的步骤包括:①获取竞品的基本资料。②绘制竞品跟踪矩阵,按照时间线,对竞品的变化情况进行跟踪,如新增了哪些功能、优化了哪些功能、删除/弱化了哪些功能等。同时,对外部环境的变化情况(如产品相关的政策、经济、技术、行业环境的变化)也要做好标记,结合竞品的变化情况进一步分析解读。③分析竞品的下一步动向。通过竞品跟踪矩阵,可以推测出竞品的迭代周期、投入力度,推测竞品会强化哪些功能、弱化哪些功能,以此推测竞品的下一步动向[1]。

(三)功能拆解法

功能拆解是把竞品分解成一级功能、二级功能、三级功能甚至四级功能,以便更全面地了解竞品的构成。通过功能拆解可以更深入、更全面地了解竞品的功能。功能拆解可

---

[1] 张在旺.有效竞品分析:好产品必备的竞品分析方法论[M].北京:机械工业出版社,2019:137-140.

以为进一步探索需求做准备,进而更深入地了解竞品解决的问题、满足的需求,然后构建更好的解决方案。功能拆解不是目的,还需要在此基础上与竞品进行横向比较分析。在对竞品进行功能拆解之后,对竞品的核心功能或者想学习借鉴的功能不能照抄,要先探索需求。

在学习借鉴竞品的功能时,要估算开发成本以及开发周期,如果没有进行功能拆解而仅凭感觉估算,会导致偏差太大而做出错误的决策[1]。

三、会展文创竞品分析的流程

（一）明确目标

在开始做会展文创竞品分析时就要明确目标,考虑输出成果。在开始竞品分析前要明确四个方面的问题。

一是为哪个产品做竞品分析。在做竞品分析前,首先要明确为哪个产品做竞品分析,后续才能与竞品做对比分析。

二是该产品目前处于哪个阶段。在产品的每一个阶段都可以做竞品分析,但是在不同阶段,做竞品分析的目标与侧重点不同,因而必须判断要做竞品分析的产品目前处于哪个阶段,以进行下一步决策。

三是当前产品面临的主要问题与挑战是什么。明确当前产品面临的问题与挑战后,通过竞品分析解决产品的问题,竞品分析才会变得有价值。

四是明确竞品分析的目的与目标是什么。竞品分析常见的目的有三种,即决策支持、学习借鉴和市场预警。通过明确竞品分析的目的与目标,可以有效地解决面临的问题并为下一步战略的制定提供辅助。

（二）选择竞品

选择分析的竞品也就是选择正确的竞争对手,选择不同的对手会得到不同的竞争策略,获得的分析结论也会有很大的差异。

1. 竞品分类

（1）品牌竞品。品牌竞品是指产品形式和目标用户群相同,但品牌不同的竞品。品牌竞品与本企业的产品争夺同一个市场,有直接竞争关系。如中国四大车展(北京车展、上海车展、广州车展和成都车展)都是国内知名的品牌车展,展览的产品形式和目标用户在很大程度上有所重叠,因而互为品牌竞品。

（2）品类竞品。品类竞品是指产品形式不同,目标用户群类似,属于同一品类的竞品。品类竞品与本企业的产品有间接竞争关系,也会影响本企业产品的市场份额。如大型的品牌书展和小型的网红书店都能为消费者提供同一品类的图书产品,互为品类竞品。

（3）替代品。替代品是指产品形式、品类不同,但目标用户群类似,能满足用户相同需求的竞品。替代品相互之间有替代竞争关系,此消彼长。如迪士尼乐园和文旅小镇凤凰古城提供

---

[1] 张在旺.有效竞品分析:好产品必备的竞品分析方法论[M].北京:机械工业出版社,2019:142-144.

的产品形式和品类都有所不同,但是目标用户群有类似之处,而且都能满足家庭用户休闲娱乐的需求,因而互为替代品。

(4) 参照品。参照品是指跟产品可能没有竞争关系但是值得学习借鉴的产品。可以跨界参考参照品,很多产品的创新都是跨界学习借鉴而来。比如,上海的金山农民画就借鉴了现代设计的灵感和营销方式,通过结合现代元素,以现代人的日常生活用品为载体进行跨界设计和营销。

2. 竞品初选

根据竞品分析的目的初步选择竞品。竞品分析的目的不同,要选择的竞争对手也会不同。当竞品分析的目的是"决策支持"或"预警避险"时,可以从品牌竞品、品类竞品、替代品中寻找竞品,具体选择原则包括三个方面。

(1) 市场份额。选取同一个目标市场中市场份额比较大的前几名,特别是排名第一、第二的产品。

(2) 企业背景。有的同类产品虽然当前不够成熟,但有大企业背景,很有可能迅速做大,所以不能忽视。

(3) 用户反馈。根据本企业产品要满足的需求,分析目标用户选择产品的种类,并分析通过这些产品满足了哪些需求,以及哪些产品的用户数量最大、最受欢迎。

3. 竞品精选

在具体的竞品分析中,通常需要从初选竞品中选择三个左右进行深入分析,根据竞品分析的目的、产品的不同阶段、产品所处的竞争地位,竞品的优先级有所不同。

对精选的竞品做深入分析,同时也要关注其他初选的竞品,这是因为行业环境与市场环境是动态变化的,竞品也是动态变化的,在不同阶段的竞品分析中选择的竞品也可能是不同的,因而需要关注市场的变化并对选择的竞品及时做出调整。

(三)确定分析维度

选择竞品后,接下来就要确定竞品的分析维度了。竞品的分析维度就是指从哪些方面、哪些角度来分析竞品,通常分为产品视角与用户视角。

1. 产品视角

产品视角是从影响一个产品成败的因素进行分析,包括但不限于功能、用户体验、团队背景、技术、市场推广、战略定位、用户情况、盈利模式等。

(1) 功能。抓住关键功能进行功能拆解,并进行功能的对比与分析。

(2) 用户体验。对产品的用户体验进行调查、评估和分析。

(3) 团队背景。对研发团队的背景通常可以从几个方面进行考察,包括人才构成、资金优势、资源优势、技术背景等。

(4) 技术。研究竞品采用了哪些关键技术来提升用户体验,该技术是否申请了专利、是否有技术壁垒等。

(5) 市场推广。研究竞品的市场推广策略时,可以采用经典的营销组合策略4P框架,即产品(product)、价格(price)、渠道(place)、促销(promotion)。

(6) 战略定位。企业的战略会影响产品战略,从竞品的企业战略可以推测竞品的产品战略。

(7) 用户情况。这一维度主要关注竞品的目标用户人群、用户数据、用户对竞品优劣势的看法,以及用户喜欢产品的哪些功能等。

(8) 盈利模式。研究竞品主要通过什么方式盈利,是否有值得借鉴的地方,可以在制定竞争策略时作为参考。

2. 用户视角

用户视角就是站在用户的角度,看用户在选择产品时会关注哪些方面。从用户视角进行竞品分析时可以使用"$APPEALS"这一分析工具,它从八个方面对产品进行客户需求定义和产品定位。

(1) $(price,价格)。这个要素反映了客户愿意为一个满意的产品或服务支付的价格,主要从技术、低成本制造、物料、人力成本、制造费用、经验等方面进行评估。

(2) A(availability,可获得性)。这个要素反映了客户能否方便地获得产品与服务。该要素考虑整个购买过程的便利程度,包括预售的技术支持和示范、购买渠道/供应商选择、交付时间、客户定制能力等。

(3) P(packaging,包装)。这个要素反映了用户期望的产品设计质量、特性和外观等视觉特征。对于包装应当考虑样式、模块性、集成性、结构、颜色、图形、工艺设计等方面。

(4) E(easy to use,易用性)。这个要素反映了产品的易用属性,主要考虑客户对产品的舒适度、学习便利性、文档支持、人性化显示、输入/输出、接口、直观性等方面的要求。

(5) P(performance,性能)。这个要素反映了用户对产品的功能和特性的期望,包括产品的工作性能怎样、产品是否具备所有必要和理想的特性、它是否提供更好的性能等。这一要素从客户角度来衡量,如评估速度、功率、容量等。

(6) A(assurances,保险性)。这个要素通常反映了产品在可靠性、安全性和质量方面的保证,包括保证、鉴定、冗余度和强度等方面的要求。

(7) L(life cycle of cost,成本生命周期)。这个要素反映了客户在使用产品时的整个成本生命周期,主要考虑安装成本、培训成本、服务成本、供应成本、能源效率、价值折旧、处理成本等。

(8) S(social acceptance,社会接受程度)。这个要素反映了影响客户购买决定的其他影响因素,主要考虑口头言论、第三方评价、顾问报告、形象、政府或行业的标准、法规、社会认可等方面。

(四) 收集竞品信息

确定竞品分析维度之后,要收集这些维度的竞品信息。竞品信息的来源通常包括:竞品官方公开资料;第三方渠道,常用的第三方渠道包括行业媒体、行业协会、第三方评测机构、第三方数据库等;自行收集的第一手资料。

（五）信息整理与分析

信息的分析是指对原始信息进行整理、归纳、推理，使信息转化为有价值结论的过程，在整个竞品分析工作流程中居重要地位。对同样的信息，采用不同的分析方式，可能会得出不同的结论。信息整理包括以下五个方面的工作内容。

一是信息的集中。将多处来源的信息集中到一起。

二是信息的分类。根据竞品的名称或分析维度对信息进行重命名，并将其分到所属类别。

三是信息的筛选。从众多信息当中筛选出重复的信息。

四是信息的组合。把不同信息组合在一起以便于证伪。

五是信息的评级。评价信息源的可靠性和资料的准确度。信息整理的一个重要内容是对所搜集的信息进行评级，信息评级的主要标准是信息源的可靠性和资料本身的可靠性。这种评级方式不仅有助于分析人员根据原始信息的相对价值进行取舍，还能帮助分析人员评价各种潜在的竞品信息来源的情况，从而在之后的信息搜集计划中更加偏重可靠的信息来源。信息源的可靠性主要通过该渠道过去所提供的信息的质量、该渠道提供信息的动因、该渠道是否拥有该信息、该渠道的可信度等方面来确定。

（六）总结报告

竞品分析的最后一步即撰写总结报告，竞品分析的总结与结论要围绕竞品分析的目标来撰写[1]。

第三节 会展文创的消费需求

一、消费需求概述

（一）消费需求的内涵

《荀子·礼论》曰："人生而有欲，欲而不得，则不能无求。"这里的"欲"指的就是欲望、意愿或需求。消费需求，或称消费需要，是指消费者为了满足自己生存、享受和发展的要求所产生的获得各种消费资料（包括服务）的欲望和意愿[2]。消费需求包括消费者的实际需要，以及消费者愿意支付并有能力支付的货币数量。人的消费需求涵盖了衣、食、住、行、文化娱乐以及医疗卫生等各个方面。

消费需求及其满足程度主要取决于生产力发展水平。当生产力水平较低时，消费者的消费领域比较狭窄，内容不丰富，满足程度也受到限制，处于一种压抑状态。随着社会生产力的发展，企业可以向市场提供数量更多、质量更优的产品，以更好地满足消费者的消费需求，而人们的消费需求也呈现出多样化、高层次的趋势，消费领域不断扩展，消费内容日益丰富。

---

[1] 张在旺. 有效竞品分析：好产品必备的竞品分析方法论[M]. 北京：机械工业出版社，2019：53-147.
[2] 陈颖，连波作. 消费经济与消费者行为研究[M]. 长春：吉林人民出版社，2021：1.

消费需求具有多样性、发展性、周期性、伸缩性、可诱导性等特征。多样性是指不同的消费者由于主客观条件存在的差异,会形成多种多样的消费需求。发展性是指消费者的消费需求是由低级向高级、由简单向复杂不断发展变化的。这体现在市场上,就表现为商品数量的增加和商品质量的提高。消费需求的周期性是指消费者在某些需求获得满足后,通常在一定时间内不再产生此类消费需求,但是随着时间的推移还会重新恢复此类需求,从而显示出周而复始的周期性特点。伸缩性也称弹性,是指消费者对某种商品的需求会因某些因素如支付能力、商品价格、储蓄利率等的影响而发生一定程度的变化。可诱导性则是指可以通过人为、有意识地给予外部刺激或改变外部环境,如利用广告、促销、明星示范等,诱使消费者需求发生变化转移[1]。

(二)消费需求的分类

美国心理学家亚伯拉罕·马斯洛(Abraham Maslow)从人类动机的角度提出了需求层次理论。该理论强调人的动机是由人的需求决定的,而且人在每一个时期,都会有一种需求占主导地位,而其他需求处于从属地位。马斯洛把人的需求由低到高分成生理需求、安全需求、归属与爱的需求、尊重需求和自我实现的需求五个层次。

1. 生理需求

生理需求是指人类维持自身生存最基本的要求,包括饥、渴、衣、住、性、健康方面的需求。生理需求是推动人行动最强大的动力。这些需求如果不能得到最低限度的满足,人类就无法继续生存和繁衍,那么其他需求也将无从谈起。

2. 安全需求

安全需求是指人对安全、秩序、稳定,以及免除恐惧、威胁与痛苦的需求。安全需求包括人身安全、财产安全、健康保障、道德保障、工作职位保障、家庭安全等。这是人在满足基本的生理需求后下一个层次的需求。

3. 归属与爱的需求

人要求与他人建立情感联系,也存在隶属于某一群体并在群体中享有地位的需要。这一层次的需要包括两个方面。一是友爱的需要,即人人都需要伙伴之间、同事之间的关系融洽或保持友谊和忠诚,人人都希望得到爱情,希望爱别人,也渴望接受别人的爱。二是归属的需要,即人都有一种归属于一个群体的需要,希望成为群体中的一员,并相互关心和照顾。这种需求属于较高层次的需求。

4. 尊重需求

马斯洛认为,期盼社会对自己的尊重是个人天性的需要。对尊重的需求属于较高层次的需求,往往是在满足了前面几层需求之后产生的进一步的需求,如对成就、名声、地位和晋升机会的需求等。尊重需求既来自人的内部,也来自外部,来自个人内部的尊重包括对成就或自我价值的个人感觉,而来自外部的尊重则包括他人对自己的认可与尊重。有尊重需求的人通常

---

[1] 张蕾.消费者行为分析实务[M].北京:北京理工大学出版社,2021:80-85.

希望他人能够接受其实际形象,并且认为他们能够胜任自己的工作。

5. 自我实现的需求

自我实现的需求是最高层次的需求,人希望最大限度地发挥自身潜能,不断完善自己,完成与自己的能力相称的一切事情,有实现自己理想的需要。马斯洛提出,为满足自我实现需求所采取的途径是因人而异的。自我实现是努力实现自己的潜力,使自己越来越成为自己所期望的人物。

在马斯洛看来,需求的产生是由低级向高级波浪式地推进的:在低一级需求没有完全满足时,高一级需求就产生了;而当低一级需求的高峰过去了但没有完全消失时,高一级需求就逐步增强,直到占绝对优势。低层次的需求基本得到满足以后,它的激励作用就会降低,其优势地位将不再保持下去,高层次的需求会取代它成为推动行为的主要原因。有的需求一经满足,便不再成为激发人们行为的起因,于是被其他需求取而代之[1]。

(三) 影响消费需求的因素

1. 经济因素

(1) 价格。价格总水平和总需求通常是反方向变动的。这是因为当价格总水平较低时,人们的购买意愿和能力就比较强,总需求也相应增加。具体来说,价格水平的影响因素包括五个方面。

① 价值。价值是价格的决定因素。商品的价值越大,商品价格就越高。不管价格怎样变化,它总是围绕着价值的轴波动。

② 供需关系。当供给大于需求时,商品价格下跌;当供给小于需求时,商品价格上涨。

③ 国家政策。国家可能通过宏观调控的行政手段强行规定价格。当商品价格过高时,考虑到消费者的承受能力,政府会采取最高限价等措施进行干预,最高限价一般低于均衡价格。

④ 消费心理。当消费者受攀比和从众心理影响时,对商品的需求量会大幅增加,这时销售者就可能提价。但当消费者受求实心理影响时,商品就不容易卖高价。

⑤ 地域条件、天气、生产条件等。

(2) 收入。收入是影响消费的核心因素。消费者收入是消费者在一段时间内获得的实际货币收入。由于国家或地区之间名义收入水平与物价水平差异较大,通常用购买力平价的方法来比较不同国家或地区的实际收入水平和购买力。消费者收入是决定消费人口购买力的主要因素,收入水平越高,购买力就越大,但消费者收入通常不会全部用于消费。消费者收入主要可以分为以下三种。

① 个人可支配的收入。即个人收入中扣除各种税款和非税性负担后的余额。它是消费者个人可以用于消费或储蓄的部分,形成实际的购买力。

② 个人可任意支配的收入。即个人可支配收入中减去用于维持个人与家庭生存所必需的费用和其他固定支出后剩余的部分。这部分收入是消费者可任意支配的,因而是消费需求中

---

[1] 晋铭铭,罗迅. 马斯洛需求层次理论浅析[J]. 管理观察,2019,723(16):77-79.

最活跃的因素,也是企业开展营销活动时考虑的主要对象。

③ 家庭收入。许多产品的消费是以家庭为单位的,因而家庭收入的高低会影响许多产品的市场需求[1]。

2. 非经济因素

(1) 文化因素。文化、亚文化和社会阶层等文化因素对于消费者购买行为有非常重要的影响。文化是影响人的欲望和行为的基本因素。每种文化中都包含着更小的亚文化,亚文化为其成员提供更为具体的认同和社会化。亚文化包括国籍、宗教、种族和地理区域等。所有人类社会都存在社会分层,文化也经常以社会阶层的形式出现。社会阶层是一个社会中具有相对同质性和持久性的群体,他们按等级排列,每一个阶层的成员具有类似的价值观、兴趣爱好和行为方式。

(2) 社会因素。除了文化因素,影响购买行为的社会因素还包括参考群体、圈子、家庭、角色和地位等。

① 参考群体。参考群体是指对其成员的看法和行为存在直接(面对面)或间接影响的所有群体。存在直接影响的群体被称为成员群体。人们还从属于次要群体,如宗教群体、职业群体和工会群体等,其成员之间的关系一般更正式且互动的持续性较弱。一个人希望加入的群体被称为渴望群体;而一个人反对其价值观或行为的群体则叫作疏离群体。当参考群体的影响较强时,就需要关注群体中的意见领袖。意见领袖是指对特定的产品或产品种类提供非正式建议或信息的人。

② 圈子。传播学者提出了一个人际关系交流的社会结构观点。他们认为,社会是由圈子组成的,圈子是指成员间互动频繁的小群体[2]。圈子成员之间高度相似,这种亲密程度促进了有效的传播。为这些圈子创造更多的开放性,使其能够与社会的其他成员交换信息是颇具挑战性的。这种开放性在联络人或牵线人的帮助下实现。联络人不属于任何一个圈子,但能联系两个或两个以上的圈子;牵线人从属于一个圈子,但能联系另一个圈子里的某个成员。

③ 家庭。家庭是社会中最重要的产品消费者,家庭成员构成了最有影响力的主要参考群。购买者的生活中有两个主要家庭,即原生家庭和再生家庭。原生家庭包括父母和兄弟姐妹,但对日常购买行为的影响更为直接的是再生家庭,包括配偶和子女。

④ 角色和地位。我们每个人都会加入许多群体,如家庭、俱乐部组织等。这些群体往往是很重要的信息来源,也有助于确定行为规范。我们可以根据一个人的角色和地位评估一个人:角色由一个人期待完成的活动构成;同时,角色也体现一个人的地位。例如,公司总裁的地位比销售经理高,而销售经理的地位又比办公室职员高。人们选择的产品在一定程度上也会反映、传达他们的角色定位和社会对他们的需要。因此,营销人员必须了解产品和品牌作为地位象征的潜力。

---

[1] 李捷.消费者行为学[M].北京:北京理工大学出版社,2020:63.
[2] 王玉琦,任祖欣,王子清."圈子"传播对交往关系的重构与弥合[J].青年记者,2022,720(4):54-55.

(3) 个人因素。影响消费者决策的个人特征包括年龄和生命周期中的不同阶段,职业和经济状况,个性和自我观念,生活方式和价值观,等等。这些因素都会对消费者行为产生直接的影响。

① 年龄和生命周期。人们在食物、衣服、家具和娱乐方面的品位往往与年龄相关。在任何年代,消费都是由家庭生命周期、家庭成员数量、家庭成员年龄和家庭成员性别等因素决定的。

② 职业和经济状况。职业和经济状况也会影响消费模式。营销人员试图确定那些对于产品和服务有着高于平均水平的兴趣的职业群体,甚至专门为特定职业群体设计产品。

③ 个性和自我概念。个性是指一组显著的人类心理特质,这些特质会导致对环境做出相对一致而持久的反应,包括购买行为。品牌也有个性,消费者有可能选择和自己个性相符的品牌。消费者经常选择和使用的品牌往往在个性上与他们的真实自我概念相一致,或者与消费者的理想自我概念和社会自我概念相匹配。

④ 生活方式和价值观。生活方式是一个人在世界上的生活模式,它往往体现在人们的活动、兴趣和看法中。缺少时间的消费者更倾向于多任务处理,即同时做两件或者更多的事情。消费者的决策也受到核心价值观的影响,核心价值观就是态度与行为信念体系,消费者通常不会主动消费那些与自身的核心价值观相违背的企业的产品或服务[1]。

二、会展文创的消费需求类型分析

(一)会展文创功能性消费需求

1. 会展文创功能性消费需求的表现

功能性消费中,消费者进行消费的动机以获得产品的功能为主。产品的功能属性是能够满足消费者需要的产品性能与质量,是消费者最基本的消费动机来源。依照马斯洛需求层次理论的分类,产品功能通常满足的是消费者生理和安全方面的需求,通过功能属性的差异化不仅可以实现产品的差异化和目标市场的差异化,还能让功能属性成为消费者购买决策的重要影响因素[2]。

会展文创功能性消费是指消费者购买会展文创产品的主要动机是获得产品的功能,以此满足自己生理和安全上的需求。具体而言,会展文创的功能性消费可以分为以下三类。

(1) 消耗型。消耗型会展文创产品是指能被消费者快速消耗、不适宜长时间保存的产品,一般来说与快消品相关的比较多。此类产品消费者会在游玩途中或回家后快速消耗,但因产品有较强的文化属性和鲜明的个性,可以增强消费者对产品的好感度和忠诚度,会让消费者产生重复购买行为,甚至愿意推荐给亲友。例如,许多博物馆和文旅景点等推出的文创雪糕近年来在全国形成潮流。圆明园在 2019 年夏天开始出售的荷花造型雪糕是国内最早开始试水的

---

[1] 影响消费行为的因素[EB/OL]. https://zhuanlan.zhihu.com/p/276132246?utm_id=0. [访问时间:2022-11-20].

[2] 祝希,孙习祥. 中国消费者绿色消费动机来源分析——功能性需要还是象征性需要?[J]. 企业经济,2015(12):68-75.

文创雪糕。对于游客来说，文创雪糕是一种消耗型文创产品，不仅可以消暑解渴，还能够成为拍照"打卡"的利器，收获朋友圈等社交媒体中好友的点赞，形成独特的"增值"体验。

(2) 收藏型。收藏型会展文创产品一般有较强的纪念性与装饰性，能够被消费者长期保存。收藏型文创产品的种类繁多，从实用型产品到装饰摆件，不一而足，是会展文创产品中非常重要的一个门类。以敦煌莫高窟为例，敦煌元素被艺术家和商家们广泛发掘，飞天、佛像等具有代表性的敦煌元素大量出现在影视、游戏、文学作品中，不少跨界品牌都推出文创产品和周边，使得敦煌成为国潮中最受欢迎的IP符号之一。中国邮政在2020年发布了一套莫高窟主题邮票，以莫高窟最有代表性的雕塑影像经过防伪处理后设计而成，就是一款典型的收藏型会展文创产品。

(3) 馈赠型。馈赠型会展文创产品往往代表了赠予方的地位和价值认同，一般来说，产品的做工比较精致、大气，具有较为丰富的文化内涵。根据会展文创产品的功能进行分类，又可以将其分为生活实用类(服饰、饰品、文具、生活居家、食品)与工艺品类(装饰性工艺品、实用性工艺品)[1]。馈赠型产品讲究独特性，要能体现赠礼者的独特用心和不凡品位，同时也要具有适俗性，即能够贴近受礼者实际的普遍需求和偏好。诸多博物馆和文旅景点等也纷纷积极探索馈赠型文创产品的定制开发，如中国国家博物馆的LED三色化妆镜、河南博物院的失传宝物盲盒、苏州博物馆的木制小夜灯等，都是广受市场欢迎的典型代表。这些产品往往同时具有文化或创意上的独特性和使用功能上的适俗性。

2. 会展文创功能性消费的趋势

随着消费水平和消费质量的提高以及消费结构的不断合理优化，功能性消费也逐渐呈现出消费升级的趋势。消费升级一般指消费结构的升级，即各类消费支出在消费总支出中的结构升级和层次提高，它直接反映了消费水平的发展趋势。消费升级的内生动力包括收入和与收入直接相关的静态财富状况，以及个体对自身消费活动的心理预期等。消费升级的外生动力则包括创新、利率、政策三大因素[2]。

消费升级本质上是观念的升级，从"拥有更多"升级到成为"理想自我"。人们对待商品的态度也逐渐由"以物为中心"转向"以人为中心"。这主要表现为消费者在精神消费、知识消费、健康消费及智能消费这四个领域不断增加投入。同时，随着线上线下消费融合的趋势日益明显，企业必须采取精准营销策略才能快速触达消费者，产品的传播也必须采取去中心化的形式，更多依靠新媒体进行传播。具体来说，会展文创功能性消费的主要趋势包括以下四个方面。

(1) 个性化与标准化并存。随着商品经济的进一步繁荣和消费升级的到来，消费者对会展文创商品的需求不再局限于功能方面，而是更注重通过商品来体现自己与众不同的独特品位。新世代的消费者越来越注重产品是否个性化、定制化、小众化、精准化，是否能够成为彰显个人品牌的特殊标志。从标榜自我的炫食一族，到享受热门IP、带来独特快闪体验的求新一代，消

---

[1] 周承君,何章强,袁诗群.文创产品设计[M].北京:化学工业出版社,2019:47.
[2] 杜丹清.互联网助推消费升级的动力机制研究[J].经济学家,2017(3):48-54.

费者开始追求个性、多元的全新生活方式。在追求个性化的同时,消费者也重视标准化带来的安全感。因此,要求个性化与标准化并存,会展文创企业既要能满足消费者多元化的个性需求,又要能满足消费者的一般共性需求。

(2) 智能化与尊重传统并存。随着科技的不断升级迭代,智能化成为消费升级的原动力。在消费需求升级的引导下,智能物联网、3D打印、智能材料、生物识别与采集等新技术手段为会展文创提供了更多的新产品和新服务。从关注功能到注重体验,消费者一方面享受智能化生活带来的便利,另一方面又在积极寻求回归本源。尊重传统手工工艺也是一种"升级",在对待具有悠久历史和丰富文化内涵的产品时,消费者更要求产品尽可能还原历史,从而体现传统手工的精髓。因此,智能化与尊重传统并存也是会展文创功能性消费的另一趋势。

(3) 网络化消费和场景化体验并存。在移动互联网技术普及的背景下,社会消费已经以不可逆转的态势向网络化消费的方向发展,网购群体由青年向全社会扩散,个人电脑(PC)端购物也已经被移动端购物取代。在由社交分享形成内容体验的新消费时代,"功能+场景+体验"已经成为挖掘消费者心智模式的主要路径之一。无论从产品还是终端零售店的表现来看,场景都已成为非常重要的消费要素。不断迭代的场景正在通过内容数字化、空间媒介化、体验文创化、技术普惠化、社群下沉化等方式引发社会文化的蜕变与消费观念的创新。

(4) 品质化与简约化并存。新时期消费者的消费需求不再局限于以往的物质层面,而是转变为追求文化价值与高品质体验,并且对品质的要求体现在各个方面。消费者越来越不愿意为品牌支付溢价,而是更关注产品本身带给消费者的质感[1]。品质消费具体来说不仅包括产品和服务的质量,还包括品牌的美誉度、消费体验以及人文理念。但与此同时,在经济发展增速减缓的背景下,新节俭主义也成为很大一部分消费群体的选择。伴随新节俭主义而来的就是消费中的简约主义,消费者会抛弃那些包装过度、功能多余、"面子"大于"里子"的产品,转而寻求更加实用、便捷和简单化的产品。

(二) 会展文创情感性消费需求

1. 会展文创情感性消费的表现

菲利普·科特勒(Phillip Kotler)将消费行为划分为三个基本阶段:一是量的阶段;二是质的阶段;三是感性消费的阶段,也就是情感性消费的阶段。所谓情感性消费,指的是消费者注重消费时的情感体验和人际沟通,它以个人喜好作为购买决策标准,对商品情绪价值的重视超过功能价值[2]。在互联网时代,消费者不仅消费产品,更需要获得舒适或愉悦的消费体验,以及对消费状态的实时分享和表达。80后、90后(特别是95后)的消费者偏好表达与参与,由此诞生了基于情感互动和价值认同的新型消费需求。相应地,产品需要通过情感互动的参与式消费模式来满足消费者的情感需求[3]。

---

[1] 张景云,吕欣欣. 消费升级的现状、需求特征及政策建议[J]. 商业经济研究,2020(7):53-55.
[2] 连漪,季刚,李丽芳. 感性消费的营销法则[J]. 改革与战略,2003(12):83-86.
[3] 王茜. "互联网+"促进我国消费升级的效应与机制[J]. 财经论丛,2016(12):94-102.

当前，会展文创产品的消费者除了以功能性需求为诉求的消费外，也越来越重视通过消费来达成个人与产品，个人与其他个体或组织，以及个人与社会等的情感联结。消费者关注超越产品功能的情感满足，这种情感满足包含了个人情感的激发、身份的建构及情感的认同。一般来说，会展文创的情感性消费需求包括自我情感的消费需求、流行时尚的消费需求，以及理性-感性追求的消费需求。每个个体都有自己的个性，以及属于自己的人生观、价值观和世界观，在消费过程中，这些个性和观念都会影响消费者的选择。例如，个性张扬的消费者更偏爱能体现个性的产品，而个性内隐的消费者可能更偏向平实质朴的设计。在充斥着情感性消费的社会中，消费也可能受到潮流风尚的影响。这种消费心理不再是消费能力和观念的体现，而是时代印记的缩影。理性-感性追求的消费者采取具有一定理性精神追求下的感性的消费模式，消费不仅是为了获得物质上的满足，也是为了获得精神上的满足，甚至精神需求会超越物质需求[1]。例如，河南博物院推出的文创产品考古盲盒就采用了满足理性-感性追求的消费需求的设计，将考古发掘融入了"拆盲盒"的过程。在盲盒中，结实的泥土块中埋藏着真材实料的文物仿制品，一旁还配备了精致的洛阳铲等挖掘工具。消费者在敲敲打打的"发掘"过程中既可以体验到通过自身努力挖掘出"古代文物"的惊喜感，又可以通过这种放松的形式缓解日常生活中的疲惫感。因此，这款盲盒一经推出就广受市场好评，甚至成为被人民日报官方微博点名夸奖的"网红"产品。

2. 会展文创情感性消费的趋势

（1）理想自我的体现。情感性消费可以为消费者创造一种"理想自我"的图像，给予消费者独特而优异的价值锚点，获取消费者的注意力。它可以来源于历史，也可以来源于创新。消费者通过消费会展文创产品可以彰显自己的身份与地位。

（2）符号化的象征。如今，消费者的消费动力不再局限于商品的使用功能，而是附着在商品上的象征符号功能。品牌的符号感其实就是一种商品的生活提案能力。品牌需要为消费者创建完整的差异化的符号系统，符号能够带给人们美好想象，消费者如果认同产品或品牌传递出来的符号，实际上也是在认同自己的生活态度。

（3）自我的创造性想象。无论是当下的移动互联网，还是未来的智能互联网，都将越来越注重赋权于消费者，使他们变成生产型消费者。这些消费者可以将自己的消费体验转化为参与性文化并传播给其他人，从而实现更多人的共同认同[2]。

（三）会展文创社会性消费需求

1. 会展文创社会性消费的表现

社会性消费需求又称社会性消费动机，是指基于社会因素而产生的消费冲动。该动机主要受自然条件、经济条件、社会文化、社会习俗、社会阶层、社会群体等因素影响，是后天学习形成的动机，一般可分为基本的社会性心理动机和高级的社会性心理动机。前者是基于社交、归属、自主等需要而产生的，后者则是由成就、荣誉、威望等需要引起的。随着消费者支付能力的

---

[1] 李咏蔚,刘兆龙.基于感性消费的文化创意产品设计方法[J].工业设计,2021,179(6):88-89.
[2] 巩强.新文创[M].北京:电子工业出版社,2021:117-120.

提高,社会性心理动机对消费者购买行为起着越来越大的影响作用,甚至成为某些消费者的主导性消费动机[1]。

在社会性消费动机的驱动下,消费者在进行会展文创产品的消费时,也同样关注超越产品功能本身的社会性价值,也就是更大规模的社交传播效应,这意味着消费者有强烈的付费和分享欲望。从分享的形式来说,可以分为利益驱动分享与情感驱动分享。最常见的分享驱动是利益驱动,如"邀请好友加入可得优惠"等,不过这需要消费者付出一定的社交成本。情感驱动是指消费者从分享过程或者分享之后的反馈中能够获得情感满足,如达到共鸣、获取认同等。有不少消费者在一些热门的文旅景点出游时会发布一些"打卡"照片或视频等,进而从分享中获得情感满足。

2. 会展文创社会性消费的趋势

(1) 更隐蔽的炫耀性消费。托斯丹·B. 凡勃伦(Thorstein B. Veblen)在《有闲阶级论》中首次把炫耀性消费(conspicuous consumption)的概念引入了经济学研究。炫耀性消费是指主要为了夸示财富而不是满足真实需求的消费活动,这种消费的动机是谋求某种社会地位,其深层含义是人与人之间在需求和效用上存在相互影响。在消费社会中,炫耀性消费已经成为人们消费的日常化状态。炫耀性消费的基本特征包括能够提高或再度肯定一个人的社会地位;炫耀性消费指向的往往不是物本身,而是物所承载的地位、身份、品位等符号价值;消费者在自我呈现上以他人为取向[2]。随着经济的发展和社会劳动生产力的普遍提高,拥有休闲时间或奢侈品已经不再必然意味着拥有更高的社会地位。当商品本身不再那么容易区分阶层,精英阶层就开始寻找比物质财富和炫耀性消费更隐蔽的地位标志。他们通过共同的文化资本(相同的语言、相似的知识体系以及相同的价值观等)来获得身份认同,并体现他们的集体意识。他们的共同特点之一就是对文化知识的渴求和珍视,并由此引发了更隐蔽的炫耀性消费现象[3],即消费特定的文化产品,如阅读特定的读物、收看特定的节目等。

(2) 更新颖的社交货币。社交货币(social currency)是一个社交媒体经济学概念,最早由法国人类学家和社会学家皮埃尔·布尔迪厄(Pierre Bourdieu)提出。他指出,社交货币可以用来描述所有真实而又潜在的资源,它来源于社交网络和群体,既存在于虚拟的网络,也存在于离线的现实。货币的本质是在长期交换过程中形成的固定充当一般等价物的商品,而价值是商品特有的社会属性。社交货币可以被看作一种虚拟网络世界的一般等价物,可以把它理解为某类在社会交往中用于交换的物品,这一物品可能是某类具体的产品、技术工具、网络话题等[4]。随着年轻人成为消费市场的主力军,他们超前的消费理念和独特的消费品位正在推动着会展文创产品日益成为新型的社交货币。例如,三星堆国宝盲盒和三星堆文物新说唱等不

---

[1] 社会性购买动机[EB/OL]. https://baike.baidu.com/item/%E7%A4%BE%E4%BC%9A%E6%80%A7%E8%B4%AD%E4%B9%B0%E5%8A%A8%E6%9C%BA/4648549?fr=aladdin. [访问时间:2023-02-10].
[2] 邓晓辉,戴俐秋. 炫耀性消费理论及其最新进展[J]. 外国经济与管理,2005(4):2-9.
[3] "炫耀性消费心理"迭代丨生活中的实际问题如何上升为阶级象征[EB/OL]. https://baijiahao.baidu.com/s?id=1754706851819913669&wfr=spider&for=pc. [访问时间:2023-02-10].
[4] 王鑫. 从社交货币视角看网络流行语的情感传播——以"早安,打工"为例[J]. 视听,2021(3):160-161.

同形式的会展文创产品就以精彩的创意使得自身成为"刷屏"社交媒体的社交货币,为年轻的消费者群体创造独特谈资,提供自我形象塑造和管理的契机,并且通过强烈的仪式感引发涟漪式的主动传播。

第四节 会展文创的战略定位

一、战略定位的基础理论

(一) 里斯和特劳特的定位理论

1. 定位理论的内涵

定位理论是由美国营销学家艾·里斯(Al Ries)与杰克·特劳特(Jack Trout)于20世纪70年代初提出的。他们在美国《广告时代》上发表了名为《定位时代》的系列文章,后来将相关观点和理论集中在《广告攻心战略——品牌定位》一书中。

所谓定位,不是去创造某种新奇的或与众不同的东西,而是对未来潜在消费者的心智所下的功夫,也就是把产品定位在未来潜在消费者的心目中。企业要使产品在未来潜在消费者的心目中占据一个合理的位置,就要在广告宣传中为自己的产品创造、培养一定的特色,去调动、调节人们的原有认识,从而在消费者心目中占据有利地位,并赢得有利的市场竞争位置。根据定位理论制定战略要求能够对企业所处的外部环境、市场地位和资源动员能力做出正确的判断,明确企业的使命与愿景,制定战略管理措施,并进行资源的内部系统整合。

2. 影响定位的因素

(1) 目标消费者的心智。消费者具有不同的品牌知识和结构,以及不同的品牌感知和偏好,因此,要进行充分的市场调查,以便详细了解消费者的心理需求,把握消费者的购买动机,激发消费者的正面情感。

(2) 竞争品牌的广告定位。广告定位的本质是塑造差异,要把产品或服务的独特优势传达给消费者,从而赢得对竞争品牌的比较优势。因此,广告定位要着重分析竞争品牌的信息,规避竞争品牌在消费者心智中的强势优势,并利用其劣势,确立自身品牌的相对优势。

(3) 企业自身优势。企业具有各种有形和无形的资源,以及长久积累而成的独特的能力。企业要注意发掘自身的核心优势,并通过广告等手段将这种核心优势传达给消费者,塑造出企业独特的品牌形象。

(4) 产品优势及其核心价值。产品是广告的基础和依托,产品提供的核心价值就是广告定位的基础。核心价值通常是消费者最关心的利益点,也是产品向消费者提供的最主要的效用和价值。企业应该通过产品质量、外观设计等属性来体现产品优势及其核心价值,并通过广告等手段传递给消费者。

3. 定位策略

从定位层次来说,定位策略包括以下三个类型。

(1) 产品定位。即挖掘产品特点,把最能代表产品的特性、性格、品质、内涵等个性作为诉求重点,可以分为实体定位(品名、品质、价格、功效)和观念定位(价值观、情感)。

(2) 企业形象定位。企业形象定位的重点是塑造一个什么样的企业形象,以及如何传播企业形象。通过为企业注入某种文化、感情、使命等内涵,可以塑造独特的品牌差异。企业识别系统(corporate identity system,CIS)则是企业形象传播的基本理论框架。CIS是指企业使用统一象征符来塑造、保持或更新企业形象。CIS具有三大要素,分别是理念识别、行为识别和视觉识别[1]。

(3) 品牌定位。品牌定位就是在产品和企业定位的基础上,对特定品牌在文化取向及个性差异上的商业性决策。品牌以产品核心价值为基础,也是连接产品与消费者的桥梁,因此,品牌的竞争是对消费者心智的竞争,即创造强势品牌烙印。

从竞争手段来说,定位策略则可以包括以下六个方面。

(1) 抢先定位。企业在进行定位时,力争使自己的产品和品牌第一个进入消费者心目中的特定位置,抢占市场第一。

(2) 强化定位。企业的现有产品和服务在消费者心目中有一定的位置,只要反复宣传这种定位,就可以强化产品和服务在消费者心目中的形象和特色。

(3) 比附定位。企业可以使自身的产品和服务与已经占有某种牢固位置的竞争对手产生联系,并确立与之相反或可比的定位。

(4) 逆向定位。企业与已经占有优势地位的竞争对手进行对比,通过表明弱势地位引起消费者对弱者的同情。

(5) 补隙定位。企业可以努力寻找消费者心目中的空隙,使自己的产品和服务填补这一空隙。

(6) 重新定位。打破消费者心目中原有的位置和结构,按照新的观念和方式在消费者心目中重新排位,以创造一个新的有利秩序。

(二) STP 中的定位理论

如前所述,在温德尔·史密斯提出的市场细分的概念的基础上,美国营销学家菲利普·科特勒进一步发展和完善了市场细分理论,并最终形成了成熟的STP理论,它是战略营销的核心内容。STP理论中的S、T、P分别代表细分(segmenting)、目标(targeting)、定位(positioning),即市场细分、目标市场和市场定位,三者之间是逐层递进关系,即先有市场细分,再有目标市场,最后才有市场定位。目标市场营销有三个主要步骤。

第一步:市场细分。将整个市场细分成两个或两个以上具有类似需求的消费者群。

第二步:选择目标市场。目标市场就是为了满足现实或潜在的消费需求而开拓的特定市

---

[1] 谢子凤.基于CIS理论的品牌建设研究[J].新经济,2022,558(10):13-16.

场,这种特定市场是在若干子市场中选择出的,对自己最有利、决定要进入的一个或几个子市场。有效的目标市场具备以下四个特征:一是可衡量性,即用来划分市场有效性、购买力大小等的指标体系应该是可以测定的;二是足量性,即细分市场的规模必须大到足够获利的程度;三是可接近性,即能有效地到达细分市场并为之服务;四是差别性,细分市场在观念上能够区别,并且对不同的营销组合因素和方案有不同的反应。

第三步:市场定位。目标市场选定后,企业便要针对目标市场进行市场定位。市场定位是指确定产品在目标市场所处的位置,企业根据市场的竞争状况,针对顾客对该类产品某些特征或属性的重视程度,为产品塑造与众不同的形象,并将这种形象生动地传递给目标人群,从而使该产品在市场中占据适当的位置。市场定位包括用什么样的产品来满足目标消费者的需求,也称为产品定位,以及制定怎样的针对目标市场的营销策略[1]。

(三)迈克尔·波特的竞争战略理论

1. 竞争战略的内涵

被誉为"竞争战略之父"的美国学者迈克尔·波特在其 1980 年出版的《竞争战略》一书中提出了竞争战略定位思想。波特的战略定位是一种相当简明而深刻的思想,即企业在竞争性市场中必须进行战略定位。战略定位就是竞争优势,因为有效的战略定位可以使企业在行业中占据有利地位。为此,波特提出了三种卓有成效的竞争战略,即总成本领先战略、差别化战略和专一化战略[2]。

2. 总成本领先战略

(1) 总成本领先战略的内涵。成本领先要求坚决地建立起高效规模的生产设施,在经验的基础上全力以赴降低成本,紧抓成本与管理费用的控制,以及最大限度地减少研究开发、服务、推销、广告等方面的成本费用。为了达到这些目标,就要在管理方面对成本给予高度重视。如果某公司成本较低,就意味着当别的公司在竞争过程中已失去利润时,这个公司依然可以获得利润。赢得总成本最低的有利地位通常要求具备较高的相对市场份额或其他优势,如与原材料供应方面的良好联系;产品的设计要便于制造生产,易于保持较宽的相关产品线以分散固定成本;为形成规模,要对所有主要顾客群进行服务等。

(2) 总成本领先战略的本质。总成本领先战略体现在市场中,被消费者感知到的是价格而不是企业的成本。顾客并不关心企业的成本,他们比较的是不同企业的价格,总成本领先战略实际上是低价格战略的内部条件,企业可以因成本领先优势而实施低价格竞争策略。但也应该注意到,缺乏成本优势基础的企业,在一定条件下也可实施低价格战略,凭借自己强大的资本实力,通过价格竞争把对手挤垮,从而获取垄断的地位。

成本领先是最为基本的竞争能力,任何战略都建立在成本优势的基础之上。换言之,不管企业采取何种竞争战略,成本优势都是其不得不重视的核心问题。

(3) 总成本领先战略的分类。总成本领先战略可以被概括为以下五种主要类型。

---

[1] 广告学概论编写组.广告学概论[M].北京:高等教育出版社,2018:138-140.
[2] 李庆华."正读"经典:迈克尔·波特战略定位思想研究[M].南京:东南大学出版社,2016:7.

① 简化产品型成本领先战略。使产品简单化，即将产品或服务中添加的花样全部取消。
② 改进设计型成本领先战略。针对产品存在的缺点或可以提升的部分进行改进。
③ 材料节约型成本领先战略。产品的材料选用更加实惠的部分。
④ 人工费用降低型成本领先战略。减少人工费用。
⑤ 生产创新及自动化型成本领先战略。提升技术能力，促进产品及产品生产的创新。

3. 差别化战略

（1）差别化战略内涵。差别化战略是指将产品或服务差别化，树立起一些在全产业范围内具有独特性的东西。实现差别化战略有许多方式，如设计名牌形象，技术上的独特性，性能上的特点，在顾客服务、商业网络及其他方面的独特性，等等。最理想的情况是企业在几个方面都有差别化特点。

波特认为，推行差别化战略往往要求企业对于这一战略的排他性有思想准备，推行差别化战略有时会与争取占有更大的市场份额相矛盾。这一战略与提高市场份额不可兼顾，在实施差别化战略的活动中总是伴随着很高的成本代价。有时即使全产业范围的消费者都了解企业的独特优点，也并不是所有人都愿意或有能力支付产品或服务要求的高价格。

（2）差异化战略的本质。实施差异化战略的本质在于建立起消费者对企业的忠诚，同时能够形成强有力的产业进入障碍，增强企业对供应商的议价能力。这主要是由于差异化战略提高了企业的边际收益，削弱了买方的议价能力。企业通过差异化战略使得买方缺乏可与之比较的产品选择，从而降低了其对价格的敏感度。此外，通过产品差异化可以使买方面对较高的转换成本，从而对企业产生依赖。差异化战略能使企业培养起消费者的忠诚度，这使得替代品难以通过在性能上与之竞争争夺消费者。

（3）差别化战略分类。差别化战略可以分为产品差异化战略、服务差异化战略、人事差异化战略和形象差异化战略。

4. 专一化战略

（1）专一化战略的内涵。专一化战略是指主攻某个特殊的消费者群体、某产品线的一个细分区段，或某一地区市场，即定位战略。和差别化战略一样，专一化战略也有许多不同的形式。总成本领先战略与差别化战略都是要在全产业范围内实现目标，但专一化战略整体上却是围绕着为某一特殊目标服务而建立的，它所推行的每一项职能化方针都要考虑这一中心思想。这一战略的前提思想是：企业业务的专一化能够以更高的效率和更好的效果为某一狭窄的战略对象服务，从而超过在较广阔范围内竞争的对手们。波特认为，这样做的结果是企业或者通过满足特殊对象的需要而实现了差别化，或者在为这一对象服务时实现了低成本，或者两者兼得。这样的企业可以使其盈利潜能超过产业的普遍水平，这些优势可以保护企业抵御各种竞争力量的威胁。但专一化战略往往意味着限制了可获取的整体市场份额，必然包含着利润率与销售额之间互以对方为代价的关系。

（2）专一化战略的分类。专一化战略可以分为单纯集中化、成本集中化、差别集中化和业务集中化四种。

① 单纯集中化。单纯集中化是指企业在不过多考虑成本的情况下,选择或创造一种产品、技术和服务,为某一特定顾客群体创造价值,并使企业获得稳定可观的收入。

② 成本集中化。成本集中化是指企业采用低成本的方法,为某一特定顾客群提供服务。通过低成本,集中化战略可以在细分市场上获得比领先者更强的竞争优势。

③ 差别集中化。差别集中化是指企业在集中化的基础上突出自己产品、技术和服务的特色。

④ 业务集中化。企业业务集中化是指企业在不过多考虑成本的情况下,按照某一特定客户群的要求,将资源集中于某一个较好的业务[1]。

二、战略定位的分析工具

(一) 内部资源分析

1. 价值链理论

价值链理论最早源自迈克尔·波特提出的价值链分析法。企业要在市场竞争中取得竞争优势,必须在创造价值方面比对方做得更好。价值链包括企业内部价值链和产业价值链。

(1) 企业内部价值链。波特将之描述为一个企业用以设计、生产、推销、交货及维护其产品的内部过程或作业。企业是在设计、生产、销售、发送和辅助其产品的流程中进行种种活动的集合体。波特将企业的作业分为两部分——基本活动和辅助活动。基本活动由进料后勤、生产、发货后勤、销售、售后服务等组成;辅助活动由基础设施、人力资源、技术开发、采购管理等组成。基本活动直接参与价值创造;辅助活动间接参与价值创造。这些活动相互联系,构成了企业生产、市场活动的动态价值创造过程。对消费者而言,价值是指产品的使用价值;对企业而言,价值则是指产品能为企业带来销售收入的特性。企业要生存发展,必须为股东、客户、职员等利益相关者创造价值。企业创造价值的过程又被称为"增值作业",其总和即构成企业的价值链。波特认为,企业的经营目标是尽量增值,降低成本,减少非增值作业,形成竞争优势。

(2) 产业价值链。波特认为,一定水平的价值链是在一个特定产业内的各种活动的组合。产业价值链包括企业价值链、供应商价值链、渠道价值链和买方价值链。美国学者戴维·贝赞可(David Besanko)等人在《公司战略经济学》一书中指出,产业价值链描述的是企业内部和企业之间为生产最终交易的产品或服务所经历的增加价值的活动过程。它涵盖了商品或服务在创造过程中所经历的从原材料到最终消费品的所有阶段,由五个基本活动和四种辅助活动组成。从原材料采购到转换为中间产品和产成品,并且将产成品销售到用户,这一整套生产营销活动构成的功能性网状链条即产业链。在产业链中的各个环节、各个产品、各个企业和各个不同的过程,都可以延伸构成产业链中的一个类型。比如,根据产业链所涉及的市场主体来细分,可分为企业价值链、供应商价值链、渠道价值链等。通过分析行业价值链,可以找出企业最值得投入和最有可能成功的切入点,确立自己的竞争优势。换言之,传统价值链模型以产品为

---

[1] 王超.竞争战略[M].北京:中国对外经济贸易出版社,1999:119-126.

中心,注重生产产品的流程,而新的价值链模型则以价值链群体中各个参与者的需求为中心。企业、供应商、合作者、消费者等构成了新的商业生态系统,企业通过发现供应商、合作者、消费者等参与者的需求来创造新的价值。这就要求企业从价值链模型转向双边市场模型,转变为一个平台式企业[1]。

2. 核心竞争力理论

(1) 核心竞争力的内涵。1990 年,普拉哈拉德(C. K. Prahalad)与盖瑞·哈默尔(Gary Hamel)在《哈佛商业评论》发表了《企业核心能力》一文,提出了"核心竞争力"的概念,即"组织中的积累性学识,特别是关于如何协调不同生产技能和有机结合多种技术流的学识"。核心竞争力就是指企业的资源和能力通过特定的、持续性的整合,为企业带来超过行业平均水准回报的能力。

(2) 核心竞争力的来源。核心竞争力主要有以下四个来源。

① 价值。能够使企业利用外部机会或减少外部威胁。

② 稀缺性。只有少数企业在现在和将来拥有同类资源。

③ 模仿成本高。其他企业不能获取或必须付出高昂成本才能拥有。

④ 无替代品。企业必须通过全面的适当组织才能拥有该资源带来的利益,并获得竞争优势。

(3) 核心竞争力的特征。大多数学者认为,核心竞争力有价值性、异质性和延展性三个特征。此外,也有人认为,核心竞争力还有资源集中性、动态性和非均衡性等特性。

① 价值性。企业核心竞争力应该是企业在提高企业效率、降低成本和创造价值方面比竞争对手做得更好,同时也应给企业的目标消费者带来独特的价值和利益。

② 异质性。不同的企业有不同的核心竞争力。核心竞争力是特定企业的特定组织结构、企业文化、员工群体综合作用的产物,是在企业长期经营管理实践中逐渐形成的,是企业个性化的产物,因而竞争对手在短期内也很难超越。

③ 延展性。在企业能力体系中,核心竞争力是根本,有溢出效应,可使企业在原有竞争领域中保持持续的竞争优势,也可围绕核心竞争力进行相关市场的拓展,通过创新获取该市场领域的持续竞争优势。

④ 资源集中性。企业只有将资源集中于少数关键领域,才有可能建立起在这些相关领域的核心竞争力,最终保持持续竞争优势。

⑤ 动态性。企业核心竞争力总与一定时期的产业动态、管理模式以及企业资源等变量高度相关。随着彼此相关的变化,核心竞争力的动态发展演变是客观必然的。曾经的核心竞争力也可能演变为企业的一般能力。

⑥ 非均衡性。创新和研究开发能力是核心竞争力的本质体现。企业在构建核心竞争力的过程中,既有继承性的技术渐进发展,又有突破性的技术革命[2]。

---

[1] 钱晓文.跨学科视野中的媒介融合与传媒转型[M].广州:中山出版社,2021:277-278.
[2] 杜云月,蔡香梅.企业核心竞争力研究综述[J].经济纵横,2002(3):59-63.

(二) 外部环境分析

1. 五力模型

迈克尔·波特在其经典著作《竞争战略》中提出了行业分析模型,即所谓的五力模型。所谓"五力",即供应商的力量、买方的力量、行业内现有竞争者的竞争力、潜在竞争者的进入能力和替代品的替代能力这五大竞争力量,它们共同决定了行业的盈利能力。企业战略的核心应在于选择正确的行业以及行业中最具有吸引力的竞争位置。企业可在价格和非价格等方面进行竞争。价格竞争通过压低价格-成本差而侵蚀利润;非价格竞争则通过抬高成本而侵蚀利润。由于高成本可能通过高价格的形式转移到顾客身上,所以非价格竞争并不一定像价格竞争那样会导致利润的减少。现就这五种力量进行具体的议价能力分析,从中发现企业如何提高自身对于这五种力量的议价能力。

(1) 供应商的议价能力分析。供应商为企业提供商品及相应服务,通过抬高价格赚取利润而变相降低了企业的利润,因此,可通过降低供应商的议价能力来实现企业利润的增加。供应商的议价能力受多方面因素影响:供应商的集中程度越高,越形成规模,其议价能力就越强;供应商提供的供应量占自身产量的比例越高,则该业务的丧失对其利润的影响越大,其议价能力就越低;同时,供应商提供的产品,如零部件,对于企业最终产品完工的重要程度越高,则供应商议价能力就越强;市场中往往存在替代的供应商,若替代供应商具有产品的优势,且企业的转移成本在可接受范围内,则现有的供应商议价能力就较低;供应商有前向一体化的能力,往往能增加供应商的议价能力;买方,即企业自身,对于供应产品价格的敏感度越高,就说明产品的价格对于企业选择供应商的影响程度越高,供应商的议价能力也就越低。

(2) 买方的议价能力分析。买方希望通过较少的价格支出获得较高质量的产品或服务,从而直接影响企业的利润。买方的议价能力主要受以下因素的影响:买方购买的数量越大,其议价能力越强,反之,则其议价能力越弱;企业作为卖方,若卖方市场中多为分散、小规模的生产者,则相对而言,买方的议价能力较强;若在市场环境中,买方具有后向一体化的能力,卖方存在被买方兼并的危险,则买方的议价能力越强。

(3) 行业内现有竞争者的议价能力分析。行业内现有竞争者的议价能力主要表现在行业内现有竞争者的竞争力上。对于企业而言,其竞争力越强,越有利于其占领市场份额,加强价格优势,从而赚取利润。行业内现有竞争者的竞争力主要受以下因素影响:行业的成长阶段不同,行业内的竞争压力也不同,如行业的成长性越高,行业内的竞争压力越小,此时竞争者的议价能力越弱;当行业的退出障碍较大,企业退出行业市场时的难度和压力较大,将增加一部分企业生存的坚持度,此时,会增强竞争对手的议价能力;行业内产品的差异性越小,则竞争对手的议价能力越强,反之,产品的差异性越大,议价能力就越弱;行业内企业的沉没成本越高,则竞争对手的议价能力越强,企业自身的议价能力就越弱。

(4) 行业内潜在竞争者的议价能力分析。行业内潜在竞争者的议价能力的关键影响因素是行业的进入壁垒。行业的进入壁垒是指新进入某行业的企业需要承担的额外成本,而该成本是行业中的现有企业所不需要承担的,如规模经济、产品差异化、大额的资金需求等都可能成为行业的进入壁垒。因此,行业的进入壁垒越大,潜在竞争者进入该行业的难度越高,则其议价能力越弱。

(5) 替代品生产商的议价能力分析。绝大多数产品在本行业或其他行业中存在替代品。替代品的存在将影响产品的销售,替代品生产商的议价能力在于两点,即替代品的性价比和客户的转移成本。替代品的性价比越高,则替代品越具有竞争优势,替代品生产商的议价能力就越强。但是,客户的转移成本具有更为重要的影响,即使替代品的性价比高,若客户的转移成本过高,则替代品的综合竞争实力也会降低,其优势不再发挥作用,此时替代品生产商的议价能力将会大大降低[1]。

2. PEST 分析

PEST 分析是对企业所处的宏观环境的分析。其中,P 是政治(politics),E 是经济(economy),S 是社会(society),T 是技术(technology)。

(1) 政治环境。主要包括政治环境和法律环境。其中,政治环境包括政治制度与体制、政局和政策等,而法律包括法律、法规等。

(2) 经济环境。构成经济环境的关键要素包括 GDP、利率水平、财政货币政策、通货膨胀、失业率水平、居民可支配收入水平、汇率、能源供给成本、市场机制、市场需求等。

(3) 社会环境。在社会环境中,影响最大的通常是人口环境和文化背景。其中,人口环境主要包括人口规模、年龄结构、人口分布、种族结构以及收入分布等因素。

(4) 技术环境。技术环境不仅包括发明,而且还包括与企业市场有关的新技术、新工艺、新材料的出现和发展趋势以及应用背景[2]。

(三) 业务组合分析

1. 波士顿矩阵

波士顿矩阵(BCG Matrix)是由美国著名的管理学家、波士顿咨询公司的创始人布鲁斯·亨德森(Bruce Henderson)于 1970 年首创的一种用来分析和规划企业产品组合的方法。这种方法的核心在于解决如何将企业有限的资源有效地分配到合理的产品结构中,以保证企业收益,并在激烈竞争中取胜的问题[3]。

波士顿矩阵起初主要被应用于产品组合研究分析,选取最主要的两个体现产品生命力的维度(销售增长率和市场占有率)进行联合分析。在坐标图上,以纵轴表示企业销售增长率,以企业产品战略对应的产品增长目标值为基准,将坐标图划分为四个象限,分别为"问号(?)""明星(★)""现金牛(¥)"和"瘦狗(×)"。通过这种方法,企业可将产品按各自的销售增长率和市场占有率归入不同象限,从而使企业现有产品组合一目了然。由此不但能掌握现阶段各产品所处的位置和状态,而且能针对处于不同象限的产品制定不同的发展决策,以保证适度淘汰无发展前景的产品,优化"问号""明星"和"现金牛"产品组合,不断实现产品及资源分配结构的良

---

[1] 杨青松,李明生.论波特五力模型及其补充[J].长沙铁道学院学报(社会科学版),2005(4):95-96,108.
[2] 丁家云,谭艳华.管理学理论、方法与实践[M].北京:中国科学技术大学出版社,2010:130.
[3] 袁彬悠,吕红波.波士顿矩阵应用扩展研究[J].经营与管理,2012(6):85-89.

性循环(如图 3-4-1 所示)。

通常来说,有四种不同的决策,分别适用于不同类型的产品。

一是发展。以提高产品业务的相对市场占有率为目标,甚至不惜放弃短期收益。若"问号"类业务想尽快成为"明星"类业务,就要增加资金投入。

二是保持。即投资维持现状,目标是保持产品现有的市场份额。对于较大的"现金牛"可以此为目标,使其产生更多的收益。

三是收割。这种决策主要是为了获得短期收益,目标是在短期内尽可能地得到最大限度的现金收入。对处境不佳的"现金牛"类业务,没有发展前途的"问号"类产品业务,以及"瘦狗"类产品业务,应视具体情况采取这种策略。

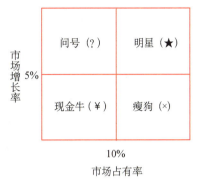

图 3-4-1 波士顿矩阵

四是放弃。其目标在于清理和撤销某些业务,减轻负担,以便将有限的资源用于效益较高的产品业务。这种目标适用于无利可图的"瘦狗"类和"问号"类产品业务。一个公司必须对其业务加以调整,使其业务组合或产品组合趋于合理。

波士顿矩阵可以帮助企业迅速地看到不同业务在整个业务组合中的位置,并据此制定未来发展的动态战略。过剩的现金可以从"现金牛"类业务中取得并重新配置,首先用于任何需要现金的"明星"类业务,其次用于一些经过仔细选择之后的问号业务,目的是将其转化未来的明星业务。

虽然此工具能够快速、准确地对业务进行分类,帮助企业进行资源分配的决策,却也有一些问题和不足。一方面,此模型评价外部市场时只考虑市场销量增长率,而忽略了其他值得考量的因素,如市场容量、利润、竞争激烈程度、风险、进入壁垒等,结果就是几个业务被划分成同一类,而无法进行区分。与此同时,"瘦狗"类业务中也有盈利能力较强又不需要大量资源投入的,仅仅通过市场销量增长率评价外部市场显然较为片面。另一方面,此模型的横坐标是相对市场占有率,但领先的市场占有率也并不一定代表好的利润[1]。

2. 通用矩阵

通用(GE)矩阵又称行业吸引力矩阵,最初是美国通用电气公司设计的一种投资组合分析方法,现被广泛应用于行业和企业的战略管理分析。GE 矩阵的纵轴用多个指标反映产业吸引力,横轴用多个指标反映竞争地位。市场吸引力和竞争地位决定着分析对象在矩阵上的位置。影响市场吸引力的因素包括产业增长率、市场价格、市场规模、获利能力、市场结构、竞争结构、技术及社会政治因素等。评价市场吸引力的大致步骤是:首先根据每个因素的相对重要程度,定出各自的权数;然后根据市场状况定出市场吸引力因素的级数;最

---

[1] 雷震宇.浅谈业务战略工具——波士顿矩阵与 GE 矩阵[J].新材料产业,2013(6):65-67.

后用权数乘以级数,得出每个因素的加权数,并将各个因素的加权数汇总,即整个市场吸引力的加权值。影响竞争地位的因素包括相对市场份额、市场增长率、买方增长率、产品差别化、生产技术、生产能力、管理水平等。评估竞争地位的方法与评估市场吸引力的方法是相同的[1]。

在 GE 矩阵的具体应用上,有以下八个步骤。

一是确定关键的市场吸引力因素和竞争地位因素。

二是评价市场吸引力因素,可以把市场吸引力分为五级:1=毫无吸引力;2=没有吸引力;3=中性;4=有吸引力;5=极有吸引力。然后评价每一因素的吸引力大小。最后综合评价市场的总体吸引力。

三是评价竞争地位因素。把竞争地位也分为五级:1=极度劣势;2=劣势;3=同竞争对手持平;4=优势;5=极度优势。评价每一因素的竞争地位,最后综合评价企业的总体竞争地位。

四是在矩阵中确定竞争位置。

五是预测外部因素的发展趋势。

六是为内部因素确定新的位置。

七是在矩阵中确定其未来的经营位置。

八是为每项经营业务制定战略。

上述步骤中,前四步是对现有状况的分析,后四步是对未来状况的分析和选择[2]。

在使用 GE 矩阵时要注意两点:一是评价指标尽可能量化,无法量化则分量级,并使用统一的量级评分标准;二是不同业务之间的评价指标、权重可以不同,这是由不同业务所处的行业性质、特点所决定的。

尽管 GE 矩阵有助于进行业务组合分析,并更合理地制定资源分配方案,但不可避免地仍存在一些局限性,包括:GE 矩阵的评估指标及权重的设计存在较大的主观性;GE 矩阵没考虑到业务间可能存在的关联性;相对比较耗时,需要客户的全力配合。

(四) 竞争战略分析

SWOT 分析是哈佛商学院的肯尼斯·安德鲁斯(Kenneth Andrews)教授于 1971 年在其《公司战略概念》一书中首次提出的。通过列出企业所面对的内部及外在条件,包括企业的优势(strengths, S)和劣势(weaknesses, W),以及企业面对的机会(opportunities, O)和威胁(threats, T),分析目前企业所处的位置,并据此为企业未来的发展方向制定战略规划。SWOT 分析实际上是对企业的各种内外部条件进行综合概括,进而提出竞争战略一种方法。其中,优劣势分析主要着眼于企业自身的实力及其与竞争对手的比较,而机会和威胁分析则注重外部环境的变化及对其企业的潜在影响[3]。

运用 SWOT 分析时需要注意五个方面。

---

[1] 孙鹏飞.基于 GE 矩阵分析法的我国网络视频行业发展状况研究[J].科技传播,2009(10):7-9.
[2] 林振锦.GE 矩阵在战略制定中的应用[J].中国石油企业,2005(4):44-46.
[3] 倪义芳,吴晓波.论企业战略管理思想的演变[J].经济管理,2001(6):4-11.

首先,要明确在SWOT分析中,优势/劣势与机会/威胁的地位是不同的。外部环境因素是通过改变竞争双方的优劣势对比,从而对研究对象产生一定机会或威胁的。这是SWOT分析的基本结构。

其次,从内容说,SWOT分析既应该包含静态分析,也应该包含动态分析,即既要分析研究对象与其竞争对手现实的优势劣势,还要探讨研究对象与其竞争对手面临的机会、威胁发展变化的规律性,由此预测现实优势劣势在未来可能发生的变化,据此分析战略目标的合理性,并设想战略措施。

再次,在战略研究中,SWOT分析不能是孤立的,而应该与对现状产生原因的分析相结合,尤其是与对达到未来战略目标或阶段战略目标需要满足的条件的分析相结合。对现状产生原因没有客观全面的认识,或对达到战略目标应具备的条件做出错误判断,可能导致对优势/劣势和机会/威胁的认识错误。

又次,SWOT分析应该与对事物的规律性分析相结合。没有对事物规律性的深入了解,就不会真正明白什么是优势/劣势和机会/威胁。

最后,应该确立对优势、劣势的正确态度。扬长避短并不永远正确,如果某一劣势阻碍了达到战略目标的必要条件的实现,就应该弥补这一劣势,而不是一味回避它。只有当劣势在战略所覆盖的未来时期内难以改变时,才应该采取避开该劣势的态度。对优势、劣势的态度还应取决于所选择的战略目标和战略途径。实现某一战略目标的充分条件可能有多组,由此决定了达到战略目标的多条可能途径。对于决策者最终选择的战略途径,应该采取措施放弃或回避与该战略途径无关的优势或劣势,保持或增强与该战略途径有关的优势,并弥补与之有关的劣势,促使该战略途径对应的充分条件的全面实现[1]。

三、会展文创的战略定位

如前所述,战略定位的三大基本理论各有其开拓性和局限之处。比如,里斯和特劳特的定位理论创新性地提出定位应着眼于竞争的终极战场——消费者的心智模式,而定位的主要工具就是品牌;科特勒的STP理论则接续了市场细分理论,提出了市场区隔的差异化战略;而波特的竞争战略则在企业战略和产业经济学之间建立了桥梁,强调战略定位形成的实质就是要在企业与其经营环境之间形成联系。

对于会展文创企业来说,可以综合吸收三个理论流派的长处,弥补其不足,在运用内部资源分析、外部资源分析、业务组合分析以及竞争战略分析工具,对目标市场和企业自身竞争优势进行充分的理解和挖掘的基础上,结合产品定位、价格定位、品牌定位等多个维度,灵活运用抢先定位、强化定位、比附定位、逆向定位、补隙定位或重新定位等策略,制定市场竞争的战略规划。

此外,会展行业中还涉及大量非营利性组织和事业单位,如博物馆、美术馆等,因而会展文

---

[1] 龚小军.作为战略研究一般分析方法的SWOT分析[J].西安电子科技大学学报(社会科学版),2003(1):49-52.

创的战略定位不仅要考虑经济利益,在很大程度上还要考虑企业经营活动所产生的社会效益和文化效益,在战略定位上也应该将促进文化传播和提升当地文化建设水平作为一个重要的方针。以博物馆文创为例,要做好战略定位,必须综合考虑以下四个方面。

(一)依据博物馆品牌和藏品 IP 进行定位

博物馆品牌定位是在市场定位和产品定位的基础上,对博物馆的品牌文化取向和个性差异进行定位,其目的是树立一个明确、富有特色、符合观众需要的博物馆形象,通过彰显博物馆魅力,获得社会效益和经济效益。整体来看,目前我国博物馆品牌建设还比较滞后。众多博物馆拥有的历史文化底蕴与其品牌形象极不相称,在人文、历史、自然方面的资源鲜为人知,导致大多数人群仅仅知道有这么个博物馆,但对于这个博物馆有什么特色、承载了怎样的历史文化记忆、能给公众带来怎样的洗涤,都只有一个模糊的概念。首先,博物馆品牌建设要以需求为导向确立品牌市场,明确自身的特色和使命。只有充分明确自身使命,了解观众需求,才能做到精准定位,树立品牌形象,提升公共文化服务水平,更好地发挥社会教育职能。其次,应该深挖博物馆资源,打造一系列品牌产品[1]。每个博物馆都有自己的镇馆之宝,如故宫博物院的《清明上河图》、中国国家博物馆的后母戊鼎、河北省博物馆的金缕玉衣、秦始皇兵马俑博物馆的铜车马、浙江省博物馆的《富春山居图》等。这些珍贵的国宝级文物背后往往也都有深厚的历史渊源和文化故事可供挖掘,这就为藏品 IP 化运营提供了基础。

知识产权(intellectual property, IP)是文化积累到一定量级后所输出的精华,有属于自己的生命力。敦煌博物馆在 IP 运营方面就积累了大量的实践经验。敦煌市博物馆成立于 1979 年,现馆建成于 2011 年。物馆内设施齐全,功能完善,是弘扬敦煌文化、展示敦煌古代文明的重要窗口,也是敦煌学又一个重要的研究基地。历年来,对悬泉置遗址、马圈湾遗址、祁家湾墓群、佛爷庙湾墓群等大型遗址和古墓葬进行了考古发掘工作,出土了一批精美绝伦的珍贵文物。优美的"飞天"、九色鹿等都是深入人心的敦煌文化元素,也是具有代表性的敦煌藏品 IP 艺术形象,为敦煌博物馆文创定位提供了丰富的文化资源。2016 年年初,敦煌博物馆开始着手文创 IP 项目的打造,以中西方文化、传统与现代文化融合作为核心思路,让更多年轻人了解并喜欢上敦煌文化。敦煌文化集宗教、哲学、神话等多种意识形态于一体,内含复杂多元的人文思想和精妙绝伦的艺术内容。王建疆教授曾将敦煌艺术形容为"占据高端的艺术"。时间的加成使敦煌文化"层累地形成历史",时代视域的改变使其具有了与高雅文化相同的"恒久的审美卓越性"。敦煌文化的精神内涵体现在其包容、自信和宗教意义上。基于此,敦煌博物馆文创品牌结合近年的网络流行语,给予品牌"叛逆""酷""自古不羁"的定位,体现敦煌文化的自信[2]。2019 年,敦煌博物馆与 JUSTICE 滑板联名打造了伎乐天滑板。这款滑板迅速出圈,登上微博热搜,货品一度供不应求,为敦煌博物馆打响文创产品的第一枪。2020 年,敦煌博物馆

---

[1] 张玲玉.博物馆的品牌建设策略分析——以自贡恐龙博物馆为例[J].文物鉴定与鉴赏,2021,215(20):127-129.
[2] 李翔宇,李轶南,鲁红雷.基于当下流行风格的敦煌文创产品设计研究[J].包装工程,2021,42(18):356-367.

与热门综艺《这就是街舞3》跨界合作,与腾讯出品的纪录片《新国货》联合进行内容打造,节目播放阅读量破2亿,话题流量破6亿,并联合天猫开展"掘色敦煌"专题活动,采用直播的形式推广敦煌IP,让敦煌文化更加流行[1]。

(二)依据地域特征和文化特色进行定位

地域文化特征是反映在一个地区的人文历史和自然景观中的具有强烈文化意义和个性的特征。地域文化特色是地方人文精神的集中体现,是地方民俗的集中体现,也是地方物质文化和精神文化的高度概括。它是一个地区区别于另一地区的显著标志[2]。博物馆是用来收集、陈列、展示人类文化遗产或自然文化遗产实物的场所,因而在博物馆设计中必然渗透着地域文化特色。博物馆所展示的地域文化特色是当地人文精神的反映,地域文化特色真实地反映了地域物质文化和精神文化,也是博物馆展示的核心文化因素。每一件博物馆藏品文物都或多或少蕴含着文化底蕴,都有一段属于它们自己的文化故事[3],博物馆文创也要体现和代表当地的地域特征和文化特色。

博物馆文创消费实际就是在消费和传播当地优秀的特色文化,因此,要从典型的地域特征(如山水、建筑)以及浓郁的地域文化、历史文化和民族特征等文化载体中提炼出文化理念,形成有着与众不同特色的博物馆文创定位,才会得到公众的认可,并转化成实际消费。例如,黔东南苗族侗族自治州民族博物馆在进行文创开发时,就提取了自治州境内的民族、非物质文化遗产、村寨等元素,如对国家首批非遗苗族"刻道"开亲歌棒、女儿婚嫁用的伞柄或者拐杖等进行创意转化,使之符合黔东南地域、民族、旅游资源的特点。公众消费这样的文创产品,除产品的实用价值、经济价值得到体现外,更重要的是其文化价值得到传播,使当地民族优秀文化得到彰显,并提升了当地民族的文化自信[4]。

(三)依据观众需求和消费习惯进行定位

博物馆文创的第一消费者是观众,开发博物馆文创是以另一种方式给观众传递博物馆文化。博物馆文创开发要以观众需求为定位方向,依据观众的喜好进行创意开发,为观众量身打造,研发趣味性、实用性强的文创产品。一件藏品的文化内涵、资源价值是相对稳定的,博物馆文创要先做好市场调研,对博物馆的观众群体,按性别、年龄、职业、文化程度、地域等进行细分,再对不同观众群体的消费行为、习惯进行多角度分析研究,挖掘适合各个特定群体的藏品文化元素,探究适合该群体的创意表现形式,只有观众认可的产品才是成功的,才是真正实现传递文化意义和使命的[5]。

---

[1] 国潮正当时,如何对传统文化进行IP化开发?[EB/OL]. https://baijiahao.baidu.com/s?id=1719354957970303871&wfr=spider&for=pc.[访问实践:2023-02-11].
[2] 博物馆艺术设计[EB/OL]. https://baijiahao.baidu.com/s?id=1724719655171981050&wfr=spider&for=pc.[访问时间:2023-02-11].
[3] 博物馆设计要注意突出地域文化特色[EB/OL]. https://www.sohu.com/na/328676230_120129751.[访问时间:2023-02-11].
[4] 钟凯琼. 博物馆开发文创产品的原则和定位[C]. 中国民族文博(第七辑),2017:40-46.
[5] 同上。

年轻消费群体市场规模巨大，潜力惊人。随着主力消费群体发生变化，品牌营销方式也要向年轻消费者看齐，迎合新的消费者，获得更多的市场份额，在市场上占据有利地位。以国内博物馆文创首屈一指的故宫博物院为例，过去故宫只有"文化产品"，没有"文创产品"，故宫的文化产品注重历史、知识、艺术，却因缺乏趣味性、实用性、互动性而缺乏吸引力，与广大社会消费者尤其是年轻人对故宫文化产品的购买诉求存在很大差距。随着互联网的发展，80后、90后、00后等年轻消费群体涌现，故宫博物院迅速发掘这一消费群体，及时探索其消费心理，采取了重新定位的策略。年轻人群体有很明显的性格标签，如崇尚颜值，喜爱动漫，沉迷二次元文化、网游、"萌文化"和"丧文化"等。故宫文创团队在调查不同性别消费者的购物欲望时发现，女性消费群体的规模要远远大于男性，购买更加频繁，购买数额更大。故宫博物院迅速结合这一特点推出文创产品和萌系图画等，将故宫"御猫"作为故宫历史的讲述者。北京故宫不仅在产品研发时专注萌系理念，在社会化媒体中亦遵循这一原则，开始"卖萌"沟通和营销，贴近年轻人喜好，主打"反差萌"的形象宣传，让拥有六百年历史文化和丰富内涵的故宫迅速"减龄"，更加贴近年轻人的生活[1]。

（四）依据产品功能和价格进行定位

任何产品都是有一定功能的，博物馆研发文创产品时，产品功能定位要与文物资源内涵、公众需求等吻合。博物馆文创产品的功能定位可以从两个方面考虑。一是实用性。承载着博物馆文化内涵的纪念品兼具实用功能更容易得到公众的认可。二是艺术性。艺术是人们物质需求得到满足后的精神需求。博物馆是精神文化的殿堂，开发具有浓郁艺术气息的文创产品在一定程度上会提升藏品文化内涵价值，提高产品品位，与博物馆作为精神文化场所的属性相匹配。

除功能外，博物馆文创产品的价格也是一个不可忽视的定位因素。过去，博物馆纪念品虽然品种为数不多，却因博物馆的高雅和旅游景点形象而价格虚高，公众的消费欲望被打了折扣。如今国家实施文化强国战略，重视公共文化建设，倡导文化惠及民众，博物馆开发文创产品不仅要考虑价值，也要考虑价格。文创产品要有合理的价格定位，开发产品时要以大众喜爱、价格亲民的产品为主，适当开发中高端小众产品，满足不同层次公众的多元化精神需求，实现博物馆优秀文化传播和博物馆文创产品文化价值和经济价值的最大化[2]。

---

[1] 单霁翔.故宫"卖萌"意在文化传播[EB/OL]. https://www.sohu.com/a/225416819_565932.[访问时间：2023-02-11].

[2] 钟凯琼.博物馆开发文创产品的原则和定位[C].中国民族文博(第七辑),2017:40-46.

 **案例研读**

清代文化在沈阳故宫博物院文创定位中的应用

　　沈阳故宫博物院位于辽宁省沈阳市,原是清代初期营建和使用的皇家宫苑,始建于 1625 年。1961 年,国务院将沈阳故宫确定为国家第一批全国重点文物保护单位;2004 年 7 月 1 日,第 28 届世界遗产委员会会议批准沈阳故宫作为明清皇宫文化遗产扩展项目列入《世界文化遗产名录》。沈阳故宫是中国现存两大宫殿建筑群之一,其高台建筑和"宫高殿低"的建筑风格在中国宫殿建筑史上绝无仅有。本文拟通过对沈阳故宫博物院的自然地理、历史文化、民俗风情的提炼,从分析沈阳故宫博物院的旅游市场和旅游资源入手,深入研究开发清代文化(侧重图案和建筑两方面)与现代装饰产品结合的途径,阐明沈阳故宫文化创意产品的形象定位和设计方向。

　　一、弘扬清代文化,挖掘文化资源

　　沈阳故宫,即清军入关前的沈阳(盛京)皇宫和清廷迁都北京后的盛京行宫。它是 1625—1636 年由努尔哈赤和皇太极始建和建成的,后经康熙、乾隆皇帝的改建和增建,形成了现在占地面积有六万多平方米,共有一百余座宫殿亭台楼阁斋堂、五百余间屋宇的帝王宫殿建筑群。沈阳故宫历经四百年沧桑,至今仍基本保存着清代中期形成的宫殿格局和建筑风貌。它不仅是一处著名古代宫殿建筑群和历史文化旅游胜地,而且具有十分重要的学术价值。

　　沈阳故宫作为清代初期政治、经济、文化中心,具有极其浓厚的满族文化特色。满族是我国一个有着悠久历史的古老民族。它作为民族共同体形成于 15—16 世纪,后入主中原,建立统治中国 268 年的清王朝。沈阳故宫见证了从后金政权的开国创业到全国统一的清王朝的建立和繁荣兴盛的整个历史过程,反映了各阶段政治、经济、文化、社会诸方面状况,极具研究价值。

　　沈阳故宫作为清代的皇宫建筑群,与北京故宫既有相同的因素,又有显著的区别。其建筑文化更多地体现了 17 世纪前期东北地区满族的特点,其建筑实体的布局造型、装饰装修、使用功能等都具有浓郁的满族风格和中国东北地方特色,是满汉建筑艺术融合得尽善尽美的范例[1]。沈阳故宫金龙蟠柱的大政殿、崇政殿,排如雁行的十王亭,万字炕、口袋房的清宁宫,古朴典雅的文朔阁,以及凤凰楼等高台建筑,共同形成"宫高殿低"的建筑风格。沈阳故宫以崇政殿为核心,以大清门到清宁宫为中轴线,分为东路、中路、西路三个部分。

---

[1] 杨晓犁.清代文化在现代文化创意产品开发中的应用——沈阳故宫博物院文创旅游产品形象设计及定位[J].美术大观,2018,364(4):122-123.

大政殿为东路主体建筑,是举行大典的地方。前面两侧排列亭子10座,为左、右翼王亭和八旗亭,统称十王亭,是左、右翼王和八旗大臣议政之处。大政殿于清崇德元年(1636)定名为笃功殿,康熙时改今名。中路为整个建筑群的中心,分前后三个院落。南端为照壁、东西朝房、奏乐亭;前院有大清门、崇政殿、飞龙阁、翔凤阁;中院有师善斋、协中斋、凤凰楼;后院是以清宁宫为主的五宫建筑。中院和后院两侧各有一跨院,称东宫、西宫。西路为乾隆四十七年至四十八年(1782—1783)增建,包括戏台、嘉荫堂、文溯阁、仰熙斋等,最前面为轿马场。

二、拓展旅游市场,满足受众需求

旅游装饰产品的开发取决于旅游资源和旅游市场的情况。所谓旅游市场,通常是指旅游需求市场或旅游客源市场。它既有一般商品市场的基本特征,又有区别于一般商品市场的劳务特征。所谓旅游资源,主要包括自然风景和人文景观,而人文景观则包括历史文化古迹、古建筑、民族风情、饮食、购物、文化艺术和体育娱乐等。沈阳故宫有着广阔的旅游市场和丰富的旅游资源,但远没有得到充分开发和利用。沈阳故宫的所在地沈阳是满族的发祥地,又是我国东北地区政治、经济、文化中心和交通枢纽。沈阳除故宫外,还有东陵、北陵以及张氏帅府等名胜古迹,极具满族文化的特征。因此,沈阳旅游市场非常广阔,旅游资源异常丰富,亟待开发和利用。

为了了解沈阳故宫旅游市场和旅游资源开发利用情况,研究者曾在沈阳故宫门前街道对225名旅游对象做了调查。在回收的196份有效问卷中,被调查对象所反映的情况如下:沈阳市区的占26.4%,省外的占57.2%,国外的占16.4%;学生占41.4%,机关企事业单位人员占38.3%,离退休人员占11.2%,其他占9.1%;出游年龄大多在16~65岁;受教育程度以高中和大学居多;参观时间绝大多数在一天以内;消费在一二百元左右,主要是门票费用;旅游目的以休闲为主,部分是为了体验清代宫廷文化。调查显示,旅游者对沈阳故宫的基础设施、人文景观和物价水平均较满意,但对其相关旅游产品和娱乐性方面不太满意。原因在于沈阳故宫旅游装饰产品太少,娱乐产品也仅限于不定期宫廷礼仪表演。

随着人均可支配收入的增长,以旅游为主的度假方式正在兴起。据新华网统计,2017年国庆期间,我国有25.37亿人次出游,而选择民俗文化游的占绝大多数,购买创意旅游文化纪念品在旅游消费中的占比逐年增大,同时与旅游相关的服务业营业收入均实现了两位数增长。可见,积极开发沈阳故宫旅游装饰产品对满足旅游者日益增长的美好需求十分迫切。

三、突出满族特色,多元开发饰品

开发沈阳故宫旅游装饰产品,必须突出满族特色。历史上满族男子喜穿青蓝色的长袍马褂,妇女则喜欢穿旗袍,满族入关后,这些服装与汉族服装融合后大部分保留下来,特别是旗袍,以其独特的魅力成为近三百年来中国妇女的传统服装。满族的饰品颇多,而且非常具有民族特色。例如荷包,原本是满族的先人因饮食无定时而挂在腰间用兽皮做成的装着食物的囊袋,后来随着社会发展,演变成用绫、罗、绸、缎等织物缝就的精致而小巧的绣有花鸟虫鱼的配饰品。其中,有作为满族青年定情之物的香料荷包,有妇女给丈夫做的装烟的烟荷包。此外,具有满族特色的饰品还有满族男子手指上佩戴的"扳指",妇女插在头发上用金银、翠玉等制成的压发簪、珠花簪,等等。最富有特色的是刺绣和剪纸,题材广泛,技法多样,既有身边的动物、植物形象,也有流传的神话故事,还有简洁大方的几何图案。

开发以沈阳故宫为载体且具有清代满族文化特色的现代旅游装饰产品,有着广阔的潜在市场和创意天地。开发这些产品,绝不能仅仅依靠手工模仿制作,必须充分利用现代科学技术,结合现代材料的应用,才能使其成为既具有清代满族文化特色,又具有时代气息的旅游装饰产品。譬如,利用现代陶艺,用釉彩、青花、粉彩,仿制清代的装饰、摆件、配饰等,或者通过陶艺壁画、陶艺雕塑等反映宫廷人物景象。再如,利用玻璃品种多、色彩多、性能多等特点,结合吹制、窑制、灯工、镶嵌等手段,创作种类繁多并带有清代满族文化特色的摆件、挂坠、手镯、项链、琉璃砖等。用漆和漆木制作仿清家具、餐具、茶具、酒具等用品以及仿清的漆壁画、漆屏风、漆摆件配饰等,也不失为一种很好的选择。此外,还可以利用金属亮片、新型金属材料、木制同金属相结合的材料等,加工制作胸针、项链、耳环饰品。至于利用丝绸、棉花、水彩喷雾等材质制作的旅游装饰产品,可表现出视觉效果,更具有浓厚的中国特色。

总之,开发沈阳故宫旅游装饰产品,必须突出满族特色,结合现代材料的应用,采取多元化的开发方式。一方面,将传统手工艺品的生产与现代设计相结合,生产出既具有清代满族特色,又具有简便、实用等现代风格特点的旅游装饰产品;另一方面,以文化旅游市场为指向,利用现代文化创意技术,开发生产文创衍生品。此外,产品和品牌也不应该仅仅停留在满足功能的层面,应通过深挖产品背后的文化、精神内涵,让产品更具有"灵魂""温度"和"风格"。

四、坚持文创产品特点与正确的价值取向

沈阳故宫旅游装饰产品作为文化创意产品,其核心在于产品创意者通过产品,以其确立与倡导的价值观和生活信仰,影响购买者的生活行为和生活方式。每一个文创产品的艺术性与实用性,都是创意者专业技术、生活阅历、价值取向和社会实践的综合体现。从产品感官视觉到产品材质样式、结构功能、装饰审美的每一个环节,都反映产品的文化气质。因此,它必须具备一些基本特征。首先,必须具有形象性的特征。也就是说,对于工艺美术品,欣赏者必须能通过直观视觉和触觉,获得对历史、文化、环境、事物、艺术美的领悟。其次,必须具有情感性的特征。沈阳故宫旅游装饰产品,无论是仿清代的日用生活工艺品,还是供观赏的陈设工艺品,表达的都是满族人的性格、气质、追求、情调,给予欣赏者强悍、正直、吃苦耐劳等各种印象。再次,必须具有审美性。也就是要遵循艺术美的一切规则,通过造型、色彩、装饰、材料等,完美地表现出旅游装饰产品美的形态,激发人们的美感。最后,制作沈阳故宫旅游装饰产品时,要注意与其他艺术产品相互借鉴、相互渗透,特别是科技

发展到今天,相互渗透已成为创新发展的内在动力。

在现代社会,工艺美术产品必须以商品形式投入市场,因而首先,产品的设计和创造必须从消费者需求出发。在产品定位上,要区分大众商品、高档商品以及专供高层次消费的精品。在产品功能上,有以物质功能为主同时具有一些审美功能的产品,有以审美功能为主同时具有一些实用意义的产品,更有实用功能已虚化而专供消费者欣赏、珍藏的产品。这决定了工艺美术品的创作和纯艺术不同,不能只从创作者的自由表现出发,而要考虑市场效果。其次,在产品的设计和制作时必须考虑生产成本。成本越小,获利越大,但不能牺牲必要性能来降低成本。最后,旅游装饰产品属于工艺美术产品,具有一定的艺术属性,其价格往往难以根据一般商品的尺度来计算。比如,如果产品出自名家之手,其售价可高出许多。又如,一些产品或因原材料稀有,或因做法奇特,或因传世产品极少,售价也会大幅度提升。因此,必须对旅游装饰产品在销售中的特殊性加以仔细研究,才能在实践中掌握市场的主动权。

综上所述,设计开发沈阳故宫博物院旅游装饰产品,无论在政治、经济、历史、文化上,还是在工艺美术创作上,都有十分重要的意义。沈阳故宫的旅游装饰产品,作为一种文创艺术品,具有艺术品普遍具有的艺术价值、历史价值(文物价值)、经济价值和社会价值。艺术价值是饰品最本质的价值,代表着作者的艺术个性和风格,它所反映的是文化的民族性、地域性和特殊性。个性越典型,其艺术价值也越高,越能使人们在欣赏的过程中产生联想、共鸣和美感。因此,开发设计旅游装饰产品时,对选题把握、表达方法和采用的工具材料等都要有独到见解,使饰品具有独特的艺术构造力和深刻的清代满族文化内涵。沈阳故宫任何一种形式的旅游装饰产品都具有很高的历史价值(文物价值),都是清代特征的反映。作品越深刻地反映清代的政治、经济、历史、文化乃至艺术和工艺,其历史价值就越高。旅游装饰产品作为一种艺术品,其经济价值和一般商品一样,是由创作艺术品所需的劳动强度和时间决定的。作品中的艺术技巧难度越大,付出的劳动强度越强,其作品的现实经济价值就越高。但是,艺术品的经济价值却与一般商品的使用价值不大相同,它主要通过市场交易实现,但也存在于对作品的欣赏过程之中,这恰恰反映了美学价值支持着艺术品经济价值的实现。社会价值是开发沈阳故宫旅游装饰产品的基本出发点。艺术家的职责是创作精神产品(艺术品)来满足社会某一方面的特定需要,也是艺术家个人和社会进行情感交流的手段。目前,沈阳故宫博物院旅游产品远远满足不了旅游者的需求,需要开发设计制作更多的旅游装饰产品,来满足人民日益增长的历史、文化、审美需求。特别是随着改革开放的深入,人们的审美观念和价值取向呈现多元化趋势,而我国文化创意产业又处于急速发展阶段,市场空间广大。所以在开发设计旅游装饰产品时,应不断提升旅游产品的文化底蕴、精神内涵和艺术价值,精准开发设计社会所需要的、人们(特别是旅游者)喜爱的文化创意产品[1]。

---

[1] 杨晓犁.清代文化在现代文化创意产品开发中的应用——沈阳故宫博物院文创旅游产品形象设计及定位[J].美术大观,2018,364(4):122-123.

思考题

1. 请谈谈会展文创市场细分的方法与步骤分别是什么。
2. 具体来说,要如何进行会展文创的竞品分析?
3. 会展文创的消费需求分别有哪些?
4. 战略定位有哪些基本的理论和分析工具?
5. 如何进行会展文创的战略定位?

本章参考文献

[1] 周承君,何章强,袁诗群.文创产品设计[M].北京:化学工业出版社,2019.

[2] 迈克尔·波特.竞争战略[M].北京:华夏出版社,1997.

[3] 李庆华."正读"经典:迈克尔·波特战略定位思想研究[M].南京:东南大学出版社,2016.

[4] 巩强.新文创[M].北京:电子工业出版社,2021.

[5] 周文军.文创的本质[M].北京:中国商业出版社,2020.

[6] 钱晓文.跨学科视野中的媒介融合与传媒转型[M].广州:中山出版社,2021.

[7] 张在旺.有效竞品分析:好产品必备的竞品分析方法论[M].北京:机械工业出版社,2019.

[8] 广告学概论编写组.广告学概论[M].北京:高等教育出版社,2018.

[9] 金碚等.竞争力经济学[M].广州:广东经济出版社,2003.

[10] 陈一君,周丽永,尹文专,等.市场研究[M].成都:西南交通大学出版社,2015.

[11] 张璐.波特五力模型理论研究与思考[J].品牌(下半月),2015(6):345.

[12] 杨青松,李明生.论波特五力模型及其补充[J].长沙铁道学院学报(社会科学版),2005(4):95-96,108.

[13] 罗纪宁.市场细分研究综述:回顾与展望[J].山东大学学报(哲学社会科学版),2003(6):44-48.

[14] 马晓赟.浅析竞品分析[J].艺术科技,2014,27(2):263.

[15] 祝希,孙习祥.中国消费者绿色消费动机来源分析——功能性需要还是象征性需要?[J].企业经济,2015(12):68-75.

[16] 杜丹清.互联网助推消费升级的动力机制研究[J].经济学家,2017(3):48-54.

[17] 张景云,吕欣欣.消费升级的现状、需求特征及政策建议[J].商业经济研究,2020(7):53-55.

[18] 王茜."互联网+"促进我国消费升级的效应与机制[J].财经论丛,2016(12):94-102.

[19] 王鑫.从社交货币视角看网络流行语的情感传播——以"早安,打工人"为例[J].视听,2021(3):160-161.

[20] 金琳.定位理论国内研究综述[J].当代经济,2009(1):156-157.

[21] 杜云月,蔡香梅.企业核心竞争力研究综述[J].经济纵横,2002(3):59-63.

[22] 袁彬悠,吕红波.波士顿矩阵应用扩展研究[J].经营与管理,2012(6):85-89.

[23] 雷震宇.浅谈业务战略工具——波士顿矩阵与GE矩阵[J].新材料产业,2013(6):65-67.

[24] 孙鹏飞.基于GE矩阵分析法的我国网络视频行业发展状况研究[J].科技传播,2009(10):7-9.

[25] 林振锦.GE矩阵在战略制定中的应用[J].中国石油企业,2005(4):44-46.

[26] 倪义芳,吴晓波.论企业战略管理思想的演变[J].经济管理,2001(6):4-11.

[27] 龚小军.作为战略研究一般分析方法的SWOT分析[J].西安电子科技大学学报(社会科学版),2003(1):49-52.

[28] 陈娉娉.博物馆文创产品结合"粉丝经济"盈利新模式——以敦煌博物馆为例[J].全国流通经济,2019(36):18-19.

[29] 于欧洋,孔涵帷.敦煌博物馆文创产品品牌传播研究[J].老字号品牌营销,2021(8):13-14.

[30] 李翔宇,李轶南,鲁红雷.基于当下流行风格的敦煌文创产品设计研究[J].包装工程,2021,42(18):356-367.

[31] 赵玉宏.基于PEST模型的北京市文化创意产业融合宏观分析[J].城市观察,2017(3):149-155.

[32] 张玲玉.博物馆的品牌建设策略分析——以自贡恐龙博物馆为例[J].文物鉴定与鉴赏,2021,215(20):127-129.

[33] 单霁翔.故宫"卖萌"意在文化传播[EB/OL].https://www.sohu.com/a/225416819_565932.[访问时间:2023-02-11].

[34] 张小攀.我国博物馆文化产品营销策略研究[D].广西师范大学硕士学位论文,2016.

[35] 钟凯琼.博物馆开发文创产品的原则和定位[C].中国民族文博(第七辑),2017:40-46.

[36] 杨晓犁.清代文化在现代文化创意产品开发中的应用——沈阳故宫博物院文创旅游产品形象设计及定位[J].美术大观,2018,364(4):122-123.

[37] Smith W. Product differentiation and market segmentation as alternative marketing strategies[M]. Journal of Marketing, 1956(7):3-8.

第四章 会展布展的文创

学习目标

学习完本章,你应该能够:
(1) 初步了解会展包括的内容与会展风格;
(2) 了解会展空间与动线设计的特征;
(3) 了解会展主题的展示方法;
(4) 了解会展配套的基本内容。

基本概念

会展　会展风格　会展空间　会展动线　会展主题

第一节 会展内容与风格的文创

一、会展内容文创

会展的概念有狭义和广义之分,由多方主体参与,在具体实践中也包括多个模块。会展的内容也是一个较为广泛的概念,需要从概念、主体、模块三方面来理解。

(一) 会展的分类

如第一章所述,现代会展业有狭义和广义之分。狭义的现代会展是会议和展览的统称,两者有时合并举办,有时分开举行。例如,一般现代技术类型的展览期间,主办方往往会同时举办一些研讨型会议,并邀请行业前沿的专家对该技术领域的发展现状及趋势进行探讨,以提升展览的号召力、知名度及对参展商的影响力。广义的现代会展业不但包括会议和展览,还包含奖励旅游和协会、团体组织活动,以及相关的交通通信、物流、广告、装潢设计等行业,英文简称为 MICE。随着节庆活动概念的引入及节庆活动在西方国家的兴盛,西方文献将节庆活动也纳入广义的现代会展业。

会议和展览活动在我国也由来已久。聚众议事,早已有之。"会"是聚会的意思,"议"则指商议讨论。会议是指3个人或3个人以上参与的,有组织、有目的的一种短时间聚集的集体活动方式。会议的规模可大可小,持续时间则因"需"而定。会议按照规模大小和与会者身份的不同,可简单分为国际会议、洲际会议和国内会议。会议是一种目的性很强的社会交往活动,也是现代管理及商务沟通和谈判的一个重要手段。

《辞海》中关于展览会一词的解释是:"综合运用多种媒介进行传播,通过现场展览和示范来传递信息、推荐形象的公共关系活动。涵盖博览会、展销会、贸易洽谈会、产品交流会等。按性质可分为贸易展览会和销售展览会;按内容可分为综合展览会和专业展览会。"[1]这一词的解释体现出展览会的传播特征、现实特质和公共性。

从上述会议与展览的概念出发,可以认为会展是指不同主体通过传递和交流信息及展示物品等主要方式,在一定的地域范围内,依托一个或多个公共场所,达到某种目的的一种综合性的活动。会议与展览两者相互联系,都存在信息传播、沟通的目的,具有多人、多主体的规模。

(二) 会展的主体

会展主体即参与会展的各方面人员,是会展的主要部分。从微观来看,一场会展的举办涉及多方主体,需要主办方、承办方、企业、专业观众、普通观众以及各类辅助人员;从宏观来看,会展主体大致可分为三种。

---

[1] 上海辞书出版社.辞海[M].6版.上海:上海辞书出版社,2020:5523.

1. 会展组织者

会展组织者是一个会展活动的发起者，是整个会展事务的执行者以及展后事务的处理者，是在会展中处于主导地位的市场主体。会展组织者通常包括三类，分别是主办方、承办方和代理商。

主办方是指展会和会议的关键组织者。从我国会展活动的情形来看，会展的主办方包括各级政府部门，各级贸易促进组织机构，各类行业协会、商会、联盟，以及专业会展公司。

承办方一般是指直接操控、具体执行会议和会展活动的会展策划公司。会展的承办方主要负责会展的具体运作过程。目前，我国对于会展的承办方实行严格的资格审定制度，一般都需要政府有关部门的批准方可获取办展资格。

代理商是参与会展招商、招展的分销商角色，在实际运作过程中，往往是一场大型会展中十分活跃的协办单位，从某种角度也可以把代理商定性为会展组织中必不可少的部分。代理商可以拓展主办方的业务网络，扩大规模，从物质、资金流等方面提高会展水平。

2. 参展商

会展参展商是指参加展会，有目的性地展出商品或者服务的企业或者机构组织，是受会展组织者邀请，通过签订参展协议书（或会展合同），于特定时间在展出场所展示产品或者服务的主体。参展商是一场展会绝对重要的组成部分，而对于参展商而言，参加展会活动也是其营销活动的重要组成部分，通过参展，可以集中地宣传新产品、新技术，找寻潜在客户，并了解行业领域内最新的动态或者客户需求。

参展商同时是会展服务的主要"付费"购买者，也是会展承办方主要营销服务的对象。作为参展商，往往要十分认真地考虑参展的目标、条件、效益等一系列因素，谨慎做出决定与决策。会展业发展到至今，会展承办方与会展参与者之间已不再是简单的传统形式下的交易关系，而是一种长期稳定的合作关系。会展承办方希望通过举办会展活动获得经济利益上的回报，而会展参与者则希望通过参加会展活动达到集中宣传品牌、获取潜在市场的目的。

3. 观众

观众是通过购买门票或提前注册入场参观、与参展商进行洽谈的自然人、企业以及其他相关者。观众参与会展的目的是以会展活动为平台，获取信息，交流资源，商洽事宜，获取潜在市场。会展活动能否成功，关键就看有没有能吸引观众的"卖点"。"卖点"可以包括活动的主题、议程、举办地、活动中心、嘉宾构成等文化创意设计。

观众还分为专业观众和普通观众，两者是相对的。专业观众一般是指参与专业性会展所展示产品的设计、开发、生产、销售、服务等不同环节的观众，很可能是参展商的潜在目标客户群体。普通观众观展一般不以达成交易为目的，而是出于兴趣和爱好来了解展品情况，因此，普通观众的价值往往体现在人气以及口碑的传播上。

（三）会展模块

在具体的会展策划实践中，会展的内容包括会展中心的选择、展览品的展览设计以及相关媒体的宣传报道。场地、物品与宣传媒体三者组合形成完整的信息实地传播与媒体传播。

1. 会展中心

会展中心主要包括展览中心和会议中心两部分。展览中心，通俗理解其实就是展览场馆或会展场地，由硬件设置和软件配置两部分组成。展览中心自身的级别，其软硬件是最直观的表现，如地理位置、周边建设、交通环境、展厅设备配置、内部装修等。会议中心主要是指为不同规模的会议提供专门的场地、设备和服务的场所，同样以软硬件各方面的设施条件来判断级别与适配度。

会展中心的选择是会展营销活动的重要开展模块，也是会展主办方举行会展活动的一个落地空间承载体，是影响会展参与者决策的一个大比重参考条件。基于城市层面的宏观地理位置与微观内部设施，选择与会展主题相契合的会展中心，这是策划会展的关键部分。选择合适的会展中心能吸引专业领域人员积极参展，给参展商带来优良的宣传效果，给组织者创造营收。

2. 展览品

展览品包括展览会展示的货物，为了示范展览会展出机器或者器具所使用的货物，设置临时展台的建筑材料及装饰材料，宣传展示货物的电影片、幻灯片、录像带、录音带、说明书、广告、光盘、显示器材等，以及其他用于展览会展示的货物[1]。参展商往往在新品发布时借助会展来宣传新品。优质的展览品会吸引专业领域内的观众，促进行业顶尖技术的交流，是参展商传递企业信息的物质载体，增强企业的产品或服务的品牌影响力。

3. 相关媒体

会展活动作为一种有目的的活动，无论是公益性质还是商业性质，其全过程始终伴随着大量信息的传递和交换，信息传播的效率和质量也成为影响会展活动效果的关键因素。尤其是在商业贸易类会展活动中，企业信息传播、品牌形象塑造作为长期营销的必要组成部分，愈加受到重视[2]。因此，在现代会展活动中，信息传播所占的比重日渐提升。此外，企业参展时除抱有传统的商贸目标外，还会带有行业交流的目标，包括：了解市场，了解发展趋势和竞争状况，了解本企业所处的行业状况，交流经验，向市场介绍自己的企业和产品；建立个人联系，树立良好的企业形象，了解客户需求，收集市场信息，加强与新闻媒介的联系；介绍新发明，了解新产品推销成果，了解市场对产品系列的接受程度等。

相关媒体是指与会展组织者或者参展企业机构等有关利益体有着千丝万缕利益关系的宣传媒介，其价值在于帮助提升企业形象，以及提高会展产品以及展会的知名度。会展组织者必须高度重视与各类媒体的合作，充分整合和利用媒体资源。合作不仅仅是宣传，还包括联合举办各类活动，扩大影响力，以便促进招商。判断会展活动的成功与否，不能仅关注参与会展的具体人数，因为可能由于多方因素限制，实际到场的人数有限，更要关注媒体对本次

---

[1] 中华人民共和国海关暂时进出境货物管理办法[EB/OL]. http://www.moj.gov.cn/pub/sfbgw/flfggz/flfggzbmgz/200708/t20070815_144422.html. [访问时间：2023-01-15].

[2] 洪晔. 会展传播的基本模式与研究领域探索[J]. 新闻知识，2014(2)：22-24.

会展的报道效果。尤其是在当下新媒体的时代背景下,更加需要关注会展的营销过程中媒体资源的重要性。

二、会展风格文创

(一)会展风格

会展除了进行会议交流与展览物品的实际功能之外,也与建筑、设计等紧密相关。无论展厅还是会场,设计的艺术性可以使观众赏心悦目。通过艺术手法的组合,使会展空间产生最佳的视觉效果和良好的心理效应,这样才能引起观众的参观兴趣,进而对展示的主题留下深刻印象,达到展示信息的有效传递。

风格是一个艺术概念,即艺术作品在整体上呈现的有代表性的面貌。风格不同于一般的艺术特色,是通过艺术品所表现出来的,相对稳定的,反映时代、民族或艺术家思想、审美等的内在特性。艺术家作为创作主体,由于受到时代、社会、民族等历史条件的影响,其生活经历、艺术素养、情感倾向、审美各有不同。题材及体裁、艺术门类对作品风格也有制约作用。根据会展的主题选择合适的风格手法,不失为一种行之有效的设计方法;同时,会展风格的表现也反映设计师的艺术审美与文化思想。

会展设计的艺术风格因受政治、社会、经济、建筑材料和搭建工程技术等的制约以及设计师思想、观点和艺术素养等的影响而有所不同[1]。因此,会展活动展示风格的形成并不是偶然的,它受不同时代和不同地域的背景条件影响,经过设计师创造性的构思而逐渐形成,是与各民族、国家、地区的自然条件和人文条件紧密相关的,特别是与民族特性、社会制度、生活方式、文化思潮、风俗习惯、宗教信仰、经济水平等都有直接的关系。不同的会展设计风格也反映展览品与展览主题背后的深层意蕴,传达独特的自然与人文气息。

会展的风格主要通过视觉表现的外在形式来传达,如设计中展现的图形、文字、色彩,但并不是简单的图符摆放,需要以人文理念为支撑,考虑每个视觉元素所表达的属性及脉络。尤其是不同的民族会有不同的审美取向,图形纹样可以代表一个民族的精神内核,而每个民族都会有符合自身特点的图形纹样,这些图形纹样都有自身独到、与众不同的特点,通过这些特点,可以传递不同的信号以及情感。将民族特色元素融入会展不仅新颖,而且有着特殊的民族意义,可以宣扬和延续民族的特色和传统[2]。会展设计中的内在意蕴和象征隐喻形成了鲜明的主题风格,成为一种贯穿整个设计过程的特质,为活动形象确立视觉基调。会展中风格的确立影响着会议空间和展厅展位的灯光、色彩等一系列设计,与主题、展品契合的会展风格可以使观众记忆深刻,产生较高的信息交流效果。

(二)会展风格类型

会展风格的设计与展览主题的民族特性、社会制度、生活方式、文化思潮、风俗习惯、宗教信仰等息息相关。根据不同的地域特色,有中式和欧式的设计风格;根据不同的主题类型,有

---

[1] 张俊竹,苏镜科,尹铂. 会展设计[M]. 北京:化学工业出版社,2019:67.
[2] 李绍文,黄缨. 论少数民族特色美学在会展展示中的应用[J]. 贵州民族研究,2014,35(5):66-69.

高科技和自然的设计风格;根据不同的时代特点,有简约和生活化的设计风格。

1. 中式风格

中式风格是以宫廷建筑为代表的中国古典建筑的室内装饰设计艺术风格。中国传统的室内设计融合了庄重与优雅双重气质。中式风格更多地利用了后现代手法,把传统的结构形式重新设计组合,以另一种民族特色的标志出现。中式风格的建筑大多气势恢宏、壮丽华贵,高空间,大进深,雕梁画栋,金碧辉煌,造型讲究对称,色彩讲究对比,装饰材料以木材为主,图案多为龙、凤、龟、狮等,精雕细琢、瑰丽奇巧。

中式风格在会展设计中的运用需要以现代手法诠释中式传统文化,重视文化意蕴的表达。选取中式元素融入现代展示设计,应避免一味跟风,照搬照抄,导致丢失中式风格的文化意涵。会展的空间布局设计可以多运用对称和层次性,多用窗花、博古架、屏风来分隔,用实木做框架;以木板、青砖、字画、古玩、卷轴、盆景、精致的工艺品加以点缀,从而凸显中式设计的独特风格和文化韵味,体现中国传统文化的魅力。

如河南博物院的整体外观以元代古观星台为原型,经艺术夸张演绎成"戴冠的金字塔"造型,冠部为方斗形,上扬下覆,取上承"甘露"、下纳"地气"之意,寓意中原为华夏之源,融汇四方。外部墙面为土黄褐色,取中原"黄土""黄河"孕育了华夏文明之意[1]。河南博物院的外观体现独特的中原文化,是中式风格的具体体现,整体布局采取对称的设计,融合了多种传统元素,体现出历史文化沉淀的厚重感(见图4-1-1)。

图 4-1-1　河南博物院外观

2. 欧式风格

欧式风格主要有法式风格、意大利风格、西班牙风格、英式风格、地中海风格、北欧风格等流派。展示设计界把这几种风格统称为欧式风格。欧式风格主要表现形式有:柱式,如陶立克柱式、爱奥尼克柱式、科林斯柱式等;拱券式,主要特征为大理石建筑、精湛雕刻的艺术性装饰、

---

[1] 河南省文物局.河南博物院[EB/OL]. https://wwj.henan.gov.cn/2022/01-10/2380257.html.[访问时间:2022-12-14].

马赛克的镶嵌艺术等;哥特式,在罗马建筑基础上完成的第二次结构艺术的飞跃,集十字拱、骨架券、双圆心尖拱、尖券等于一体;穹顶和帆拱的结合。

欧式风格是整个欧洲文明的代名词。会展的主题和内容与欧洲文化相关时可以采用欧式风格的设计特点,将罗马柱、拱券等特征融入会展的空间设计。比如,英国自然历史博物馆是欧洲最大的自然历史博物馆,原为1753年创建的不列颠博物馆的一部分,1881年由总馆分出,1963年正式独立。它坐落在伦敦南肯辛顿地区,为维多利亚式建筑,形似中世纪大教堂。博物馆外立面同样采用维多利亚时期常用的砖,而室内中厅则采用钢架使得整个空间开阔恢宏(见图4-1-2)。

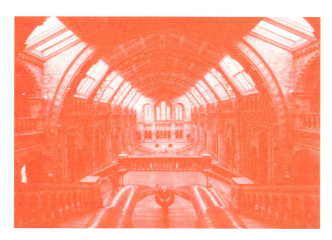

图4-1-2　英国自然历史博物馆(Natural History Museum)

3. 高科技风格

高科技风格源于20世纪20—30年代的机器美学,反映了当时以机械为代表的技术特点。高科技风格在建筑形式上突出当代技术的特色,突显科学技术的象征性内容,以夸张的形式达到突出高科技是社会发展动力的目的。每一个时代都有高新技术诞生,在展示当下先进文明的前沿展会、博览会上,常常会利用先进科学技术进行展示。将新材料、新工艺、新媒体(如电脑数字技术、激光造型技术、声像大/多屏幕技术等)运用于展会的每一个布局、每一个环节,已经成为一些设计师的时尚和追求,成为一种新的设计风格。

高科技风格在会展中的运用与技术主题密切相关,当前的会展设计正朝着大型化、智能化、个性化的方向发展,会展设计只有充分适应媒体形态的变化,才能满足更多受众的审美需求,从而取得一定的成功[1]。例如,未来博物馆是由建筑师肖恩·基拉(Shaun Killa)设计的,他是迪拜建筑领域的资深人士。未来博物馆是他独当一面完成的第一个任务。基拉表示,博物馆的设计旨在表达迪拜的未来愿景,由三个主要元素组成,即山丘、结构和中空(见图4-1-3)。馆内有不同功能的空间,人们可以体验艺术展览、沉浸式剧场、互动讲座和主题景点观赏。目

---

[1] 李辉,兰海龙.从实体走向虚拟:会展设计的媒体形态变化[J].新闻战线,2017(16):68-69.

前展览包括五大主题,即希望之地、治愈研究所、绿洲、明天 & 今天以及未来英雄,将游客从自我的王国带入对人与宇宙的联系的探索。未来博物馆利用虚拟现实和增强现实、大数据分析、人工智能和人机交互等领域的最新技术,解答了许多与人类、城市、社会和地球生命的未来有关的问题。

图 4-1-3　迪拜未来博物馆(Museum of the Future)

未来博物馆是技术和创造力带来的真实世界和虚拟世界相结合的产物。其中,绿色山丘代表地球,闪闪发光的上层建筑代表人类的力量,上部结构中的椭圆形空隙代表创新。人们在此体验太空、生命、精神、科技与未来的概念性融合,以及技术与创造力带来的虚实结合的未来世界,感受虚拟技术、人工智能、人机交互、自动定制、医疗技术、气候探测、大数据分析以及太空飞行等,提前体验未来 10 年乃至 50 年后的生活。

4. 自然风格

在科技飞速发展的时代,人们的生活匆忙而拥挤,渴望回归自然的心理日趋迫切,于是自然主义成了人们心中放松与回归的代名词。自然风格相当于田园风格,在室内环境中力求表现悠闲、舒畅、自然的田园生活情趣,常运用天然木、石、藤、竹等质朴的纹理;主要从大自然吸取元素,采用植物纹样、曲线作为设计单元;在装饰上突出表现曲线、有机形态,而装饰的构思也基本来源于自然形态。因此,自然主义风格的设计给人自由清新的感觉,与环境融为一体,是艺术与大自然的融合。

自然风格在会展设计中的运用则是将崇尚自然、回归大自然的理念融入空间设计,使整个会展空间洋溢着人与自然和谐温馨的环境氛围。在工业科技飞速发展的时代,为了世界的可持续发展,社会各界更加提倡绿色环保的理念,也会有越来越多的会展在设计中呈现回归自然的创意风格。自然风格常见于旅游、食品展等。

如上海当代艺术博物馆的"床/自然系列"艺术展览,烧焦铜丝、丝与蚕茧缠绕,自然产物与工业产品的融合形成强烈的视觉冲击。设计者梁绍基在"蚕我·我蚕"展览中提到:"我不就是一条蚕吗!和蚕一样疲于奔命——春蚕到死丝方尽,蜡炬成灰泪始干……这种生命的挣扎与焦灼令我联想起充满变化的 20 世纪 90 年代里,人们割裂、冲撞的心理状态以及触电般的生存境遇。"他将发电机铜线圈截断,绕成一个个摇摇摆摆的小床架,把蚕放进去,让其在上面生长吐丝、张网、结茧、蝶化。他认为在某种意义上,蚕的一生也是疲于奔命的人的写照。小床架散发着发电机特有的一股工业残留的味道,蚕却很坚强地活了下来,依旧吐丝、结茧、化蛾。这一系列的展览通过沉浸式装置、影像及声音等作品,呈现艺术家梁绍基与"蚕"紧密缠绕的创作实践,体现了蚕在残酷环境下表现出的对于信仰的坚定以及锲而不舍的生命意志[1](见图4-1-4)。

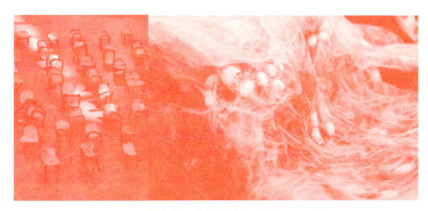

图4-1-4　上海当代艺术博物馆藏"床/自然系列"No.10

5. 简约风格

简约起源于现代的极简主义,即简单而有品位。这种品位体现在设计上的细节把握,设计师对每一个细小的局部和装饰都要深思熟虑。简约风格的特色是将设计元素、色彩、照明、原材料简化到最少的程度,但对色彩、材料的质感要求很高。因此,简约的空间设计通常非常含蓄,往往能达到以少胜多、以简胜繁的效果。在商业会展中,简约风格往往更能突出展品特色以及品牌识别度。品牌的独特标识在会展中能使观众快速明确参展商品牌信息。这种简约统一的展示风格,更有利于突显主题特色、加强观众的视觉记忆。

会展的结构形式设计应当简约,要求结构和线条尽量简洁统一,避免大量直线和折线条设计掺杂其中,造成视觉混乱;设计中颜色应当简约,通常要求会展活动现场的主色调只使用一种,辅助使用的色彩最多不超两种,辅助色要尽量用于会场整体线条轮廓的勾勒,不能替代主色调占据核心位置;搭配元素应当简约,尽可能保持少量、一致和连贯,过多的元素会让会展活动现场失去焦点和重点,影响活动主题的突出。

简约风格强调整体的简化统一,给人更多的空间舒适度,在元素和色彩、结构上的设计精准到位,通过深入的思考和创意来展现空间的高级感。例如,1966年犹太博物馆举办了一场大型雕塑群展,其名称为"主要结构:年轻的美国和英国雕塑家"(Primary Structures: Younger American and British Sculptors),展览的目录文本通篇没有提及"极简艺术",但它仍然被公认为西方与极简艺术相关的首次大型展览,也是将该艺术类型带入大众视野的重要展览(见

---

[1] 蚕我·我蚕:南柯一梦,我们在一起这30年[EB/OL]. http://k.sina.com.cn/article_2654654791_9e3ad14701900yohq.html.[访问时间:2023-03-03].

图 4-1-5)。2014 年,在展览《主要结构:年轻的美国和英国雕塑家》策划近 50 年后,犹太博物馆举办了展览"其他主要结构"(Other Primary Structure),新的展览以 1966 年展览为前提和基础,汇集了来自拉丁美洲、亚洲、非洲、中东和东欧的极简艺术家创作的 20 世纪 60 年代的雕塑,重新审视了极简艺术的 20 世纪 60 年代,也对 1966 年的展览做出了扩容和补充,突出了这一开创性运动的全球影响力[1](见图 4-1-6)。

图 4-1-5　展览"主要结构:年轻的美国和英国雕塑家",犹太博物馆

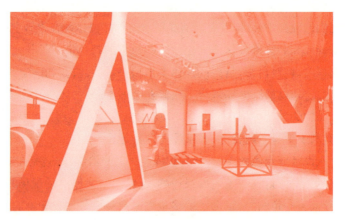

图 4-1-6　展览"其他主要结构",犹太博物馆

6. 生活化风格

生活化风格即通过设计现实小环境的场景布置,达到"身临其境"的效果。会展的设计始终要以人为本,尤其是商业化主题的会展更加需要关注目标消费群体的生活方式与追求目标,为会展空间设计营造出生活化的氛围、生活化的印迹和特定的情感空间。生活化风格需要尽量隐藏商业化的痕迹,以消费者日常生活为中心,使会展空间具有真实的亲切感,营造温馨、柔

---

[1] 犹太博物馆——一座纪念历史伤痕的建筑[EB/OL]. https://www.sohu.com/a/148905573_649846. [访问时间:2023-03-03].

和、浪漫的气氛,渲染出贴近现实生活的空间意境。设计师常常会特意安排一些能让消费者产生美好联想的生活用品,如以拥有清晰、独特的形象造型的识别物作为情感的寄托点,增添生活气息,体现其对消费者情感的关怀,以激发消费者联想,大大地提高商品信息传达的感染力。

会展活动中的风格设计犹如各种设计思潮与流派的大舞台,不同的审美意识有不同的追求,产生不同的环境效果。它们在各种场合表达不同层次的感染力:中式风格古朴大气、意蕴深厚;欧式风格精致高雅,充满浪漫气息;高科技风格体现文明前沿和科技发展速度;自然风格淡雅清新、耐人寻味;简约风格简洁大方、现代时尚;生活化风格日常亲和、抚慰人心。为此,会展组织者和设计者应当认真研究当前会展活动中的展示设计艺术及其设计风格,不断提高我国会展活动中的展示设计水平。

第二节 会展空间与动线的文创

一、会展空间文创

(一)空间的基本概念

意大利人文主义者、哲学家弗兰西斯科·帕特里奇(Francesco Patrizi)认为,空间本质是一种无限存在的不确定的容器,它是其他事物存在的先决条件。空间的范畴包括宇宙空间、网络空间、思想空间、数字空间、物理空间等[1]。会展空间在科技的助推下也逐渐从物理空间扩展到虚拟空间,出现线上会议、虚拟展厅等多种网络形态,但会展空间的基本分类与设计依旧与传统会展空间存在相似之处。

会展空间包括会议中心与展览中心等各类空间。美国国际会议中心协会(International Association of Conference Centers, IACC)认为会议中心是以接待中小型会议为主的专业会议设施,有别于以接待展览为主的展览中心、接待大型会议的会展中心以及同时接待商务客人、会议客人的酒店、度假村等。我国被称为会议中心的主要有以下四类:一是专业接待会议团队的设施或者建筑,主要包括会议设施、餐饮设施和住宿设施;二是酒店内专业接待会议团队的设施、建筑,如北京国际饭店的国际会议中心;三是大学等单位内部的会议室或会议室群;四是融合了会议与展览功能的建筑或建筑群,既有很强的会议功能,展览设施也很过硬,如国家会议中心等。

展览空间则包括博物馆、展览馆、公共空间内的展厅等一系列具有展示功能的建筑空间,即使在电子通信方式发达的时代,展览空间仍然是企业展示产品和推广企业形象的主要场所。展览空间包括空间的结构和形式、图文版面以及陈列物架等部分。构成展览空间的是一系列结构件与围成展区区域的展面组件。观众可以融入其中,并体验展区室内的氛围,还可体验整

---

[1]《数学辞海》编辑委员会.数学辞海(第6卷)[M].太原:山西教育出版社,2002:228.

体的艺术感和企业文化的形象特征。会展设计是空间与场地的规划设计,其设计的前提在于利用一切技术手段组织、导引、划分、创造会展空间,达到有效传递和交流信息的目的。

(二) 会展空间文创设计的原则

会展艺术设计是指集结了各种视觉传达元素和不同的表现方式,在有限的时间和空间中以新的视角、新的创意、新的表现做出出奇制胜的展示作品[1]。会展空间包含展位、展品、人员、动线、灯光等全方位的内容,是观众存在的"场域",空间的文化创意也奠定了会展布展文创的内涵。会展空间这一基础的硬件设施需要融入文化与创意,同时也需要遵循设计原则,保证基本方向。

1. 动态、有序的空间设计

会展空间,尤其是展览空间,最大的特点是具有很强的流动性,所以在空间设计上采用动态、有序的展示形式是首先要遵从的基本原则。这是由展示空间的性质和人的尺度决定的。人在展示空间中处于参观运动的状态,是在运动中体验并获得最终的空间感受的。这就要求展示空间必须以此为依据,以最合理的方法安排观众的参观路线,使观众在流动中完整、方便地介入展示活动,尽可能避免重复的路线,尤其是不在展示的重点区域内重复。在空间的设计中要做到如溪流水一般顺畅,动态有序,参观有律,使整个设计顺理成章。在实现会展功能的同时,让人感受到空间变化的魅力和设计的无限趣味。

2. 高效、逻辑的空间利用

展品是展示空间的主要内容,以最有效的场所位置向观众呈现展品是空间设计的首要目的。展览空间不仅具有基本的展示功能,同时具有信息传播、交流洽谈、公共服务等多种功能。要合乎逻辑地设计展示的秩序、编排展示的计划,对展区的合理分配是利用空间达到最佳展示效果的前提。

与通常的室内设计不同,会展空间设计是对一个大空间(会展中心)中独立分隔出的一小块区域再进行独立设计。同时,展馆本身的空间也限制了独立展位的设计,例如:在高大空间内的展位设计可以纵向发展;在低矮条状的空间中,展位设计的发挥空间则受到很大限制。因此,会展设计中必须将空间问题与展示的内容、主题结合起来,不同的展示内容有与之相对应的展示形式和空间划分。例如,商业性质的展示活动要求场地较为开阔,空间与空间之间相互渗透,以便互动交流,展品的位置要显眼;对于那些展示视觉中心点,如声、光、电、动态及模拟仿真等展示形式,要给予充分、突出的展示空间,增强对人的视觉冲击,给观众留下深刻的印象。

3. 安全、完备的空间辅助

在空间设计的过程中,观众的需求是第一位的,同时必须重视展示空间的安全性。参观路线的安排必须设想到各种可能发生的意外因素,如停电、火警、意外灾害等,必须考虑到相应的应急措施,必须有足够的疏散通道和应急指示标志、应急照明系统等。

---

[1] 王丹谊.现代会展艺术设计中的视觉文化[J].大舞台,2014(4):78-79.

在一些大型的展示活动中,各种仪器、机械、装备及模型等的运行大都需要一定的动力支持,如电力、压缩空间、蒸汽等,这些辅助设施也都需要占据一定的空间,而且必须考虑将这些设备的空间与展示环境隔离开,以防止噪声、有害气体的污染,并做好安全防范工作。在消防安全方面,要针对展馆防火分区面积过大、建筑内环形通道两侧的人员疏散等问题,提出消防设计方案,如在展厅内设计防火隔离带,将环形通道作为人员安全疏散的过渡区等[1]。

另外,空间的设计中也需要考虑特殊群体的需要。我国是目前世界上残障人和老年人占人口比例最高的国家之一,残疾人、老年人以及儿童等弱势群体的出行和日常生活质量是无障碍化建设的重点课题,无障碍环境是残障人士充分参与社会生活的前提和基础[2]。会展空间的设计中也始终应考虑特殊群体的需要,保证其各方面的顺利参与。此外,还要考虑大量工作人员需要的工作空间、休息空间等,做好对这些辅助空间的处理工作是顺利完成整个会展活动的保障。

4. 以人为本的空间建设

会展空间设计中各种物体的尺度也都围绕人的观展行为展开,人的空间尺度问题是人体工程学中最基本的内容。"人"是展示空间最终服务的对象,同时,人在对这种空间的体验过程中获得全部的心理感受,所以,人作为高级动物在精神层面上的需求是展示设计必须满足的一个方面。

会展的空间设计需要满足人在物质和精神上的双重需求,这是在进行设计时的基本依据。人类需要舒适和谐的展示环境、声色俱全的展示效果、信息丰富的展示内容、安全便捷的空间规划、考虑周到的服务设施等,这些都是人类对展示设计提出的要求[3]。对于人体特性的研究主要探讨工业设计中与人体有关的问题,如人体形态特征参数、人的感知特性、人的反应特性以及人在劳动中的心理特征等。研究的目的是探究机械设备、工具、作业场所以及各种用具和用品的设计如何与人的生理、心理特点相适应,从而为使用者创造安全、舒适、健康、高效的工作条件[4]。基于这一原则,设计师需要仔细分析人的体貌特征、活动行为,并在空间的设计中以科学的态度给予人体工程学充分的重视,使展示空间的形式、尺寸与人体尺度之间有恰当的配合,使空间内各部分的比例尺度与人在空间中行动和感知的方式配合得适宜协调。

合理的尺度能够最大限度地减少成本,提高空间使用率,避免造成观众的不便甚至造成不必要的伤害。在提高展示效率的同时,还要做到绿色环保。同时,人们应该在一个舒适的环境中进行活动,如果不能创造一个给人以心理上亲近温暖感觉的空间,那即便利用了最先进的展示手段,也只是由冰冷的机械组成的没有生机的躯壳。

---

[1] 张明岩.某国际会展中心消防性能化设计分析[J].消防科学与技术,2016,35(12):1700-1702.
[2] 朱瑞波,俞进军,崔蒙.现代会展空间导向设计的系统性分析[J].西安科技大学学报,2010,30(5):574-578,623.
[3] 张俊竹,苏镜科,尹铂.会展设计[M].北京:化学工业出版社,2019:53.
[4] 丁玉兰.人机工程学[M].北京:北京理工大学出版社,2005:5.

二、会展空间文创的类型

会展空间大致可分为会展内部的空间设计与总体会展空间分布。总体会展空间分布即在一个城市内或者区域内会展中心的建设聚集与否、方位变迁等。例如,广州的会展企业具有明显的空间集聚性,并呈现由"单中心集聚"到"多中心集聚"的演变,集聚与扩散并存,会展企业的空间集聚程度并没有因为空间范围的扩展而降低,而是在扩散中集聚——在向城市新区扩散的同时,老区的集聚也在不断加强[1]。整体的空间分布受到会展服务设施、整体商务环境、外部经济性、政府行为、人力资源等因素的影响。会展内部的空间设计则与会展的主题和内容联系更加紧密,可控性更强。会展在不同领域的发展过程中,也形成了多种多样的空间划分。

(一) 基于规模划分的会展空间

1. 总体会展空间

随着区域经济的发展,各个地方政府出于经济发展和文化交流的目的,出资兴建规模大、功能齐全的会展建筑[2]。这些会展建筑具有会议、展览、住宿、储运、餐饮等综合功能,规划的内容包括项目论证、立项、选址、设计等全过程。其中,设计的内容包括建筑、设施、道路、绿化、景观等设计。总体会展空间的特点是投资大、耗时长,成败往往关系到一个地区的经济能否得到长足发展。会展建筑的策划与设计涉及广阔的领域,涵盖建筑学、城市规划学、地景学、工程学、社会学、经济学等诸多学科,是一个复杂而多元的系统工程。规划建设过程中需要关注城市公共空间领域的各方面,促进城市空间环境的持续发展与演化式成长[3]。

2. 单元会展空间

大型的会展建筑中包含若干个单元展场,而每个单元展场的主办单位和会展内容不同,需要根据具体的主题要求对其进行整体的规划设计。大型会展中的单元展馆,其整体设计不仅要与主会展的主题、格调相统一,空间的形式也要紧扣主题,更要体现单元会展空间的个性特点。特别是大型非贸易性会展,更要突出民族与地域特色,体现时代风貌[4]。一般来说,单元会场的设计内容主要是对单元会场进行平面、立面和空间形式的组织安排。

3. 单个会展展位

一般来说,对于会展空间内不同的展览品,往往要设计不同的展览位置,所以需要对每一个展位进行细致独特的设计。这种设计在独特的基础上还必须遵守单元会场的整体规划要求,如形式风格、主题色彩等。单元展场的设计内容包括功能布局、空间设计、照明设计、色彩设计等,还包括邀请函、参观券、样本、宣传册等辅助用品的设计。某些大型或重要的会展还涉及引导人员的统一服饰、礼仪形象等方面的设计。单个会展展位设计也须从整体出发,在整体的统一风格下,结合单个展品寻求个性化的感观特征。因此,单个会展展位的表现就是主题信息的推广和产品展示的终端效果。

---

[1] 方忠权. 广州会展企业空间集聚特征与影响因素[J]. 地理学报,2013,68(4):464-476.
[2] 张俊竹,苏镜科,尹铂. 会展设计[M]. 北京:化学工业出版社,2019:46.
[3] 蔡国峻. 浅谈城市会展中心规划设计发展需求——以南京国际博览中心为例[J]. 现代城市研究,2015(2):55-59.
[4] 张俊竹,苏镜科,尹铂. 会展设计[M]. 北京:化学工业出版社,2019:46.

(二) 基于用途划分的会展空间

展示空间必须满足人的流动或运动的基本需要,即在一定的时间内,通过对会展空间的认知和感受来获取信息。

1. 公共空间

公共空间也称共享空间,包括展示环境中的通道、过廊、休息间等场所,是供公众使用和活动的区域。公共空间设计需要考虑面积大小,方便观众通行、观看和交流。其中,通道是最重要的,直接关系到观众是否能顺利观看、主题信息是否能有效传递等问题。因此,通道的设计要注意以下几点:要估算观众的流量、流速以及人观看的基本状态(包括在谈话、交流中不影响其他观众);要考虑展品的性质和陈列方式,如展品的大小,是平面或立体,是否进行演示,以及注重欣赏性、游览性还是贸易性、零售性等,以此调节人流与通道的关系;注重主要展品的最佳视域、视角、视距与通道的关系,避免主要展品前人群簇拥,造成通道的滞塞;设计科学合理的路径,如采用最短、最有效的线路,减轻重复,避免给观众造成疲劳。

2. 展示空间

展示空间是指展品陈列的实际空间,是展示空间造型设计的主体部分。能否取得视觉效果,吸引观众的注意力,有效地传达信息,是展示空间设计的关键。在展示空间的设计中,处理好展品与人、人与空间的关系十分重要,必须使展示空间样态、陈列形式满足人体尺度或在观看时流动的和视觉的基本需要。人体尺度的测量是对人生理、心理进行定量测试的方法和依据,会展设计中人体尺寸的应用包括静态尺寸、动态尺寸两个方面[1]。

静态尺寸又称结构尺寸,是在人体处于相对静止状况下计测的尺寸,如头、躯干及手足四肢的标准位置等。静态尺寸计测可在立姿、坐姿、跪姿和卧姿四种形态下进行,这些姿势均有人体结构中的基本尺度。动态尺寸又称机能尺寸,是受测者做出各种动作时各个部位的尺寸,以及动作幅度所占空间的尺寸。在会展空间的设计中,研究人体尺度目的正是让人机系统以最有效、最合理的方式传达信息,满足人与人、人与物的交流与沟通等不同层面的需求,通过契合人体工学的空间密度、展示高度,最大限度地减轻观众的生理疲劳度。在展示空间中有大型展品或巨幅挂件时,通道和休息面积需要更大一些;在精致小型展品的展示空间中,通道和休息面积则要小一点。同时,休息区和通道的空间布置可以有一定的变化,从而缓解人们的参观疲劳。展示空间是为观众而设计的,在保证人体生理需求空间的要求下,还需要关注如何设计出能够吸引观众注意力的创意空间。

3. 辅助空间

辅助空间包括接待空间、工作人员空间、储藏空间、维修空间、无障碍空间等,一般设在较隐蔽的地方,以不破坏展示的整体视觉效果和安全、实用为原则。

接待空间是指供顾客与展商进行交流的空间。在贸易洽谈会、展销会等展示活动中,接待空间的设置尤为重要,它体现了参展商的一种主动、谦和以及真诚与顾客交流洽谈的姿态,可

---

[1] 朱瑞波,常慧娟. 会展策划与设计[M].长沙:湖南大学出版社,2012.

唤起顾客了解展品的兴趣和欲望。这种空间常设在展示空间的结尾处,在形式上,应与整个展示空间设计一并进行考虑,以使其同展厅风格协调统一。

工作人员空间是专为工作人员设置的空间,一是可供工作,二是可供休息。

储藏空间是指储放展品、样品或宣传册等物品的空间。这种空间一般设在较为隐蔽、公众视觉上不易注意到的地方,以不破坏展示的整体视觉效果为原则。

维修空间是指用于仪器、机械、装备、模型以及灯箱、音响、照明等设备的维修空间。维修空间应同公众空间和信息空间隔离开来,并建立安全措施,以防止噪声、电线、有害气体等对公众造成侵扰和损害。

会展空间设计中需要考虑无障碍道路、卫生间、声音提示等环境,为残障人充分参与社会生活提供便利。

(三)基于设计划分的会展空间

不同的空间设计是会展布展文创的直接体现,符合会展主题、具有时代特色、富含新颖创意的空间类型能使观众沉浸其中,感受设计的美。

1. 闭合空间

闭合空间用限定性较高的围护实体包围起来,在视觉、听觉等方面具有很强的隔离性,让人产生领域感、安全感和私密感。从辩证的角度来看,开放空间和闭合空间是相对而言的,开敞的程度取决于有无侧界面、侧界面的围合程度、开洞的大小及启用的控制能力等。闭合空间多用于文化性较强、展品较贵重的展示空间。

上海油罐艺术中心由五个油罐组成,三个油罐连接作为美术馆展览空间,其余则作为配套功能使用,是集各式各样的展览空间、公园、绿地、广场、江景、咖啡厅为一体的艺术生态,是上海充满活力的艺术文化景观,也是全球为数不多的油罐空间改造案例之一。曾服务于上海龙华机场的一组废弃航油罐,经由OPEN建筑事务所六年的改造重获新生,成为一个综合性的艺术中心。油罐造型的改造不仅具有创意乐趣,也打造了一个标准的闭合空间(见图4-2-1)。

图4-2-1 上海油罐艺术中心

2. 开放空间

开放空间是展示空间类型中较为特殊的一种,在建筑实体之外存在,是人与人、人与自然进行信息、物质、能量交流的重要场所。开放空间是外向型的,强调与空间环境的交流、渗透、讲究对景、借景和与大自然或周围空间的融合。它可提供更多的室内外景观和扩大视野。其限定性和私密性较小,适宜展览内容与观众的交流和对话。开放空间灵活性较大,会展空间的设计与规划从某种程度上来说是为了呈现视觉化的图像,而为了达到这种效果,不仅要从展品的主题角度出发,更加要从整体的维度出发,将展品与室外的空间环境以及光线等整体地融合在一起[1]。

印度的巴拉特哈瓦那(Bharat Bhavan)艺术中心建在一个山坡上,向湖边倾斜,由一系列露台和庭院组成。进入后,游客可以选择沿着阶梯状的小路向下延伸到湖边,或者向下延伸到三个庭院。这三个庭院提供了大部分的文化设施(见图4-2-2),其中包括当代艺术画廊、部落艺术博物馆、礼堂、印度诗歌图书馆、印刷品店和艺术家的工作室。大到庭院,小到建筑物的细节开口处,所有人都能从文字和图形上了解眼前的建筑。建筑师查尔斯·柯里亚(Charles Correa)创造了"开放的天空空间",他认为在温暖的气候下,傍晚和清晨时分最好的地方是户外,在露天的环境下。他希望利用天空的力量,在建筑中创造一种超自然的体验。天空甚至融入了建筑的内部空间,建筑顶部有混凝土"外壳",光线和空气可以通过圆形开口涌入。

图4-2-2　巴拉特哈瓦那艺术中心的建筑设计

3. 通透空间

开放空间和封闭空间是相对而言的概念,介于开放空间和封闭空间两者之间的半开放和半封闭空间即通透空间。通透空间融合了开放空间和封闭空间的共同的优势,一般来说,设计师通过建造虚空的架构和采用半透明的隔断、展板、展墙来限定通透空间,形成一种"因景互借"的展示效果[2],既不会因为完全封闭而形成沉闷的氛围,又不会完全受到天气情况的影

---

[1] 彭慧翔. 艺术文化主题下的会展空间规划与设计[J]. 建筑结构,2022,52(7):158.
[2] 郭宜章,杨思宇. 会展设计[M]. 北京:中国青年出版社,2021:66.

响；在闭合、安全、稳定的环境中，依旧可以感受自然光线的照射，是一种现代较常见的会展空间设计。

"因景互借"是中国园林艺术处理空间的传统方法之一。空间的建构形式和范围是随着人类思维和对象领域的扩展而扩展的，而且这种空间范围的扩展一直伴随着某种审美领域的扩大和精神追求的深化。在中国艺术中，尤为强调情景交融、情由景发。因此，其景常以"画"或者"诗"的境界、格式来设计和建构。借景以内合作为一种整体的设计方法，首先是为了创建一种如画之境[1]，这说明了空间内外通透、互融的重要。通透空间形态所产生的若隐若现、玲珑剔透的视觉效果能够使空间变得丰富、更有层次，隔而不断，意境相连。类似于园林建筑中开窗借景的手法，或借自然之景，或借馆内之景等，景之内容和借的方法多种多样，运用得当，能取得丰富的空间效果，可打破封闭空间，特别是对于内向型或围合型的展示空间，不仅给人以透气或外向之感，也能将围合空间中的信息向外传递。

如江苏常州的武进莲花会展中心位于武进一座人工湖上，由三个莲花形建筑构成，包含展览空间、会议室和会议中心。其中，中间的莲花穹顶采用蓝色玻璃幕墙打造，呈不规则的格式形状，看上去犹如含苞待放的"花蕊"。内部玻璃穹顶自然透光，封闭的展厅也可以与天空呼应，通透的空间使形、色、光、质相互融合，产生特殊的空间效果。观众透过玻璃可以感受朝霞夕阳的自然变化。它是钢铁工业与色彩艺术的融合以及社会人文与自然环境的交织下的作品（见图4-2-3）。

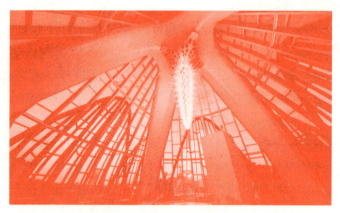

图 4-2-3　武进莲花会展中心

4. 母子空间

母子空间是对空间的二次限定，是在原空间中用实体性或象征性的手法再限定出小空间，将闭合与开放相结合，类似我国传统建筑中"楼中楼""屋中屋"的做法，既能满足功能要求，又丰富了空间层次，被广泛采用。这种在强调共性中有个性的空间处理，强调心（人）和物（空间）的统一，是公共建筑设计的进步。在开放空间中，人们通常一起工作、交流或进行其他活动，会

---

[1] 李砚祖.设计之维[M].重庆：重庆大学出版社，2007：195.

彼此干扰,缺乏私密性。闭合空间虽然避免了上述缺点,但又会产生工作中的不便和空间沉闷、闭塞的感觉。母子空间具有一定的领域感和私密性,大小空间相互沟通,闹中取静,能较好地满足群体和个体的需要,通常采用规律性排列的形式来构造空间形态,层次丰富,空间布局多样化。

例如,2017年德国慕尼黑国际建筑建材展览会基于中世纪的集市样貌而设计,不同大小与角度的斜顶搭成小屋的形状,创造出了独特的村落式样。展示空间以隔断的形式展出了不同的产品,在展厅中创造出大小结合的母子空间。在屋顶结构的外面,倾斜的坡面区域成为一个多功能的产品展示区和醒目的交流空间,屋顶一块块的工程屋顶材料、绝缘板以及太阳能板则以横截面的形式以常见的分层结构展示了出来;在屋顶结构的内部,观众还可以在子空间通过现场的实地展示观看展品、表演,并进行互动,凸显热烈的氛围。母子空间的应用既减少了大空间的空旷感、距离感、暴露感,也减少了小空间的沉闷感、闭塞感、寂寥感,在空间上增强了亲切感、私密感,强调了人们的心理需求以及空间的共性与个性处理(见图4-2-4)。

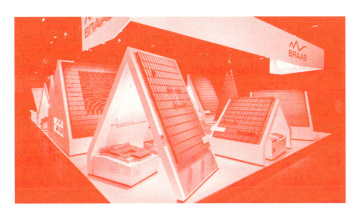

图 4-2-4　2017德国慕尼黑建筑建材展览会展位

5. 地台空间

当室内地面被局部抬高时,抬高地面的边缘划分出的空间就被称为"地台空间"。将室内地面局部升高也能在室内产生一个边界十分明确的空间,但其功能、作用几乎同下沉式空间相反。由于地面升高形成一个台座,和周围空间相比变得十分醒目突出,为众目所向。因此,其性格是外向的,具有收纳性和展示性,适宜用于惹人注目的展示和陈列或眺望。许多汽车类展览常利用地台式空间将最新产品布置在那里,使人们一进展厅便可一目了然地看到展品,很好地发挥了商品的宣传作用。

如图4-2-5所示,展厅中的上升地台将展览的车型抬高,与普通地面空间区隔开来,进入展厅的观众注意力瞬间被吸引。地台空间以高度的灯光聚集观众的目光,不适宜体量较小的展品展览。其空间造型容易争夺观众的目光,因而能赋予大体量的展品更高的关注度,如体量较大的汽车与地台空间更加契合。

图 4-2-5　车展中的地台空间

6. 下沉空间

下沉空间又称地坑，与地台空间相反，是将室内地面局部下沉，在统一的室内空间中塑造出一个界限明确、富于变化的独立空间。由于下沉地面标高比周围要低，所以具有一种隐蔽感、保护感和宁静感，使其成为具有一定私密性的小天地。多用于历史厚重的展览主题，如文物、遗址等，使观众融入其中，体会特殊空间带来的时间沉淀感。

如意大利的罗马国立艺术博物馆入口由简单的半圆形拱门组成，融合了历史和当代设计，为罗马帝国最伟大的城市之一的遗迹创造了引人注目的大门。上层的展览空间沿着开放的教堂中殿取代了天窗。自然光从拱券上方的天窗涌入，温暖的余晖洒满空间。"地窖"让游客沉浸在古罗马时代的旧城遗迹中，使博物馆能够在保存和展示该遗址的古迹的同时，诠释其建筑特色。地上洞穴般的展览空间仍然以另一种方式呈现着历史，体现了建筑废墟的持久力量（见图 4-2-6）。

图 4-2-6　罗马国立艺术博物馆（National Museum of Roman Art）

7. 动态空间

动态空间或称为流动空间，具有空间的开敞性和视觉的导向性，界面组织具有连续性和节奏性,空间构成形式富有变化和多样性,使视线从一点转向另一点,引导人们从"动"的角度观察周围事物,将人们带到一个空间和时间相结合的"第四空间"。空间的运动感在于塑造空间形象的运动性,更在于组织空间的节律性,如汽车和飞机的流线型设计,给了空间设计师很大的鼓舞。高速发展的计算机三维技术提供了技术的支撑。空间流动的目标在于打破现有的空间围合边界的限制,并充分释放身体运动的潜能,最终创造一种自由的空间气氛,以促进不同个体元素的交流。利用机械、电器、自动化设施、人的活动等形成动势,空间组织灵活,以人的活动线路为导向,以光怪陆离的光影、生动的背景音乐等的设计形成流动的空间。

流动的空间设计通过各种元素赋予静态的空间生命。传统的艺术博物馆展出通常是静默的艺术品陈列的空间,而新媒体技术给观众提供了更多元的与艺术品接触的机会,提升观众知觉体验的重点就是增强沉浸感。例如,清华大学艺术博物馆"博物馆之夜"展出的达·芬奇手稿,也是达·芬奇手稿在意大利境外最大规模的展出。这些手稿和装置模型是中西方大师思想精华的碎片,借光影艺术之力跃于博物馆建筑之上,一种富有感官冲击力的形式浓缩时空,在短时间之内给观众提供了富有感染力的视听奇观。光影的变幻、时间的流淌使静态的空间在观众脑海中动了起来(见图4-2-7)。

图 4-2-7 清华大学艺术博物馆"博物馆之夜"

不同的空间设计有各自的特征与优势,各类会展需要依据自身的主题、内容与空间特色进行选择。契合的空间类型能将观众瞬间带入情境,感受意蕴。中国会展要找到自身的发展方向,必须吸收来自本土文化的智慧,重新塑造具有中华民族文化基因的会展空间形象。构建民族文化、艺术特征和时代特色融合的会展空间,不仅能增强我国会展空间设计的文化标识,而且有助于增强大众的民族意识,为我国会展设计增强软实力提供理论依据[1]。

---

[1] 胡林辉,梁颖婍. 会展空间设计中本土化的"情境"构建[J]. 美术观察,2020(11):154-155.

三、会展动线的文创

(一) 动线的基本概念

动线是"建筑流线"的俗称,是建筑设计中经常使用的一个概念,指人们在建筑中活动的路线。动线是对人在展馆中的时空位移的导引,是一种人为的基于信息内容的设置、甬道宽度的限定性以及观众的兴趣形成的行动轨迹[1]。

人在多维空间中运动的态势和速度、群体的密度、流动方向取决于可感的信息内容可视点、空间视野和规定的观展动线,以及时序的连续。动线设计要根据会展内容的主次点和展馆的建筑空间来设置必要的直线、折线和曲线。会展动线设计不仅反映了空间格局是否与行为主体的需求相匹配及其匹配程度,同时还阐释了行为主体对空间功能使用的顺序和方向,进而反映了人们的移动和行为规律,是会展展示空间中的"有效路径"。展览最终的目的是提升观众对展示主体的认知,因而展区之间还要做到紧密衔接,让观众按照既定路线循序渐进地参观展品,做到中途即便没有路标,观众也不会错过任何一个展示区域。

一般来说,观展动线分析的目的和作用是:在动线的指导下,观众的前进顺序与展示内容顺序一致,有效指导空间序列的划分和安排;避免展示内容的遗漏和重视;合理引导流量,避免交通拥堵;节省观众的时间和体力,提高信息传播效率。因此,会展的动线反映了展示内容与空间布局的统一、空间安排与人类习惯的统一,以及观众路线与信息传播的统一。

(二) 会展动线文创设计的原则

动线设计是指对会展空间中观众流动路线的设计。观众对展览顺序的选择一方面取决于自身的爱好、兴趣,另一方面取决于布展空间的开放性与封闭性。不同会展的性质、内容、规模、方式等有所不同,会展空间的动线组成也各有侧重,应不拘一格地发挥动线的导引作用,注意各部分功能动线的合理规划。如果处理不当,则会发生流线交叉,造成人流拥挤和碰撞,或重复穿行以及漏看和重看,引起展区混乱,导致安全隐患。良好的动线设计,不需要指路标和文字说明牌(如"由此向前"),而是用空间环境所特有的语言传递信息、与人对话。会展空间动线设计的原则主要有可见性和体验性两点。

1. 可见性

动线的设计涉及一个非常重要的因素,即通道宽度。会展空间中有了通道才能完成参观线路的设计,或者说动线设计就等同于通道设计。一般情况下,通道的宽度是以人流的股数来计算的,每股人流按 60 cm 来计算,通常最窄处至少应能通过 3~4 股人流,最宽处应能通行 8~10 股人流,都是以不造成人群堵塞和不损害展品为标准的。

根据人在空间大的地方容易滞留的行为习惯,可以通过控制展线甬道的宽度来调整观众的流量。对展出的重点内容,展品前的空间位置可留大一点,对属于次要内容的展品,前面的甬道可窄一点。通过控制会展空间大小、甬道宽度等方法控制人流的方向、流量和速度的布展

---

[1] 朱瑞波,俞进军,崔蒙.现代会展空间导向设计的系统性分析[J].西安科技大学学报,2010,30(5):574-578,623.

方式,适合教育型、历史型的展览会,这是一种被动式的布展形式。对于逻辑性和顺序性较强的展品,可采用封闭性的展览空间,使观众只能从一个入口进,从一个出口出。对于贸易型、美术型等需要交流空间展览会,则需要更加宽松自由的动线设计。如陕西省美术博物馆就采用了开放性的动线布局,同时接待和过渡空间较大,增加了观众交流的机会。

2. 体验性

会展中动线的设计需要做到不重复、不交叉、不迂回。参观动线迂回交叉,会增添观众视觉疲劳,延长参观时间,给展馆运营带来不便。同时,观众长时间处于疲劳状态,注意力开始下降,对展示内容的接收度也会明显降低。

动线设计是指对观众在会展空间中参观路线的设计。会展空间根据动线划分为多个单体形态,合适的参观路线可以使参展人员在轻松、舒适和节省体力的状态下完成更高层次的参观和学习活动。动线设计都是以具体的会展空间类型、会展空间既定的出入口为基础,以人流畅通、尊重观众、避免造成杂乱拥挤现象为目的。在进行动线设计时,也要充分尊重人的行为习惯,如人际距离的舒适度、安全感、从众心理、向左转弯等[1]。

四、会展动线文创的类型

参观动线的方向通常是按视觉习惯由左至右以顺时针方向延展的,如果时左时右,就容易导致人们找不到方向。动线区域的划分应单纯明确,但是必要的转折和曲线的设计可使观众注意力更集中,指示性更自然。一般来说,参观动线需要根据流向、流量以及布展方式等因素选择合适的路线设计,大致上可分为顺流动线、回流动线和自由动线[2]。会展空间的设计路线遵循以上设计原则,动线规划可划分为以下三种。

(一)顺流动线

顺流动线又称穿越式路线,即观众进入展厅后,根据参观路线逐渐行进,最后从出口离开。顺流型的动线规划常适用于狭长的空间,其展品一般在展厅两侧,可以有效避免人流拥堵,让观众以最舒适的方式了解展示内容。顺流动线的展区在平面布局上分为两种:一种是对称式布局,采用这种布局,动线甬道较明确,但略显呆板;另一种是不对称式布局,动线甬道较模糊,但空间有些变化,显得错落有致。如图4-2-8所示,空间出入口在空间两端,观众需要从一端穿过全部的展示空间到达出口,是顺流动线的实际运用。

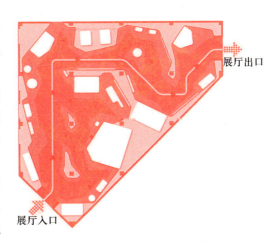

图 4-2-8 顺流路线示意图

---

[1] 刘慧. 会展设计中的人文设计探讨[J]. 艺术与设计(理论),2016,2(3):42-43.
[2] 朱曦. 展示空间设计[M]. 上海:上海人民美术出版社,2007:71.

（二）回流动线

回流动线一般存在于一些三面围合的空间里，空间的入口和出口同在一侧。观众在进入展区之后，经过环线流动，又从同一侧的出口离开，要使观众按顺序遍观全展，将观众视点集中于会展中心，尽可能避免观众相互对流或重复穿行[1]。采用这种环形式路线的展厅，一般中部空间较大，布局相对复杂。为充分利用展厅空间，一般会在展厅中间设置展位，将空间隔开，解决人群对流导致的拥堵问题，也便于将观众视觉重点聚焦于中心的展示区域（见图4-2-9）。

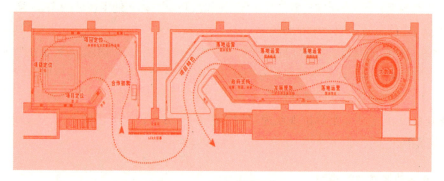

图 4-2-9　回流路线示意图

（三）自由动线

自由动线，即展厅没有固定的参观线路，整个布局属于开放式，空间上只明确出入口，观众根据个人喜好，通过导向板指引选择想要观看的内容。这一类型动线常见于一些规模较大、展示内容繁多的展厅。参观动线冗杂会使观众因体力消耗过大而无法完全体验展览，由此产生厌烦情绪，也为各区域间内容的衔接增加难度，不利于观众直观了解展示内容（见图4-2-10）。

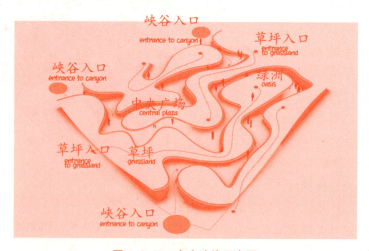

图 4-2-10　自由路线示意图

---

[1] 朱瑞波,俞进军,崔蒙.现代会展空间导向设计的系统性分析[J].西安科技大学学报,2010,30(5):574-578,623.

展览设计者设计展厅之初,要因地制宜,制定适宜的参展路线,让观众在轻松愉悦的氛围中有效接收展览信息。应尽量对参观群体进行准确定位,对观众的喜好和需求有大致把握,才能以此作为之后设计的依据[1]。会展的空间与动线应当把人的利益和需求作为一切问题的出发点,会展中的人文设计不仅能满足观众某些生活方面的需求,也能满足其精神和心理需求。

第三节 会展主题与配套的文创

一、会展主题文创

(一)会展主题

会展主题是指每项会展活动策划都要有一个与目的一致、与企业公共总目标密切相关的明确主题。主题应对活动内容进行高度概括,指导整个会展活动的进行。会展主题是对会展的指导思想、宗旨、目的要求等最凝练的概括与表述,是统领会展各个环节的"纲",是贯穿整个会展过程的中心思想。主题是会展的灵魂和精髓,影响会展内容的安排、活动形式的选择和其他诸要素的设计。

主题的确立对会展活动尤为重要,主题的不同直接影响会展整体设计、创意与风格。如奥运会、世博会,每届活动举办都会依据当今时代的发展、国情以及大众的兴趣,经过多轮商讨确定大会主题。例如,2008年北京奥运会,提出"绿色奥运、科技奥运、人文奥运"的主题,体现环保、人性化、现代化,三者相互独立又相互影响。2010年上海世博会的主题是"城市,让生活更美好",体现信息时代的都市文化、城市与环境、生活质量等理念。世博会也是以文化为基础的一次创造性活动,是上海文化创意产业发展的极好机遇。上海的创意产业在世博会这一重大国际性主题文化活动的带动下,根据市场需求推出系列化的文化产品和服务,塑造出知名品牌型的强势文化创意产业群体,吸引外部投资和外来消费作为城市和国家的发展资源,同时通过完善发展上海的创意产业,借助世博会的展示平台,向世界呈现上海作为世界创意中心之一的城市形象[2]。大会主题的确定一般依据行业属性、地域特点、传统文化、发展期望等方面,体现特色及创新。富有价值的主题将是视觉设计创新的驱动力。

主题会展与传统的展示交流活动存在差异,普通会展活动不具备系统性、整体性,以短期的展示与信息传递为目的,以静态实物、图片、辅助说明文字为主要表达方式,这种信息传达是有限、碎片化的。同时,观众与展品、展示空间和观众之间相互孤立,难以达到对会展设计与内容的全方位理解,也无法让观众与展项联动,获得完整的知识体系,最终导致会展空间的设计预设与观众的现实感受相差甚远。主题性会展在整体设计中一脉相承,整体设计在统一的基础上实现创新,观众也能在会展的主题展示以及空间场域内感知全面的内容。将叙事性导入

---

[1] 刘慧.会展设计中的人文设计探讨[J].艺术与设计(理论),2016,2(3):42-43.
[2] 金元浦.上海世博会:文化创意产业发展的重要契机[J].探索与争鸣,2009(4):47-50.

展览设计,能将展品、空间与人紧密联系在一起,形成一个动态、情景交融的体验式展览空间,在展项和观众之间建立起一条对话通道,为主题性展馆提供更具深度广度、更生动易于理解的演绎方法[1]。

(二) 会展主题与视觉识别

基于会展组织者和参展商的传播需求,会展的主题展示与品牌密不可分。会展品牌主题的提炼应以品牌个性、品牌文化和品牌价值为依据。其中,会展品牌个性是针对其自身特色而言的,会展品牌文化是针对其所在城市的文化而言的,而会展品牌价值是针对它为顾客创造的价值而言的[2]。商业展示设计创意者除了要综合考虑展示的各项功能外,更重要的是提高消费者的关注率[3]。

企业识别系统发源于欧洲,成长于美国,深化于日本。企业识别系统通常包括理念识别(mind identity, MI)、行为识别(behavior identity, BI)和视觉识别(visual identity, VI)三方面的内容。企业识别系统包含企业使命、经营哲学和行为准则,是企业经营的宗旨与方针,还体现出一种鲜明的文化价值观。它对外是企业识别的尺度,对内是企业内在的凝聚力。

VI是企业识别系统中的一环,它通过运用多种形式的视觉手段表征企业的经营理念,因而具有艺术价值,得以有力提升和塑造独特的企业形象。VI意指对企业的一切可视事物进行统一的标准化、专有化视觉识别表现。通过视觉识别,可以将企业形象传达给社会公众,从而树立良好的品牌形象,视觉识别可分为两个部分:一是基础部分,包括标志、标准字、标准色、标准图形等;二是应用部分,包括销售系统、办公系统、包装系统、产品系统、宣传系统、符号系统、展示系统、建筑物系统、制服系统以及运输系统等。

会展活动就是将产品、企业、人、信息等聚集在特定的展示空间,企业通过参加展示进行交流,从而推销产品,推广企业品牌形象,提高品牌知名度,获得商机。会展是企业展示其品牌形象的重要平台,应注重企业品牌形象的体现,针对不同的品牌,充分理解、体现其特色[4]。VI的展示应用本身就是VI系统应用的重要组成部分。在实际设计过程中,会展除了带给观众视觉上的连贯性与整体性,更要以最佳的方式将视觉识别系统扩展到整个展示环境,甚至衍生到社会的大观众群体中。

1. 企业标志与会展主题

明晰、醒目的标志设计可以突出企业形象,增强企业宣传价值。企业采用与本企业文化和特征贴切的文字、图形、色彩来诠释企业形象。企业标志是VI的核心,体现企业的文化内涵,是企业本质的视觉体现,它涉及企业内在形象的各个方面,渗透着企业的精神与经营理念,是企业识别系统中涉及的图形、字体色彩和组合模式的基础。在企业识别系统中,广告制品、办公用品、商品及包装、商场造型及装饰、销售专柜、展销会、员工着装及胸标等设计中都必须出

---

[1] 许光辉.主题性展馆设计中叙事性设计方法的应用——无锡家艺小镇客厅展馆设计实践探索[J].美术观察,2022(8):146-147.
[2] 马勇,何莲.城市会展品牌构建与创新策略[J].商业研究,2009(9):120-122.
[3] 康兵.试论商业展示设计的创意原则和途径[J].南京艺术学院学报(美术与设计版),2009(2):156-158.
[4] 张明.企业品牌形象在会展设计中的塑造[J].中国报业,2011(14):39-40.

现标志,这是标志在企业形象识别系统中的进一步延续。

在会展活动中,标志并非单纯的形象符号,而是代表着企业文化内涵。所以在设计中,要根据品牌定位、企业展销的商品及品牌理念,建立整体的视觉形象,并且标志设计必须找到最恰当的表现语言,表达其主题精神,完善和升华品牌形象。企业应该结合品牌的特点,有针对性地推广完整、统一而清晰的品牌形象,通过含义明确、造型单纯的符号形象,将企业的精神面貌、行业特征等充分表现出来,以便消费者识别。明确的企业标志与会展主题相融合,可以共同发挥出更高的信息传播价值。

2. 企业色彩与会展主题

色彩是最先让人感知的视觉要素,具有极强的识别性与传播力,是企业品牌形象的重要体现。一些色彩会给人特定的情感,能够引发人的种种感受与联想。例如,IBM以深邃的蓝色为企业标准色,体现了企业的性质——技术和未来;可口可乐用红色和白色形成强烈对比,体现了年轻的活力与对生活的激情;富士用红与绿对比色形成鲜明的色彩对比,是想表达自然色彩的艳丽。色彩与标志、标准字同时构成了企业形象识别系统设计中的三大基础要素。它一般分为企业标准色和辅助色,形成企业的整体色调,突出企业特点。在会展设计中,色彩也是企业形象的代表,是企业形成完整、统一的企业形象视觉识别系统的重要元素[1]。

色彩在会展设计中是最先被观众感知的,也是会展主题传达的重要部分,并且会通过视觉感受在人的头脑中留下印记。例如,在2010年上海世博会城市足迹馆的主题展厅(城市起源厅、城市发展厅和城市智慧厅)的总体创意设计中,三个主展厅的色调以代表大地的土黄色、代表辉煌宫殿的金色和代表智慧的透明光亮色为演变,体现了城市足迹的时间维度[2]。品牌的色彩特征更为突出,如红色的"可口可乐"、黄色的"麦当劳"、橘色的"小米"已经成为品牌形象的特征,充分体现品牌形象的个性,给人留下深刻的印象。因此,在展示空间色彩处理上,首先考虑的是品牌形象标准色的运用,如李宁专卖店的店面招牌、空间界面、展台家具等基本上都采用品牌形象的标准色红色为主色调,再辅以白色,形成统一的视觉感受,加强消费者对品牌形象的认识和记忆。在空间展示中,色彩的选用一般是与企业形象识别系统一致的,以品牌的标准色、辅助色作为展示设计的色彩,这样可以让人感受到展示空间色彩、展品的色彩和视觉识别系统中的色彩是协调统一的,便于消费者认知品牌,留下深刻印象。所以一般情况下,企业的展示设计大多是以企业的标志色及其延伸的辅助色作为基础色调来设计的。

在运用品牌标准色时要注意,色彩要让消费者认同。当标准色为背景色时,要以展示商品为目的,不能喧宾夺主;当发生冲突时,应降低明度,多取后退色,进而把商品突显出来,或换成无彩色或辅助色。在标准色为主色调时,辅助色也可以产生审美体验并避免视觉上的疲劳,在应用上要与主色彩协调,有主有次,起到丰富和突出标准色的作用。此外,要结合色彩所阐述的情感特征,塑造适合色彩依附的立体或多维空间,让形色合一,带给人更有力度、更富变化的视觉造型。色彩的情感和语义与会展的主题相辅相成,色彩的运用也增加了主题会展在视觉

---

[1] 张明.企业品牌形象在会展设计中的塑造[J].中国报业,2011(14):39-40.
[2] 王丹谊.现代会展艺术设计中的视觉文化[J].大舞台,2014(4):78-79.

上的识别度。

3. 企业文字与会展主题

标准字与标志、标准色是企业视觉识别系统中同等重要的基础元素,它是信息传递的直接表现方式,能与人们直接交流。文字有较强的说明性,可以直接表述企业的名称,突出企业形象与品牌的竞争力,消费大众也可以直接在文字中了解企业产品和企业信息。企业标准字一般与标准标志组合出现,采用这种方式可以更有效地通过视听功能来了解企业品牌的特点,更直观、更准确地体现品牌形象。

标准字设计就是要根据企业形象定位、产品特性与特色为该企业设计"专用"的标准字体。标准字体是根据企业的品牌个性而设计的,它区别于别的企业,也区别于印刷字体。标准字可以突出企业的特点、个性,并且能给消费大众带来视觉冲击,使其记住企业品牌。因此,标准字与会展主题的融合将进一步传达会展的理念与特色。

二、会展配套文创

(一)会展灯光文创

灯光效果不仅能渲染整体氛围,引起人们的兴趣,还能呈现出独特的美感,营造丰富的体验氛围,产生独特的视觉效果。通过灯光效果的表现,整个会展空间的色彩层次更加绚丽,整体环境氛围更加丰富[1]。照明也就是利用人工光或自然光为人们提供足够的照度,或更好地强调展品特征,帮助人们识别,或创造舒适的光环境、营造特殊的氛围等。为了使展品看起来更完美,更能打动人心,需要通过照明的方式对展品进行艺术的表现,提升展品的审美价值。参观展览对观众来说,除了观看展品,参观过程中的感受也很重要。通过光效设计增强展示场景的艺术感染力,使参观过程成为审美体验的过程,能够令观众身心愉快,从而更有效地传达展示信息。

1. 光的概念

光通量(luminous fux)指人眼所能感觉到的辐射功率,它等于单位时间内某一波段的辐射能量和该波段的相对视见率的乘积。由于人眼对不同波长光的相对视见率不同,所以不同波长光的辐射功率相等时,其光通量并不相等。

光强度(luminous intensity, l)是光源在某一方向立体角内光通量大小。发射的光通量定义为光源在该方向的光强度,单位为坎德拉(candela, cd)。

光照度即表面被照明程度的量,即通常所说的勒克斯(lx),表示被摄主体表面单位面积上受到的光通量。1勒克斯相当于1 lmn/m,即在被摄主体每平方米的面积上,受距离1米、发光强度为1烛光的光源垂直照射的光通量。光照度是衡量拍摄环境的一个重要指标。

光亮度表示发光面明亮程度,指发光表面在指定方向的发光强度与垂直且指定方向的发光面的面积之比,单位是坎德拉/米^2(cd/m^2)。对于一个漫散射面,尽管各个方向的光强和光

---

[1] 喻晓岚. 浅析会展设计中的美学意义[J]. 中国民族博览,2022(13):157-160.

通量不同,但各个方向的亮度都是相等的。电视机的荧光屏就类似这样的漫散射面,所以从各个方向上观看图像,都有相同的亮度感。

人眼直接观察光源时所看到的颜色,称为光源色表。人们常用与光源色度相等的辐射体的绝对温度来描述光源的色表,所以光源的色表又称为色温。色温用绝对温度 K(Kelvin)来表示,是指将标准黑体加热,温度升高至某一程度时颜色开始由红、浅红、橙黄到白、蓝白、蓝逐渐改变,利用这种光色变化的特性,我们将黑体当时的绝对温度称为该光源的色温。色温范围如下:2 700～3 200 K,光色呈黄色;3 200～5 000 K,光色呈暖白色,又称"自然色";5 000～6 500 K,称为白光;大于 6 500 K 的光色,称为冷光,这种光源一般用于户外路灯、厂房和汽车前后照射灯。欧美家庭一般喜欢用黄色的光,黄光光源也广泛用于商店装修、博物馆或者画廊等;而亚洲尤其东亚地区的人们比较喜欢白光,白光光源可在超市、办公室、医院等公共场所大面积使用。

光源对物体颜色呈现的程度称为显色性,也就是颜色逼真的程度。显色性高的光源对颜色的再现较好,人们所看到的颜色也就较接近自然原色。显色性低的光源对颜色的再现较差,人们所看到的颜色偏差也较大。

会展中照明的设计以突出展品为目的,陈列区域的照度应比观众所在区域照度高,光源尽可能不裸露,既要有利于观众的视觉舒适度,不产生眩目现象和严重的光幕反射,又要保证展品的展出效果,所以应选择显色性能好的光源,达到尽可能还原展品真实色彩的要求。同时,还要运用照明的手段渲染气氛,照明设计要与展示内容和展示设计的风格协调一致,营造一定的艺术氛围。

选择照度也是会展照明设计的重要环节。照度太低,会损害工作人员的视力,影响产品质量和生产效率。不合理的高照度则会浪费电力,选择照度必须与所进行的视觉工作相适应。正确选择自然采光,也能改善工作环境,使人感到舒适,有利于健康。还应充分利用室内受光面的反射性,有效提高光的利用率,如白色墙面的反射系数可达 70%～80%,也能起到绿色环保、节约电能的作用[1]。

2. 投射创意

对于会展空间的光环境,光线投射的方式颇有讲究,投射方向的不同都会为受光对象创造不同的效果。会展展示空间的光线投射方式大致总结为顶光、侧光、逆光、背光以及底光。

顶光是从物体上方垂直照射下来的光,还可以分成平顶光与顶侧光。这种光照符合人们的视觉习惯和视觉心理,容易突出展品顶部的构件和造型,特别是带有浮雕饰件、纹饰、线条的物品,并且起到营造氛围的作用。它的不足之处是照度不能过高,否则会导致展品上下明暗差距拉大,造成照度不均匀,或是下部存在阴影,致使观众忽略展品下部的肌理与纹饰。所以,在采用顶光或顶侧光的同时,物品的下方要设置辅助性的光,或者利用一些反光材料、反光板,达到相对理想的照明效果。

---

[1] 魏雅莉,任莉.绿色会展中展具的设计要素探析[J].包装工程,2011,32(22):119-121.

侧光主要用于物体侧面的照明。它和顶光的不同之处就是不太符合人们观察的习惯和心理，但是它可以充分展示物品左右两侧的造型、纹饰以及凹凸明暗，形成具有侧面亮点和整体投影的效果。这样物品下部的肌理和纹饰不会受到光照阴影的影响。一般都是侧光组合型应用，以免左右明暗差距过大。

逆光又称背光，是光源从物品背面照射的形式，主要是为勾勒展品的外轮廓线条，多用于体现外形线变化的丰富性与物品的立体感。对于透明物体如玻璃、琉璃等，采用逆光照明的形式能更好地表现晶莹剔透的特殊质感。所以，这种照射形式多用于雕塑、人物、动物以及外轮廓变化大的物品陈列的背景照明。但是在辽宁古生物博物馆，第一展厅的展板就利用了这种背光式照明，由于展板是展示文字内容的载体，不仅没有达到预想的效果，反而影响人们观看展板上的文字，参观时很容易导致视觉疲劳。在实际运用中，逆光这种类型的照明通常放置在面板、图形或窗帘后面，并通过它们产生散射效果。有时可以选择将灯光放在透明图形后面，让灯光不受阻碍；而其他时候，可以选择将照明放置在不透明的图形或窗帘后面。后一种选择可为空间带来更现代的感觉，突出一个公司的能力和专业水平。逆光照明方式有很多选择。例如，当点亮展会设计灯光时，可以从许多不同的颜色、亮度和图形中进行选择。通常使用灯箱塔获得所需的外观，塔内悬挂的梯灯亮起时，在塔内创建背光的效果，展现出体形高大的视觉感受，可以很好地用于创造引人注目的外观，使整个展厅都能被看到。此外，也可以选择在商业展览展示中背光整面墙壁，以获得更具戏剧性的外观。

底光和顶光的投射相反，是从低于物品底平面处投射上来的光，适合表现下部的造型纹饰。这种照射方式通常会产生一种威严、凶恶和恐怖的氛围。当底光和顶光结合使用时，物体就能清晰地显现在观众面前，塑造出精品展示的视觉效果。底光用于物品内部照明或特殊展柜内，多采用微型或小型射灯，创造独立光空间[1]。

3. 照明分类

一般照明也称为"背景照明"或者"环境照明"，是照明设计的基础，指的是充满房间的非定向照明，为空间中所有活动创造普遍充足的照明基础。整个展览或展示场地的空间照明，明亮程度要适当，通常采用泛光照明的方式，考虑显色性，并服务观众的走动与活动需要，同时还可成为重点照明的背景。当展示内容比较丰富并且展品没有突出重点要求时，常采用突出环境照明的方式，清晰地表现空间和展品的各种细节，环境气氛也比较明朗。一般照明通常选择普照式光源，位于展厅内天花板上的灯通常为整个展厅的主灯，也称背景灯。它能将室内提升至一定的亮度，为整个展馆提供相同的光线，所以不会产生明显的影子，没有严重的明暗对比。但是，它必须和其他的光线一起运用，所以它不应该很亮，与其他光源比较起来，它的亮度最低。

重点照明指用以强调某一特别目标物，或是引人注意视野中某一部分的一种方向性照明。为了突出展品形象，与环境照明比较，重点照明具有高亮度与高对比度。重点照明能使观众的

---

[1] 魏雅莉,任莉.绿色会展中展具的设计要素探析[J].包装工程,2011,32(22):119-121.

注意力集中于重点塑造的部分。重点照明的亮度比基础照明的亮度强3～5倍,以加强展品信息的传达并突出展品的光泽、肌理和材质,运用方向性强的灯光效果,加强展品的立体感和空间感,适时利用色光强调特定展品的特殊性。重点照明通常采用集中式光源的灯光为直射灯,以集中直射的光线照射在某一限定区域内,让观众能更清楚地看见正在进行展览的展品。由于灯罩的形状和灯的位置决定了光束的大小,所以,直射灯通常装有遮盖物或冷却风孔,而且灯罩都是不透明的灯。展会搭建中常见的有聚光灯、轨道灯、工作灯。集中式光源的强度很大,若眼睛长时间处于这种环境下,容易感到疲劳。

装饰照明也称气氛照明,包括层次照明和立体照明,主要是通过一些色彩和动感上的变化以及智能照明控制系统等,在有了基础照明的前提下,加一些照明作为装饰,令环境增添气氛。装饰照明能产生很多种效果和气氛,给人带来不同的视觉享受。层次照明指立面设计的前后层次较多,只用一种天棚带滑道的射灯不够,还必须加设筒灯、地灯,前两层装饰物的背后装灯,以便加强层次感。立体照明是运用一定的光线条件表现对象三维空间的照明方法。立体照明以一定光线条件为手段,使只有二维空间的平面表现出三维空间效果。装饰照明给需要展示的空间以细节的修饰,吸引目光、烘托氛围。

安全照明是在正常照明发生故障时,为确保处于潜在危险之中人员的安全而提供的照明。

(二) 会展色彩文创

现代色彩大师约翰内斯·伊顿(Jogannes Itten)曾说:"色彩就是生命,因为一个没有色彩的世界在我们看来就像死了一般。色彩是从原始时代就存在的概念,是原始的。"[1]人的视觉对色彩的辨别力非常强烈,人们也对色彩赋予了人性化的情感特征,这样色彩就具备了丰富的表现力。色彩是视觉传达中重要的表现因素,色彩极具视觉冲击力,让设计中的颜色更富有目的性,也满足了商业化社会发展对色彩表达的需求。色彩的运用设计,需要会展设计工作人员同时具备科学的色彩使用技能、丰富的色彩运用基础知识,以及对颜色敏感的洞察力[2]。色彩按字面含义理解可分为色和彩:所谓色,是指人对进入眼睛的光的感知传至大脑时所产生的感觉;彩则指多色,是人对光变化的理解。有彩色系的颜色具有三个基本特性,即色相、纯度(也称彩度、饱和度)和明度,在色彩学上也称为色彩的三大要素或色彩的三属性。不同色彩、不同要素传达出不同的信息。

例如,色彩本身并无冷暖的温度差别,是视觉色彩引起人们的心理联想,进而使人产生冷暖感觉的。在色相环上以紫和绿为分界点,暖色系的红、橙、黄让人有温暖的情感,冷色系的蓝绿、蓝、蓝紫让人有寒冷、镇静感[3]。明度高的色彩使人联想到蓝天、白云、彩霞及许多花卉,还有棉花、羊毛等,产生轻柔、飘浮、上升等感觉;明度低的色彩易使人联想到钢铁、大理石等物品,产生沉重、稳定、降落等感觉。对不同颜色的选择、搭配与运用都影响会展的主题表达和观众感受。

---

[1] 约翰内斯·伊顿. 色彩艺术:色彩的主观经验与客观原理[M]. 杜定宇,译. 上海:上海人民美术出版社,1985:3.
[2] 喻晓岚. 浅析会展设计中的美学意义[J]. 中国民族博览,2022(13):157-160.
[3] 朱琴. 设计色彩[M]. 2版. 武汉:华中科技大学出版社,2020:19.

1. 色彩文化语义

在会展的设计中,色彩同样是最先让人感知的视觉要素,具有极强的识别性与传播力。不同的色彩会使人产生不同的情感,引发人的种种感受与联想。虽然色彩所引起的复杂感情因人而异,但由于人类对色彩感知的心理构造大致相同,对大多数人来说,无论是单一颜色的还是多色组合,其知觉和感觉都存在着共同的倾向[1]。

(1) 红色。红色光在视觉上给人一种迫近感与扩张感,故被称为前进色。所以,消费产品上某些装饰商标、指示灯用红色点缀,视觉效果良好。但大面积的红色光很容易造成视觉疲劳,所以为了减少观众的紧张和疲劳,在会展环境中,不应在观众的视野中长时间地出现大面积的红色块。少量的红色则有着提醒的语义,在一些控制面板的色彩处理中有着良好的提示性。

(2) 橙色。在自然界中,许多成熟水果的色彩为橙色,所以橙色能在视觉上引起人们香甜可口的感觉,引起并增进食欲。因此,在会展中的展品为与饮食业有关的消费产品时,采用橙色是较受欢迎的。此外,橙色的诱目性相当高,常被用以发出讯号,有提示或者突出的作用。

(3) 黄色。黄色光的波长适中,视觉感觉舒适,能活跃工人的情绪,提高工效,还有利于人们聚精会神地工作,而浅黄色被认为具有开发智力的作用。但黄色也有象征颓废、病态和不健康等语义。在会展的色彩设计中,应避免过多使用灰黄色;黄色的运用中,应避免采用高纯度的黄色,宜适当采用低纯度、高明度及低纯度、低明度的黄色。

(4) 绿色。绿色给人以柔和、舒适的感觉,是阅读和思考时良好的环境色,常用作仪表上显示屏的主要色彩和笔记本、稿纸的格子色,也可作为机械产品的主调色或面板色。但高纯度绿色使用较少,低纯度或低明度绿色则用得较多。绿色的波长居中,人眼对绿光的反应最显平静,所以绿色不但能给人视觉上的休息,还给人以清新的感觉,可用在以旅游、疗养、环保事业为主题的会展中。

(5) 蓝色。蓝色光对人的视觉神经是最合适的,所以人看到蓝色感觉舒适,没有刺激。人在蓝色的房间里,脉搏会比平常慢一些,所以蓝色是休息时理想的环境色。蓝色具有镇定精神和降低体温的作用,也是一些医疗产品常用的色彩。蓝色的语义是含蓄、沉思、冷静、智慧、内向和理智,是现代科技产品的象征色。

(6) 紫色。紫色是色相中最暗的色,眼睛对紫色光知觉度最低。紫色的暗度使它在表现效果中呈现出一种神秘感,当它大面积出现时,很容易制造出恐怖感。大面积紫色会产生恐怖、威胁、丑恶等负面语义,令人不安,给人留下不好的印象。只有小面积的紫色调有时会收到较好的效果。

(7) 白色。白色给人以清洁、卫生、纯洁的感觉。为了容易发现污物、除去灰尘、保持卫生,在医疗卫生事业中,广泛应用白色或接近白色的素淡色,所以白色成为医疗卫生事业及产品的象征色。在会展的色彩设计中,当展品为精密仪器、医疗设备、冷藏设备(如电冰箱)等时,多用

---

[1] 皮永生.消费产品色彩设计研究[D].江南大学硕士学位论文,2005.

乳白色、鱼肚白、珍珠白或白色与其他颜色的组合。

(8) 黑色。黑色能将大部分光线吸收,对视觉无刺激,为光学仪器、照相器材的常用色。它的明度最低,是极好的衬托色,可以充分显示其他色彩的光感和质感。如仪表的黑表盘衬托白色字码,十分清楚,读数显示性很好。在会展的色彩设计中,黑色应用较多,但往往仅有小面积,有时起调和、衬托和稳定作用,有时起分割或产生层次的作用等。

(9) 光泽色。光泽色主要指金、银、铬、铜、铝、不锈钢、塑料、有机玻璃等材料的表面色,给人以辉煌、华丽、高雅、活跃、时尚、讲究、现代化等印象。金、银色属于中性色,与其他色彩配合,效果良好。若底色的明度低和纯度低,会充分显示出光泽色华丽的特点,使整个产品显得高级、素雅、别致。若底色的明度和纯度过高,与光泽色对比,会显得过于活跃和不协调,产生庸俗感。光泽色也被大胆地运用于一些特殊主题的会展。

(10) 会展的配套设计中可以选择单一的色彩元素,是因为其呈现的强烈视觉张力能够更加直观地展现产品的特点,使这种特点能够以更快的速度进入观众大脑,从而形成一种长久的记忆[1]。主色和辅助色、同类色的组合,如橘色和黄色,可以使产品设计避免不必要的跳脱感,使整体更加平和;多色彩的巧妙组合,采用类似色、互补色等,或是暖色系与冷色系的巧妙搭配,或是不同饱和度的色彩的组合,能体现连续性和调和感,以便引起注意、增加美感。总之,应综合考虑色彩语义、搭配以及与展品的契合度等因素,使会展配套设计的色彩更加合理,避免给观众增加不必要的视觉疲劳感。

2. 色彩创意原则

(1) 醒目原则。会展活动人流复杂,环境嘈杂,只有导视设计达到醒目的目的,信息才能被准确传达、快速定位。通过高强度的视觉刺激可以吸引观众注意,达到进一步了解详细信息内容的目的。合理利用色彩的基本原理和属性,对加强导视系统的醒目性具有事半功倍的作用。根据色彩学家的测定,如果在不同色彩的背景上涂直径 5 mm 的色点,在黑色背景上,黄色的可见距离为 13.5 m,红色为 6 m,紫色为 2.5 m;在黄色背景上,紫色的可见距离为 12.5 m,紫红为 9 m 等[2]。

(2) 整体及系统性原则。色彩的系统化设计有利于人们对环境的整体识别,所以在设计会展空间导视系统的色彩时应将指示信息分类,利用、相似或连续相关的色彩设计手法将其归纳到一个体系中,系统地说明所在区域和周边区域的信息。这与上文所述的视觉识别存在共同之处。

(3) 艺术性原则。艺术性原则主要是指在色彩设计过程中合理地运用艺术的表现方法和形式,达到强化视觉记忆、凸显独特性的效果[3]。时代发展至今,大量重复、相似的色彩设计形式和视觉样式变得大众化,难以吸引观众的注意力。这也使得会展空间的色彩除了有必要的实用功能外,同时又要兼具审美功能。如 2021 年在日本东京进行的索尼公园(Sony Park)

---

[1] 王亦敏,丁文. 产品设计中的色彩情感要素分析[J]. 包装工程,2011,32(14):137-139.
[2] 张岚. 色彩在公共交通导向系统设计中的重要作用[J]. 交通标准化,2008(10):12-16.
[3] 王磊. 现代会展空间导视系统的色彩设计探析[J]. 包装工程,2011,32(16):22-25,42.

展,主视觉设计由一个包含银座索尼公园标志的标题 logo,以及代表六个项目主题的①~⑥六个彩色圆形数字等关键元素构成。信息像贴纸一样随性地堆叠着,简明直率地展现项目的构成,兼顾了色彩设计的功能性和艺术性的统一(见图 4-3-1)。

图 4-3-1　索尼公园展

3. 色彩设计实践

对会展展示而言,展览色彩设计首先要符合大众审美标准,避免展览色彩效果不佳。选色需要与展览风格融合,选择恰当的色彩基调以及和谐的色彩组成搭配方式。尤其是商业会展,色彩的美学功能是展示色彩经由人们审美经验而得到的感受功效,这种功效以满足观众心理需求为目标[1]。在会展色彩设计的实践中,也需要在色彩类型、色彩基调和色彩构图三方面进行有条理的选择。

在庞杂的理论和实践面前,进行研究的第一步是根据事物的特点进行分类,搭建理论平台,这样才能进一步对事物进行分析和把握。会展展示色彩控制研究也不例外,色彩的差异起着标识作用。对于不同的会展展示类型,色彩具有不一样的性格属性。消费型的展览一般采用一些纯度较高的色彩,以刺激观众购物的欲望。工业类展览的色彩不仅能起到划分功能区的作用,恰当合理的色彩设计还可以展示企业文化;人居类展览追求明快、亲切、温馨的气氛,宜采用中性偏暖的色调。

色彩的基调广义上就是指色彩的基本色调,也是画面的主要色彩倾向,它能给人们留下总体色彩印象。建筑的色彩基调就是在建筑色彩中起主导作用的颜色。色彩的选取首先要反映整体的色彩基调,在把控基调的前提下对会展展示的主色、辅助色和点缀色进行设计。在色彩构成中,主色是画面中占最大面积的色彩,配以鲜艳的对比色,形成画面的亮点,增强感染力。面积较小的则被称为从色(辅色、点缀色),它从属于主色。会展展示色彩按其在空间中的构成,分为基调色、配合色、点缀色。一般情况下,展位的主色占展览面积 60%~70%,而展位的辅助色占展览面积的 30%~40%。主色和辅助色共同确立展览的色彩基调。点缀色在展位中小面积使用,使用部位较为灵活,必须依据展位整体配色的效果进行设计。

---

[1] 蒋尚文,莫均.展示设计[M].长沙:中南大学出版社,2004:43.

色彩设计方案的另一项重要内容就是展位立面的色彩搭配与构图,其目的主要是通过选择外立面合适的色彩以及恰当的组成方式来形成色彩规律,给人不同的视觉感受。色彩搭配强调的是展位的主色、辅助色和多种点缀色之间的色彩关系,最终目的是使展位色彩带来舒适和谐的感受,这就需要综合控制各类型色彩之间色相、明度、纯度和施色面积的比重,达到色彩中和与平衡。展位色彩构图强调的是通过外立面色彩的分布形式带来不同的视觉效果。因此,在会展展示色彩设计上,应当从展示色彩的搭配与构图规律中找到方法,通过对大量案例进行调研,对搭配与构图关系进行分析总结,得出该类建筑色彩搭配与构图的一般模式。

案例研读

贝聿铭收官之作——苏州博物馆的文创设计

博物馆是一个国家、一个城市的文化象征物,参与构筑集体身份的归属感与认同感,一个地区的博物馆具有非常强烈的区域属性。博物馆作为集收藏、研究、展示、休闲、教育职能于一体的综合性文化设施,其活动既包括藏品的收藏与保护、科学研究、基本陈列和部分临时展览、社会教育、环境美化等非营利性事业性活动,也包括纪念品销售、资料提供、商业性展开、定制服务、餐饮以及特别设计等营利性产业性活动。博物馆承载着人类科学艺术的发展,凝聚着人类的思想结晶,指向人类的未来,一方面强调其历史文化内涵,另一方面作为城市公共景观,与城市形象相接,与个体观众相连。

苏州博物馆成立于1960年元旦,是收藏、展示、研究、传播苏州历史、文化、艺术的综合性博物馆。馆址太平天国忠王府为首批全国重点文物保护单位,是国内保存至今最完整的一组太平天国历史建筑物。馆藏以历年考古出土文物、明清书画和工艺品见长。2006年10月6日,由世界建筑大师贝聿铭设计的苏州博物馆本馆建成并正式对外开放。博物馆占地面积约10 700 m²,建筑面积超过19 000 m²,以"中而新,苏而新"的设计理念,融建筑于园林之中,化创新于传统之间,加上修葺一新的太平天国忠王府,总建筑面积达26 500 m²,与毗邻的拙政园、狮子林等园林名胜构成了一条丰富多彩的文化长廊[1]。苏州博物馆以江南文化为核心展示内容,秉持"立江南,观世界"的办馆思路,为观众传递苏式雅韵魅力,讲述江南文化故事,展现世界文明风采。

苏州博物馆作为一个现代建筑,却包含了更多的中国传统文化符号,随处可见,既有传统符号的明显特征,又做了恰当的提炼和改变,既有古韵,又有今味,是传统与现代完美结合的典型代表。进入苏州博物馆,首先看到的是门后的中央大厅,中央大厅是连接博物馆各个功能区的枢纽。以传统的坡顶形式设计,屋顶的框架线由大小正方

---

[1] 谢晓婷. 馆长致辞[EB/OL]. https://www.szmuseum.com/News/Index/GZZC.[访问时间:2022-12-14].

形和三角形构成,像一幅几何形绘画。框架内采用的是玻璃材料,让采光更加明亮通透。中央大厅两边的东西廊,贝聿铭先生借鉴并且改良了中式传统建筑中的天窗,将窗户开在了屋顶正中,与斜坡屋顶形成一个折角,显得错落有致。采取仿木饰面的金属材料对光线进行过滤,这样光线进入廊内,更显自然柔和,一片片的光条投影于白墙之上,随着时间的流动而变幻,光影交织中仿佛周围的线条都流动了起来……苏州博物馆的建筑就是一件"藏品"。从苏州博物馆的设计风格、空间、动线与色彩中都能体会到文创的意味,寓人文于建筑,赋创意于设计。

一、苏式风格——园林

在苏州博物馆新馆的设计中,贝聿铭也充分考虑苏州的人文内涵,借鉴苏州古典园林的风格,设计了一个主庭院和多个小庭院,布局十分精巧。主庭院位于中央大厅北部,透过大堂玻璃,我们可一睹江南水景特色:铺满鹅卵石的池塘、片石假山、直曲小桥、八角凉亭,中国传统园林中的叠石、堆山、造桥、理水,在这里得到了完美的诠释。庭园中的竹和树姿态优美,线条柔和,在与建筑刚柔相济的对比中,产生了和谐之美。

苏州园林的假山往往注重山的体量感和立体感,注重所谓漏、透、瘦,这些假山大多具有可穿透性和可攀爬性,换句话说,苏州或中国园林中的假山虽然不是真实的山,却是有相当厚度、可以供游人栖息的所在,有的假山内甚至有很深很长的洞穴[1]。苏州博物馆片石假山的设计创造出了三维立体的米芾作品,还将中国画的水墨色彩和空间变化表现入微,米芾与苏州园林之间的联系是自然精髓的升华。

苏式园林中讲究"一步一景"的景观效果营造,所以窗也是园林中很重要的环节。在苏州博物馆里分布了很多几何六边形窗,这些都是对苏式园林经典元素的提升。用窗做框,加上窗外精心布置的太湖石和石榴树,成就一幅绝美画作。苏州博物馆的每一个角落都能带来似曾相识却又新颖独特的感受,白墙灰瓦、翠竹石片、平桥禅石、洞门角窗,无不亲切入怀、明快简约、意蕴悠远。花墙漏窗、远山近水,让空间显露出勃勃生机的自然之色(见图4-4-1)。

图 4-4-1 苏州博物馆外观

---

[1] 万书元.贝聿铭苏州博物馆漫评[J].艺苑,2008(9):12-14.

二、通透空间——光线

"让光线来做设计"是贝氏的名言,巧用光线,使空间变化多端。在新馆建筑的构造上,贝聿铭对光的利用充分而具体,并产生了超乎想象的艺术效果。在采光方面,玻璃、钢结构可以在室内借到大片天光,屋面形态的设计也突破了中国传统建筑"大屋顶"在采光方面的束缚。玻璃屋顶使得自然光线透过木质感极强的金属遮光条交织成的光影,进入博物馆的活动区域和展区。大而敞亮的六角形状、或大型落地式方窗,比苏州古典的装饰性花窗简洁许多,更有利于通过自然光线的完美导入,使人们获得视觉感受。苏州博物馆新馆的光环境设计不同于其他博物馆,借鉴了中国传统建筑中老虎窗的做法,光线透过屋顶中间的天窗,百叶窗式样的金属遮光条将之调节、分割、过滤,使得明暗变幻的光影映入大厅;廊道上方铝型材"木格栅"柔和室内光线并形成律动感[1](见图4-4-2)。

图4-4-2 苏州博物馆廊道"木格栅"

在视觉上,玻璃屋顶与石屋面相互映衬,令人赏心悦目,光线经过色调柔和的遮光条的调节和过滤所产生的层次变化,以及不同空间光线的明暗对比,仿佛能让周围的线条流动起来,令人入诗入画,妙不可言。光线与空间的结合透过简单的几何线条来营造光影变化,使空间变化多端,让景色随脚步变化,随视角变化,随心情变化,让人在移步换景之间,随着光线的忽明忽暗,产生不同的视野与感觉[2]。通过玻璃与木格栅的建筑设计,将自然光线引入展厅室,形成文化与自然交融的通透空间。

此外,苏州博物馆在陈列空间的设计中也有着深入的考量。在苏州博物馆新馆设计之初,贝聿铭就仔细翻阅过苏州博物馆馆藏文物的分类资料,希望为每一件展品的陈列量体裁衣,做出真正符合苏州、符合苏州博物馆风格的设计。苏作玉器、文房用品、象牙制品等艺术品以精细闻名,体积普遍偏小,因而人们更希望在较小的空间内欣赏它们。为此,贝聿铭设计了多宝阁式的展柜,将不同大小的展品各自放入初步制定的展柜中,反复调整展柜黑色框架线的粗细,以实现最佳的展陈效果。

---

[1] 马云霞.创意在苏州博物馆新馆[J].四川建筑科学研究,2008(4):213-215.
[2] 张欣,陆雪梅,谢晓婷.传承 创新 融合——谈苏州博物馆新馆建筑与陈列设计[J].装饰,2009(3):27-30.

三、整体动线——顺流

新馆建筑分为三大区域,中部为入口、前庭、大厅和主庭院,大厅为所有观众导向,并为去所有展区提供通道。苏州博物馆的造型、空间布局和设计意趣塑造了其鲜明的建筑风格。博物馆屋顶部分的三角形体取自苏州老房子屋顶的比例,是水乡江南瓦顶木结构椽梁的基本模数。入口的中式洞门、中央共享大厅左右两侧的长廊、大厅顶上的亮窗以及庭院里的亭子都是三角形体。整体建筑将几何形体与空间进行了完美组合,但几何式的现代主义风格中仍难以剥离中国传统江南园林的气韵和影子。

苏州博物馆整体建筑主要分为中部、西部和东部三部分,并各自形成轴线,串联起若干四面围合的庭院,在功能上也有所对应:中心部分是入口处、大厅和博物馆花园;西部为主要展区;东部为现代美术画廊、教育设施、茶水服务处以及行政部分等,该部分还将成为与忠王府连接的实际通道。博物馆内部参观路线整体以先左后右为主,从西部主展区开始参观,由西向东,穿越最具特色的主庭院,观赏片石假山与水面设计,到达东部的特展区。在位于中心的观赏水面的设计中,有若干入口通向边界地面,做到了基地内部景观的可见、可达、可用。整体空间丰富连贯、尺度适宜,室内光影变化得当,空间体验及视觉感受超越了建筑的实际规模。

在内部的展厅中,通过内部结构的调整,对于不同主题的展览,可以设计出不同的参观路线。如图4-4-3所示,在"黄金为尚:历史·交流·工艺"展览的动线设计中,通过内部屏风的阻隔设计,将第一展厅的矩形空间划分成两个部分,弧线内侧就是新增的序厅,将参观动线改为从第一展厅进入后直接左转的顺时针参观模式,并为本次展览最大的藏品提供了专属展区。此次展览设计中动线的改变是决定性的一环。在新的动线指导下,新的空间逻辑和内容排布为观众在展厅中的行为提供了明确的指引,加上富有透视感的入口、丰富的

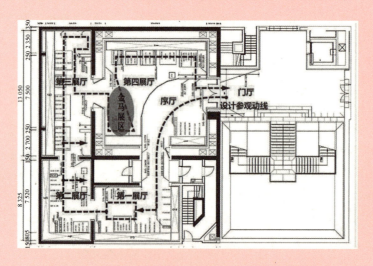

图4-4-3 "黄金为尚:历史·交流·工艺"展览动线设计

柜内设计、浪漫而有序的视觉语言,为整个展览锦上添花[1]。

四、水墨色彩——江南

苏州博物馆的设计与中国传统文化息息相关,在色彩上也呈现出一种文人水墨的气息。与徽州民居一样,传统的苏州民居也都以粉墙黛瓦为主要的色调,清新淡雅,契合太湖水的恬淡和江南文化雅致静美的气质。贝聿铭这样介绍道:"我觉得苏州博物馆是个有文脉的建筑,当地想要的也是建筑文脉。在这个项目上,我有机会将历史古迹融入21世纪的背景里,要做到这一点并不容易。至于用材就毫无悬念了,我们选定了灰泥、石材或者瓦片。而颜色则是灰白结合。"[2]这种明显带有地域特质的色彩格局,加上经过抽象犹如书法线条般的灰色边框,在包豪斯现代主义建筑的框架之下,使得中国水墨情趣呼之欲出,这便是苏州博物馆的精妙所在。

苏州博物馆也继续沿用了这种带有明显地域特征的色彩:粉墙黛瓦格局,加上经过简化、雅化的装饰性灰色边饰,带有东方意味的线条之美,既体现出与片石假山相呼应的中国水墨情趣,又体现了西方现代抽象画的装饰和平面美[3](见图4-4-4)。中国画墨色讲究分五彩,即"焦、重、浓、淡、清"。墨色变化中最看重淡墨的衬托作用,认为淡墨比较具有神采和味道,是烘托主题的关键,最能代表笔墨的韵味[4]。苏州博物馆新馆在色彩上借鉴了苏州传统黑、白、灰的建筑用色,通过黑、白、灰不同位置、面积、明度的对比,并用灰色调和,形成了色彩层次丰富、古典雅致的艺术效果[5]。博物馆主庭院的基调就是淡灰色的,凸显景观中的绿植、游鱼、天色等元素,产生一种辽阔的视野。

图 4-4-4 片石假山

---

[1] 屠焕赟. 年度回顾·展览篇 | 重构与萌生——"黄金为尚"展览设计解读[EB/OL]. https://mp.weixin.qq.com/s/bFuVm4WcbQLy3g9cEOLGTQ.[访问时间:2022-12-14].
[2] 苏而新 中而新——苏州博物馆新馆[EB/OL]. http://www.sohu.com/a/307219514_773989[访问时间:2023-07-06].
[3] 傅晓霞.中国传统文化符号在苏州博物馆设计中的运用[J].艺术百家,2010,26(S1):93-94,150.
[4] 臧勇,钱珏,汤洪泉."只缘身在此山中"——苏州博物馆的"形""色""意"[J].美术研究,2013(3):108-111.
[5] 黄华星、柳真.浅析苏州博物馆新馆的建筑用色之美[J].北京印刷学院学报,2017,25(3):85-86.

如图 4-4-4 所示，位于中央大厅北部的主庭院是贝聿铭以"宋四家"之一米芾的一幅山水作品为蓝本，"借以粉壁为纸，以石为绘也"。他派了一位年轻的建筑师前往山东的一家石场，挑选了 30 多块大石头，他们用钢线将大石切成理想的形状，将巨石劈切成片，通过燃烧，制造出阴影，做出立体的效果，进而调整每一块石头的位置，石片颜色由深入浅、高低错落地排砌于墙前，形成了一幅别具一格的山水画。在朦胧的江南烟雨笼罩中，营造出了米芾水墨山水画的意境[1]。

苏州自古就是一座繁荣之城，尤其是明清时期，文人雅士在开放的社会风气浸润下，其艺术作品呈现出浓郁的江南风韵。苏州博物馆里的藏品便包含了大量相关的文物，而这座博物馆同样具备深厚的文化内涵。苏州博物馆通过藏品、展览彰显了城市文化个性，向公众展示了城市的物质文化，并保护、传承着珍贵的非物质文化遗产。各地博物馆之间藏品、展览、人员的交流推动了城市文化的交流，增进了地域、国家间的理解[2]。同时，博物馆文化创意来源于历史与艺术，又经常与信息技术、传播技术和自动化技术等的广泛应用密切关联，在带动相关产业的发展、推动区域经济发展的同时，还可以传播科学文化知识，延伸博物馆的文化服务功能，提升人民群众的文化素质[3]。苏州博物馆是中国当代建筑史上重要的建筑之一，看似极简的设计实则包罗万象，越来越多的游客从关注建筑的"颜值"转向深入了解其内在意涵。苏州博物馆除了实现对大众的教育和传播功能外，也通过这个建筑空间，使人们感知到灿烂的吴地文化。

思考题

1. 请谈谈会议与展览有何不同。
2. 除了书中提到的五种风格类型，你在生活中还见到过哪些不同的会展风格？
3. 说说书中会展空间设计的分类都适合什么主题的展览。
4. 在展览青铜器的博物馆中，哪种动线设计更为合适？
5. 商业性质的会展设计中，灯光和色彩的配套设施该如何表达？

本章参考文献

［1］上海辞书出版社.辞海［M］.7 版.上海：上海辞书出版社，2020.
［2］吴信菊.会展概论［M］.上海：上海交通大学出版社，2003.

---

［1］李婷、钱晶菲.苏州博物馆：贝聿铭百年建筑人生的点滴凝结［EB/OL］.https://mp.weixin.qq.com/s/INIytT3-Av61DFcbyQc5uw.［访问时间：2022-12-14］.
［2］陈瑞近.一座博物馆在城市中的担当［J］.中原文物，2017（2）：121-128.
［3］邢致远.博物馆文化创意产业模式与产品研究［J］.艺术百家，2014，30（S1）：18-22.

[3] 张俊竹,苏镜科,尹铂.会展设计[M].北京:化学工业出版社,2019.
[4] 丁玉兰.人机工程学[M].北京:北京理工大学出版社,2005.
[5] 《数学辞海》编写委员会.数学辞海(第6卷)[M].太原:山西教育出版社,2002.
[6] 朱瑞波,常慧娟.会展策划与设计[M].长沙:湖南大学出版社,2012.
[7] 郭宜章,杨思宇.会展设计[M].北京:中国青年出版社,2021.
[8] 李砚祖.设计之维[M].重庆:重庆大学出版社,2007.
[9] 朱曦.展示空间设计[M].上海:上海人民美术出版社,2007.
[10] 蒋尚文,莫均.展示设计[M].长沙:中南大学出版社,2004.
[11] 洪晔.会展传播的基本模式与研究领域探索[J].新闻知识,2014(2):22-24.
[12] 李绍文,黄缨.论少数民族特色美学在会展展示中的应用[J].贵州民族研究,2014,35(5):66-69.
[13] 李辉,兰海龙.从实体走向虚拟:会展设计的媒体形态变化[J].新闻战线,2017(16):68-69.
[14] 王丹谊.现代会展艺术设计中的视觉文化[J].大舞台,2014(4):78-79.
[15] 张明岩.某国际会展中心消防性能化设计分析[J].消防科学与技术,2016,35(12):1700-1702.
[16] 朱瑞波,俞进军,崔蒙.现代会展空间导向设计的系统性分析[J].西安科技大学学报,2010,30(5):574-578,623.
[17] 方忠权.广州会展企业空间集聚特征与影响因素[J].地理学报,2013,68(4):464-476.
[18] 蔡国峻.浅谈城市会展中心规划设计发展需求——以南京国际博览中心为例[J].现代城市研究,2015(2):55-59.
[19] 彭慧翔.艺术文化主题下的会展空间规划与设计[J].建筑结构,2022,52(7):158.
[20] 胡林辉,梁颖嫦.会展空间设计中本土化的"情境"构建[J].美术观察,2020(11):154-155.
[21] 刘慧.会展设计中的人文设计探讨[J].艺术与设计(理论),2016,2(3):42-43.
[22] 金元浦.上海世博会:文化创意产业发展的重要契机[J].探索与争鸣,2009(4):47-50.
[23] 许光辉.主题性展馆设计中叙事性设计方法的应用——无锡家艺小镇客厅展馆设计实践探索[J].美术观察,2022(8):146-147.
[24] 马勇,何莲.城市会展品牌构建与创新策略[J].商业研究,2009(9):120-122.
[25] 康兵.试论商业展示设计的创意原则和途径[J].南京艺术学院学报(美术与设计版),2009(2):156-158.

[26] 张明.企业品牌形象在会展设计中的塑造[J].中国报业,2011(14):39-40.

[27] 喻晓岚.浅析会展设计中的美学意义[J].中国民族博览,2022(13):157-160.

[28] 魏雅莉,任莉.绿色会展中展具的设计要素探析[J].包装工程,2011,32(22):119-121.

[29] 王亦敏,丁文.产品设计中的色彩情感要素分析[J].包装工程,2011,32(14):137-139.

[30] 张岚.色彩在公共交通导向系统设计中的重要作用[J].交通标准化,2008(10):12-16.

[31] 王磊.现代会展空间导视系统的色彩设计探析[J].包装工程,2011,32(16):22-25,42.

[32] 万书元.贝聿铭苏州博物馆漫评[J].艺苑,2008(9):12-14.

[33] 黄华星,柳真.浅析苏州博物馆新馆的建筑用色之美[J].北京印刷学院学报,2017,25(3):85-86.

[34] 臧勇,钱珏,汤洪泉."只缘身在此山中"——苏州博物馆的"形""色""意"[J].美术研究,2013(3):108-111.

[35] 傅晓霞.中国传统文化符号在苏州博物馆设计中的运用[J].艺术百家,2010,26(S1):93-94,150.

[36] 马云霞.创意在苏州博物馆新馆[J].四川建筑科学研究,2008(4):213-215.

[37] 张欣,陆雪梅,谢晓婷.传承 创新 融合——谈苏州博物馆新馆建筑与陈列设计[J].装饰,2009(3):27-30.

[38] 邢致远.博物馆文化创意产业模式与产品研究[J].艺术百家,2014,30(S1):18-22.

[39] 陈瑞近.一座博物馆在城市中的担当[J].中原文物,2017(2):121-128.

[40] 皮永生.消费产品色彩设计研究[D].江南大学硕士学位论文,2005.

[41] 河南省文物局.河南博物院[EB/OL].https://wwj.henan.gov.cn/2022/01-10/2380257.html.[访问时间:2022-12-14].

[42] 谢晓婷.馆长致辞[EB/OL].https://www.szmuseum.com/News/Index/GZZC.[访问时间:2022-12-14].

[43] 屠焕赟.年度回顾·展览篇丨重构与萌生——"黄金为尚"展览设计解读[EB/OL].https://mp.weixin.qq.com/s/bFuVm4WcbQLy3g9cEOLGTQ.[访问时间:2022-12-14].

[44] 李婷,钱晶菲.苏州博物馆:贝聿铭百年建筑人生的点滴凝结[EB/OL].https://mp.weixin.qq.com/s/INIytT3-Av61DFcbyQc5uw.[访问时间:2022-12-1].

第五章 会展产品文创

学习目标

学习完本章,你应该能够:
(1) 了解会展产品文创赋能的概念;
(2) 了解各类会展文创产品的特点;
(3) 了解会展文创产品的开发与设计。

基本概念

文化　创意　赋能会展　产品产品　设计与开发

第一节 会展产品的文创赋能

一、会展产品概述

所谓产品(product),也就是具有价值,并可在市场上进行交换的任何标的。产品具有两个要件:一是要有价值;二是要能在市场上进行交换。根据菲利普·科特勒的观点,产品包括十大类,即实物产品、服务、体验、事件、个人、地点、财产权、组织、信息和观念。会展产品是由多种成分组合而成的综合体,是构成和支持会展活动的各种元素的有机集合[1]。

科特勒认为,任何一种产品都可被分为三个层次:核心利益(core benefit),即使用价值或效用;有形产品(tangible product),包括式样、品牌、名称、包装等;附加产品(augmented product),即附加服务或利益。这三个层次是相互联系的有机整体[2]。会展参与者希望从会展参与过程中获得的核心利益是会展机构能够为参与者提供商品和服务买卖、展现的时机和经历,这是会展参与者的主要目的;会展参与者可以从会展机构获得的实体产品包括场地、展台、座椅、灯光音响、餐饮券、纪念品等,参与者可以从这些实物形式的产品中得到相应的有形收益;会展参与者可以在会展参与过程中享受到会展机构提供的文娱、休闲、旅游、住宿、交通、停车场、与不同来宾打交道和进行社交的时机,以及其他服务(包括通信、翻译、保险、金融等),这些属于参与会展得到的附加收益,是会展的附加产品[3]。

如前所述,会展主要包括会议、展览、节事活动和奖励旅游等门类,下文将针对这四类产品展开阐述。

(一) 会议及其相关产品

1. 会议的内涵

如前所述,会议是指有组织、有领导、有目的的议事活动,它是在限定的时间和地点,按照一定的程序进行的。会议的主要功能包括决策、控制、协调和教育等。按会议的组织形式,可分为年会、代表会、论坛、专题学术讨论会、座谈会等;按会议的内容,可分为商务型会议、度假型会议、展销会议、文化交流会议、专业学术会议、政治性会议、培训会议等;按出席代表的身份和主要议题,可分为公司会议、政府会议、协会会议、非营利性机构会议等;按与会者的国籍,可以分为国内会议和国际会议;按会议的规模,可分为不超过100人的小型会议、100~1 000人的中型会议、1 000~10 000人的大型会议,以及10 000人以上的特大型会议[4]。

---

[1] 孟凡胜,冯卓然,张迪.基于让渡价值理论的会展产品价值体系构建研究[J].商业研究,2017,488(12):35-41.
[2] 宋咏梅,孙根年.科特勒产品层次理论及其消费者价值评价[J].商业时代,2007,381(14):31-32,37.
[3] 金蓓,罗铭.城市会展业信息化服务模式的探讨[J].北京城市学院学报,2009(6):61-64.
[4] 张义,杨顺勇.会展导论[M].上海:复旦大学出版社,2009:60-65.

2. 会议产品的要素

会议由来已久,早在原始社会时期,为了生存和分配资源就已经产生了氏族会议。随着社会经济的发展,会议也成为伴随人类的最为重要的社会活动之一,不论是封建王朝的典礼仪式和万国来朝,还是现代社会种类繁多的各类会议活动,都属于会议的范畴。不过,会议作为一种产品是进入现代社会才形成的现象。会议的本质就是一种服务包。社会各级各类组织向专业的会议公司购买会议服务,不但能更加节约成本,而且还能提高会议的品质,享受专业的会议服务。作为产品的会议是会议公司研究和开发的核心。会议公司应当专注于会议产品的品质提升和供应链的运营,为客户提供高质量的服务,才能做到让客户满意[1]。

从产品构成层次的角度,可以把会议产品的构成要素分为核心要素、配置要素、支持要素和扩展要素四类。

(1) 核心要素。客户购买会议服务的基本需求要素包括主题和议题、演讲人和嘉宾、专业活动等。

(2) 配置要素。配置要素是为实现会议核心要素所必须提供的物品和服务,主要包括会议时间、地点、硬件设备、会场布置、会议通知、会议名卡和印刷品、住宿和餐饮、会议标识系统、社会活动、会议附设展览等。

(3) 支持要素。支持要素是针对核心要素所追加的代表额外利益的要素,它起到与竞争产品相区别的作用。对传统的有形产品而言,产品的支持要素包括保险、服务网络、运输、售后服务和信用贷款等。对于会议这样的服务产品来说,支持要素主要是会议核心要素之外具有竞争性的独特服务或物品,主要包括人际交流氛围、接送服务、会后服务、会议礼品、其他体现会议竞争特点的服务等。

(4) 扩展要素。扩展要素主要包括会议环境、参会者与服务系统的互动、参会者参与生产以及参会者之间的互动等要素[2]。

3. 会议产品的特征

会议作为一种特殊的服务产品,具有以下五个方面的特点。

(1) 产品表现形态的综合性。对于会议产品的形态,一般从服务的角度认定会议产品也是无形产品,但是实际上,会议并不是完全无形的,它需要借助若干有形实物才能实现。一方面,与传统的有形产品相比较,会议的特质及主要元素往往是无形无质的,对它的感受更多依赖顾客的体验,甚至不同的客户会有不同的评判标准。而且,会议产生的利益也很难被觉察,需要经过一段时间后,才能有所感知。另一方面,会议产品除了无形的产品部分之外,还有很多有形的产品,如会议室的大小、空间环境、会议设施、会议礼品、会议现场的背板、展示材料、展台形象、娱乐设施、员工仪表、会议宣传材料、论文集或相关出版物等。

(2) 生产与消费过程的交融性。会议产品的生产与消费是同步的,会议产品不能像物质产品那样通过物流来销售,只能通过参会人员的汇集、交流、分享、体验来实现销售。需要特别注

---

[1] 什么是会议产品[EB/OL]. https://www.guayunfan.com/baike/255837.html. [访问时间:2023-02-12].
[2] 杨琪,李晨,杜凤霞. 会议运营管理[M]. 重庆:重庆大学出版社,2016:38-81.

意的是,会议产品的生产过程与消费过程不但具有"同步"性,而且还出现了生产与消费过程的"交融"。消费过程本身也是生产过程的一部分,会议消费者同时也参与了会议的生产。

(3) 产品构成要素的复杂性。会议是一种群体性活动,会议产品要素多元渗透、交叉融合,一切符合产品核心价值和需要的元素都可以通过一定的形式结合在一起。会议产品有核心要素、配置要素、支持要素和扩展要素等四个层次20余种产品要素,不但在要素上远比一般的服务产品复杂,而且由于参会人员数量大、个性化需求多,各种产品要素还要做进一步细分,在会议产品的生产实践中表现出高度的复杂性。会议产品构成要素的复杂性特点还体现在会议传播途径与方法的设计管理上。在会议活动的策划期间,策划者要精心策划会议的媒体平台、出席活动的关键人物、传播定位等,并分析这个产品的传播价值。

(4) 产品生产开发的战略性。会议产品中既有非周期性的产品,也有周期性的产品,如一年一届或者一年多届。会议产品的生产具有典型的战略性,不论周期性产品还是非周期性产品,都需要提前较长一段时间进行筹备。在筹备和现场执行期间,会议组织者需要和相关企业、政府部门以及非政府组织协调合作,从战略上对半年甚至一年以后的各项资源进行调配,对会议的环境、重大事件进行预估和管控,对会议临时人员进行招募和培训,确保在复杂的政治环境、市场环境和国际环境下做好充分的准备,使会议内容能够超前、全面、专业地讨论和展示社会、科学技术和工农业生产等各个领域的发展趋势和最新成果,从而使会议活动真正起到研究、探索、推广以及展示新技术、新产品、新观念和新知识的作用。

(5) 产品生产过程的变通性。一方面,由于会议产品中诸多要素具有无形性特点,不能确保会议细节都能提前敲定,有些服务流程或安排只有到临近会议正式召开的时间节点才能最终敲定落实;另一方面,在会议活动中,从场地的选择、会场的布置、演讲人的邀请、参会人员的时间安排等各项环节,到会议服务的各项供应,涉及若干主体,很难做到步调完全一致。因此,会议产品的生产过程非常注重灵活变通,变通性是其重要的特点之一[1]。

(二) 展览及其相关产品

1. 展览的内涵

如前所述,展览是一种具有一定规模和相对固定日期,以展示组织形象和产品为主要形式,促成参展商和观众之间交流洽谈的一种活动。《国际展览公约》这样定义展览会和博览会:"展览会是一种展示,无论名称如何,其宗旨均在于教育大众。它可以展示人类所掌握的满足文明需要的手段,展现人类在某一个或多个领域经过奋斗所取得的进步,或展望发展前景。当有一个以上的国家参加时,展览会即为博览会。"[2] 这个定义说明展览的特征包括:通过物的集中、艺术的展示进行信息交流;展览的展品是社会中具有先进性的文明成果;展览的目的在于教育大众;展览具有不同的类型;等等。

从展览流程的角度来看,展览产品是指从展览的市场调研、题材选定、立项策划、产品设计、招展招商、展览举办到展后评估的全过程。从展览主办者的角度来看,展览产品是主办方

---

[1] 杨琪,李晨,杜凤霞. 会议运营管理[M]. 重庆:重庆大学出版社,2016:38-81.
[2] 上海世博会申办特刊.《国际展览公约》的产生[J]. 沪港经济,2002(12):56.

所策划的一次展览活动,它为参展商提供的是展示的机会、场所、观众,以及其他配套的服务和设施等。

2. 展览产品的要素和类型

展览产品的要素包括展品、展览组织者、参展商、展览场馆等,这些都是影响展览的关键因素。

(1) 展品。展品是展览这个特殊活动的产物,只有当物品在特定的环境下通过展示实现信息交流时,这些物品才能被称作展品。展品是展览的主角,是参展商与观众之间交流的主要介体。展览的主办者或参展商主要是通过展品的展示,传递各种信息,而观众则是通过参观这些展品,从中接收各种信息。

展品可分为实物展品、精神展品两大类,前者如原物、样品、标本等,后者如专利、设计方案等。实物展品可以进一步分为原物展品、样品、仿制品、复制品、标本等。除一般实物展品外,还有一些非实物形式的精神类产品,如各种学术思想、文学艺术、软件、方案等,它们必须借助物质载体才能展示,这些展品往往需要借助介质上的文字说明,才能实现交流的目的。按展品在展览中的地位,可将其分为基本展品和辅助性展品两大类,前者如样品、仿制品等,后者如沙盘、图表等[1]。

(2) 展览组织者。展览组织者是直接从事展览策划、组织并承担展览责任的机构,如展览的主办单位、承办单位,以及展览协办、支持单位等。

(3) 参展商。参展商主要是指提供展品,借助展览平台展示自己的产品,以实现与观众交流目的的组织或个体。

(4) 展览场馆。展览场馆是举办展览的地方。根据用途的不同,展馆可以分为综合性展馆和专业性展馆两大类。

根据展览目的、地点、展品等的不同,可以把展览分成不同的类别或系统,并在此基础上进一步细分,形成子系统。总体上说,展览可以分为教育类展览与经济类展览两大系统。教育类展览又可以细分为建设成果展、世博会、博物馆类展等不同的子系统;经济类展览可以细分为商品展、投资及项目展、展销会等子系统。展览形式多样,可以为不同的社会经济部门服务,随着产业分工的深入,展品的种类越来越多,展览的种类也日益增加。

3. 展览的功能

(1) 信息交流功能。展览具有信息交流功能。展览展示离不开展品,展品本身就是信息载体,通过展示,其所蕴藏的信息为观众所认识。观众通过参观展览,接收展品传递的信息,对自身的行为产生影响。

(2) 宣传功能。主办方或参展商通过展品的形象展示,可以提高参展单位、参展企业、参展产品的社会知晓度,提高其知名度与社会影响力。由于展览是以实物展示进行的,所以其宣传效果比较真实且具有说服力,超过某些虚拟广告的价值。

---

[1] 夏桂年.展览原理[M].重庆:重庆大学出版社,2019:16-18,73-79.

(3) 沟通功能。展览具有沟通功能。这种沟通主要体现在参展商与观众之间，也体现在组织者与参展商、观众之间，参展商与参展商之间，以及观众与观众之间。对不同国家、不同民族、不同文化也具有沟通融合功能。

(4) 发展功能。展览的发展功能主要表现于它对整个社会经济的发展所具有的正面促进作用。通过展览，可以促进产品的销售，进而促进物质生产部门的发展，通过项目展示，引进资本，发展经济。人们通过展览相互交流、相互观摩、相互学习，从而创造出更多的文化产品和科技产品。

(5) 增加就业功能。展览具有促进就业的作用，展览本身可以吸引部分人就业，展览也带动了第三产业的发展。

(6) 提高城市知名度。绝大多数展览在城市展馆里举办，展览的进行必然能提高举办城市的知名度。一是展览组织者为了营销展会，常常印制很多标明举办城市的参展邀请函，客观上对城市进行了宣传。二是展览组织者为了推销展会，经常在媒体上发布新闻，做广告，介绍举办城市的情况[1]。

(三) 节事活动

1. 节事活动的内涵

节事活动是能对人们产生吸引力，经过精心策划，有可能开发成娱乐、休闲、旅游等参与性消费形式的各类庆典和活动的总和。广义的节事活动包括节庆、特殊事件和各类活动，如体育赛事、会议、舞会、狂欢节、颁奖典礼、纪念仪式等，大到举世瞩目的奥运会，小到亲友的聚会，都属于节事活动的范畴。

节事活动和旅游业密不可分。举办节事活动的主要目的是庆祝、教育、娱乐、市场营销和重聚，对于旅游业来说，节事活动可以提高举办地的知名度，树立举办地的良好形象，促进当地旅游业的发展并以此带动经济的发展。节事活动的主题内容往往从当地的特色和文化传统出发，经过精心策划、宣传和组织，满足参与者体验性、娱乐性的要求，实现组织者商业性或公益性的目标。节事活动在市场经济中通过产品尤其是旅游产品的形式表现出来，内容组合严谨，并围绕主题开展，环环相扣。由于多数旅游者的目的是通过参加节事活动获得特殊的娱乐经历，所以活动的形式必然要求活泼、亲和力强[2]。

2. 节事活动产品的类型

与展览产品相似的是，节事活动产品就是节事活动主办方所策划的一次节事活动。

按照规模划分，节事活动产品可以被分为重大事件、特殊事件、标示性事件、社区事件四类。重大事件的目标观众来自全球，由全球电视等媒体进行宣传，如世博会、奥运会等；特殊事件的目标观众可以来自国际或国内，通常是区域性或专业性的活动，如泛美运动会等；标示性事件的观众来自国内或地区范围，如国家体育赛事、大城市的节日活动等；社区事件则是规模最小的节事活动，观众通常来自地方，如乡村节日活动等。

---

[1] 展览会究竟具有哪些功能？[EB/OL]. https://www.sohu.com/a/117865149_358633. [访问时间：2023-02-12].
[2] 张义，杨顺勇. 会展导论[M]. 上海：复旦大学出版社，2009：127.

按组织者分类,节事活动产品可以被分为政府性、民间性和企业性三类。政府性节事活动由政府出面组织,如上海旅游节;民间性节事活动则是民间自发组织的节事活动,如傣族泼水节、法国狂欢节等;企业性节事活动由企业组织,如国内的迷笛音乐节等。

按照主题分类,节事活动产品主要可以被分为以自然景观为依托,以历史文化为依托,以物产、商品为依托,以民俗风情为依托,以宗教为依托,以及综合性这六大类。

3. 节事活动产品的特点

(1) 文化性。节事活动产品往往需要突出地方博大精深的文化,将文化与旅游进行一体化开发。如河南洛阳的牡丹花会就是通过文化搭台,实现经济唱戏的目的。

(2) 地方性。大多数节事活动都带有明显的地方气息,有些甚至已经成为旅游地形象的标志,如巴西狂欢节、澳大利亚乡村音乐节、苏格兰爱丁堡艺术节和伦敦泰晤士河艺术节等。

(3) 短期性。节事活动的一个主要特征就是短期性,每项节事活动都有季节或时间的限制,是在某一事先计划好的时段内进行的。

(4) 参与性。节事活动是一种参与性很强的旅游和休闲活动。主办方总是想方设法拉近与参与者的距离。

(5) 多样性。节事活动是一个内涵非常广泛的集合概念,任何能够对游客产生吸引力的因素经过开发都可以成为节事活动。

(6) 交融性。节事活动的多样性决定了其必然具有强烈的交融性。许多大型的节事活动(如奥运会、世博会、旅游节等)都包含许多会议、展示展览、宴会、晚会等不同的活动类型。

(四) 奖励旅游及其相关产品

1. 奖励旅游产品的内涵

根据国际奖励旅游精英协会的定义,奖励旅游是一种全球性的管理手段,即通过特殊的旅游经历来激励员工更加努力地工作或借以承认员工的突出工作表现,以便实现企业的各类目标。奖励旅游是国外现代企业管理较为常用、效果甚佳的一种柔性管理形式。伴随现代企业管理逐渐由刚性管理转向"以人为中心"的柔性管理,奖励旅游在现代企业管理中的作用也越来越突出。奖励旅游是达到企业管理目标的重要手段,有助于企业的营销管理、产品质量管理、资金管理等,同时也有助于培育团队精神,增进员工间的彼此了解,加深友谊,从而增强企业凝聚力[1]。

奖励旅游产品本质上也属于一种旅游产品。旅游产品是指由实物和服务构成,包括景点、交通、食宿、娱乐设施、活动项目以及相应服务等在内的综合性活动类产品。

2. 奖励旅游产品的要素和特征

奖励旅游产品的要素包括六个方面:奖励旅游的本质是管理工具,其最终目的是协助企业达到特定的目标;奖励旅游的核心是鼓励,这种鼓励具有继往开来的双重性,既是对员工以往

---

[1] 周玲强,方靓.会议旅游产品开发的对策研究[J].数量经济技术经济研究,2003(8):47-50.

工作成绩的奖励,也是对其未来工作的激励;奖励旅游成功的关键是要非比寻常,奖励旅游的行程安排应很独特,无限惊喜、倍感尊荣是奖励旅游的精神写照;奖励旅游的参与主体是对企业的发展做过或即将做出贡献的优秀人员,他们往往都是业内的顶尖好手和特殊人才;旅游活动是奖励旅游的载体,专业旅游企业是奖励旅游活动的策划者与实施者;奖励旅游除了奖励和慰劳的目的以外还有多重附加功能,如凝聚员工向心力、树立企业形象、强化企业文化、持续鼓励员工提升工作绩效,甚至为企业市场开拓做准备等,但最终目标是实现企业的持续、稳定和健康发展[1]。

奖励旅游产品的特点包括高端性和多效能。

(1) 高端性。奖励旅游的高端性首先表现在受奖励者的高层次性,参加者必须通过企业特定的审核。客源市场的高端性同时决定了奖励旅游团的高消费能力和高消费水平。

(2) 多效能。从实效上看,奖励旅游的激励作用远比金钱和物质激励作用更持久。奖励旅游的特殊性对参与者而言无疑意味着一种殊荣,而对未能参加者而言又是一种向上的动力。作为企业管理的一种策略,其支出既能计入工资管理成本,又能合理避税,还能对企业形成一定的宣传。这种双重作用不仅直接决定了奖励旅游的消费特征不同于一般的旅游形式,也暗示着开展奖励旅游的企业有成熟的管理理念[2]。

3. 奖励旅游产品的类型和发展趋势

按目的划分,奖励旅游可以分为慰劳型、团队建设型、商务型和培训型。按活动模式可以将奖励旅游分为参与型与传统型。参与型奖励旅游旨在安排参与性强和富于竞争性、趣味性的体育、娱乐项目,甚至要求加入一些冒险性活动。参与型奖励旅游使奖励旅游者通过与社会和自然界的接触,感受人与社会、人与自然的和谐,有助于唤起他们的责任感。传统型奖励旅游旨在通过一整套程式化和有组织的活动项目,制造惊喜,使参加者产生终生难忘的美好回忆。

奖励旅游产品发展趋势主要有以下五个方向。

(1) 奖励旅游的文化性增强。奖励旅游作为满足员工高层次精神需求的特殊形式,其文化性、人性化、个性化发展趋势将体现得更为明显。今后的奖励旅游活动将比以往更加注重人文关怀,强调个性彰显,关注人的内心需要和人性的充分满足。

(2) 奖励旅游与商务活动相结合。目前奖励旅游已经改变了原来纯旅游的方式,与会议、培训和企业业务活动相结合的趋势越来越明显。奖励旅游与会议、展览、大型活动、公司业务等商务活动由过去的泾渭分明,转向了现在的相互交融与结合。

(3) 参与性奖励旅游崛起。过去的旅游者常常只满足于观赏,而新一代的旅游者则强调亲身体验。常规的观光、购物等包价旅游项目已无法满足奖励旅游者的需求,他们要求在日程安排中加进更多参与性活动项目,使奖励旅游活动变得更加丰富多彩。

(4) 旅游形式多样化。随着奖励旅游者个性化需求的增强,加上团队出游中经常发生

---

[1] 奖励旅游的概念[EB/OL]. https://www.guayunfan.com/lilun/638947.html. [访问时间:2023-02-13].
[2] 孙晓霞. 奖励旅游策划与组织[M]. 重庆:重庆大学出版社,2015:2-13.

团员时间上的冲突,越来越多的企业开始采用多样化的奖励旅游活动形式如采用个体旅游形式使奖励旅游的实行具有充分的灵活性和选择余地。比如,让受奖人员携带家属出游越来越受到企业的青睐。奖励旅游通过发掘家庭价值及其中蕴含的人情味,进一步发挥其激励作用。

(5) 深度旅游增加。奖励旅游在发展过程中显现出深度旅游的趋势,即单一地点旅游,减少周转,将宝贵的时间用在当地的旅游活动而不是长途旅行上。表现在旅游线路上就是"点对点"的旅游,即整个旅游行程只有一个目的地[1]。

二、文创赋能概述

(一) 文创赋能的内涵

赋能最初源于管理学中的"empower"一词,是和授权联系在一起使用的。所谓授权赋能,就是主张给予组织成员更多的额外权力,通过分权使组织成员拥有个体自主性,从而使成员和组织有一种能力获得感。准确地说,赋能就是赋予更大的做事的可能性空间。

文创赋能是指基于文化创意,以"+文创"的模式赋能产业升级,当前"+文创"的模式正在推动各行各业的发展,推动不同产业将视角拓展至文化创意,统一布局,推动行业的融合。具体来说,文创可赋能轻工业、旅游酒店餐饮和部分零售业,提高相关产业附加值。文创需求大量融入商业,体现在"吃、住、行、游、娱、购"各个方面,不改变服务、产品的功能属性,但提供附加创意,带来审美提升、体验感和满足感,这有助于提升服务、产品的附加价值,从而实现产业升级。

(二) 文创赋能的作用

1. 提升文化内涵,赋予文化价值

文创赋能就是通过文创产品的特性帮助文化发挥其所蕴含的潜力,拓展其发展的正能量。文化价值是文创产品的核心和源泉,消费者在购买文创产品时注重文化内涵的体现,对其代表的历史背景、文化特色、与众不同的寓意产生兴趣,从而对文创产品的品牌产生认同感,在其心目中树立品牌价值和形象,认同代表的文化符号,从而使文创品牌更具市场价值。

文创赋能可以为许多行业和领域的建设提升文化内涵。文创产品的创作来源于文化,文化是文创产品的精神源泉。文创产品是文化内涵多样化的外现形式,文创产品秉承文化内涵的浸润和文化理念的外放,成为文化对外传播的重要媒介。融入文化元素的文创产品能够在形式美、情感、使用功能、文化理念等方面弥补展示的不足。文创产品能够不断深入挖掘内涵,推出新产品,引起消费者的关注,通过文化创意的提升,使丰富的文化资源在传承中实现价值提升[2]。

2. 打造 IP 价值体系,刺激二次销售

IP 本意为知识产权,在互联网界已有所引申,如发明、外观设计、文学和艺术作品,以及在

---

[1] 孙晓霞. 奖励旅游策划与组织[M]. 重庆:重庆大学出版社,2015:2-13.
[2] 胡安鹏,董玉玉."非遗+文创"赋能大运河文化传承与创新研究[J]. 四川戏剧,2022(10):153-156.

商业中使用的标志、名称、图像等,都可被认为是某一个体或组织所拥有的知识产权。IP 经济代表着某一类标签、文化、符号能够引起消费者兴趣,进而将其转化为消费行为。随着泛 IP 时代的来临,普通 IP 的局限在于一开始就瞄准了某种特定的媒介形式来变现,难以将影响力延续到下一个媒介形式,缺乏长期的生命力和跨界商业能力。通过文化创意则可以打造一个跨行业、跨文化、跨媒介的具有持续可开发价值和高文化价值的 IP 体系[1]。

文化价值是文化产品的内涵,是文化产品形成经济价值的来源。市场经济体制下的文创产品应当具有文化价值和经济价值双赢的价值取向。文创产品的设计创意保持产品与产品之间的关联,使其消费者需要通过二度消费才能满足文化消费的心理需求。二度消费的文创产品应是社会效益和经济效益的辩证统一。通过对文创产品再度消费的重复行为,提升文化影响力和经济增长力,从而对消费者产生潜移默化的宣传与教化作用[2]。

3. 促进文旅消费,推动乡村振兴

文创赋能可以促进文旅消费,推动乡村振兴。通过"+文创"所形成的产业,可以对文化特色小镇、博物馆、景区等进行产业集群化,拓宽旅游业的范围,实现全域旅游的目的。通过文创产品的赋能,创意创新的方式和内容更加丰富多样,提升了消费者的文化旅游体验,拓宽了旅游消费的途径,提升了文化旅游的质量和服务,对文化旅游经济的发展和市场的拓展发挥了重大作用。

三、文创赋能会展产品

文创赋能会展产品,从动因上看是会展业自身发展的需要。一方面,企业越来越需要高质量、独具特色的会展产品来实现信息交流和经贸合作;另一方面,随着生活水平的提高,大众也迫切需要艺术类、创意类会展产品作为休闲娱乐、放松精神的渠道。文化创意也必须通过一定的载体和渠道才能体现,如电视、音乐、报纸、图书、绘画等传统媒体和艺术形式以往是文化创意呈现的主要载体。但是随着科技的发展和媒体的变革,文创创意的载体形式不断多样化,相互之间的融合程度达到了前所未有的高度。以影视作品为例,优秀的题材和作品在积累了大量的受众基础之后,蕴含其中的人物和故事等文化资源就能被转化成 IP 资源进行更多形式的文创开发,如设计成游戏、集合成展览会、开发成游乐园等。更重要的是,对文化资源的固有认识已经转变成对 IP 资源开发和运营的认识。这就为文创赋能会展产品创造了充分的有利条件。

1. 解构文化资源,形成内容创新

会展业目前在发展中遇到的一个共同的主要问题就是产业准入门槛相对较低,因而会展产品的差异性不明显,难以形成清晰的品牌和产品定位。例如,很多展会动不动冠以"国际""全球""峰会"之名,题材上蹭尽热点,"人工智能""区块链"一哄而上,同质化问题严重。更有甚者,一些展会"挂羊头卖狗肉",借会展之名圈钱。北京会展网信息显示,同一日在北京某会

---

[1] 王茹.超级 IP 的开发策略研究——故宫 IP 的升级之路[J].文化创新比较研究,2022,6(1):124-127.
[2] 易平.文化消费语境下的博物馆文创产品设计[J].包装工程,2018,39(8):84-88.

展中心同时开展的有近 79 场展会,其中 56 场被冠以"国际"之名,3 场命名为"世界",占比高达 74.68%。"国际化的顶尖峰会"不只在一线城市盛行,甚至在一些县城也同样普遍。《经济参考报》记者调研发现,东部某县级市在半年多时间内,要举办 8 场"国字头"展会,其中有 4 场是"国际"博览会。连办展会造成参展各方疲态。有参展商抱怨,每年展会太多,不露面担心行业知名度不够,但频繁参展又给企业增添很大负担。由于展会质量存在很大的不确定性,有时候担心耗时耗力后参展费用都打了水漂[1]。

"内容为王"无论在哪个行业都是真理。文创赋能会展的核心在于产品本身,优质的、独具特色的差异性产品内容是会展企业的立足根本。要进行会展产品的差异化定位,必须要加大对文化创意资源挖掘的投入,通过文创赋能形成独特的品牌和产品价值,满足特定消费者的需求。以杭州市为例,杭州在信息服务业、动漫游戏业、艺术品业、文化休闲旅游业方面高度发达,在已经积累了大量享有国内外知名度的文化资源的基础上,加快发展挖掘文化资源,突出文化创意,培育了中国国际动漫节、中国网商大会、中国国际丝绸博览会暨中国国际女装展览会、西湖国际烟花大会、西湖艺术博览会等一批富有特色的会展品牌和产品。对文化资源进行重新解构,将特色文化融入会展产品,不仅能够避免会展产品的同质化问题,体现文化个性,而且还为会展产品和企业建立了"护城河",使其在市场上难以被轻易取代。

2. 迎合消费升级,提炼文创意蕴

随着经济的发展和人民生活水平的日益提高,消费者观念的转变升级使其不再仅限于追求简单的物质消费,而是更多地表现出对风格化、个性化精神产品的消费需求。博物馆文创是众多文创类会展产品中的代表,它的兴起预示了一个文化繁荣时代的到来。近年来,博物馆在免票政策之下收入不减反增,这在很大程度上要归功于博物馆文创产品的开发。统计数据表明:我国博物馆业的收入在 2019 年已经增长到了 337.63 亿元,2021 年因新冠疫情影响略有下滑,但整体数据仍在 326.97 亿元。无数对博物馆、传统文化、历史有兴趣的人组成了博物馆文创产品庞大的消费群体。如今,博物馆的文化需求全面升级,并逐步朝虚拟化、年轻化、时尚化的方向发展。2022 年新晋的热门新文创即数字藏品成为文创的新潮流。广东省多家博物馆连续上线多款数字藏品,均被迅速抢购一空;湖北省博物馆首个数字藏品"越王勾践剑"限量万份,上架"秒空";西安大明宫国家遗址公园的"〇宇宙·千宫系列"数字藏品总营收超过 60 万元……和普通的文创产品相比,数字藏品的传播效率可以呈指数级增长,这为博物馆的文创产业发展提供了新的方向[2]。

文创不是孤立的产品形态,它与大众生活有着不可或缺的密切关系,也与藏品的文化属性相匹配。文创的核心在于挖掘文化内在的独立属性。文创赋能会展产品不是简单地设计、生

---

[1] 一些城市展馆利用率不足 5% 同质化泛滥"杀伤"会展经济[EB/OL]. https://baijiahao.baidu.com/s?id=1605563931100151531&wfr=spider&for=pc. [访问时间:2023-02-13].

[2] 文化需求全面升级 博物馆文创如何抓住新消费风口[EB/OL]. https://m.gmw.cn/baijia/2023-01/03/36274100.html. [访问时间:2023-02-13].

产工艺品和纪念品,也不是把图案和文字直接印刷上去就成了产品,而是要挖掘和提炼文化内涵,再结合巧妙的设计构思呈现产品的文化意蕴。在会展产品的开发中,开发者应该以更明确的方向、更新奇的形式,不断从文化资源中汲取灵感,挖掘新鲜元素,设计出与消费者身份和品位相符合的会展产品。在这方面,故宫文创等一些行业内的佼佼者已经积累了许多值得借鉴学习的经验,为带动行业整体水平的提升起到了很好的示范作用。

3. 融合传统工艺,体现东方美学

会展产品作为人类智慧的创造物,展现了一个民族的精神信仰、价值审美和造物观念。会展产品的价值取向是在功能实用的基础上追求更高的文化价值和审美价值。文创是新时代文化精神和审美情趣的映射。从文创设计的角度而言,形式美感依然由造型、色彩、工艺、材质等视觉化元素生成。在产品设计中,无论复刻仿制还是创新设计,都必须与人们的生活相连接,由足够的质感和精细的做工来展现厚重饱满的东方美学。东方美学是最高生产力与最高审美水平的表现,往往以琴棋书画剑、诗歌茶酒花为载体,这些载体大多融于生活场景。悦己、趣人,自我品位的外在表达是东方美学的价值所在。东方美学也在不断地影响着人们当下的生活审美,不断演绎新的时代价值。长久以来,传统手工工艺品等与东方美学相关的文化产品,虽然在大众认知中是相当于"白月光"的存在,却也因工艺的稀缺性、渠道的有限性等限制,使得这类产品被打上"为少数人服务"的标签[1]。

2022年12月30日—2023年1月2日,第十六届(2022)杭州文化创意产业博览会(即杭州文博会)在杭州国际博览中心举行,东家App作为中国领先的东方美学生活平台,是杭州文博会多年深度合作伙伴,已连续多次作为线上主会场。该届杭州文博会延续了"线上+线下""展览+论坛"相结合的方式,东家App继续携手杭州文博会,在岁末年初以"宋韵江南·瑞兔迎新"为主题,通过场馆设计、文物IP展陈、国风代表性品牌展示、传统工艺非遗匠作及文创产品展销,打造了一个"线上线下联动、喜庆国潮兼容"的网红打卡点。本届杭州文博会线下展会设置了四区、七大板块,面积近3万平方米。位于"宋韵文化专区"的东家"宋韵江南·瑞兔迎新"主题展区占地超过400 m²。"宋韵"十足的"曲水流觞"造景、青绿江山搭配瑞兔美陈、兔文化周边文创产品、写福字送春联、赠新年心愿签等吸引了众多游览者打卡体验。东家线下展区携手花西子、华宝楼、东家守艺人等十余家东方美学品牌及东家代表性匠人,共同打造充满国风雅韵的雅集、沙龙、新品发布、匠人市集等推介活动,玉器、茶道、香道、书法、汉服等一应俱全,使得东方美学飞入寻常百姓家,而不再是高高在上的阳春白雪[2]。

---

[1] 孟文博:东方美学融入现代生活的思考[EB/OL]. https://mp.weixin.qq.com/s?__biz=MzAxOTU4NDMwNg==&mid=2651267890&idx=1&sn=b8d7b280b4ec044faf898581c50f6a28&chksm=8037476fb740ce797a235e8f57c8dae58e03220d130b9dace20dbd82e3700d0ad742e214894d&scene=27. [访问时间:2023-02-13].

[2] 人民日报点赞:东家App匠心文创跨年展,"宋韵"和"年味儿"混搭[EB/OL]. https://www.sohu.com/a/625214029_121470311. [访问时间:2023-02-13].

第二节 会展文创产品的开发

一、会展文创产品开发概述

（一）会展文创产品开发的背景

1. 创意思维的作用

一个国家和民族文化的繁荣发展需要人民在传统文化的基础上传承和创新，不断提高文化产品的质量，不断促进文化产业结构调整优化。在会展文创产品开发方面，要大力发展有特色的产品，注重产品的创新力，形成品牌意识，树立一批有知名度的产品，形成品牌效应。在发展过程中，创意思维起着重要的作用。

创意思维是形成会展文创产品的核心要素。创意思维的形成过程是个复杂的过程，包含多个方面的内容，不仅需要符合精神需求的思维，更重要的是将这种思维运用到产品开发中，在实践中实现价值创造。因此，创意思维包含精神和物质两个层面的内容，只有将这两个层面结合起来，才能形成一个文创产品。

会展文创产品的形成是复杂的，其中包含丰富的内在理论和实践逻辑。创意思维不是天马行空的，而是根据社会发展现实和需要而产生的，必须与社会需求紧密相连。因此，创意思维不能仅仅停留在精神世界，必须与当前的社会现实联系起来，能应用于现实发展的才是适应社会需求的创意思维。会展文创产品中的创意设计不仅要适应社会经济的发展，也要展现社会和时代的精神风采和文化需求。

2. 创意经济的兴起

创意经济理论的产生最早可追溯至约瑟夫·熊彼特提出的创新概念。他指出，现代经济发展的动力已经不再是资本和劳动力，而是以知识及信息的生产、传递、流通和消费为特征的创新。创新是对原有生产要素的重新组合，以最大限度地获取利润，包括产品、技术、市场、资源配置和组织的创新。

创意经济是在知识经济高度发达的新阶段，以人的创造力为核心，以知识产权保护为平台，以现代科技为手段，将创意物化，形成高文化附加值和高技术含量的产品和服务，以提升经济竞争力和提高生活质量为发展方向的新型经济形态。创意经济伴随着创意产业在全球蓬勃兴起，其理论的形成和演变与创意产业概念的发展基本同步。由于"创意产业"和"文化产业""文化创意产业"等概念在使用上的高度相关性，创意经济和文化产业、内容产业、版权产业等也有着密不可分的关系。

不同于传统产业，创意产业具有独特性和创新性，不确定性和风险性，多样性和差异性，越界性和高端性，等等。独特和创新是创意产业的核心灵魂和价值所在。受到教育背景、社会经济、地域文化、风俗习惯、年龄结构、趣味偏好等复杂因素的影响，人们对文化创意产品的认可与接受度很难预测,因而产品投入市场即面临较大的风险性和成本收益的不确定性。创意产业中的很大一部分是文化艺术类产业,地域文化特色和艺术风格的多样性造就了创意产业的多样性;而对于设计类产业来说,创意就是为了制造差异化的风格。创意产业的根本理念和着力点就是通过"越界"来促成跨行业、跨领域的合作,通过制造业、服务业、设计业的融合与协作制造给人以高端质量、品位和心理感受的产品[1]。

(二) 会展文创产品开发的价值

会展文创产品作为一类特殊的商品,结合了艺术和技术、文化和经济、物质和精神,处于商品、文化和社会的三重结构中,其价值具有多层次、多维度的特征。体验是会展文创产品实现其价值的主要方式,价值的形成和高低主要取决于消费者的心理感受。从这个角度出发,会展文创产品的开发价值主要体现在以下四个方面。

1. 符号消费理论视角下的经济价值

文化创意开发中蕴含着的巨大发展空间源于现当代文化的视觉符号转向、消费逻辑逐渐取代生产逻辑的背景,以及体验经济的兴起。与传统的以语言为中心的理性主义形态不同,当代文明正在日益转向以视觉为中心的感性主义形态。在以视觉和图像为中心的文化语境中,形象符号的生产、流通和消费越来越重要,成为主流形态。代表人物英国社会学家斯科特·拉什(Scott Lash)认为,当代社会生产出来越来越多的符号,而不是物质对象。法国哲学家让·鲍德里亚(Jean Baudrillard)的消费社会理论也揭示,在充分发展的资本主义阶段,消费逻辑取代了生产逻辑,需求和使用价值产生了分离。人们购买商品不再出于实际需求,而是由于商品所蕴含的符号价值。在消费社会中,事物遵循符号逻辑,本身具有的意义不再重要,不再与真实相连,而成为一种仿真和幻象。在这样的背景下,会展文创产品天然具有的符号价值和象征价值得以凸显,在与具有同等功能的普通商品竞争时,会展文创产品因附加的文化符号轻易胜出,并促使人们愿意支付更高的价格,从而创造经济收益。

体验经济的兴起是推动现代会展业和文创产业发展的主要背景。体验经济要求以超越同质化和标准化的产品与服务营造增值效应,以提供给消费者某种良好的心理体验为目的,形成个性化的生产与服务,提高人们的幸福感和生活质量。体验经济格局的全面形成主要表现在企业将提升产品体验感的思想融入和应用于产品设计及市场营销环节。会展文创产品的开发应是顺应体验经济潮流的举措,通过对文化资源及艺术元素的提取和运用,创新性地开发满足人精神和物质双重需求的会展产品,使消费者在会展中体验到文化的浸染和艺术的熏陶,从而提升生活幸福感和人文素养。

2. 基于心理学和传播学理论的教育价值

公共艺术教育有利于培养公众的审美品位和创造力,提升文明素养,在现代社会中的重要性不容忽视。会展文创产品也是强有力的教育资源。

首先,会展文创产品提供的切身文化体验满足了观众亲近展品的需求。瓦尔特·本雅明

---

[1] 程传超,周卫.图书馆文化创意产品开发研究[M].长春:吉林人民出版社,2020:64-71.

(Walter Benjamin)提出了"灵韵"的概念,认为随着机械复制时代的到来,艺术品成为可以被大规模生产和复制的物品,因而丧失了其独一无二的原创性,展示价值取代了膜拜价值。不同于西奥多·阿多诺(Theodor Adorno)的文化悲观主义,本雅明对艺术技术化持乐观态度,认为艺术品的批量生产使得其不再为精英阶层所垄断,从而实现了艺术的民主化和普及化。在某种程度上,会展文创产品也通过机械复制推动了艺术品进入大众视野,对实现广泛的公众艺术教育来说具有显著的意义。观众可以通过购买和拥有文创产品的方式持有、把玩缩小版的艺术作品或是艺术作品的一部分,艺术品嬗变为可亲近、可感受、可接触的寻常之物,从而加深观众对其文化艺术价值的理解。

其次,会展文创产品长久延续了观众对展品的记忆。对抗遗忘规律的唯一方法是不间断地复习和巩固。对于没有条件在短时间内反复参观同一个展览的普通大众而言,保留文物原貌或是展现其核心艺术元素的文创产品是最好的纪念和提醒。随手可得的文创产品以融入日常生活的方式,巩固、延续了消费者的美好记忆,每一次的使用都宛如昨日重现,唤醒人们脑海中对某些曾经留下深刻印象的展品的回忆,催生出再次参观的欲望。

最后,会展文创产品营造了沉浸式和互动式的学习氛围。与单向灌输式的教育方式相比,互动式和浸入式的教育模式显然更具优势。虚拟的数字化文创产品可以让观众在远离会展的情境中依然沉浸于会展的传播场域,从中获得知识信息和审美陶冶。知识导览和游戏类 App 等无形的会展文创产品让观众在轻松自如的心态下观赏和了解展品,更好地激发了观众的兴趣以及主动探究的积极性。

3. 视觉文化背景下的日常审美价值

文创产品有别于一般商品,形成其核心竞争力的另一个重要价值是其审美性。审美需要是人类有别于其他动物的高级精神需求。根据马斯洛的观点,成长性的需要主要包括求知需要、审美需要和自我实现的需要。其中,审美需要属于高层次的需要,对人的成长具有重要意义。审美需要使人希望处于愉悦、舒适和美观的环境之中,当这种需要无法满足时,人就会产生心理障碍。

出于对审美需求的天然追求与回应,以日常生活审美化为特点的审美泛化已成为后现代文化的美学特质。日常生活审美化即将审美的态度引入现实生活,赋予日常生活用品以美学和艺术的品质,使原本平庸甚至粗俗的客观物品显现出审美性。任何日常事物都可以用审美的方式加以呈现,从而推动传统的精英审美品位向大众审美文化转型。

在审美泛化的背景下,会展文创产品的开发以满足消费者的审美需要为内在驱动力,是日常生活审美化的具体体现。会展文创产品的审美价值来源于两个方面:一是作为开发原型的展品资源自身具有的审美意蕴;二是通过艺术化设计方式提取和表现的美学内涵。会展文创产品充分发挥和利用文化艺术元素在物质产品设计、制造中的作用,通过改变产品的外观造型设计或内部构造设计,在提高产品实用价值的同时,赋予或提升产品的审美价值[1]。

---

[1] 陈凌云.博物馆文化创意产品开发研究[M].上海:上海社会科学院出版社,2020:54-61.

(三)会展文创产品开发的特征

1. 突出的文化属性

会展文创产品的创作基础是丰富的文化资源,其主要功能是体现无形的文化资源,更发挥对文化的传播作用,满足消费者对多彩文化生活的需求。会展文创产品使消费者了解丰富的文创资源,加深其对文化资源的理解,提升整个社会对文化资源的认知程度。同时,积极开发会展文创产品不仅可为会展的发展拓宽道路,还能激发消费者共同参与会展文创产品设计的热情,使个性化的和定制化的产品不断涌现,促进整个社会文化的发展。

会展文化产品能带来经济和社会的双重效益,但其性质和其他市场经济下的商品有所不同。普通商品以追求最大的经济利益为目标,而文创产品重在文化的传播和学习,经济目标是其追求的次要目标。因此,在发展过程中要处理好会展文创产品经济价值和社会价值的轻重关系。

2. 开发种类的多样性

会展资源门类繁多,种类丰富,给会展文创产品的设计和开发提供了丰厚的文化基础。文创产品的形成并不是简单的过程,需要将文化资源中的文化内涵抽取出来,并与现代技术融合,形成符合消费者需求的产品形式。从生活中的日常用品到学习的文化用具,会展文创产品可以深入人们生活的方方面面,表现出丰富多彩的形式。这些形式可以是展现珍贵馆藏的复制产品,也可以是用户定制的个性化产品,甚至可以是体验性的电子虚拟产品等。

3. 跨界融合的趋势性

会展文创产品的发展还可以走跨界融合的道路。"互联网+"是一个倡导跨界合作和融合发展的模式,通过与"互联网+"的合作发展,会展的业务范围实现了扩展。会展文创产品发展的各个过程都可以实现跨界发展,如可以和生产性企业跨界融合,在产品的设计过程中添加文化元素,使产品提升附加价值,吸引消费者。同时,除了产品本身,相关的设计人员之间也可以实现融合。设计人员熟知市场的运作和设计原理,但是缺乏丰富的文化资源。因此,不同类型的人员的交流和融合能创造出更符合市场需求的会展文创产品。

二、会展文创产品开发的原则与方法

(一)会展文创产品开发的原则

1. 市场导向原则

市场导向原则强调以市场需求为出发点,开发市场所需要的产品。当然,在设计会展文创产品时,应该辩证看待市场导向和文化内涵的关系,设计出具备文化内涵和符合市场需要的会展文创产品。

在市场机制的调节下,会展文创产品的需求和供给是通过市场这一环节联系起来的。需求和供给是经济活动的基本矛盾,它们之间的经济联系及其变化、发展形成了经济活动的主要内容。只有通过市场运作,才能使供求矛盾得以缓和、协调或解决,实现供求结构的平衡。会展文创产品的需求和供给共处于市场这一体系之中，它们之间的矛盾和运动是推动会展文创活动发展的动力。供求平衡即产品结构的平衡，只有会展文创产品结构处于平衡的良好状态，产业的发展才能运作于健康有序的轨道上。

会展文创市场瞬息万变，消费者的需求在变，竞争对手的战略在变，会展文创的相关法律法规也在不断完善，影响会展文创的内外环境日新月异。一个企业能否适应会展文创市场的发展变化，能适应到什么程度，是企业能否在竞争中求得生存和发展的关键。因此，企业必须以市场为导向，适时进行资源合理配置，扬长避短，有针对性地开展市场营销活动，确保企业经营目标得以实现，这就需要制定自己的市场营销战略。市场营销战略关系到今后相当长一段时间企业的发展目标，是会展文创市场营销计划的重要依据。市场营销战略正确与否对企业的兴衰成败有着重要的影响。若一个企业的市场营销战略错误，无论会展文创的具体行动方案多么细致、全面，无论销售队伍多么强大，企业都会在激烈的市场竞争中迷失方向，对企业的生存和发展构成威胁，甚至被竞争对手击败。

2. 绿色设计原则

在人类的发展史上，工业设计为人类带来了更便利的现代生活和环境，但是也加速了资源的消耗和利用，对地球的生态平衡已经造成影响。从可持续发展的角度来看，应重视会展文创产品的绿色设计，即在产品的整个生命周期中，在保证功能的前提下，减少对环境的污染和对能源的消耗。在会展文创产品的选材、加工、包装和产品全生命周期中，要考虑其可拆卸性、可回收性、可维护性和可重复利用性等。

20 世纪 60 年代，美国设计理论家维克多·巴巴纳克（Victor Papanek）出版了一部著作《为真实世界而设计》，引起了很大的争议。该书专注于设计师面临的人类最紧迫的问题，强调设计师的社会价值及伦理价值。到了 20 世纪 80 年代，出现了一股国际性的设计思潮，要求着眼于人与自然的生态平衡关系，在设计过程的每一个决策中都充分考虑环境效益，尽量减少对环境的破坏，包括在产品设计的材料选择与管理上尽量减少物质和能源的消耗以及有害物质的排放，而且要使产品及零部件能够方便地分类回收并再生循环或重新利用。会展文创产品设计师也要以一种更为负责的观念和工作方式创造设计产品，用更简洁、长久的形式尽可能地延长产品使用寿命。为此，应遵循以下四个原则。

（1）资源最佳利用原则。一是在选用资源时，应从可持续发展的观念出发，考虑资源的再生能力和跨时段配置问题，不能因资源的不合理使用而加剧枯竭危机，尽可能使用可再生资源；二是在设计时尽可能保证所选用的资源在产品的整个生命周期中得到最大限度的利用。

（2）能量消耗最少原则。一是在选择能源类型时，应尽可能选用太阳能、风能等清洁、可再生能源，而不是汽油等不可再生能源，有效缓解能源危机；二是设计师力求最小化产品在整个生命周期循环中的能源消耗，并减少能源浪费。

（3）"零污染"原则。绿色设计应彻底摒弃传统"先污染，后处理"的末端治理环境的方式，而要实施"预防为主，治理为辅"的环境保护策略。因此，设计时必须充分考虑如何消除污染源，从根本上防止污染。

(4)"零损害"原则。绿色设计应该确保产品在生命周期内对劳动者(生产者和使用者)具有良好的保护功能,在设计上不仅要从产品制造、使用环境以及产品的质量和可靠性等方面考虑如何确保生产者和使用者的安全,而且要使产品符合人体工程学和美学等有关原理,以免对人们的身心健康造成危害。

3. 文化创意承载原则

会展文创产品可以被认为是消费者和文化之间的纽带,人们使用会展文创产品的过程也是对其所承载的目标文化的学习和传承过程。在收入水平日渐提高的当下,人们追求个性和时尚,因此,会展文创产品应该以目标文化为核心进行设计开发,所设计的产品应该完全符合并传承这种文化。例如,故宫文创产品是完全以故宫文化为核心设计制作的产品。这样的产品具有极强的针对性,它较好地继承了故宫文化,在面对喜爱故宫文化的消费者时自然是十分受欢迎的。

会展文创产品的设计需要遵循"深度原则",即要以文化创意的承载作为导向。产品要具有文化深度,而非仅注重以外观意象传达文化信息。会展文创产品必须展现蕴含于文物中的深度文化内涵与魅力,塑造人文艺术情境,从而延伸过去的生活、文化与记忆,传达文化艺术专业知识。如仅将文物的纹饰、造型等简单运用于产品设计,偏重外观的再现,则会使产品流于表面化和肤浅化,无法有效传达文物的历史文化价值和内在意蕴。

对于会展文创产品的设计师而言,要在研发设计层面实现深度原则,对产品的定位应超越纪念品的层次,而将其视为会展之外的另一种与观众沟通的有力工具。同时,会展文创产品除了传达所谓的"正确知识"之外,应以更宽广的视野提升观众创造意义与诠释意义的能力。因此,产品的设计重点应从"信息的传达"转变为"经验的创造",而"经验"来自会展重要的知识或信息。如何对信息与产品进行巧妙而富有创意的联结,获得使用者的青睐,才是产品设计的真正挑战。文物和会展的信息不能只是印在文化创意产品的表面,而是要让观众使用产品的行为具有深度的文化意义,提升使用者对于产品的兴趣,进而使其衷心喜爱产品、频繁使用产品,真正实现会展文创产品所欲达到的教育目标。

4. 满足大众需求原则

会展文创产品的开发要确立亲民的价值取向。一是注重开发能够融入普通消费者日常生活的"接地气"的产品;二是产品的定价要适中,符合一般消费者的消费能力和消费需求。发挥会展品牌和展品文化价值的教育传播功能是开发文创产品的最终目的。会展文创只有真正步入百姓的日常生活,成为使用频率高、使用性能好、使用口碑佳的亲民产品,才能在潜移默化中起到艺术熏陶和人文浸染的功效。

此外,人们对美的追求体现在生活的方方面面,美观而具有实用性的产品是为了美化人们生活而服务的。美学实用性效应描述的是这样一种现象——人们总认为较有美感的设计比欠缺美感的设计更容易使用,不管事实上是否如此。美观的设计看起来更容易使用,而且有着更高的被使用的可能性。美的产品不仅要满足消费者对美的需求,同时还使消费者感觉到"美观的产品更好用"。因此,在会展文创产品设计的过程中,应该从消费者的感受出发,细心观察消费者的情感与喜好特征,总结其美学要求,在和文化结合的同时,设计出符合用户需求的美学性产品,从而创造一种积极、乐观、愉悦、享受的美好体验[1]。

(二)会展文创产品开发的方法

1. 以产品的功能效用为主

一件产品的功能一般来说不是单一的,它可能同时具备多种实用功能和一定的审美功能。在产品设计过程中,合理安排产品的功能以及各功能之间的关系是关键一环。所谓实用性设计,是指以实用功能为主的设计。

早在一百多年前,世界著名的设计学院包豪斯(Bauhaus)为了适应大工业生产和生活的需要,提出了功能主义和实用主义。产品的实用功能主要是作为人们达到某一目的的工具,如汽车是人的代步工具,手机则是远程沟通的工具等。一般来说,除了一部分以工业化手段批量生产,纯粹为满足审美需要的工艺品外,所有工业化批量生产的产品都在一定程度上具备实用功能,这也是产品的一项基本属性。

关于会展文创产品设计载体的选择,一般来说,设计师为了吸引消费者,会选择一些人们日常生活中常用的物品,将其设计成具有文化内涵的文创产品。设计师可以采用仿生的手段,提取文物的表面肌理、质感、色彩和造型等,将提取的文化元素具象化,结合产品的实用功能设计日常生活中的日用品。

根据产品的功能需要,也可以对文物的文化元素或者造型形态予以简化、变形、夸张化的处理,使其与产品的使用功能融为一体。成品符合人体工程学理论和消费者的身心需求,既可以使人自然联想到原型文物,又不会有强行拼接、生搬硬凑的斧凿之感。

2. 以产品的文化性为主

实现文化性最主要的方法是元素提取。元素提取是文化创意产品设计中使用最普遍,也最容易采用的一种设计方法。提取原型文物具有辨识度的特色纹饰、图案、色彩和造型特征,用平面设计的方式将其刻印、绘制在文化创意产品之上,可以创造出具有较高文化附加值和艺术审美价值的产品。

元素提取式设计主要分为整体运用和局部截取。所谓整体运用,即对文物的整体造型纹饰进行微缩化处理后,改变材质,将其应用于创意产品的外形塑造。占据博物馆文化创意产品一定比例的文物复制品就采用这种设计方式,另外,通过这种方式还可以开发许多在外形上可以直接应用文物原型的产品。相对于整体运用,局部截取文物的纹饰图案并将其应用于产品装饰的做法更为灵活和常见。衣物首饰和生活用品类文化创意产品的设计多采用局部截取文物元素的手法。在文物信息的保留和传达上,局部截取不如整体运用完整而一目了然,这就要求设计师对文物的背景信息和文化价值有较深的了解,而且自身具备较高的审美能力,能够从众多文化元素中选择和提取特色最为鲜明、最有辨识度、最具美观性的元素用于产品装饰,以画龙点睛的方式实现产品的文化增值。此外,还可以对元素进行解构重组。

---

[1] 周承君,何章强,袁诗群. 文创产品设计[M]. 北京:化学工业出版社,2019:52-57.

3. 以产品的情境性为主

相较于实用性设计方法,情境性设计方法将侧重点放在对产品的精神意境的塑造上。在会展文创产品设计中,情境是指用户与产品交互时由环境、产品和用户组成的集成系统。情境研究的目的是通过情景、环境、产品之间的关系来研究产品的使用,从而设计出真正满足用户需求的产品。情境类产品在不使用时可被当作工艺品,从观赏性的角度体会产品营造的氛围,而在使用时,产品的意义通过操作方式,从行为到心境再到精神,逐渐向使用者渗透。在这类产品中,最具有代表性的为表现茶道、香道和花道的产品。

"意境"是东方传统美学和艺术的重要审美范畴,用以形容书法、绘画等艺术作品所传达的一种能使欣赏者产生感动和共鸣,却难以言表的独特韵味和境界。意境开启了审美想象空间,虚实交融,形与神会,使观众驻足,低吟徘徊于审美想象中不能自已。西方的艺术作品风格虽偏于直白显露,然亦有内含悠远意蕴的作品,现代艺术也多以简洁造型和线条传达言外之意,因此,意境传达式的设计方法可通用于会展文创产品的设计。它要求设计师深入把握、感受、解读文物和艺术作品的审美意蕴、文化内涵,通过创意设计将之有机融入产品,使产品有效传达同样的文化意蕴,使消费者感受到类似的艺术美感。意境传达式设计通常运用明喻、暗喻、隐喻等方式表达原作和产品的联系,含义比较隐晦。对设计师来说,运用意境传达式方法设计产品是难度较高的挑战,如果对原作只有走马观花式的浅层次了解,是远远不够的,容易设计出让观众"看不懂""不知所云"的产品。设计师必须具有较高的文化素质和艺术品位,深入学习、掌握文物背景知识和文化内涵,并具有扎实的设计功底和较强的设计技巧,方能设计出成功传达原作神韵的高品质会展文创产品。

4. 以产品的技术性为主

如今,科技发展的速度已经远超人的想象。近年出现的全息影像技术已经慢慢普及,人们甚至可以用简易的装备来达到全息影像效果。虚拟现实(VR)技术以及增强现实(AR)技术也在逐步渗入人们的生活,利用 VR 和 AR 技术可增加并强化产品叙述性特点。在此基础上发展出的 7D 技术通过传感、光感、震动和摇晃的使用,模拟真实场景,能让人仿佛身临其境。现在,7D 技术仅在大型博物馆或体验馆中使用,如果日后设计师将 7D 技术应用于会展文创产业,必将突破时间、空间的界限,让人真切地感受到文化的历史与沉淀[1]。

三、会展文创产品开发的机遇与挑战

(一) 会展文创产品开发的机遇

1. 利好的政策软环境

2002 年党的十六大报告首次提出,积极发展文化事业和文化产业,深化文化体制改革。2015 年 11 月,《国务院关于积极发挥新消费引领作用加快培育形成新供给新动力的指导意见》发布;2016 年 3 月,《国务院关于进一步加强文物工作的指导意见》发布;2016 年 5 月,国务院办

---

[1] 周承君,何章强,袁诗群. 文创产品设计[M]. 北京:化学工业出版社,2019:47-51.

公厅转发了《关于推动文化文物单位文化创意产品开发的若干意见》;2017年2月,《文化部"十三五"时期文化发展改革规划》发布。国家的大政方针与政策法规密集出台,为会展文创产品开发指明了方向,也为会展文创产品的文化消费创造了良好的"软环境"[1]。

2. 逐渐提高的大众文化消费

随着经济不断发展,文化精神消费占比逐年增加。2019年以来的新冠疫情虽然在很大程度上阻挡了人们的文化消费热情,降低了文化消费欲望,但也难以掩盖人们对精神文化的强烈需求和渴望,文化消费环境、文化消费能力、文化消费水平指数等一级指标都呈上升趋势。同时,我国文化消费的质量也有了很大提高,文化消费的环境和产品的种类都有了大幅度的提升。这要求会展文创产品的供给走向多元化,进而要求以满足消费者多样的精神文化需求为基础进行会展文创产品的开发。

3. 多元化的产品开发与经营模式

会展文创产品从经营方式到销售模式都呈现出多元化的发展趋势。大多数会展都采用自主经营、自主开发设计、外包生产、自行销售的模式。这样会展方可以主导会展文创产品的开发,并将产品的所有收入用于自身的发展。由于中小型会展人才的缺乏,有些会展就会选择和企业合作,采用授权开发的形式将IP授予企业开发。这种方式扬长避短,可以结合社会力量进行会展文创产品的开发。在经营模式上,浙江博物馆率先模仿美国的博物馆商店联盟模式,成立了浙江博物馆商店联盟,对整个浙江省的博物馆文创产品开发起到了重要的支撑作用。同时,大多数会展方在销售文创产品时都采用了"线上+线下"的模式,通过电子商务把会展文创产品的销售渠道扩大到更大的范围。

(二)会展文创产品开发的挑战

1. 文化创意人才匮乏

会展文创产品是将人类的智慧和相关的创意意识融合于物品产生的。在会展文创产品开发中,最重要的影响因素便是创意人才。拥有高素质的创意人才是好的创意的来源。创意产品的竞争归根结底是创意人才的竞争,所以各地都加强了对创意人才的引进,并不断加强对创意型人才的培养。在会展文创产品发展方面,最突出的问题是缺乏创意人才,这从根本上限制了会展文创的发展。人才匮乏现象是人员结构造成的,缺乏创意人才与用人性质有密切关系。会展文创业务的拓展需要的是兼具文化素养和经济管理能力的综合型人才,既能进行产品创意,又能实现市场推广。目前,我国还比较缺乏专门的会展文创人才培养体系,对会展文创知识的传播和教育渠道较少。

2. 产品创意性不足

在会展文创产品设计中,文化是产品的基础,而创意则是整个产品的核心。会展文创产品和普通纪念品的区别就是文化创意,会展文创产品的核心价值也在于文化创意。会展文创产品应该是独一无二的,应是脑洞大开的,只有出人意料,才能起到推广宣传的效果。

---

[1] 易平.文化消费语境下的博物馆文创产品设计[J].包装工程,2018,39(8):84-88.

任何一个产品的设计开发都必须从设计的源头出发进行分析,会展文创产品也不例外。在准备创意时,要先分析产品需要什么样的文化资源和文化背景才能达到设计效果。只有在透彻分析自身资源的基础上,才能将文化资源的精华和灵魂赋予产品,使消费者从中产生文化认同感,形成文化共鸣。由于目前还比较缺少专业的创意人员,现有工作人员虽然具有文化资源,但不具备设计能力;也由于设计人员对馆藏资源缺乏深入理解,设计出的产品不能体现文化内涵,导致市场上出现了很多低级的产品。

3. 产品营销乏力

会展文创产品的开发工作不仅包括设计和创意,也包含对产品的营销和推广。在会展文创产品的销售过程中,营销是非常重要的环节,即使有好的产品,也需要好的销售渠道和方法。会展文创产品是具有特定文化符号的产品,因而其销售应该在特定环境中进行。在会展内部,会展文创产品的销售应该成为"最后一个展厅",在这样的文化氛围中,会展文创产品既能体现文化底蕴,又能映衬出创意。现在的会展文创产品销售沿用的大多是纪念品的销售方式,缺乏针对性的产品展示;在宣传方式上,没有进行必要的广告宣传,没有将会展文创产品作为"最后一个展厅"来进行推广;在销售渠道上,也常限于内部销售,没有将销售渠道扩大,没有在游客聚集的景点、火车站、机场等地设立销售点。会展文创产品销售之所以会出现这些问题,主要是因为博物馆等会展机构作为事业单位,没有专业的销售团队,缺乏市场化的眼光[1]。

第三节 会展文创产品的挖掘

一、会展文创产品的文化挖掘

(一) 地域文化挖掘

地域文化是在特定地区范围内,经过相当长的历史融合而形成或约定俗成的有典型特色和符号体系的精神资源的总和。在特定主题的会展文创产品开发中,地域文化对创意的产生、深化有直接的推动作用,并可以在后期传播中塑造语境体系,便于后续情感延伸和二次传播。地域文化元素丰富,形态各异,但并非所有元素都与主题相关联。会展文创产品最终要实体化、视觉化,就要首先挑选那些符号感强、形态明确的典型地域文化元素。

在围绕某一主题的文创产品开发过程中,通常会借用与该主题关联的典型地域文化符号。通过特定主题与典型符号的碰撞、激变,更容易产生全新的创意,经认证评估后形成文创产品,通过受众分享、传播,形成文化时尚、文化热点和文化潮流,这些潮流进入主流机构和政府视野会赢得广泛的支持,从而驱动会展文创产业良性发展[2]。

---

[1] 金青梅,张鑫.博物馆文创产品开发研究[J].西安建筑科技大学学报(社会科学版),2016,35(6):42-46.
[2] 张宗登,鲁经文.基于地域文化主题的产品叙事设计研究[J].包装工程,2016,37(24):38-39.

(二) 经典内容挖掘

这里所说的经典内容主要指人类文化史上已经被广泛认同、高度集中的代表性文化内容，包括经典名著、经典艺术作品、家喻户晓的典型形象以及国家宝藏文物等，如我国四大文学名著、达·芬奇的绘画名作《蒙娜丽莎》、米开朗琪罗的雕塑大卫像、我国的国宝级文物和旅游形象铜奔马等。

经典内容常常是全人类共有的记忆，能够激发出人性中高尚美好的意念，蕴含着深厚的文化情结。根据这些意念进行视觉化再现和会展文创产品转化，除了能引导深化对经典作品的认知、理解和情感激发，还具有一定的纪念意义。

(三) "非遗"资源挖掘

"非遗"即非物质文化遗产，是指各族人民世代相传并视为其文化遗产组成部分的各种传统文化表现形式，以及与传统文化表现形式相关的实物和场所。非遗是人类文明的宝贵财富，它展现了特定时期人们的生活习俗、宗教信仰、审美艺术等。

会展文创产品可以是非遗传承发展的新载体。它是运用创造性思维，立足文化资源的特定含义，借助现代审美理念提取符号元素进行的二次创作，与现代生活紧密联系，既能展现地域文化、人文风俗等文化底蕴，又能体现实用价值，被消费者广泛接受和认可。非遗类会展文创产品的开发设计是非遗推广与宣传的重要环节，也将是会展文创产业重要组成部分[1]。目前，非遗类文创设计已经形成一定规模和趋势，但也暴露出一些问题。

(1) 需要合理的设计定位。研究文玩市场和旅游纪念品市场可以发现，目前市场上的非遗类文创产品，部分在设计、造型、选材、包装等方面都十分讲究，但是过于拘泥传统并且价格昂贵；有的文化创意产品缺少创意，同质化严重。这样的非遗文创产品无法紧跟时代步伐，没有办法真正地让非遗和特定族群的生活产生密切联系。因此，要明确非遗文化创意产品设计的定位，依据不同的市场细分标准，如年龄、性别、职业差异等，做好产品的特性调整和更新换代。

(2) 需要创新的设计内涵。非遗文创产品的创意、设计和营销，最终都是为了能够在取得经济效益的同时，使蕴含其中的非物质文化为世人所知，并进一步得到传承和发展。这就要求在进行非遗文创产品设计时，"借古开今，化古为新"。在传承非物质文化遗产精粹的同时，赋予设计新的理念，使产品设计既根植于非物质文化遗产的土壤，又能够吸收新时代的气息，与时俱进，将现代生活理念和当下时代潮流与非遗文创产品结合起来，设计出符合时代需求的产品。

(3) 需要更新的技术应用。随着科学技术的发展，高新技术更加贴近生活，设计行业与新兴技术的结合是发展的大趋势。因此，可以充分利用现代化设备和信息技术，呈现非遗文创产品的虚拟化，通过视频影像、触屏、全息投影、VR交互式的三维动态视景技术等多种方式调动

---

[1] 郭智勇."互联网+"背景下山东非遗文创产品开发设计研究[J].美术教育研究，2020(14):114-115.

消费者的触感和观感,加深对非遗文创产品的体验感[1]。

二、会展文创产品的消费挖掘

(一) 会展文创产品的消费市场分析

会展文创产品的消费市场也属于文化消费的终端市场。这个市场中的消费者是广大对会展和文化创意感兴趣的人,其消费的目的是满足个人或家庭的文化生活需要,通常没有营利性动机。会展文创产品消费者的特点决定了这个市场的特征。

(1) 市场广阔。购买人群常较为集中,如博物馆、旅游景点等。

(2) 市场需求弹性较大。会展文创产品种类繁多,可以应对高、中、低不同层次的市场。

(3) 专家购买。会展文创产品的消费者大多数具备一定的文化认知。

要了解会展文创产品消费市场的概貌,可以采用用户画像的方法。用户画像又称用户角色,它是根据用户社会属性、生活习惯和消费行为等信息而抽象出,建立在一系列真实数据之上的目标用户模型,能够完美诠释一个用户的信息全貌。构建用户画像的核心工作是给用户贴"标签",即通过用户信息分析而得出的高度精练的特征标识。利用用户画像不仅可以做到产品与服务的"对位销售",而且可以针对目标用户进行产品开发或者服务设计,做到按需量产、私人定制,构建企业发展的战略。

会展文创产品用户画像需要坚持三个原则。

(1) 以强相关信息为主。在进行用户画像和用户分析时,需要考虑强相关信息,不要考虑弱相关信息。所谓强相关信息,也就是对用户的消费产品有显著影响和相关关系的那些信息。

(2) 以人口和信用属性信息为主。用户画像要从实用角度出发,可以将用户画像信息分成五类,即人口属性、信用属性、消费特征、兴趣爱好和社交属性,它们基本覆盖了业务所需要的强相关信息,结合外部场景数据将会产生巨大的商业价值。其中,人口属性和信用属性又是最重要的两个类型,它们是给用户贴"标签"的主要依据。

(3) 以定性数据为主。建立用户画像的方法主要是调研,包括定量和定性分析。在产品策划阶段,由于没有数据参考,可以先从定性角度收集数据[2]。

(二) 会展文创产品的消费行为研究

1. 会展文创产品的消费行为

消费行为是指消费者需求心理、购买动机、消费意愿等方面心理与现实表现的综合,其主要的表现就是购买行为。会展文创产品市场研究的重点之一是对消费行为进行挖掘。营销的目标是使消费者的需要得到满足。这就需要了解消费者的购买动机、需要和偏好,这可以为开发新产品,确定其价格、销售渠道、促销方式及其组合提供线索。消费行为分析的内容具体包括消费市场、消费行为模式及表现特征、影响消费行为的主要因素、消费决策过程等。不同的

---

[1] 孙克安,叶聪,匡才远,等.浅议非遗文创产品的创新设计——以南京博物院非遗馆为例[J].轻工科技,2019,35(8):124-125,139.

[2] 闫嘉琦,宁芳.用户画像构建方法研究与展望[J].机电产品开发与创新,2023,36(1):138-141,154.

学科对于会展文创产品的消费行为分析也可以提供不同的研究方向。

（1）心理学角度。可以分析人的动机、感觉、学习、态度和个性，帮助营销者了解消费者的消费心理活动及其对消费行为的影响。

（2）社会学角度。可以分析社会阶层、家庭结构、相关群体等对于消费行为的影响。

（3）传播学角度。可以分析消费者如何收集产品信息、收集信息的渠道，以及他们对产品宣传的反馈等。

（4）经济学角度。可以分析消费者经济状况如何影响其产品选择、费用开支，以及消费者如何做出消费决策以获得最大的满足。

（5）文化人类学角度。可以分析人类的传统文化、价值观念、信仰和风俗习惯等对消费行为的影响。

2. 会展文创产品的消费行为模式

会展文创产品的消费行为模式十分复杂，消费过程中会发生一系列行为反应。它是一个行为过程系统，该系统一般包括六个要素，即谁买（who）、买什么（what）、为什么买（why）、什么时候买（when）、什么地点买（where）和如何买（how）。

会展文创产品的消费过程中所发生的一系列行为反应犹如一个看不见、摸不着的"黑箱"。外部刺激经过"黑箱"产生反应后引起行为。因此，消费者的购买行为是"刺激-反应（S-R）"的过程。来自外界的刺激包括两类：一类是营销刺激，主要是指企业营销活动中的各种可控因素，即"4P"（产品、价格、分销和促销）；另一类是其他刺激，主要指消费者所处的环境因素（如政治、经济、文化、技术等）的影响。这些刺激通过消费者的"黑箱"即心理活动产生一系列反应，就是购买行为。对于会展文创产品，刺激和反应之间的消费者黑箱包括两个部分。第一部分是消费者特性。消费者特性主要包括影响消费者的社会、文化、个人和心理因素。这些因素会作用于消费者对刺激的理解反应，不同特性的消费者对同一种刺激会产生不同的理解和反应。第二部分是消费者的决策过程，具体包括确认需要、收集信息、比较挑选、决定购买、购后感受五个阶段。这个过程中的各种因素（如信息来源、同类产品的数量等）都会导致消费者的各种不同选择，直接影响不同消费行为的产生。

3. 会展文创产品消费行为的影响因素

消费者的消费行为取决于他们的需要和欲望，而人们的需要和欲望以及消费习惯和行为是在多种因素的共同影响下形成的。这些因素包括消费者个人的内在因素，如消费者个人特征和心理因素，也包括外在因素，如文化因素、社会因素等。这些因素大多数是营销人员无法控制但又必须加以考虑的因素。

（1）消费者个体特征。个体的某些特征会对消费行为产生影响，特别是消费者的年龄、经济能力、职业、生活方式和个性等，对这些特征必须加以重视。个体特征不同，其消费方式、品类、动机也各不相同。比如，从年龄来看，儿童喜欢玩具、文具等商品，老人则注重养生；从职业来看，教师更关注具有文化内涵的产品，设计师则喜欢具有设计感的商品；从经济能力来看，高收入群体消费能力强，喜欢艺术品位高、能够代表身份的高端产品，低收入群体则较关注实用性产品。会展文创产品设计师应当对消费者个体进行分析,并根据个体的行为特征,更准确地选择合适的产品品类作为会展文创的物质载体。

(2) 消费者心理因素。如前所述,马斯洛按需要的重要程度排列,把人类的需要分为五个层次,包括生理需求、安全需求、归属与爱的需求、尊重需求和自我实现的需求。值得注意的是,由于文化创意的情感溢价,会展文创产品往往能够满足消费者更高层次的需求。文化是影响人们的需求与消费行为最重要的因素之一。文化是相对于经济、政治而言的人类全部精神活动及其产品。人们的行为大部分是经后天学习而形成的,在一定的文化环境中成长,自然就会形成一定的观念和习惯。文化主要包括亚文化和社会阶层两方面的内容。

① 亚文化。任何文化都包含一些较小的亚文化群体。它们以特定的认同感和社会影响力将各成员联系在一起,使这一群体持有特定的价值观念、生活格调与行为方式。亚文化群体主要包括民族群体、宗教群体、种族群体和心理区域群体等。

② 社会阶层。每一类型的社会中都有各种不同的社会阶层。这些社会阶层有其相对的同质性和持久性,它们按等级排列,每一阶层的成员都有类似的兴趣、价值观和行为方式。个体能够改变自己的社会阶层,既可能晋升到更高阶层,也可能下降到较低阶层。

(2) 社会因素。消费行为不但受广泛的文化因素的影响,同时也受社会因素的影响。社会因素是指受众周围的人对个体所产生的影响,其中以相关群体、家庭、社会角色和地位的影响最为重要。

① 相关群体。所谓相关群体,就是能直接或间接影响人们态度、行为和价值观的群体,即人们所属并且相互影响的群体。对受到相关群体影响比较大的产品和品牌的生产企业来说,一项很重要的工作便是找出该群体中的"意见领袖"。

② 家庭。消费者的家庭成员对其消费行为的影响较大。

③ 社会角色和地位。角色是指一个人在不同场合中的身份。人在不同群体中的位置可用角色和地位来确定,这些都会影响其消费行为。

4. 会展文创产品消费行为的决策过程

会展文创产品消费行为的决策过程是程序过程和心理过程的统一。消费者消费行为的程序过程是消费者外在购买行为的表现。消费行为的心理过程是消费者内在的行为推力。两者共同体现在购买行为决策过程中。

(1) 会展文创产品消费行为的程序过程。消费者消费行为的程序过程是指购买行为中言行举止发展的阶段顺序。它包括问题认识阶段、信息调研阶段、选择评价阶段、购买决策阶段和购后评价阶段。在会展文创产品消费过程中,通过一定的营销刺激,可以使消费者在参与会展活动之后产生对相关文创产品的需求,如产生购买一个缩小比例的仿制展品的想法;在被唤起需求后,消费者随即进入信息调研阶段,开始寻找相关商品的购买渠道,此时应当要注意充分的信息传递,不要使消费者因为信息获取受阻而放弃被唤起的需求;在获取了充分的信息后,消费者随即进入选择评价阶段,也就是在面对有盈余的选择范围时,根据一定的标准,挑选最为理想、合适的产品,在这个过程中,产品的功能、外观、价格等通常都是重要的决定因素,而对于会展文创产品来说,创意的独特性和文化内涵的深度可能是影响消费者购买决定的有利刺激因素;在完成选择后,消费者将进入购买决策和购后评价阶段,在这一阶段,应为消费者营造良好的购买体验,并及时关注消费者的评价反馈,因为这将是产品口碑的主要来源。

(2) 会展文创产品消费行为的心理过程。消费者消费行为的心理过程是指购买行为中心理活动的全部发展过程,是消费者不同的心理现象对客观现实的动态反映。这一过程与上述购买行为的程序过程平行发展,一般分为六个阶段,即认识阶段、知识阶段、评定阶段、信任阶段、行动阶段和体验阶段。这六个阶段又可以被概括为三种心理过程,即认识过程、情绪过程和意志过程。在会展文创产品的消费过程中,容易受感性的情绪和情感影响的情绪过程和意志过程或许要比理性的认知过程更为重要,因为会展文创产品突出的文化创意属性更容易调动起消费者的情绪和情感反应。比如,热爱传统文化、对故宫文物和历史有浓厚兴趣的消费者在参观完故宫博物院后,很可能处于一种愉悦、兴奋的情绪状态中,此时富有创意的故宫文创产品的出现将使其正面的情绪体验进一步得到激发,促使其产生购买欲望,而对故宫文化的深厚感情和心理依恋也将强化这一欲望,并将其转化为较为坚定的购买决定。

三、会展文创产品挖掘的策略
(一) 深入挖掘会展文化创意符号

文创产品可以贴上本位文化符号的标识,而这些文化符号孕育在整个会展之中,需要进行挖掘。要对会展中神秘的文化符号进行深入的挖掘,挖掘出来的文化符号经过文创产品的价值链,就可以得到最能体现会展文化的文创产品。所以,文化挖掘是文创产品开发价值链中最开始的部分,这一部分为整个文创产品价值链注入初始的文化动力。以博物馆展览为例,一件文物有几百年甚至几千年的历史,当时的人们为什么要制作它,它有什么实际的功用,被赋予了什么样的精神层面上的含义?通过对展品内涵意义的解构与重构,可以让文创产品把古老传统与现实意义连接起来。如中国国家博物馆开发的"海晏河清"系列产品,寓意四海宁静,表达了中国人民对太平盛世的向往。中国国家博物馆据此开发出不同类型的手包、化妆包、筷子、书签等系列产品,把我们国家自古以来渴望和平、人民生活幸福的美好愿望与今天努力建设一个开放包容、共同繁荣的人类命运共同体的政策联系在一起。国家博物馆还有一款"金玉满堂"系列文创产品,创作灵感来源于清代"红彩金鱼纹长方形花盆"。这是一个中国传统吉祥题材,"鱼"与"玉"谐音,金彩描绘鱼纹,寓意"金玉满堂"(见图5-3-1)。这款产品一方面传承了中国传统文化中"图必有意、意必吉祥"的表达方式,另一方面也体现了人们希望生活富足的美好愿望,赋予古老传统以现代意义[1]。

在文创产品开发过程中,设计最为重要,文创产品的设计不仅要以文化为基础,还要以创

---

[1] 展览文创产品开发——博物馆展览阐释的新途径[EB/OL]. https://zhuanlan.zhihu.com/p/553297068. [访问时间:2023-01-28].

图 5-3-1　中国国家博物馆"海晏河清"和"金玉满堂"系列文创产品

意为核心。会展内部要深度挖掘文化要素,对所有的文化要素进行分类,对所有文化要素的关系进行梳理,为创意提供更好的文化基础。在创意设计上,不仅要结合游客的需求与喜好,更应调动整个文化旅游产业中的其他行业,甚至调动整个社会来进行文化需求探索与文化创意设计,让文创产品的创意得到整个社会的支持,使文创产品的设计更加符合社会的需求,从而避免文创产品同质化,提升游客的购买欲望与产品的价值。

（二）有效提取会展文创视觉元素

文创产品是会展的延伸,可视为会展在展厅等场所之外的设计,其创意首先来源于展品和活动主题的视觉元素,包括展品和活动主题的外观形象、局部特征、纹饰图案、色彩搭配等。仿制和图案的直接应用常常被认为是简单和缺乏创意的,其实这种文创形式也有它的价值,可以直接拉近观众和会展的距离。会展文创的首要目标是阐释会展活动,如果观众在参与过程中被某件展品吸引,产生了情感上的共鸣,就会希望跟它有更亲密的联系,使情感得以延续,精美的复制品正好可以满足这个愿望。所以就可以看到,凡·高、莫奈等大师的画展上,画作复制品都会大卖。不仅绘画作品受到欢迎,很多中国传统艺术的复制品也有一定的市场,如造型古拙的青铜器、散发着文人气息的文房用品等。印有名画或其他展品图片的明信片等也是会展活动常销的文创产品。当明信片被寄出去的时候,观众的观展感受也随之被分享出去。这种文创形式其实并不简单,开发者必须与策展人充分沟通,了解会展的亮点所在,了解会展、展品对于观众的意义,分析观众的审美和需求,才能开发出受欢迎的产品。展品视觉元素用于文创产品开发,更多是对展品的外观、纹饰、色彩等进行提取和转化,赋予其时代的意义,让设计符合现代审美,这种类型的文创产品也更受会展观众的欢迎[1]。

---

[1] 展览文创产品开发——博物馆展览阐释的新途径[EB/OL]. https://zhuanlan.zhihu.com/p/553297068. [访问时间:2023-01-28].

(三)建立与观众生活的紧密连接

台北"故宫博物院"在1983年就提出了"从传统中创新,让艺术和生活结合"的文创发展理念,这已经得到会展文创界的普遍认同。文创产品与生活应用结合起来,文创产品就成为生活用品,而观众更愿意购买自己能够用得上的东西。观众在展厅观看展览,与文物有了近距离的接触,但这些文物毕竟不能触摸,而且有着遥远的时间距离,观众心理上可能只有敬畏而很难亲近。但从文物中提取元素并开发出各种生活实用型文创产品后,观众与文物的距离便瞬间缩短了。可能是一个耳环、项链,也可能是一个背包,戴在身上,古老的文化就有了现实的意义,也从博物馆展厅随着产品消费者的行动路线放射性地传播开来。目前,会展文创产品开发已经关注到生活的方方面面。美国大都会艺术博物馆的文创产品有珠宝首饰、手表、雕塑、图书音像、墙面艺术作品、家居装饰品、文具日历、服饰类、手包配饰、儿童商品十大类,几乎都与现代生活紧密相连。我国一些大型博物馆(如故宫博物院、上海博物馆等)的文创也毫不逊色,具有自己的特色。如故宫博物院开发的口红产品,上市不久就脱销了。

2017年,上海博物馆围绕"大英博物馆百物展:浓缩的世界史"自主设计研发了近50种涵盖衣食住行等生活各方面的文创产品。这些文创产品的设计没有局限于展览文物本身,而是围绕展览主题,深度发掘文化内涵,用文创讲述了"世界的故事"。例如,其中有一款丝巾印有四种文字,其设计灵感源于欧亚大陆最古老的四大文明的文字,即苏美尔的楔形文字、埃及的象形文字、印度的梵文及中国的金文。一条丝巾戴在颈间,就把世界千年文明带入了生活。

南京博物院举办的慕夏"欧洲新艺术运动瑰宝"展的文创设计也体现了这样一个特点,不仅仅把慕夏作品本身作为设计元素,慕夏作品中的东方美学、凯尔特艺术、拜占庭艺术、巴洛克艺术、洛可可艺术等各类风格也被发掘出来,成为文创产品设计灵感的源泉。文创开发对于展览文化元素的深度发掘更有助于展览主题思想的表达和拓展,文创也为观众理解展览插上想象的翅膀[1]。

案例研读

冬奥"顶流""冰墩墩"的诞生

在奥运史上,吉祥物的出现时间并不算太长,冬季奥运会和夏季奥运会上第一次出现吉祥物分别是在1968年的法国格勒诺布尔冬奥会和1972年的德国慕尼黑奥运会,迄今只有四五十年。但从此以后,奥运吉祥物就成为构成奥运会形象特征的主要内容。国际奥委会和历届奥运会组委会对吉祥物的设计要求都很高,每一届吉祥物的征集与揭晓都吸引了世界的关注目光,成为当届奥运会的亮点。2019年9月17日,

---

[1] 展览文创产品开发——博物馆展览阐释的新途径[EB/OL]. https://zhuanlan.zhihu.com/p/553297068.[访问时间:2023-01-28].

北京2022年冬奥会和冬残奥会吉祥物全球发布仪式在北京首钢冰球馆举行,广州美术学院团队的设计作品"冰墩墩"被选为北京冬奥会吉祥物(见图5-4-1)。

图 5-4-1　2022年北京冬奥会吉祥物"冰墩墩"

一、"冰墩墩"的设计理念

（一）相关性

吉祥物有传统吉祥物与现代吉祥物之说。传统吉祥物代表了吉祥物最原始的意义,即取"吉祥"之意,经过艺术加工提炼出各种纹样或符号,以表达人类追求吉祥幸福的意愿。现代吉祥物与传统吉祥物相对应,是指当下企业、团体、活动以及地域为传播品牌形象而设立的具有象征意义的视觉符号。现代吉祥物的设计准则中,相关性是第一要素,即吉祥物的设计应该与品牌主题或活动主题相契合。那么,针对体育赛事活动的吉祥物设计自然应紧扣"运动"主题。

北京2022年冬奥会吉祥物设计征集文件提到,北京冬奥会吉祥物应当与奥林匹克运动的愿景和使命一致,并传递奥林匹克价值观。奥林匹克运动的愿景为"通过体育建设一个更美好的世界",价值观为"卓越、尊重和友谊",其使命包括"以运动员为中心、以青年人为重点、促进体育运动和奥林匹克价值观"等。结合奥林匹克的愿景和使命,北京冬奥会提出的愿景包括"纯洁的冰雪,激情的约会""让奥林匹克点亮青年梦想,让冬季运动融入亿万民众,让奥运盛会惠及发展进步,让世界更加相知相融"等。设计团队结合之前的研究成果和实践经验,迅速将创作元素分为珍稀动植物、神话传说、中国符号三个方向,以此展开设计工作。此举既做到了有的放矢,又有"包罗万象"之架势,在这个思路的引导下,实现了高效的作品产出,始终把握着与本次盛会的相关性:运动、冰雪、友谊。

从最终的"冰墩墩"造型中可以看到,"冰墩墩"身披冰晶外壳成为这次吉祥物设计的最大特点,这正是紧扣与"冰雪运动"相关性的结果。与此同时,冰墩墩的手心是一个爱心,实际上这是一个偶得,因为熊猫本身是有掌心的,视觉处理过程中,结合"友谊"这一主题将它设计成了一颗爱心,代表五大洲的和平与友谊,也代表了中华民族的友好与和善。

（二）在地性

北京冬奥会吉祥物评审、著名评论家张颐武教授认为,吉祥物的设计要满足一些重要的要求，包括要有自身的文化和历史方面的特异性，必须和所在地的历史文化相互适应。这就是现代吉祥物设计中所强调的在地性，而且这也是赛事吉祥物与当下网红动漫形象的差异之一。网红动漫形象专注于人们消费潜能的激发，多以幽默、搞怪甚至无厘头的艺术表现形式满足人们对"梦幻向往"这一原始意象的追求，在地性并不是其设计要素。

反观国际体育赛事的吉祥物设计，在地性则成了重点要素之一，因为每一个活动主办方都希望通过吉祥物这一象征符号来传播所在国家或城市的地域特征、历史文化和人文特色，实现其地域或民族符号的国际化传播。2000年悉尼夏季奥运会选择了笑翠鸟、鸭嘴兽和食蚁针鼹三个澳大利亚本土特产动物作为吉祥物的原型，它们分别在空中、水中和地上生活，代表了澳大利亚的天空、水分和土地，也代表了奥林匹克的博大精深和澳大利亚人民的精神与活力。2002年盐湖城冬奥会的吉祥物是三种在美国西部印第安神话中深受喜爱的小动物，即雪靴兔、北美草原小狼和美洲黑熊，三种动物在向世界传播本地文化的同时，也体现了奥林匹克运动会更快、更高、更强的格言。

任何一个国家大型活动的吉祥物都是一个国家或民族的特定文化产物。吉祥物设计代表了一个国家或民族的思想境界，它体现的是这个国家或民族对于吉祥物及其所代表活动之间关系的理解高度。在北京冬奥会吉祥物的创作上，不论在前期的征稿阶段还是在后期的反复修改过程中，设计团队都在努力地找寻中国文化元素和本土文化特征。从各类报道中可以看到，团队有三个作品入围了吉祥物全球评选的十强，其中获得修改权的是"冰糖葫芦"作品。这个作品的灵感实际上来自对北京的一个传统符号的记忆。在漫长的修改过程中，设计团队也尝试了包括熊猫、麋鹿、华南虎、兔儿爷、元宵等元素的造型，也始终在珍稀动植物、神话传说、中国符号三个既定方向中进行斟酌。北京冬奥会吉祥物最终选择以国宝熊猫作为创作原型，经历了多方面多轮次的探讨。团队发现，针对中国元素面向世界的传播，熊猫这个符号的传播成本是最低的，却是最有效的。熊猫形象友好可爱、憨态可掬，深受各国人民喜爱，国际友人看到熊猫，就知道它代表中国，不需要用任何语言解释。张颐武教授认为，这种重要的吉祥物的呈现最终取决于公众和社会对于文化符号的认知和选择，美学上的趣味和追求也必须适应公众对符号的要求和社会的普遍认知，同时也要考虑各方面的认知和理解，从而形成最大程度的共识。国际奥委会主席巴赫先生在吉祥物全球发布会上对"冰墩墩"的盛赞，也说明了以他为代表的他国民众对选择熊猫的认可，以及熊猫对于传播中国文化的价值。

与此同时，北京冬奥会吉祥物取名为"冰墩墩"，是来自中国北方"墩儿"的发音。英文名"Bing Dwen Dwen"来自"冰墩墩"的汉字音译，体现了汉语的发音特色，又在拼读时兼顾了他者文化。2019年12月，"冰墩墩"携手"雪容融"（北京冬残奥会吉祥物）入选由中国国家语言资源监测与研究中心发布的"2019年度中国媒体十大新词语"。选择熊猫、"冰墩墩"

这些具有典型在地性的元素进行文化内涵的诠释与传播,也充分体现了中华民族的文化自信。

(三) 时代性

现代吉祥物的设计与应用经历了上百年的时间,吉祥物设计作品形式多样,或抽象,或写实,或恬静,或动感。分析国际体育赛事吉祥物的设计风格变化,从1972年德国慕尼黑奥运会起,大致经历了原汁原味式、天马行空式、解构重组式等阶段。

原汁原味式如1990年北京亚运会吉祥物熊猫"盼盼"以及1988年首尔奥运会吉祥物"贺多利"(Hodori),在创作与表现上朴实无华、极少装饰。天马行空式如2002年韩日世界杯吉祥物"Atmo",是三个颜色怪异、来自外星球的精灵,它们因为没有按照惯例以日韩两国的在地元素作为原型设计而使球迷感到失望。学术界有一种讨论认为,这是两个国家首次合办国际赛事,无法满足某一方的在地性,于是选择了另辟蹊径,但这一"创举"也使吉祥物的设计向前大大地迈进了一步。解构重组式最成功的莫过于2008年北京奥运会吉祥物"福娃",五个可爱的小伙伴,分别融入了鱼、大熊猫、藏羚羊等形象,蕴含着与海洋、森林、火、大地和天空的联系,寓意深刻,解构重组的难度颇高。从整个风格的演变来看,吉祥物设计呈现出一种大趋势,即从简单走向深刻,注重内涵的刻画与描写,取材更加广泛,表现手法趋向多元。1996年亚特兰大奥运会吉祥物"依奇"(Izzy)是第一个用电脑制作出来的吉祥物,2012年伦敦奥运会的吉祥物"文洛克"(Wenlock)与残奥会吉祥物"曼德维尔"(Mandeville)则采用了3D渲染方式进行视觉表现。这些吉祥物的设计风格与视觉呈现都是与时代发展同步的典型案例[1]。

2022年属于未来的5G时代,北京冬奥会吉祥物的设计与视觉呈现同样应具有时代感和未来性。在最后长达7个月的修改过程中,冬奥组委修改专家组给设计团队的建议是,在体现中国文化特色的同时应尽可能地融入互联网、新技术、时尚文化等元素。

1. 传承与创新

从1990年北京亚运会的"盼盼",到2008北京奥运会的"福娃",再到现在的"冰墩墩",一方面,熊猫元素在国际体育赛事吉祥物设计中的多次使用体现了中华民族的文化传承与文化自信;另一方面,吉祥物的创作手法与表现手段也在不断改变,从"原汁原味"到"解构重组",再到3D技术的加入,实现了设计的创新。在本次冬奥会吉祥物评委会主席蒋效愚看来,冰墩墩用大家很熟悉但又有创新的熊猫形象,向世界展现了中国人民敦厚、勤劳、和善的形象;同时,它又是面向未来、充满科技感的熊猫,展现出中国面向未来的充分自信。

2. 未来元素

在很长的一段时间里,熊猫的黑白色彩关系一直困扰着创作团队。如果没有色彩,将使画面显得单调,缺乏视觉冲击力,同时也无法从之前的吉祥物设计作品中跳脱出来。团

---

[1] 刘平云.现代吉祥物设计风格刍议[J].消费导刊,2008(8):197.

队深知,作品没有亮点就缺乏排他性,无法被认可,也就不可能获得最后的成功。在最终的"冰墩墩"造型中,吉祥物头部装饰有彩色光环,其灵感源自北京冬奥会新建的冰上竞赛场馆——国家速滑馆(被誉为"冰丝带")。"冰墩墩"身披冰晶外壳,饰以"冰丝带",颇似一位来自未来的冰雪运动专家,脸上流动的明亮色彩线条象征着冰雪运动的赛道和5G高科技。同时,吉祥物的整体形象酷似航天员,团队希望通过"冰墩墩"能和太空与未来进行对话。太空属于全人类,航天事业是全球共同的事业,在新时代,中国太空活动是践行人类命运共同体理念的生动写照。

3. 萌文化视觉

"动漫产业化"一词的出现,代表原始寓意吉祥的吉祥物设计风格开始出现巨大变化。1984年美国洛杉矶奥运会吉祥物"山姆"(Sam)由迪士尼公司设计,借助该公司丰富的动漫形象推广经验,奥运会吉祥物开启了商业化运作历程,自然也带动了其他企业、团体、活动的纷纷效仿。正因为被商品化,吉祥物设计的目标性也越发凸显了出来,当下的赛事及活动吉祥物已然成为一个个动漫品牌IP。冬奥会吉祥物的主要消费人群定位于9岁的儿童,辐射至更多年龄段的青少年。基于此,创作主旨为"互联网环境下的萌文化视觉设计"。每一次的方案,团队都在完成角色造型的基础上,配套进行了表情设计和衍生产品设计。移动互联网的出现催生了萌文化,从而也推动了萌经济的发展,吉祥物网络表情等萌文化视觉设计就是希望借助移动互联网以及新媒体技术,让视觉设计的传播除了常用的传统媒体外,可以更多地借助微信、微博等新媒体及其他公众平台。它使得大众可以直接参与奥运吉祥物的传播,形成一对多或多对多的新型传播形式,并在最大程度上实现吉祥物的商业价值[1]。

二、"冰墩墩"的设计实践

(一)历史语境:传承与突破

"冰墩墩"的创作过程至少受到两方面历史语境的影响:一是中国传统文化的历史语境,以及由此带来的限制与突破;二是以历届奥运吉祥物的发展历史语境为坐标,在其中寻找到合适的定位。

首先,从中国传统文化历史来看,虽然2022北京冬奥会吉祥物设计是创作新的符号,但如果缺乏传承延续,很难获得人们的迅速认知。全新符号虽具创意,但对于政府或市场来说往往存在过高的认知成本与风险。这也是为什么在多番尝试之后,最终还是选择了熊猫这一形象的原因。经过反复的使用,熊猫几乎已成为世界公认的中国国宝,类似查尔斯·皮尔斯(Charles Peirce)所说的"规约符号",成为社会文化一种约定俗成的符号。况且其友好可爱、憨态可掬的形象深受各国人民尤其是青少年的喜爱。此外,熊猫不像"龙"等其他一些动物在东西方存在含义上的不同。既然是国际公认的中国形象"代言人",在熊猫

---

[1] 刘平云.扎根本土 面向未来——冬奥吉祥物设计的实践与思考[J].装饰,2020(1):84-87.

这一已有符号的基础上再进行创造,也不失为一个稳妥的方案。后来通过对符号传播过程中解码端观众的调研,无论在专家还是大众投票评选中,熊猫确实都是接受度和喜爱度最高的选项。

其次,历史同样也给此次设计带来了挑战,过去与熊猫相关的设计不计其数,如何在限制中创新、避免重复成为团队接下来所面临的挑战。团队先是尽可能地收集现有与熊猫有关的角色设计资料进行比对分析。当时,无论北京2022年冬奥会和冬残奥会组委办公室,还是广州美术学院设计大楼工作室,都贴满了各式各样的熊猫图样,以便时刻提醒设计团队不能重复已有的元素。幸运的是,恰巧从冰糖葫芦延续下来的冰壳创意一直被保留下来,设计团队发现将冰壳与熊猫结合的方式还未曾出现过。同时,以熊猫为原型与冰晶外壳相结合,体现了冬季冰雪运动的特点,外壳造型也正好可以与冰雪运动的头盔等器具形象相结合,在保证了本次"冰墩墩"熊猫造型独特性的同时,也带来了一些新的含义。

最后,从历届奥运会吉祥物的设计来说,形象设计一直在发展,有过保守也有过激进的尝试。例如,2012年伦敦奥运会吉祥物可谓是历届奥运会吉祥物中较为激进的,同时也是对大众接受度挑战最大的一次设计尝试,相较而言,2020年东京奥运会的吉祥物虽然也强调了科技,但其日式的卡通式审美是大家所熟悉的艺术风格,因而更容易让人接受。两者都出现在"冰墩墩"设计之前,也为团队设计提供了很好的标尺。

(二)当下语境:此时与未来

在吉祥物的设计中,所谓的当下,往往并不是指设计工作开展的此时此刻,而对应的是设计真正得到应用的未来。例如,此次北京冬奥会在2022年举行,所有的设计都应当以那时的背景做思考,所以本次的设计不但要做到不过时,更要具备超前的眼光,保证其在2022年还能具有新鲜感。

因此,对于科技感的体现是本次"冰墩墩"设计的重点,也是奥组委专家对于"冰墩墩"和"雪容融"这两个角色的差异化定位所决定的:一个指向未来;另一个偏向传统。对此次北京冬奥会吉祥物"冰墩墩"设计元素进行简要的分解。为了体现科技感,在原本传统的熊猫形象中增添了发光元素。熊猫头部装饰了彩色发光的冰丝带,流动的明亮色彩线条象征着冰雪运动的赛道和5G高科技,熊猫掌心的发光爱心与之相呼应,为原本以黑白两色为主的冰壳熊猫增添了一抹亮色。此外,冰壳的套嵌在体现冰雪运动的同时,也使得"冰墩墩"整体形象酷似航天员,宛若一位来自未来的冰雪运动专家,寓意现代科技和冰雪运动的完美结合。同时,冰壳将为形象带来多变的延展性,后期可以根据需要变化出运动时的器械,包括冰刀、头盔、曲棍等,这一特性也为此角色带来更多未来感。同时,本次"冰墩墩"的形象设计也得益于现代设计手段的技术变革所带来的新的可能性。传统平面表现手法对于冰材质以及冰层中发光的效果并不是理想的选择,而现代3D渲染技术则可以比较真实地还原冰和光的质感。因此,为了更生动地表现角色质感,最终"冰墩墩"的标准姿态展示图也采用了3D渲染,而非2008年北京奥运会时所采取的平面手绘展示方式。此外,在实际"冰墩墩"衍生品的生产过程中,为了最大限度地还原冰壳材质以及脱取方便,再一次创新性地在奥运会衍生产品中使用了硅胶材质。

（三）外在语境:文化与经济

作为全球性奥运会赛事的视觉象征符号,"冰墩墩"的设计过程必然受到奥运体育文化乃至全世界不同文化背景观众的影响。同时,随着奥运经济的成熟,运动会的推广和传播拥有越来越高的经济效益,相关衍生产品的开放与售卖更是如今重大活动中相当重要的经济收益来源。在此环境下,吉祥物不仅仅是一种社会文化符号,更是一种经济符号。它能够帮助企业和活动进行品牌宣传推广,更重要的是,该形象可以经过多重变换和衍生,形成多种不同的产品,如多种纪念品和玩偶等,带来经济效益。

首先,从视觉文化角度来说,要在体现体育精神与亲和力之间找到平衡点。与标志设计不同,除了代表品牌形象之外,吉祥物往往需要更具亲和力和拟人的特征,其造型一般都可爱有趣、简单鲜明,能够得到不同文化背景、不同性别、不同年龄人群的普遍认同,特别是受到广大儿童和青少年的欢迎。这也是在此次大众评选过程中,在全国中小学生中开展"我心中的冬奥吉祥物"主题活动的原因。如何做到可爱,有很多细节需要推敲,仅熊猫眼部的变化就有很大的探索空间,包括其大小、弧度、色彩等,稍微一点改变可能就会带来很强的视觉感受差异。最终形象腿部的摆放姿态选择了双脚尖朝内、微微内八的状态,也是在参考熊猫行走姿态后的决定,为整体造型带来了一些熊猫本身憨厚的特点。

但作为体育赛事的吉祥物,仅仅可爱是远远不够的,同时还必须体现饱满的运动精神和状态,过分的卖萌和低龄化可能造成形态的慵懒。如何在两者之间找到适当的平衡,也是本次"冰墩墩"设计过程中遇到的难题。其中包括头身的比例、腰身的弧度等,为了在静态与动态之间达到平衡,对于角色关键姿态（key pose）的选择也是经过反复调整的结果,如举手的幅度、是举双手还是单手等。因此,在设计过程中,为了真实地展现熊猫的运动姿态,团队成员还专程赶赴四川卧龙大熊猫保护基地,通过先进的动作捕捉技术深入研究了熊猫的体态与行为特征。

其次,从语言文化角度来说,除了视觉形式外,吉祥物的名称也是设计过程中的重要一环。命名同样是符号创造过程中的重要环节,要考虑到国际化的辨识性、易读性及记忆性,包括中英文的发音与含义等。最终,2022年北京冬奥会吉祥物的中文名字为"冰墩墩",英文名字为"Bing Dwen Dwen"。叠字的名称朗朗上口方便记忆,同时也方便不同言语背景的观众拼读。其中:冰,象征纯洁、坚强,是北京冬奥会的特点;墩墩,意喻敦厚、健康、活泼、可爱,契合熊猫的整体形象,象征着冬奥会运动员强壮的体魄、坚韧的意志和鼓舞人心的奥林匹克精神。

最后,从经济角度来说,吉祥物的设计应当满足商业开发的需求并适用于各种尺寸,小到徽章,大到大尺寸模型,都应适用;应适用于各种材质,包括金属制品或毛绒玩具;应适用于各种已知或未知的领域、媒介和技术。在这一点上,"冰壳"的出现无疑为"冰墩墩"衍生产品的开发提供了丰富的可能性。半透明冰晶外壳设计在众多衍生产品中独树一帜,其拆分组合的特性给人耳目一新的感觉,在受到青少年喜爱的同时,也有利于互联网表情包及特许产品的多样性开发。同时,"冰壳"本身甚至可以直接成为吉祥物包装的媒介。北京冬奥组委财务和市场开发部部长在看到"冰墩墩"的"冰壳"后就表示:"会徽吉祥物的贵金属纪念章、纪念币本身外边就需要有壳,现在将来我们做的贵金属金熊猫、银熊猫直接就带一个壳,它就非常和谐。"

(四)内在语境:统一与延展

对于行文来说,词汇的放置应照顾到上下文的关系。同样对于吉祥物设计而言,其视觉构成要素之间也应相互呼应,主次分明,在保持统一设计语言的同时突出重点。后期"冰墩墩"传播方式的多样性也要求吉祥物符号在设计时必须具有较强的延展性,可以说,内在语境更加考验的是设计团队对于视觉语言构成的专业能力素养。首先,设计应在突出重点的同时保持整体和谐。在前期"冰墩墩"的设计过程中,团队也走过元素失衡的弯路。鉴于2022年北京冬奥会举办地在北京和张家口,为了体现两地的区域特色,在设计过程中也不免尝试加入一些相关传统元素,包括京剧的红腮、祥云、如意等,当时为了能够体现中国传统文化,甚至在四肢加入了如意纹样,同时将脸部开窗与祥云以及雪绒花的造型相结合。虽然已经尽量做到不显突兀,但最终组委会专家指出此类方案过于专注细节,反而致使整体效果欠佳。对于吉祥物等角色设计而言,如果整个角色都是由这些符号堆砌而成,反而削弱了形象本身的识别性与整体视觉特点,另外直接挪用固定纹样往往给人牵强附会、画蛇添足的感觉,容易显得老气陈旧,平均用力的设计则让人感觉缺乏重点。

因此,在全球化、年轻化的受众背景下的今天,在体现地域特色的同时,应尽量采用新颖的元素,简洁明了,避免堆砌。正如此次"冰丝带"这一新元素的加入,其灵感源自北京冬奥会国家速滑馆的造型,国家速滑馆是北京冬奥会唯一新建的冰上竞赛场馆。双曲马鞍形的冰丝带造型与熊猫脸部的冰壳开窗结合在一起,显得自然巧妙,其独特的造型也解决了重复的问题,发光的特性更是整个形象的点睛之笔,给人眼前一亮的感觉。同时,作为2022年北京冬奥会视觉系统中的重要组成部分,吉祥物的设计还需要保证整个视觉生态的统一性与可延展性。作为品牌形象的一部分,吉祥物的存在是为了提升品牌的传播速度,配合标志形成一套完整的形象辨识系统,两者结合将增强品牌的辨识度和亲密度。为了更好地与主标识系统相呼应,"冰墩墩"选择了与北京冬奥会标志相近的渐变色彩系统,在未来的场景应用中,两者结合起来将会相得益彰。届时,全球数十亿观众在现场或通过电视网络转播等多种方式观看、了解2022年北京冬奥会和冬残奥会的盛况。所以从延展性角度来说,多平台传播成为必须考虑的因素,由此涉及角色动态等问题,需要保证不仅仅是一个角度而是多场景、多角度、多姿态下角色的一致性与完整性。由此,团队成员不但需要制作标准姿态,还得对"冰墩墩"的运动姿态以及相关变化进行研究。例如,北京冬奥会项目中,速滑、花样滑冰以及跳台滑雪等项目的标准姿态中涉及许多与体育运动项目相关的专业知识,以及一些冰壳与护具之间的变化关系。此外,考虑到时下最流行的沟通交流手段,很"应景"地为"冰墩墩"精心设计了专属表情包。表情包的设计同样要求"冰墩墩"有很强的可塑性、统一性,可以根据需要设计不同的表情、不同的姿势、不同的动作,使之更生动,同时"冰墩墩"与"雪容融"两者之间的匹配与姿态结合也是一大考验。此外,还需要对角色形象有较为全面的人物个性、言语方式等定位,官方发布的"动起来"吉祥物形象表情包中,从"打招呼""一起舞""溜了"等常用表情之中,可以感受到"冰墩墩"敦厚、活泼的形象特点,而夜空中飞翔的动画表情则展现了"冰墩墩"十足的科技感[1]。

思考题

1. 会展产品可以分为哪几类?各自有何特点?
2. 什么是文创赋能?文创赋能有什么作用?文创如何赋能会展产品?
3. 会展文创产品的开发设计原则有哪些?
4. 应如何进行会展文创产品的开发设计?
5. 会展文创产品开发存在哪些机遇和挑战?
6. 试举例说明,会展文创产品的文化挖掘有哪些来源。
7. 如何进行会展文创产品的消费挖掘?
8. 会展文创产品挖掘有哪些对策?

本章参考文献

[1] 杨琪,李晨,杜凤霞.会议运营管理[M].重庆:重庆大学出版社,2016.
[2] 周承君,何章强,袁诗群.文创产品设计[M].北京:化学工业出版社,2019.
[3] 夏桂年.展览原理[M].重庆:重庆大学出版社,2019.
[4] 卢晓.节事活动策划与管理[M].上海:上海人民出版社,2009.
[5] 孙晓霞.奖励旅游策划与组织[M].重庆:重庆大学出版社,2015.
[6] 程传超,周卫.图书馆文化创意产品开发研究[M].长春:吉林人民出版社,2020.
[7] 陈凌云.博物馆文化创意产品开发研究[M].上海:上海社会科学院出版社,2020.
[8] 李典.博物馆文化创意产品开发设计与发展研究[M].长春:吉林人民出版社,2019.

---

[1] 万千个,林存真.多重语境下的符号构建——冬奥会吉祥物冰墩墩设计实践研究[J].艺术设计研究,2021(3):68-72.

[9] 胡安鹏,董玉玉."非遗+文创"赋能大运河文化传承与创新研究[J].四川戏剧,2022(10):153-156.

[10] 王茹.超级IP的开发策略研究——故宫IP的升级之路[J].文化创新比较研究,2022,6(1):124-127.

[11] 易平.文化消费语境下的博物馆文创产品设计[J].包装工程,2018,39(8):84-88.

[12] 孙金杰.博物馆文创产品设计研究——以河南博物院为例[J].美与时代(上),2022(8):103-106.

[13] 金青梅,张鑫.博物馆文创产品开发研究[J].西安建筑科技大学学报(社会科学版),2016,35(6):42-46.

[14] 郭智勇."互联网+"背景下山东非遗文创产品开发设计研究[J].美术教育研究,2020(14):114-115.

[15] 孙克安,叶聪,匡才远,等.浅议非遗文创产品的创新设计——以南京博物院非遗馆为例[J].轻工科技,2019,35(8):124-125,139.

[16] 刘平云.扎根本土 面向未来——冬奥吉祥物设计的实践与思考[J].装饰,2020(1):84-87.

[17] 万千个,林存真.多重语境下的符号构建——冬奥会吉祥物冰墩墩设计实践研究[J].艺术设计研究,2021(3):68-72.

[18] 刘平云.现代吉祥物设计风格趋议[J].消费导刊,2008(8):197.

[19] 张宗登,鲁经文.基于地域文化主题的产品叙事设计研究[J].包装工程,2016,37(12):38-39.

[20] 周玲强,方靓.会议旅游产品开发的对策研究[J].数量经济技术经济研究,2003(8):47-50.

[21] 周睿.针对文博旅游的文化创意产品设计探索——以张大千文博资源为例[J].装饰,2013(4):143-144.

[22] 杜雨菡.历史文化传播的新思路[J].遗产与保护研究,2017(6):104-106.

[23] 孟凡胜,冯卓然,张迪.基于让渡价值理论的会展产品价值体系构建研究[J].商业研究,2017,488(12):35-41.

[24] 宋咏梅,孙根年.科特勒产品层次理论及其消费者价值评价[J].商业时代,2007,381(14):31-32,37.

[25] 金蓓,罗铭.城市会展业信息化服务模式的探讨[J].北京城市学院学报,2009(6):61-64.

[26] 张义,杨顺勇.会展导论[M].上海:复旦大学出版社,2009.

[27] 什么是会议产品[EB/OL]. https://www.guayunfan.com/baike/255837.html.[访问时间:2023-02-12].

[28] 展览会究竟具有哪些功能?[EB/OL]. https://www.sohu.com/a/117865149_358633. [访问时间:2023-02-12].

[29] 奖励旅游的概念[EB/OL]. https://www.guayunfan.com/lilun/638947.html. [访问时间:2023-02-13].

[30] 一些城市展馆利用率不足5% 同质化泛滥"杀伤"会展经济[EB/OL]. https://baijiahao.baidu.com/s?id=1605563931100151531&wfr=spider&for=pc. [访问时间:2023-02-13].

[31] 文化需求全面升级 博物馆文创如何抓住新消费风口[EB/OL]. https://m.gmw.cn/baijia/2023-01/03/36274100.html. [访问时间:2023-02-13].

[32] 孟文博. 东方美学融入现代生活的思考[EB/OL]. https://mp.weixin.qq.com/s?__biz=MzAxOTU4NDMwNg==&mid=2651267890&idx=1&sn=b8d7b280b4ec044faf898581c50f6a28&chksm=8037476fb740ce797a235e8f57c8dae58e03220d130b9dace20dbd82e3700d0ad742e214894d&scene=27. [访问时间:2023-02-13].

[33] 人民日报点赞:东家App 匠心文创跨年展,"宋韵"和"年味儿"混搭[EB/OL]. https://www.sohu.com/a/625214029_121470311. [访问时间:2023-02-13].

[34] 展览文创产品开发——博物馆展览阐释的新途径[J]. https://zhuanlan.zhihu.com/p/553297068. [访问时间:2023-01-28].

[35] Miller D. Material culture and mass consumption[M]. Oxford: Basil Blankwell, 1987.

第六章

会展宣传文创

学习目标

学习完本章,你应该能够:
(1) 了解会展宣传体系的构成;
(2) 了解会展宣传策划的方法;
(3) 了解会展宣传的文创属性和设计思路。

基本概念

会展宣传体系　宣传策划　媒体推广　宣传文创设计

第一节 会展宣传的整体策划

一、会展宣传策划的特征与步骤

（一）会展宣传策划的特征

1. 重要性

会展宣传计划是一切会展宣传活动的首要管理职能,它被嵌入会展宣传各项活动,是各项活动决策的重要依据,也是指引会展宣传行为、实现会展宣传目标的重要保障。根据美国管理学家斯蒂芬·罗宾斯(Stephen Robbins)对计划的重要性的阐述,会展宣传计划之所以重要,主要是因为:第一,会展宣传计划可以为相关人员提供行动指导,减少不同主体以个人利益为导向的冲突,使各方利益主体的行为产生合力;第二,会展宣传计划会根据会展宣传策略配置相关资源,减少资源浪费现象;第三,会展宣传计划需要对未来会展宣传环境的走势进行预测与分析,从而降低了外部环境变化带来的负面影响;第四,会展宣传计划会形成明确的宣传目标,那些可测量的会展宣传目标可以成为会展宣传控制的标准。

2. 层次性

完整的会展宣传计划是由不同层次的要素构成的,其层次体系如图 6-1-1 所示。会展宣

图 6-1-1 会展宣传计划的层次结构

传计划的最高层次要素是会展组织或项目的宗旨、使命与战略定位,最低层次要素是会展营销资源配置方案。上一层次要素对下一层次要素形成基本指引。例如,在制定会展宣传组合策略时,必须考虑会展宣传的总体目标,扩大市场规模和形成可持续客户关系两个目标下的会展产品设计、价格定位以及促销手段等组合策略会存在显著差异。下一层次的要素则是实现上一层次要素的基本支撑。会展宣传计划的要素所处的层次越靠下,其工作内容就越具体与明确。

3. 关联性

与整个会展组织或项目的商业计划不同,会展宣传计划只是商业计划的一部分,尽管所涉及的内容范围有限,但需要与其他部门的计划相联系。会展宣传计划的科学性与可行性不仅取决于会展宣传计划本身的制订过程与方法,还取决于其是否与整个会展组织或项目的商业计划一致,以及是否与其他职能部门的计划相匹配。例如,会展项目的财务计划、采购计划等多个子计划都需要与会展宣传计划相契合。

4. 正式性

根据计划的表现形式,会展宣传计划可以分为非正式计划和正式计划两种:非正式计划很少会以书面形式出现,笼统且缺乏连续性,其确定往往缺乏周密的考虑;正式计划是一个包括环境分析、目标确定、方案选择以及计划文件编制等一系列工作步骤的完整、规范的过程。尽管从严格意义上讲,非正式计划也属于计划的范畴,但由于缺乏系统性、规范性以及可传递性,其还不能作为指导会展宣传相关工作的"行车图",也无法实现计划的功能。因此,本章所提到的计划都是指正式计划[1]。

(二) 会展宣传策划的基本步骤

根据会展宣传计划的基本内涵与功能,会展宣传计划工作需要经历四个基本步骤,即会展市场宣传调研、选择目标市场与市场定位、制定会展宣传计划,以及会展宣传计划的评估与调整(如图6-1-2所示)。

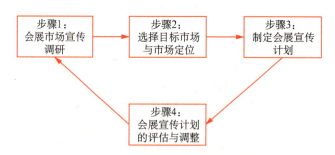

图6-1-2 会展宣传计划的四个步骤[2]

步骤1:会展市场宣传调研。会展市场宣传调研阶段的主要目标是识别外部环境给会展组织或项目带来的机会与威胁,了解自身拥有的优势和劣势,挖掘会展宣传对象对会展产品价值

---

[1] 高峻,张健康.会展概论[M].重庆:重庆大学出版社,2019:150-155,160-168.
[2] 周杰,王菁娜,成红波.会展营销[M].重庆:重庆大学出版社,2018:199-202.

功能的主要需求,并且找出满足这些需求的方法。在市场的不断进步与变化中,科学的市场调研是会展宣传的先导,没有这个关键环节,会展宣传就无法达到预期目标。为此,需要不断地跟进瞬息万变的市场趋势,研究会展活动组织者内外部宣传活动的变化,摸清环境变化规律,识别由于环境变动而造成的新机遇与新挑战。

步骤2:选择目标市场与市场定位。一旦确定了会展对象最为重要的需求特征,就要挑选能够满足这些需求的目标市场,并根据竞争者现有产品在目标市场上的定位,为本企业产品塑造与众不同的形象,并将这种形象生动地传递给顾客,从而使该产品在市场上确立适当的位置,这一工作便是会展宣传管理者"选择目标市场与市场定位"的核心任务。

步骤3:制定会展宣传计划。在对市场宣传环境进行调研分析的基础上,会展组织中的各单位需要制定各自具体的宣传目标,以及关于实现这一目标所应采取的策略、措施和步骤的明确规定和详细说明。这一步骤是形成会展宣传计划成果的重要环节,因为会展宣传计划将是未来会展宣传行动的具体指南。

步骤4:会展宣传计划的评估与调整。会展宣传计划制定并执行后,还要根据会展组织或项目内外部环境的变化,及时对会展宣传计划的执行情况进行评估,对会展宣传计划进行调整。这一步骤不仅是保障会展宣传战略、目标、策略有效落实的重要环节,也是提升会展宣传计划动态适应能力的重要保障。

关于会展市场宣传调研和选择目标市场与市场定位这两个步骤的内容已在前面的章节中涉及,本章不再进行详细阐述。接下来,本章将阐述会展宣传计划的制定和会展宣传计划的评估与调整这两个步骤的相关内容。

二、会展宣传体系

大型会展项目的参与主体往往由城市管理者、会展主办方、会展企业、展馆场地运营管理方、参展商以及旅游企业等共同构成,因而会展宣传也往往由这些主体共同承担。

(一)会展城市宣传

举办会展活动需要有良好的外部环境作为支撑,同时,会展产业的发展需要各种要素的自由流动,这在客观上要求外界充分了解会展的主办城市,并渴望与主办城市的各类企业进行业务交流。因此,会展城市宣传可以为城市会展经济的发展提供良好的环境。会展城市宣传的对象主要是会议或会展主办者,主要宣传城市优越的办展环境。在宣传运作时应重点关注以下三个方面。

1. 政府牵头,组织整体营销

通过这种方式,城市可以将会展整体宣传的市场运作和政府主导有机结合起来。当然,在具体操作时,每个城市应该依自身的实际情况灵活处理。比如,除了举行以介绍城市会展业的总体情况为主题的说明会外(这部分费用一般由政府来承担),还可以策划品牌展览会的专场推介会,参加此推介会的展会主办者或企业需要交纳适当的费用。进博会是迄今为止世界上第一个以进口为主题的大型国家级展会,是国际贸易发展史上一大创举。在展会组织层面,进博会由商务部和上海市人民政府主办。在展会的筹备与整个运营阶段，政府深度参与。据媒体报道，为了保证盛会的顺利进行，上海以"最充足的准备、最亮丽的风采、最诚挚的热情"，打造非同一般的参会体验。可以说，如果没有政府的全力支持，要顺利举办规模如此庞大、规格如此之高、对服务要求如此细致的展会，几乎不太可能。此次展会得到了公安、海关、消防、卫生、交通等诸多政府部门的大力协助，甚至为了防止酒店价格借势上涨太过，政府还对酒店价格采取了行政干预措施。展会期间，时任上海市委书记李强在市委会议室视频连线进博会现场指挥部，实时检查服务保障、安全保卫等各项任务细化落实情况。在政府的鼎力支持下，进博会的成功可以说在情理之中[1]。

2. 寻找契机，开展事件营销

事件(event)一般指有较强影响力的大型活动，其范围相当广泛，包括国际会议或展览会、重要体育赛事、旅游节庆，以及其他能产生较大轰动效应的活动。作为一种新的宣传理念，事件宣传(event marketing)的实质就是地区或组织通过制造有特色、有创意的事件来吸引公众的注意，并让其对自身的品牌或产品产生好感。会展城市进行事件宣传主要有三个渠道，即举办节庆活动、利用重要事件和制造公关事件。其中，举办节庆活动是最为主要的一种方式。知名度高的全球性活动给城市营销带来的潜在价值难以估算。1988 年韩国首尔奥运会盈利 5 亿美元，使韩国的全年旅游人数净增了 10%以上。1992 年西班牙的巴塞罗那奥运会为当地带来了 260 亿美元的经济效益，创造了 8 万多个就业机会，使这座城市从欧洲的一个中等城市一跃成为欧洲第七大城市。戛纳电影节成就了一个闻名遐迩、浪漫迷人的法国小城。巴西狂欢节、西班牙的斗牛节、维也纳的音乐节等也都是会展城市事件营销的经典案例[2]。会展城市在进行事件营销的时候，要注意对事件的选择。首先，要选择具有显著影响力的事件，如全球性的体育赛事、博览会或国际性的知名会议。事件的知名度越高，营销价值就越大。其次，事件营销要符合城市形象定位，事件越接近城市形象定位，越能达到营销城市的目的。比如，义乌是全国最大的小商品集散中心，在全国树立了国际性小商品集散中心的城市形象，每年十月份在义乌定期举办的"中国义乌国际小商品博览会"(义博会)现在已经发展成为仅次于中国进出口商品交易会、中国华东进出口商品交易会的大型展会，跻身全国著名的品牌展会之列，曾被中国展览业相关权威机构评为"年度中国会展业十大新闻事件"之一。最后，会展事件营销要掌握好事件的切入点，做好统筹布局，利用好危机公关[3]。

3. 建设 DMS，推进新媒体营销

人类社会已经步入信息时代，各类企业在经营活动中都广泛借助国际互联网来收集、处理信息和汇集、整合资源，作为第三产业中一支重要力量的会展业也是如此。在将城市作为一个

---

[1] 发展会展经济需要政府之手[EB/OL]. https://www.ub1.com.cn/zhengfaxitong/2022/0304/709732.html. ［访问时间：2023-02-14］.
[2] 管理学双璧——从项目管理到事件管理[EB/OL]. https://www.renrendoc.com/paper/221120960.html.［访问时间：2023-02-14］.
[3] 会展城市事件营销策略[EB/OL]. http://www.xdmice.com/Study/Study_list_450.html.［访问时间：2023-02-14］.

整体向外推广宣传的过程中,最终将形成目的地宣传系统(destination marketing system, DMS)。会展城市可以运用DMS来开展宣传活动,甚至可以和旅游目的地宣传有机结合起来,整合各类资源,特别是基础设施、专业场馆、市民素质、科技水平等,能有效降低宣传成本。新媒体营销在会展营销中具有必要性。首先是提升用户交互的需要。新媒体的用户交互功能当下已在各类设备的自主及自助服务功能中有所体现。其在B2B(business to business,商对商)及B2C(business to customer,商对客)商业模式中的运作让企业之间以及企业与消费者之间在进行商业活动时实现了无缝对接,同时在会展营销中也使参展商之间的交流实现了无缝对接,让组展方能及时发布展会及展位的最新资讯,并及时回收多方建议,便于相关决策者精准解决问题。其次是扩大受众分流的需要。随着多屏时代的迅猛发展,社交与话题相结合的传播模式已是大势所趋。受众分流让参展商和专业观众针对自身所处领域形成"话题圈"展开专业讨论,吸收大量相关受众,形成有规模、有方向、有核心的社交集群,在一定程度上将参展商诉求表达从被动转为主动,有利于展会相关信息的传播及舆论导向指引,形成良好的展会可持续发展推力,完善会展营销。最后是降低营销成本的需要。新媒体为会展提供多种宣传平台,使宣传方式多元化,资源实现高度整合及共享,形成"一对一""一对多""多对多"的传播链,减少了传统推广模式所需的营销成本,实现了快捷营销,利用"一键式"传播和"个性化"服务,让主办方在宣传推广环节避免了无效的宣传推广对人力、财力、物力的消耗,实现了成本有效利用[1]。

(二)会展主办方宣传

举办一次展会,主办方要和政府、参展商、观展商和媒体接触,所以会展主办方市场宣传的对象主要是这四个群体。通过对政府的宣传,获得政策、资金等方面的支持;通过对参展商的宣传,获得高层次的企业参展;通过对观众的宣传,获得足够多的专业观众;通过对媒体的宣传,影响公众的思想和观点。

1. 加强政府推广,获得政策支持

每个会展主办方都希望得到政府的支持,这种支持不仅是资金的投入,更重要的是政策上的支持。但是,政府一般只对一定性质和规模较大的展会予以关注并给予相应的支持,这些展会一般是政治意义重大或者能够对当地经济有明显促进作用的展会。所以为了获得政府支持,主办方需要向政府进行推广。推广的主要方向是强调此展会对当地经济的推动作用和对产业的贡献作用,以引起政府的注意和支持。

2. 明确市场定位,加大参展商宣传

从一个展会的收益点来看,参展商的展位租赁费占展会收益的一大部分,所以参展商宣传是展会宣传的核心工作。对参展商的宣传应该强调展会的规模和档次,以及专业观众所占比例,以吸引专业人士参加。如何向目标群体提供科学可行的专业观众宣传计划,这是参展商们最为关心的问题。此外,还要就展会的配套服务和参展政策给出承诺。

---

[1] 秦硕泽.新媒体在会展营销中的运用[J].现代商贸工业,2017(8):57-58.

3. 及时传递信息，吸引专业观众

专业观众的质量和规模影响着参展商的参展积极性，所以专业观众宣传和参展商宣传是相辅相成的。对专业观众，展会主办者主要应向他们传递展会有关信息，如展会的规模性、权威性，以及参展商的档次和其他专业观众的观展信息等。其最终目的是让专业观众了解展览会的内容、参展商情况，以及可能给自己带来的价值，从而激发他们参展。

（三）会展企业宣传

在瞬息万变的市场中，通过有效的宣传活动争取承办展会策划业务，从而树立企业形象，这是会展企业在竞争中立于不败之地的有效手段。

1. 塑造企业形象

一个市场认知度较高的企业容易得到参展商、主办方和专业观众的认可，而市场认知度要靠企业的知名度和美誉度来体现，所以会展企业要进行市场推广，首先要提升自身的形象。打造企业形象是一个长期的过程，也是一项系统工程，需要在制定长远战略的基础上进行。

2. 依托品牌展会

品牌是市场竞争的产物，是现代企业的一项重要无形资产。会展企业依托品牌展会来提升自己的形象和塑造品牌，因为良好的品牌最终必须通过适销对路的产品和优质的服务来体现。会展企业要想拥有品牌产品，参与品牌展会的策划是会展企业宣传活动的重要策略[1]。

（四）展览场馆宣传

展览场馆面对的服务对象十分复杂，除了展览会的主办方和会展企业，还有参展商、专业观众、媒体记者，甚至一般市民。展览场馆开展宣传活动的主要目的有两个：一是树立鲜明的品牌形象，以吸引更多、更高层次的展览会；二是在设施布置、市场开发、现场管理等方面更加人性化、专业化，切实提高面对各种对象的服务水平。展览场馆宣传主要采用的方式有以下三种。

1. 参与城市整体宣传

所谓城市整体宣传，就是整合城市的相关资源，进行统一设计和精心策划，并通过旅游节庆、文艺演出、媒体广告等途径，向公众宣传城市的经营理念、建设成就、自然资源和精神风貌等，从而改善城市环境，树立城市形象，增强城市对国内外各种资源的吸引力[2]。成功的国际会议或展览会都属于城市宣传活动，对于宣传城市、提高城市知名度和美誉度有重要意义。因此，展览场馆应以城市景观、城市功能建筑、城市重要活动场所等多重身份融入城市整体宣传。

2. 实施品牌形象战略

不管是展览场馆，还是展览公司或展览会，品牌和形象都是其经营走向成功的关键。CIS战略是打造场馆品牌和形象的关键。展览场馆品牌的塑造离不开公众尤其是展览公司对其企业形象的认可，只有在公众心目中树立了良好的形象，场馆的个性化服务才可能被人们接受和传播。因此，国内展览场馆要加强质量控制，全面导入CIS战略，并在此基础上综合运用多种

---

[1] 周杰,王菁娜,成红波. 会展营销[M]. 重庆:重庆大学出版社,2018:175-186.
[2] 会展概论[EB/OL]. https://www.docin.com/p-1749072506.html. [访问时间:2023-02-14].

手段,实施品牌延伸策略,树立良好的市场形象。

3. 拓展功能,提升吸引力

展览场馆应拓展功能,才能产生更为强烈的吸引力,并且在会展淡季获得持续的效益。在此方面,国内展览场馆应当向展览业发达国家学习。国外展览中心一般都能提供全方位的服务,包括银行、邮局、海关、航空、翻译、日用品、商店、餐馆等,整个服务体系成为一座城中城。例如,新加坡博览中心拥有新加坡第二大的厨房(第一大厨房在机场),可同时供一万人用餐,并可以为参展商提供不同档次的商务套餐。德国许多展览会场中间的露天场地都设有快餐中心区和休息场所,设有躺椅和遮阳避雨通道,以便观众小憩。快餐中心区一般还设有风味特色餐厅,如亚洲餐厅和西式餐厅等,以满足人们多样化的需求[1]。

(五)参展商宣传

从参展商角度来看,参展应被诠释为企业的一种宣传活动。参展企业在展会中不仅可以展示新技术、新产品,更可以借此树立品牌形象,提高企业和产品的知名度。同时,除了展览本身以外,在展会期间举行的各种会议、论坛、表演以及招待会等活动更成为展会吸引企业的附加因素,展会以其独具的专业性和针对性成为国内外企业面对客户、展示自我的重要手段[2]。

下面将主要介绍参展商参加展会的具体筹备工作,并就筹备工作中的重点进行详细阐述。在企业所有的宣传方式中,参展环节最多、周期最长,而且各个环节紧密相连。因此,参展商的参展筹备工作是一项长期的工作计划安排,从经费预算、人员安排(包括筹备人员和参展人员),到项目运作(包括调研、联络、展品、运输、设计、施工、宣传、公关、膳食等),都要统筹考虑安排。表6-1-1列出了参展商展会筹备安排事项,可将参展商的参展筹备归纳为"谨慎选择、及时决定、用心准备、完善服务"。

1. 谨慎做出参展决定

展会项目的合适与否将直接影响企业效益,因而必须以认真的态度和科学的方法谨慎对待。谨慎做出参展决定对参展商有两方面的要求。

一方面,参展商的参展目的要明确,在选择展会时要谨慎。尤其是目前我国会展业处于发展时期,会展市场秩序和市场机制还不完善,各种展会数目繁多、良莠不齐。因此,企业在选择展会时要进行详细的调研工作,重点考察展会项目与本企业的行业或产品是否相符、主办单位与承办单位的具体情况,并向相关行业协会询问展会的具体情况等。展会调研主要有四种方式,即根据综合展会资料进行研究选择、根据具体展会资料进行研究选择、通过直接询问有关方面获取资料进行研究选择,以及通过实地考察获取资料进行研究选择。企业可根据需要选择调研方式。

---

[1] 国际会展业的发展现状、特点及其对中国的借鉴[EB/OL]. https://wenku.baidu.com/view/e22706adf5ec4afe04a1b0717fd5360cbb1a8d94.html. [访问时间:2023-02-14].

[2] 周杰,王菁娜,成红波. 会展营销[M]. 重庆大学出版社,2018:175-186.

表 6-1-1　参展商展会筹备安排一览表[1]

时间	参展筹备工作
12 个月前	选定全年展览计划
	向展览主办方提出申请
	选定展览场地
	进行展览财务预算
9 个月前	设计展览结构
	取得展览管理方的设计批准
	选择并准备参展产品
	与国内外客户联络
	制作展览宣传册
6 个月前	实施各种推广活动
	支付展览场地及其他服务所需的预付款
	检查展览准备工作
3 个月前	继续追踪产品推广活动
	最后确定参展样品
	准备赠送客户的特色样品或礼品
	最后确认展位结构设计方案
	计划访客回应处理程序
	训练参展员工
	排定展览期间的约谈
	安排展览现场或场外的招待会
4 天前	装好运货文件、展览说明书及公司和产品宣传册
	出发前往目的地
3 天前	视察展览厅及场地
	咨询运输商,确定所有运送物品的抵达
	指示运输承包商将物品运送至会场
	联络所有现场服务承包商,确定一切准备就绪
	与展览组织者联络
	访问当地客户与顾客

---

[1] 马勇.会展学原理[M].重庆:重庆大学出版社,2015:120-130.

(续表)

时间	参展筹备工作
2天前	确定所有物品运送完成
	查看所订设备及所有用品
	布置展位
	最后决定所有活动节目
1天前	对摊位架构、设备区用品做最后的检查
	与公司参展员工、翻译员等进行展览前最后简报
展览期间	于展览第一天即将新闻稿送到会场的记者通讯厅
	现场详细记录每一个到访客户的情况及要求
	每日与员工进行简报
	每天将潜在商机及顾客资料送回公司,以便及时处理及回应
展览结束	监督摊位拆除
	尽早预约明年展览场地
	处理商机,寄出感谢卡

另一方面,企业一旦做出参展决定,就要尽早提出参展申请,开始参展筹备。因为越是好的展览会,申请者越多,然而参展名额有限,展览会组织者招展的公开原则通常是在对申请者进行资格审查的基础上按先来后到排序,并按此原则接纳新的参展商。就世界最好的展览会而言,连续等候数年仍不能参展的现象很普遍。因为展览会面积有限,现有参展商一般不会轻易退出,新进者便只有等待有企业因违反展出规定被禁止参展而产生的空缺。因此,企业要尽早着手参展的申请与筹备,从而尽早落实参展时间和参展场地。

2. 积极配合展前宣传

企业参展前的各种宣传推广活动也必不可少。广告宣传在整个参展过程中扮演着重要角色。参展商应在展览会前在行业的专业杂志以及展览会刊上刊登广告及关于自己产品的特别报道,并提前将刊有自己产品彩页的专业杂志寄给目前及潜在的客户,提醒客户该项产品将于会中展出,同时附赠由展览会组织公司提供且印有公司名称及摊位号码的展览会入场券或贵宾卡。据调查,客户参观那些曾经在展前寄发过邀请函的参展公司,比参观其他公司展位的概率大四倍,可见做好展前宣传十分有效。同时,新媒体宣传也是一种重要的展前推广方式。越来越多的展览会组织者提供参展厂商与展览会的链接,参展商可借此提高公司知名度,可与客户在网上探讨产品、销售技术等问题,并与客户约定在展览会期间的会谈。这样将大大提高展览会对于客户的吸引力,并提升参展商参展的针对性和效益性。

3. 加强培训参展人员

员工是展览会的特使,加强对参展员工的培训是建立企业专业形象和提升参展效用的必然要求。对参展员工的培训应着重培养参展员工的三种基本能力,即善于与客户沟通的能力、善于收集展会信息的能力,以及熟悉产品演示的能力。员工要乐于并善于与客户交谈,并能准确了解和抓住他们的需要,及时记下客户的信息。同时,员工要能够熟练地宣传企业和产品,宣传时要做到情绪饱满、富有感染力。因为在观展商与专业观众看来,参展员工就是企业和产品的代表,其表现对观展商的决定起很大影响。

4. 精心策划展台设计

企业展台的设计是对企业和产品形象的综合反映,其不仅是产品展示的载体,还具备广泛的信息传播和广告宣传功能。目前,展台设计以及展会期间的活动组织已发展成为一项专门的展览艺术——展览礼仪企划。展览礼仪企划起源于20世纪40年代法国巴黎的展览会,20世纪80年代末、90年代初,伴随着我国会展业的迅速发展,展览礼仪在我国也逐步发展起来,专业性和规模性逐渐增强。展览礼仪企划包括从展台设计到各种配套活动的举办等各个环节,通过专业策划公司的精心策划,为参加展览会的公司提供最完美的参展活动设计方案。硬件策划包括展位展台布置,以及与之配合的各种声、光、电效果;软件策划则包括各种宣传促销活动、展览礼仪模特的培训及包装等,从而最大限度地表现参展商的优势。进行展览礼仪企划,首先要了解展览会的类型、企业品牌、产品特点、展位的周边环境及竞争对手的情况等,从而确定展台风格,并进行整个礼仪活动的创意策划,进而根据创意对参展人员进行分工,包括解说员、演员、展示员、接待员等,并进行人员培训。展览礼仪企划的发展提高了展览会建设的专业化程度,有效促进展览行业专业化,从而使其更加适应市场竞争的要求。

5. 用心收集展会信息

用心收集展会信息不仅指参展商要注重收集客户信息,展会聚集了参展商及其竞争对手,因而这也是对竞争对手进行现场调研和信息搜集的时机。要尽可能地搜集有关竞争对手的资料,如对方的定价、产品比较、付款条件、交货方式等,研究竞争对手的独特之处,并寻找自身产品、销售人员、展品、宣传资料、顾客评价和展会前的宣传策略及其实施效果与竞争对手的差距[1]。

(六) 旅游企业宣传

旅游企业在会展活动期间进行宣传,是要让其发挥行业功能优势,为会展活动提供相应的外围服务。旅游企业对会展的宣传是多种多样的,具体形式要根据目标顾客的不同而定,目标顾客主要有会展主办方、协会、参展商、观众等群体。

1. 市场细分,针对性宣传

展览会和展销会的旅游宣传既要面向参展商,同时也要面向社会公众。对于社会公众的宣传一般通过宣传册、广告、公关活动、新闻媒体、折扣门票、名人参与的方式进行;对于参展商的宣传则采取电子邮件、直接邮寄、宣传册、广告、内部公关、外部公关、举办新闻发布会等形式,并配合价格、差异化服务产品组合来进行。

---

[1] 马勇.会展学原理[M].重庆:重庆大学出版社,2015:120-130.

2. 搭建平台，新媒体宣传

随着信息技术的不断发展，信息技术为会展带来的不仅是硬软件的应用，更主要的是运作流程的优化、相关信息的集成，以及宣传思维方式的改变等。要体现信息技术的真正优势，需要在整个运作过程中进行信息化，因此，建立会展旅游信息服务体系成为一种必然。这个体系服务于会展的各个主体，为会展运作提供一个信息交流平台，其基本宗旨是在城市会展及旅游行业主管部门、会展企业、专业会议、展览主办方、参展商和专业观众之间建立起一座联系沟通的桥梁[1]。

三、会展宣传内容和渠道

（一）招展宣传资料和渠道

1. 招展宣传资料

招展宣传方案是在招展策划的基础上，为展位宣传而制定的具体执行方案。招展宣传方案是对会展招展工作的整体规划，是对会展招展工作的总体部署，对会展招展工作有着重要的影响。招展宣传方案的编制要在全面掌握市场信息的基础上，结合会展定位，参考会展主题所在行业的特点，对各项招展工作进行统筹规划和科学安排。招展宣传资料内容涉及会展招展工作的方方面面，大体包含十个方面。

（1）产业分布特点。从宏观上介绍和指出会展主题所在行业在全国的分布特点，指出各地区的产业发展状况，介绍该产业的企业结构状况及分布情况。这些内容是制定招展方案的重要依据，因而一定要密切结合产业实际，科学分析，力求准确无误。

（2）展区和展位划分。介绍展区和展位的划分和安排情况，并附上展区和展位划分平面图。

（3）招展价格。列明会展招展价格及确定该价格的依据。招展价格是招展方案的核心内容之一，也是对招展工作有重大影响的因素之一。招展价格要合理，价格水平不能太高，也不能太低。

（4）招展函的编制与发送。介绍招展函的内容、编制办法、发送范围与发送方法。在制定招展函的编制计划时，要考虑招展函的印制数量、发送范围和如何发送等问题。

（5）招展分工。对会展招展工作分工做出安排，包括招展单位分工安排、本单位内招展人员及分工安排、招展地区分工安排等。

（6）招展代理。对会展招展代理的选择、指定和管理等做出安排，对代理佣金水平及代理招展的地区范围与权限等做出规定。

（7）招展宣传推广。对配合会展招展所做的各种招展宣传推广活动做出规划和安排。

（8）展位宣传办法。提出适合本展会展位宣传的各种渠道、具体办法及实施措施，对招展人员的具体招展工作做出指引。

---

[1] 刘松萍，李晓莉. 会展营销与策划[M]. 首都经济贸易大学出版社，2015:103-116,200-224.

(9) 招展预算。对各项招展工作的费用支出做出初步预算,以便及时、合理地安排各项工作所需要的费用支出。

(10) 招展总体进度安排。对会展各项招展工作进度做出总体规划和安排,以便控制会展招展工作的进程,确保会展招展成功[1]。

2. 招展宣传渠道

(1) 关系营销。关系营销是指办展机构与顾客以及展会服务中间商等建立和保持密切的关系,并通过彼此交换和履行共同的承诺,使有关各方都实现各自的宣传目的的各种宣传行为。关系营销的目的是与参展商结成长期的相互依赖的关系,发展办展机构和参展商之间的连续性交往,以提高客户的品牌忠诚度,巩固市场,促进展位销售,因而关系营销有别于一般的交易营销。在实际操作中,关系营销可以分成三个层次(见表6-1-2)。关系营销尤其适用于针对那些有影响力、有话语权的参展商或者行业企业的招展工作。

表 6-1-2 关系宣传的层次

名称	特点
财务性关系营销	营销人员主要以价格为手段,通过价格因素与企业建立起某种关系,并通过这种关系刺激和鼓励企业参加展会
社会性关系营销	以个性化的服务,在财务关系的基础上寻求与客户建立起某种社会性联系
系统性关系营销	将企业参展和展会服务设计成一个服务价值传递系统,办展机构通过这个系统而不是仅仅靠营销人员个人与客户建立起紧密的联系

(2) 合作营销。合作营销是指办展机构有选择地与一些机构和单位合作,采取一些有效的策略,共同对展会展位进行宣传的一种营销策略。合作营销的目的是通过与有关机构和单位的合作来扬长避短、优势互补,拓宽宣传渠道和宣传范围,扩大宣传覆盖的地域,取得更好的宣传效果。合作营销的主要合作机构包括行业协会和商会、国内外著名展览主办机构、专业报纸杂志、国际组织、各种招展代理、行业知名企业、国外同类展会、外国驻华机构、政府有关部门、网站和媒体等。

办展机构可以根据自己的展会特点和本身的优劣势,从相关机构中选择自己的合作伙伴。合作营销追求的就是在统一的宣传规则的统领下,充分发挥各合作伙伴的优势和积极性,为展会展位宣传服务。选择好合作伙伴以后,统一的宣传规则的制定是一项基础性工作。这个宣传规则主要包括招展价格、宣传口径、服务承诺、展品范围、各单位招展地域或题材范围、展区和展位的划分等。

(3) 直复营销。直复营销,顾名思义是指一种直接反应或直接回复的营销方式。现代社会生活节奏不断加快,使消费者用于购物的时间逐渐减少,同时信息、通信技术的发展,信用系统的不断健全,为直复营销的发展提供了契机。常见的直复营销方式如表6-1-3所示。

---

[1] 王承云.会展经济[M].重庆:重庆大学出版社,2018:25-34.

表 6-1-3　直复营销方式

名称	特点
大众媒体直复营销	目标参展商从电视、报纸、杂志和广播等媒体得到展会信息，并通过上述媒体或者直接与办展机构联系预订展位
直接邮寄营销	办展机构将有关展会的宣传资料、招展书和邀请函等直接邮寄给目标客户
目录营销	营销人员给目标客户邮寄目录，或者备有目录随时供客户索取
电话营销	营销人员通过电话直接向目标参展商推销展位，不仅进行展位促销，还进行市场调查、目标客户的确定、市场定位、咨询、投诉处理等
直接拜访客户	办展机构的营销人员到目标客户的公司或工厂直接拜访，听取其参展意见

直复营销方式常常组合使用，形成大众媒体直复宣传、"直接邮寄宣传+目录直复宣传"、电话宣传、直接拜访客户的直复营销渐进促进系统，取得理想的效果。

（4）公关宣传。公关宣传是办展机构利用各种传播手段，与包括参展商、采购商、展会服务商、普通大众、政府机构和新闻媒体在内的各方面公众进行沟通，塑造良好的社会形象和宣传环境的活动。公关宣传的方式主要包括新闻宣传、公关广告、社会交往和公益赞助等。公关宣传主要是为了树立办展机构和展会的良好形象，并希望通过这个良好形象的树立来改善展会的经营环境。

公关宣传着眼于长期利益，其宣传效果可能不像其他宣传方式那样容易立竿见影。公关宣传的作用包括为办展机构创造良好的外部环境、促进办展机构与客户建立良好的关系、协助办展机构对展会进行调整和重新定位、协助办展机构拓展新的展览题材或展会、协助销售展位等[1]。

（二）招商宣传资料和渠道

招商就是邀请采购商来展会采购。招商工作十分重要，参展商参展就是期待采购商到其展台参观和洽谈。足够数量的采购商是参展商展出效果的保证，也是企业持续参展的动力所在。

和招展不同，会展招商工作是一项不能直接带来可见的经济收益的工作。拥有一定数量和质量的采购商是品牌会展的重要标志之一。足够数量和高质量的采购商是办展机构为参展商提供的最基础、最核心的服务。此外，招商和招展是互相影响、互相作用的。一方面，如果招商效果好，到会采购商数量多，质量上乘，参展商的展出效果就有保证，企业就更乐意来参展；反之，企业参展的积极性就会降低。另一方面，如果招展效果较好，参展企业尤其是行业知名企业较多，展品新，信息集中，可以高效地实现一站式采购，则采购商就会更加积极踊

---

[1] 王承云.会展经济[M].重庆:重庆大学出版社,2018:25-34.

跃地到会参观。只有招展和招商实现良性互动,相辅相成,才能确保展会良性发展。

1. 招商宣传资料

招商方案是对会展招商工作的整体规划和总体部署,常见的招商宣传资料基本内容大体包括七个方面。

(1) 制定招商方案的依据。描述展会展品主要消费市场的地域分布状况和需求情况、展览题材所在行业及其相关产业在全国的分布状况、相关产业在各地区的发展现状、各有关产业的企业结构及分布情况等。

(2) 会展招商分工。对各办展单位及本单位内部的招商人员及其招商工作进行分工安排,对各招商地区的分工进行安排等。

(3) 观众邀请函及展会通讯的编印和发送计划。设计好观众邀请函及展会通讯的内容、编印办法和发送范围与方法等。

(4) 招商渠道和措施。提出会展招商计划使用的各种渠道,以及针对各招商渠道计划采取的招商措施。

(5) 招商宣传推广计划。对配合会展招商的各种招商宣传推广活动做出规划和安排。

(6) 招商预算。对各项招商活动的费用支出做出初步预算。

(7) 招商进度安排。对各项招商活动进度做出总体规划和安排。

2. 招商宣传渠道

(1) 广告招商宣传。通过广告的投放实现对会展招商的推进需要注意以下五点内容。

① 找准广告的独特定位。会展上广告信息泛滥,信息渠道拥挤。在这样的市场背景下,必须要找准广告定位,使广告信息针对某种需求,并符合其要求,同时区别于其他信息并突显出来,容易被传播、记忆和理解。

② 彰显产品的特有价值。要突出与产品相关的独特物理属性,着重解决客户关心的实际问题。

③ 突出产品的个性魅力。要突出与产品相关的独特象征形象,品牌联想物包括特定的图案标志、人、卡通、事件、物品等。

④ 做到品牌传播信息的整合一致性。参展企业要确保品牌形象在各种传播渠道中始终保持一致性、清晰性和持续性传播,即确保每一个活动、每一次传播都围绕品牌形象形成连贯性和延续性,使受众能够接收到明确一致的讯息,避免传播信息嘈杂而引起的噪声和混淆,促进品牌形象一步步建立起来。

⑤ 做到营销传播渠道的整合一致性。在利用户外广告、公关广告、印刷广告、口碑传播、公共关系、报纸、电视、广播、网络等各种传播渠道时,要注意使这些传播渠道围绕品牌形象,从不同角度对要传达的品牌信息进行清晰一致的传播。

(2) 走访招商宣传。通过走访,详细了解企业目前生产经营情况及下一步发展规划,与企业负责人就其发展背景与策略、未来和展望进行深入沟通交流,了解企业在项目推进过程中的难题,并仔细记录企业诉求与建议。针对企业提出的问题逐一做出回应,提出解决问题的方向和思路[1]。

四、会展宣传对象

(一)参展商

参展商是指参加交易会、展览会、订货会等各类展会,设置展位并提供商品或咨询服务,邀请洽谈的组织或个人。参展商是会展市场活动中一个特殊的群体,它们既是需求者,也是供给者。参展商作为需求者购买会展服务,而在参展过程中又作为供给者推销、宣传、展示自己的产品、服务、技术、信息等,以便能与观众尤其是采购商达成即时或未来的交易。也就是说,只有展会能促成参展商达到上述目的,它们才会愿意参展。所以,参展观众的档次越高,专业性越强,数量越多,购买能力越强,消费潜力越大,参展商越愿意参展,越愿意支付高价格,最终提升参展效果。

(二)专业观众

专业观众又称采购商,是参观并在展会上采购产品,或在展会上寻求合作伙伴的组织或个人。采购商一般通过签订合同的方式达成买卖或合作,也可能为以后进一步的交易进行洽谈或达成协议。展览会上往往会集中同一行业的许多企业,有利于产品的对比和选择,能让采购商实现集中、便捷、优质、高效、经济的采购,同时还能获取行业发展的最新信息,寻找到中意的合作伙伴。采购商与参展商互为条件。参展商的数量越多、质量越高,就越能吸引采购商前来。

(三)普通观众

普通观众大多是为了个人或家庭目的参观展览会。他们参观展览会一般是为了了解新技术、新产品,获取新信息,有的则是出于爱好,如车迷、军迷等。总体上,消费性展览会、综合性展览会、贸易性展览会的普通观众比例逐一递减。消费性展览会的普通观众占绝大多数,而许多贸易性展览会甚至不对普通观众开放,只接待专业人士。普通观众可以为展览会贡献收入,但办展机构不能为了短期的收入迎合普通观众,而使参展商和采购商的利益受损,否则展览会难以有持久的生命力。

(四)会议嘉宾(主持)

无论是专门举办的会议还是展会期间穿插的论坛,都需要邀请一些嘉宾作为会议主持者或演讲者。为了增加对参会者的吸引力,提高会议的知名度和影响力,受邀嘉宾一般是业内知名专家、学者、企业家、政府要员或协会负责人。当然,主办方人脉关系越广,会议级别越高,在业内的影响力越大,则越能邀请到重量级嘉宾。从嘉宾角度看,会议级别、主题、相关活动安排、举办地区位、出场费数目等都会成为其考虑是否参会的重要因素。

(五)参会人员

参会人员是会议组织者的收入主要来源,也是宣传的主要对象。会议级别、主题、嘉宾、主

---

[1] 王承云. 会展经济[M]. 重庆:重庆大学出版社,2018:25-34.

办方的业内影响力、相关活动安排等是参会人员考虑的重要因素。嘉宾往往对相关主题有全面、深入、独到的研究和理解,掌握行业发展的最新动态和信息。

(六)会展活动其他参与者

记者、独立调研人员等被称为会展活动的其他参与者。他们从不同的角度来看待展览会,而非为了从展览会中直接获益。他们的观点和研究结果对展览会的后续举办也能起到指导作用[1]。

五、会展宣传组织和控制

(一)会展宣传组织的内涵和原则

1. 会展宣传组织的内涵

组织结构与组织形式是指组织内部分工协作、信息传递、沟通互动的基本形式或框架。会展宣传组织是指根据会展宣传工作所必需的活动进行分解与合成,设置相应的部门和权责关系,并根据人员配置以及制度建设,形成会展宣传活动内部及与其他部门之间有效协调的平台。合理、有效、灵活的组织形式或结构是推动会展宣传活动、落实会展宣传计划、实现会展目标的前提条件。

2. 会展宣传组织设计的原则

(1) 工作专门化。会展宣传中的工作专门化是指将会展宣传相关的工作活动从不同的角度分成单个任务,旨在使会展宣传部门员工专门从事工作中的某一部分而不是整项工作。工作专门化在给组织带来效率的同时也会产生一些非经济的结果,如工作内容单调所导致的低效率。因此,会展宣传组织设计需要根据员工的特点、组织规模、工作的复杂性等因素确定合理的工作专业化程度,进行科学的劳动分工设计,其结果也是设计会展宣传组织结构的基础。

(2) 部门划分。部门划分是指根据会展宣传工作专门化的结果,基于各专业化活动的性质,对活动及承担该活动的员工进行归类合并,形成正式的工作团队,其目的在于以协调统一的方式完成任务。一般而言,会展宣传组织设计中部门化的主要形式是职能制组织和事业部制组织。职能制组织从工作职能的角度,根据所做的工作将员工分成不同的部门,如市场调研部门、广告部门、推销部门等;事业部制组织则按产品(如公司会议、协会类会议、展览、节事等)、地区(如境内、境外等)和顾客(如招商、招展等)建立部门。

(3) 职权和职责。职权是职位赋予员工的发布命令和希望命令得到遵守的权力,职责是员工所要承担的行使权力的责任。通过职权和职责的设计,就决定了会展宣传职能在组织中的位置以及会展宣传各部门的隶属关系。会展宣传各部门职权和职责的设计也指导了会展宣传工作人员的工作流程。

(4) 管理幅度。管理幅度是指每一个管理者能直接有效协调下属的人数的限度。管理幅度的设计也是会展宣传部门设置的重要参考指标,当针对会展宣传活动进行归纳合并后的员

---

[1] 王承云.会展经济[M].重庆:重庆大学出版社,2018:25-34.

工数量超过管理幅度时,需要对部门进行分拆优化。目前,对管理幅度的大小尚未达成一致的结论(通常不超过6人),但其结果会受到工作的性质以及管理人员的能力等因素影响。

(5) 集权与分权。集权是指将决策权置于组织高层的管理方式,分权是指将决策权下放到组织低层的管理方式。这两个变量决定了组织的权力分布状况,它们是会展宣传组织设置所需要考虑的重要因素之一,也是决定会展宣传效率与模式的重要变量。集权组织结构的优点在于政令统一,可以有效地进行行为协调;但不足之处在于决策周期长,有可能失去获取客户的机遇。因此,在进行会展宣传组织设计时,需要权衡集权与分权的优缺点,合理安排权力分布模式。

(6) 正式化。正式化是指一个组织工作标准化的程度以及员工行为受规章和程序的影响程度。规章制度的设置是保障组织运行的重要机制,指导会展宣传人员的具体行为。正式化是协调和控制所必需的,它保障了组织的可持续化运行,然而,过分的制度化会降低员工的自主性,抑制员工的工作积极性。因此,在进行会展宣传组织设计时,需要优化组织运行的正式化程度与范围,在保证组织运行效率的基础上,尽量通过文化、价值观等方式约束员工的行为[1]。

(二) 会展宣传控制的内涵和程序

1. 会展宣传控制的内涵

会展宣传控制是指针对控制对象,按照预期的控制标准监测各项活动的进展状况,及时发现实际状况与期望标准之间的差距,对此采取适当的纠偏行为,或根据实际环境调整计划,从而确保活动按照原有计划或新计划顺利推进,确保会展宣传目标得以实现的过程。其中,控制对象、控制标准、偏差信息和纠偏手段是会展宣传控制的四个基本要素,也是会展宣传控制顺利开展的重要节点。

会展宣传控制的必要性主要表现在两个方面。一方面,会展宣传控制能降低外部环境与会展宣传计划难以匹配所导致的消极作用。一般而言,会展项目经历启动、规划、执行和结束等多个阶段,具有一定的周期性。会展宣传计划仅仅是在对未来环境的预测的基础上形成的一套方案,随着内外部环境的变化,会展宣传计划的可行性与科学性可能受到影响。有效的会展宣传控制会及时监测环境变化,判断会展宣传计划的适用性。另一方面,会展宣传控制会抑制行为偏差的累积,降低局部性偏差性行为造成的整体性负面影响。会展项目是一个多维度、系统性的活动,各个组成部分之间存在相互依赖的关系。一个会展项目推广活动的失误可能会导致该会展项目核心价值理念难以传递,一个参展商的流失可能会降低大量专业观众的满意度。因此,会展宣传管理者需要对会展宣传局部活动进行控制,降低最终目标的偏差程度,防止局部性偏差性行为引发的"蝴蝶效应"。

2. 会展宣传控制的程序

会展宣传控制系统的核心要素包括控制对象、控制标准、偏差信息与矫正措施。根据控制理论,这四个核心要素形成了会展宣传控制的四个步骤(如图6-1-3所示)。

---

[1] 王承云.会展经济[M].重庆大学出版社,2018:25-34.

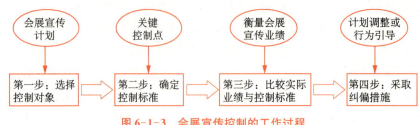

图 6-1-3　会展宣传控制的工作过程

第一步：围绕会展宣传计划，确定会展宣传控制对象，即明确针对哪些会展宣传活动进行控制。一般而言，控制的范围越大、控制的对象越全面，会展宣传计划的实施就会越顺利，会展宣传绩效也就会越高。但在实践中，会展宣传控制工作是在一定的约束环境下进行的，其信息、资金、时间、人力等资源都是有限的。因此，选择合理的控制对象是会展宣传控制的第一个环节。较为常见的会展宣传控制内容包括会展收入、销售成本、宣传利润、促销行为、客户关系、会展品牌等。

第二步：针对会展宣传控制对象，确定可衡量的控制标准。控制标准是指针对会展宣传控制对象选择关键控制点。一般而言，控制标准涉及彼此相关的多种类型，包括：投入标准，如每位会展推销人员每个月访问客户次数不得少于 20 人次；产出标准，如针对某会展项目，每个会展推销人员开发 10~15 个新客户；成本标准，如针对某会展项目的广告费用支出为 10 万~20 万元；时间标准，如未来 3~5 年，该项目的市场占有率达到 80%。

第三步：衡量实际会展宣传业绩，比较实际业绩与控制标准，获取是否出现偏差的信息。在这个步骤中，会展宣传管理人员的关键决策在于业绩衡量的主体、业绩衡量的频率、衡量方法的选择和业绩信息的获取渠道。

第四步：分析偏差原因，对此采取纠偏措施。一般而言，偏差的形成来源于两个方面。一方面，由于外部环境的变化或会展宣传计划编制的缺陷，导致会展宣传控制标准不合理。对此，需要调整会展宣传计划，重新设置会展宣传控制标准。另一方面，由于相关人员或部门的非预期性行为，引发偏差，对此，应通过监督、激励与惩罚等方式引导行为，抑制偏差的累积[1]。

第二节　会展宣传的媒体推广

一、会展宣传媒体推广的含义

从传播学的角度来看，会展本身就是一种带有媒体属性的传播活动。它以会展为信息传播的媒介，通过整合各种会展营销和传播手段，对信息进行高密度的传播。可以说，会展活动的结果就是信息传播的效果。当然，会展宣传推广方案的传播效益还需要各类媒体的支持，只有受到

---

[1] 周杰,王菁娜,成红波.会展营销[M].重庆大学出版社,2018:175-186.

了广泛的媒体传播和推广,会展才能获得知名度,从而树立会展的品牌形象(brand image)。

加拿大传播学家马歇尔·麦克卢汉(Marshall McLuhan)在《理解媒介》一书中提出了"媒介是讯息"的观点,他认为媒介变革深刻影响并推动了人类文明的发展进程。从文字、印刷术、电信技术到互联网,人类传播已历经了四次媒介革命。到了21世纪,随着互联网、手机等新媒体的普及应用,媒体不断发展,信息传播无时不有、无处不在、无所不及、无人不用,一个"万物皆媒体"的全媒体(omnimedia)时代已经到来。全媒体时代使得所有媒体在互联网的发展中相互融合,形成的一种新的传播形态,可以满足多样化的需求,从更深层次来说是一种传播理念的突破和传播机制的创新。

借助全媒体力量进行宣传,可以使会展品牌获得更好的宣传效果。在全媒体时代,需要充分利用文字、图片等在多个媒体上对会展品牌进行宣传,快速整合各种信息,从而达到品牌塑造的目的。利用全媒体进行宣传,能够满足会展宣传时效性的要求。全媒体是利用文字、声音、视频等形式,借助广播、电视、微信等媒体进行的宣传。通过全媒体宣传,各种信息能够快速互通,利益也能够实现共享。会展是在一定的地域空间进行的活动,对于信息宣传的时效性要求很高,只有快速传递各种信息才能对会展活动进行统筹安排。利用全媒体还可以不断提高会展品牌的美誉度、知名度和忠诚度。全媒体时代,信息能够快速传播,可以更快速、更高效地进行品牌宣传,从而提升品牌知名度。同时,在会展中利用全媒体全面宣传品牌,在强大的人气凝聚中,品牌的美誉度也能够借此提高。此外,借助会展中的各种互动,参与会展的商家与观众能够体验会展品牌的产品及服务,从而对品牌形成依赖性,提高忠诚度[1]。

二、会展宣传媒体推广的特点

(一)宣传主体的综合性

会展宣传的主体十分复杂,大到一个国家或城市,小到每个会展企业,甚至一次具体的会议或展览会。每个主体的宣传目的不一样,宣传内容的侧重点也存在明显差异。一次展览会可能涉及众多的组织和企业,大型的国际性展览会可能由当地政府主办,由一家或者几家展览公司承办,其中个别较复杂的活动则由具体的项目承担。换句话说,一次展览会由几方共同操作,而且各自承担的工作在深度与广度上有所不同,但进程必须保持一致,合作也必须紧密有效。

(二)宣传内容的整体性

会展的举办时间、地点、主题及内容等都是参展商所关心的。因此,会展宣传的内容必须具有整体性,既包括举办会展的外部环境,如城市的安全状况、旅游综合接待能力等,也包括会展的创新之处、能够给观众带来的独特利益,以及配套服务项目水平等。这一切都会影响参展商的购买行为。

(三)宣传手段的多样性

会展宣传的主体复杂,内容广泛,这决定了办展机构必须综合利用各种手段来开展宣传,

---

[1] 毛欢,梁丹.全媒体时代会展品牌的塑造与传播问题研究[J].商展经济,2022(18):3.

以达到预期的宣传目的。从传统的广播、电视、报纸,到各类行业杂志、专业会展杂志,再到面向大众的路牌广告、地铁或出租车以及已渗透到各行各业的互联网,会展宣传主体以平面或立体的方式,将大量的信息以最快、最直接的方式传递给大众。

(四)宣传对象的参与性

办展机构虽然熟悉会展策划和操作,但对会展主题所涉及的行业的认知可能并不深刻。因此,在整个办展过程中必须广泛听取与会者和参展商的意见,根据自身能力,结合与会者和参展商的要求,尽可能地调整宣传内容,以更好地满足与会者和参展商的需要。另外,在会展活动中,与会者和参展商的参与性都很强,办展机构必须与其充分互动,才能提高与会者和参展商的满意程度。

三、会展宣传媒体推广的类型

(一)新闻宣传

新闻宣传是会展宣传工作的一个重要环节。新闻采访报道一般是免费的,而且新闻报道的可信度比较大,宣传效果或许比广告还要好,因此,新闻工作是一种低成本、高效益的宣传工作,对任何展览企业都很重要。缺乏经费预算的展览企业更应当多做新闻工作。

1. 新闻工作准备

(1)指定新闻负责人员。办展机构应首先指定新闻负责人。新闻负责人一方面要全盘负责新闻工作,另一方面要掌握参展企业的全面情况,负责与媒体打交道。为做到这一点,新闻负责人应当具有相应的知识。会展中负责与新闻界打交道的人员被称作新闻官;负责新闻工作的机构通常称新闻部或新闻办公室,规模小的也称新闻组。

会展提供给新闻界使用的地方通常称作新闻中心。新闻中心设有供记者使用的电话、传真、电脑、打字机等设备。新闻中心工作人员可以协助记者安排采访,提供全套会展和展览企业资料。新闻中心还提供饮料甚至食品,是记者工作休息的地方。办展机构在展览会场可以设置新闻信箱,通常设在新闻中心内,供参展企业使用或租用,放置参展企业的新闻资料等。会展新闻机构会组织一系列新闻工作,主要有新闻稿(包括综合新闻稿、专题新闻稿、企业新闻稿、展会新闻稿等)、新闻资料袋、记者招待会、摄影专场、展览报告会等。

(2)选择媒体并列出名单。要选择参展企业观看并重视的媒体,列出名单。合适是基本的选择标准。对于组织贸易展览会的办展机构,相关的媒体有经济报刊、电子媒体、展出地地方报刊等。

(3)与媒体直接联系,多打交道,建立并巩固良好的关系。新闻工作具有长期性,与媒体保持良好的关系是新闻工作的成功条件。媒体可以指单位,也可以指为其工作的人员,包括新闻、贸易专栏评论员、电视台电台采访员、摄影师、编辑等。登门拜访最重要的媒体编辑、利用电话与有关记者保持联系、邀请他们座谈等,都是基本的工作方法。良好的人际关系有助于得到媒体的最大支持,并获得较高的报道率。

2. 新闻工作方式与程序

新闻工作有不同的方式,还有一定的程序和时间要求。办展机构的新闻工作程序是使用合适的新闻方式,通过合适的新闻媒体,将展出信息传达给合适的观众,尤其是专业观众。会展业经常使用的新闻工作方式有举行记者招待会、编发系列新闻稿、提供新闻专题报道、提供展览场地照片、邀请主要媒体的记者参加展览会、安排专访特刊等。新闻稿分综合新闻稿和专题新闻稿。要按一定的频率向媒体寄新闻稿,对重点媒体可以进行直接人际联系并提供专稿。

在做出办展决定后,办展机构可以在展出地举办一次记者招待会,全面介绍展览企业情况和展览组织、准备情况,展览场地,以及本次展览会目的和主题等。招待会上要提供新闻资料袋,袋内装有全套新闻资料。新闻资料袋可以给所有有关新闻媒体,以及其他有关部门,包括工商会、行业会、政府有关部门等。如果是全国范围的展览会,还可以考虑在参展企业集中的其他地区也举办记者招待会。

对新闻工作也应进行相应的策划,有计划、有步骤地开展新闻工作,有助于提升工作效率和效果。展览会新闻工作策划内容包括：任命新闻负责人,或联系委托代理收集、整理、更新目标新闻媒体和人员名单；制定新闻工作策划,准备、编印新闻材料,开展新闻宣传,发新闻稿；举办一次记者招待会,发布会展基本消息,将情况提供给媒体,安排记者招待会（落实时间、地点、发言人、内容、议程等）,预订会展新闻中心信箱；准备新闻资料袋,向全国和地方报纸提供会展有关情况、资料,请记者参加记者招待会；收集媒体报道情况,如果在会展期间对记者做过许诺（如提供信息、案例,安排采访等）,一定要尽快予以办理,或告知何时将办理；向未能参加会展的记者寄资料袋,向出席招待会、参加会展的记者发感谢信,向所有记者寄会展新闻工作报告,迅速、充分地回答有关新闻报道引起的读者来信,否则会造成不良影响[1]。

3. 内容特点

新闻媒体刊登会展消息会有良好的宣传效果,不仅可以吸引更多有价值的参展商和采购商的注意,同时也可以加深客户对办展机构的印象,提高办展机构的形象。一般来说,新闻媒体只对有新闻价值或特别的会展感兴趣,办展机构必须认识到这一点。另外,不同的媒体对信息有不同的侧重点。新闻的报道方式包括新闻、展览企业介绍、场地介绍、专家评说等。办展机构可设立展览会专版、专刊,可以加强报道的效果,也可以成为办展机构的一个利润点。

4. 新闻资料

新闻资料是新闻工作的重要部分。向新闻人士提供的资料可以不局限于会展内容,因为新闻人士比专业观众兴趣面广。新闻资料可以指形式上的资料,如新闻稿等,也可以指内容上的资料,如采访的内容等。新闻资料用于寄发新闻媒体,放在会展的新闻中心或展台内。新闻资料要准备充足,包括新闻稿、特写、新闻图片、参观邀请等。

（1）新闻稿。新闻工作的主要任务之一就是编发新闻稿。新闻稿是企业供给媒体的主要新闻资料,如果内容新、符合新闻要求,被采用的可能性就大一些。要注意,新闻稿内容必须是新闻媒体感兴趣、有报道价值的。另外,新闻稿的最终读者是参展企业和目标观众,因此,要了解他们的兴趣,按他们的兴趣安排内容。新闻稿的数量可以根据参展企业的规模、展出规模以

---

[1] 林元媛.国内会展传播现状及其策略研究[D].南昌大学硕士学位论文,2012.

及需要来决定。

在展会开幕前2~3个月甚至更早,办展机构可以考虑编发第一份新闻稿,综合介绍展出情况(展会日期、地点、主题、参展企业、展出分类、展出主要目的等)。此后,可以定期编发新闻稿,内容具体一些。开幕式当天要编发一份新闻稿,介绍贵宾参观、讲话等情况,并可以附上贵宾参观、观众参观的照片。展会期间,可以编写一份或数份新闻稿,介绍一些重要贸易接触、成交情况以及其他有新闻价值的信息,可以使用照片。闭幕后安排一份新闻稿,总结展出成果或效果,促进后续贸易工作,展望未来发展。

新闻稿的行文风格和格式最好与媒体一致,以方便记者使用。新闻稿的写作基本规律是写明时间、地点、人物、事情和原因,英文称为五"W",即"when, where, who, what, why"。新闻稿要简短,最好不要超过一页A4纸,最好使用新闻稿专用纸,顶部标明"新闻稿",有公司名称、地址等,注明新闻稿发出日期和新闻负责人姓名、电话、传真,以便记者编辑询问详细情况,只能一面打印,行距要大,留出编辑改稿面积。

了解新闻媒体的出版频率或周期以及截稿期,计算好时间,及时安排邮寄新闻稿。新闻稿不仅可以提供给新闻界,也可以提供给客户。

(2) 新闻图片。新闻图片是媒体不可缺少的材料,它可以衬托新闻宣传,好图片比好文章更可能被采用。有关新闻图片的注意事项包括:要在原环境中拍摄,要注意照片的可信性;照片最好由新闻或工业摄影师制作,这类摄影师了解媒体对照片内容和规格的要求;照片背面可以附上照片概要、公司地址、登载许可等,注明"免费"字样常常有助于编辑采用照片。贸易刊物很少雇佣专业摄影师或摄影队拍摄照片,因此,就更需要向其提供质量高的图片。

(3) 新闻资料袋。成套的新闻资料可以装入资料袋,称作新闻资料袋。新闻资料袋是向媒体提供资料的主要形式,因为散开的资料容易混淆丢失。资料袋可以在记者招待会上散发给媒体,也可以寄发给媒体,或放在会展的新闻中心供记者自由拿取。新闻资料袋的内容主要是新闻资料和展出资料。在记者招待会上提供的资料袋可以装有发言人名单和发言稿,最好有招待会概要[1]。

5. 记者招待会

记者招待会是办展机构与新闻界人士建立并发展关系的机会,是将办展机构的情况广泛深入地介绍给新闻界的方式。记者招待会组织得好,效果会很好,应充分利用。记者招待会举办成功的关键是内容。

办展机构必须有充分的能吸引新闻媒体的内容,方可考虑举办记者招待会。记者招待会可以在开幕前,也可以在闭幕后召开。开幕前的招待会多介绍会展目的和展出内容;闭幕后的招待会多介绍展出结果。记者招待会可以邀请重要的参展企业参加。

记者招待会可以在会展新闻中心或展出地的饭店举行。在何地举办招待会与企业规模和预算有关。如果展出规模很大并且重要,宜在饭店里举办招待会。在展台上举办招待会的优

---

[1] 林元媛.国内会展传播现状及其策略研究[D].南昌大学硕士学位论文,2012.

势是环境熟悉,可以向记者展示产品。在会展新闻中心举办招待会的优势是设备齐全,记者容易专心。安排记者招待会的时间也要注意。一般认为上午10—12时举办记者招待会最好,招待会一般限制在一个小时内。

如果要举办招待会,一定要提前做准备。准备工作要细致准确:内部商定时间、地点、程序、内容、人员、司仪讲稿等;注意时间安排,与其他已安排的活动不要冲突;一周前书面邀请记者,邀请范围可包括会展高层人士和重要客户,三天前用电话再次邀请,并确认是否出席;准备新闻资料、讲话稿、产品照片甚至讲话人的照片等,并装袋;充分准备答复记者可能提出的问题;布置现场,包括主席台、座席、花篮、招贴等,安装、调试设备(包括扩音设备、投影设备、幻灯设备、照明、空调等),此外还要准备胸牌、签到簿、纸笔、饮料、纪念品等。准备工作要充分,要有专业水平。记者招待会的准备事项比较多,应制订专门的工作计划。

记者招待会最好由主办方的高层领导主持或发言,展台人员应当在现场。发言必须简短,发言时间最长10分钟,发言人数最多3人。记者提问的内容和时间比较难预计,但是根据经验,一般不会超过1小时。要准备回答苛刻的问题,以免现场出现冷场或惊慌失措的情况。新闻资料袋可以在招待会就散发,让记者尽早着手删改、补充其报道。

记者招待会另有一种专业形式,称作拍摄专场,是专门为摄影和摄像记者安排的。新闻媒体不同,记者招待会的方式也不同。

6. 记者采访

举办记者招待会时,可以考虑安排记者采访工作。规模小的企业、单独的参展企业可能没有精力做大范围的新闻宣传,因此,接待采访是更现实的选择。记者采访可以由办展机构主动邀请安排,也可以由记者自己随意安排。与记者招待会相比,记者采访范围较小,但是灵活,可以进行深入的交流,工作量也相应较小。工作做得好,也会有很好的宣传效果。

会展新闻负责人要与媒体保持密切的联系,主动邀请新闻记者和编辑参观采访。如果有特殊的参展企业和特殊的活动能吸引新闻采访,一些记者可能会走访展台。不论是邀请来的记者还是自己上门的记者,都要认真接待。接待记者采访应由新闻负责人出面,要清楚记者的兴趣所在,协助安排记者的采访活动,给记者提供方便。

电视、电台采访人员可能要求特别的帮助,如电源、安静的环境等,要尽力安排。展台新闻负责人选择被采访人时应考虑其知识程度和交谈能力。电视采访人员可能会要求重新摆展品以求更好的拍摄效果,甚至要求将展品拿到电视台播放使用。如果可能,就给予协助。但是,要权衡电视宣传的正面效果和展台受影响的负面效果,怎样更有利就怎样做。记者拍展台时,争取让其将参展企业名称、展品摄在画面内,并要提醒拍摄范围内的展台人员注意举止。

记者招待会和记者采访要有后续安排:一是确保发稿;二是提供展出新材料;三是书面表示感谢。即使未报道,也要对记者参加招待会、参观展台表示感谢[1]。

---

[1] 林元媛.国内会展传播现状及其策略研究[D].南昌大学硕士学位论文,2012.

(二)新媒体宣传

会展新媒体宣传是以新媒体为媒介、以现代信息技术为手段进行的一种新型会展销售活动。会展新媒体宣传是数字经济时代的一种崭新的宣传理念和宣传模式；是众多宣传理念的进展、凝练和升华；是促使企业开辟广阔市场、获取增值效益的马达；是既连接传统宣传，又引领和改造传统宣传的一种可取形式和有效方法；是用信息化技术进行的全部宣传活动；是提升企业核心竞争能力的一把金钥匙。

会展新媒体宣传主要是运用电子商务进行的会展宣传活动。电子商务有着传统会展业无可比拟的独特优势。它提供了一个更为快捷、互动、有效的商务通道，是为了满足办展机构、会展场馆、参展商以及会展产品消费者的交易愿望，通过以互联网为主的各种电子通信手段开展的一种新型会展商业活动。按照电子商务对传统会展业介入程度的不同，也可以将会展电子商务分为两个层次：一是不完全会展电子商务，即在会展的运作过程中部分地借助电子商务方式为会展服务，实现网上广告、订货、付款、货物递交、售前售后服务，以及市场调查分析、财务核算、生产安排等一项或多项内容；二是完全电子商务，即网上会展，会展的组织、举办等各个环节都实现电子化，办展机构、参展商和观众之间的交流主要通过互联网进行，它代表着会展产业未来的发展方向。

新媒体是国内外会展业实施全球推广战略的重要工具。无论是法国的国际专业展促进会、美国的国际展览管理协会、新加坡旅游局的展览及会议署，还是国内的众多会展专业网站，如中国展览网、中国国际展览网、中国会议网、中国出口产品网、在线广交会、易成商务网站、阿里巴巴网站、美商网等，都建立了设计精美、内容简洁、服务项目齐全的网站。线上会展已成为会展业的一道新风景线，被称为"永不落幕的会展"。虽然线上会展目前还只是线下实物会展的补充和配角，但随着信息技术和电子商务的进一步发展，办展机构几乎可以将有关会展的所有信息都"搬"到网上供客户选用，线上会展必将对传统会展业造成巨大冲击，成为现代会展业的主要业务之一。

在新媒体时代下，微博、微信、领英等社交平台的兴起，又为会展宣传人员开拓了更为宽广的宣传渠道，同时也使会展市场的竞争比以往更加激烈。

1. 微博宣传

微博宣传是指通过微博平台，为了给商家、个人等创造价值而执行的一种宣传方式。该宣传方式注重价值的传递、内容的互动、系统的布局和准确的定位。微博的迅猛发展也使得其宣传效果尤为显著。

微博宣传以微博作为宣传平台，每一个听众(粉丝)都是潜在宣传对象。企业通过更新自己的微型博客向网友传播企业信息、产品信息，树立良好的企业形象和产品形象。每天更新内容就可以跟大家交流互动，或者发布大家感兴趣的话题，达到宣传的目的。微博宣传在每个行业的适用性各不一样，因而微博宣传在每个行业的使用程度与使用效果也各不一样。目前，在我国的会展业中，微博宣传使用范围较窄，使用率较低，使用手段单一，使用深度较浅，但是，微博宣传在会展活动中的使用程度逐渐呈上升趋势，越来越多的会展主办方开始建立企业微博与会展官方微博一起进行宣传活动。微博宣传在会展活动中的运用拥有广阔的空间。

(1) 微博宣传的特点。微博宣传的特点包括以下七个方面。

① 成本低。微博宣传的发布门槛低,成本远小于广告,效果却不差。140个字发布信息,远比博客发布容易,相较于同样效果的广告则更加经济。与传统的大众媒体(报纸、流媒体、电视等)相比,受众同样广泛,前期一次投入,后期维护成本低廉。

② 覆盖广。微博宣传的传播效果好,速度快,覆盖广。微博信息支持各种平台,包括手机、电脑与其他传统媒体。同时,传播的方式有多样性,转发非常方便。利用名人效应能够使事件的传播量呈几何级放大。

③ 效果强。微博宣传的针对性强,是投资少、见效快的一种新型网络宣传模式,其宣传方式和模式可以在短期内获得最大的收益。

④ 手段多。微博宣传的手段多样化且人性化。从技术角度看,微博宣传可以同时方便地利用文字、图片、视频等多种展现形式。从人性化角度看,企业品牌的微博本身就可以将自己拟人化,更具亲和力。

⑤ 亲和力。在微博上,官员可以和老百姓点对点交谈,政府可以和民众一起探讨,明星可以和粉丝们互动,微博其实就是在拉近距离。

⑥ 便捷性。微博只需要编写好140字以内的文案即可发布,节约了大量的时间和成本。

⑦ 技术性。微博宣传可以借助许多先进多媒体技术手段,从多维角度对产品进行描述,从而使潜在受众更形象直接地接收信息。

(2) 微博宣传的步骤。在实际会展活动中,微博宣传大致分为如下三个步骤。

① 建立账号。微博账号分为个人微博与企业微博。对于个人微博,最重要的是会展主办方领导人的微博;对于企业微博,最重要的是会展官方微博。为了使主办方领导人微博与会展官方微博更具权威性,须申请官方认证。可以在多个平台同时注册,并实行同步链接。

② 培养第一批粉丝。使用微博做网络推广,需要提高粉丝的数量,粉丝越多,看到信息的人越多,推广效果越佳。没有粉丝的关注与参与,微博宣传便无从谈起。要吸引第一批粉丝关注,可以考虑以下渠道:通过第三方公司获得粉丝;与其他展会的官方微博互相关注,争取获得行业专家、企业家、社会名人等的关注;通过在微群中互动,获得潜在客户的关注,也可以创建展会微群,吸引对展会感兴趣的潜在客户关注。

③ 发布内容。一个微博要想拥有更多的粉丝,最重要的一条就是要有优质的内容。微博可写的内容非常多,如相关行业的评论、热门话题的讨论、有价值的经验分享等。微博内容是微博宣传的核心,因此,在发布微博话题时需要进行多方考虑,提高微博宣传的效率。

在内容要求方面,微博的内容信息应尽量多样化,最好每篇文字都带有图片、视频等多媒体信息,这样能提供较好的浏览体验;微博内容应尽量包含合适的话题或标签,以利于微博搜索。发布的内容要有价值,如提供会展的实用资料、预告现场的精彩活动、发起会展的有奖促销活动等。

在内容更新方面,微博信息每日都要进行更新,并且要有规律地进行更新,每天5~10条信息,一小时内不要连发几条信息,同时需要掌握客户的浏览习惯,在客户活跃的时间段更新内容。据研究资料显示,工作日下班后的时间段(18—23时)宣传价值大,周末午饭后(13—14时)和晚饭前后(17—20时)的用户互动更加积极,这些时间段用户转发和评论量都比较大。

在优化选取关键词方面,微博内容要尽可能地以关键字或者关键词组来开头,并且加上"♯话题♯"。尽量利用热门的关键词和容易被搜索引擎搜索到的词条,增加搜索引擎的抓取速率。

在建立目标客户数据库方面,在微博内容发布后,密切关注评论、转发该微博的用户,这些用户就是对会展感兴趣的潜在客户。关注这些用户,并对这些用户进行分类整理,如将参展商和专业观众分类汇总。建立潜在客户数据库,该数据库需要定时完善,加入新的潜在客户资料,清理无价值的客户信息资料。

在与目标客户进行互动方面,定期发布话题供粉丝讨论,增加微博的活跃度。对于粉丝的评论给予及时的回复,增加与粉丝之间的感情。通过与目标客户的互动,实现双方及时有效的沟通,体现会展主办方的服务意识与服务质量[1]。

2. 微信宣传

(1) 创建微信公众号。第一步要做的便是申请一个单独的微信公众号。企业在微信用户端依据相关步骤提示,便可直接完成申请注册。微信公众号通常有两种:一种是服务号;另一种是订阅号。对比两者后发现,服务号彰显更多优势,因而大部分企业会优先选择创建服务号。

(2) 扩大"粉丝"数。不管采用哪种销售形式,关键在于吸纳大批受众。在微信销售的过程中,怎样增加大量"粉丝"的关注成了现阶段营销中首要的问题。但是,此项工作并不是一朝一夕就能实现的,需要消耗大量精力与时间。

首先,要建设单独的销售队伍。微信是一种社交软件,能促进人们之间的交流和沟通,坚持以人为本是所有工作的重点,只有在此基础上才能取得良好的销售成果。优异的销售方案与队伍的协作与团结密不可分,因此,要重视塑造与锻炼营销队伍成员应用微信的水平。

其次,不要把所有精力与时间全都花在线上销售上。起步时期的线上销售范畴比较局限,要把工作重点转移到线下运营,科学的线下运营能为线上销售提供有利条件。一是能把微信公众号置于企业展台较为醒目的位置,让客户及时发现,并且应积极邀请其完成"扫一扫";二是销售队伍成员可到人流比较聚集的商业区域展开有关宣传工作。在开展线下推广过程中,要明确活动主题,把任务细化,对于不同受众群体,有针对性地选用相关宣传形式,而且派发一些小礼物来激发群众参加活动的主动性。

此外,在线下运营的前提下,最大化地获得线上"粉丝"拓展。利用之前的"粉丝"团体,深入开拓"粉丝"范畴,例如,常常组织一些福利抽奖,或者推送一些吸引眼球的广告等。

---

[1] 肖帅.BT国际会展中心营销策略研究[D].东北农业大学硕士学位论文,2022.

(3) 企业公众账号变成内部员工个体账号。经过前两个环节后，会展企业现已能完成相应的销售任务，但是要想继续增加"粉丝"量，便有一定难度了。因此，企业要采取相应的对策来预防销售效果停滞不前。企业要定期开展微信销售培训活动，激励广大员工主动参加，锻炼销售人员运用自身的微信社交圈来增加企业"粉丝"数，而且统一编制群发具体内容。

(4) 后期平台的维护和监督。要想稳定企业"粉丝"数，会展企业要积极运用微信公众平台的各种功能，以此维护用户关系，主要可从以下四方面着手。

一是功能监管。会展企业可积极运用微信公众平台的专属监管功能，针对相关内部产品信息随时更新，并用好自定义菜单与自动回复功能。会展企业要实时掌握人们重视度较高的产品，把其所有信息置于微信平台中，以此吸引大众视线，提升企业知名度。

二是用户监管。用户监管工作主要包括两方面。一方面是用户消息监管。解决用户提出的各种问题，而且要做好相关记载、探究与解析、归类工作。另一方面是用户账户监管。要掌握用户的相应背景，展开精细区分，在其中找出有意愿的用户，盛情召唤其参与会展企业的微信活动，让其感受企业内部文化。适当和用户沟通，也有助于提高会展企业在用户心中的地位。

三是统计数据信息。微信在人们生活中被广泛应用与关注，其自带自主统计"粉丝"数目、允许表格与数据信息的输出等功能，有利于会展企业针对相关数据信息展开全面研究，为接下来决策者对重点工作的部署提供参考依据。

四是兑现承诺。在运用微信开展会展宣传活动的过程中，如果允诺给予一些小奖品或者其余奖励，要在指定的时间内达成承诺。利用微信平台公布得奖人员名单以及用户相关信息，进而提高会展企业的信誉度与良好形象，有利于拓展新"粉丝"，从而最大化经济利益和社会效益[1]。

四、会展宣传媒体推广的计划

(一) 新闻发布会计划

新闻发布会是一个社会组织直接向新闻界发布有关组织信息、解释组织重大事件而举办的活动。新闻发布会是会展常用的宣传推广方式之一，也是会展与新闻界加强联系的有效办法，是一项成本低而效益高的会展宣传推广手段。

1. 召开新闻发布会的时机

在一个会展从开始筹备到最后闭幕的过程中，可视需要组织多次新闻发布会。在会展筹备之初、会展招展工作基本结束时、会展开幕前、会展闭幕时，都是召开新闻发布会的绝好时机。在这些时间节点召开新闻发布会，对会展具有较大的促进作用。

在会展筹备之初召开新闻发布会，是向新闻界介绍举办会展的时间、地点、目的、主题、展品范围和发展前景等。发布会的目的主要是通过新闻界告诉行业人士，在某时某地将有一个

---

[1] 肖帅. BT国际会展中心营销策略研究[D]. 东北农业大学硕士学位论文, 2022.

十分有发展前景的会展举办。这时召开新闻发布会,主要是起一种"消息发布"和"事件提示"的作用。

在会展招展工作基本结束时,有些会展也会就会展的筹备进展情况、参展商的特点及构成等情况举行新闻发布会,通过新闻发布会告诉社会大众会展的进展情况,吸引会展的目标观众届时到会参观,对尚未决定参展的目标参展商提供进一步的参展激励。

在会展开幕前,绝大多数会展都会召开新闻发布会,向外通报会展的特点、参展商的特点和构成、会展的招商情况、展品范围、贵宾邀请等内容。在会展开幕前召开的新闻发布会是一次十分重要的发布会,很多会展都会精心组织,广泛邀请记者与会。

在会展闭幕时召开的新闻发布会一般向外界通报会展的展出效果、展出者的收获、参展商和观众的构成和特点、贵宾参观情况、会展的未来发展等内容。这种发布会就像是对会展的总结,如果组织得好,对下一届会展的筹备会有一定的帮助。

2. 新闻发布会的筹备

新闻发布会是有一定程序的。不管在什么时候召开新闻发布会,一定要准备充分。办展机构要做好以下五方面的工作。

(1) 确定发布会的地点。新闻发布会通常会在展馆或其附近较高级的酒店里举行。从实际操作看,很多会展都将会展开幕时和闭幕后的发布会放在会展场馆举办。

(2) 确定出席发布会的媒体及相关人员。新闻发布会要选择邀请对目标参展商和观众有较大影响的媒体,如专业报纸杂志、大众传媒、网站、电视台等。除了新闻媒体,还可以邀请一些行业协会、工商部门、政府主管机构、外国驻华机构、参展商代表等单位的人员参加。需要注意的是,参加新闻发布会的媒体人员不应该仅包括记者,还可以邀请一些专栏评论员、摄影师、编辑和其他有舆论导向作用的人员参加,以提升报道率。

(3) 确定发布会的主持人。发布会的主持人可以是有关行业协会或商会的领导、办展机构的负责人、政府主管部门的官员等,也可以由上述机构共同主持。

(4) 确定发布会内容。发布会内容应视发布会召开时间的不同而各有侧重。发布会的内容可以编成各种新闻资料,如新闻稿、特别报道、特写、新闻图片、专题报道等。

(5) 确定发布会的召开程序。新闻发布会的召开程序一般是办展机构、行业协会或政府主管部门有关领导讲话,会展信息发布和展示,以及记者提问。有关领导的讲话要简短,其所占用的时间不要超过会展信息发布和展示的时间,而且要精心准备回答记者可能提出的各种问题。发布会结束以后,还要及时跟踪和收集各媒体的报道情况,如果有媒体需要更详细的资料,要及时提供;如果一时提供不了,可以安排有关媒体进行实地采访和拍摄[1]。

(二)专业媒体推广计划

专业媒体包括展会展览题材相关行业的专业报纸、杂志、展会目录、展会会刊和网站等。专业媒体直接面向展会的目标参展商与目标观众,是展会首选的宣传推广媒介。

---

[1] 王杏丹. 会展活动中新媒体传播研究[J]. 中国市场,2016(18):2.

1. 专业媒体推广的优缺点

专业媒体推广的优点包括以下三个方面。

(1) 受众稳定，富有专业性。每一种专业媒体都有自己固定的读者群，这些读者是稳定的目标受众。一些影响较大的专业媒体往往拥有非常庞大的读者群。每一种专业媒体都专注于自己特定的专业领域，针对性强，并对这一领域产生影响。

(2) 表现手法灵活，信息容量大。专业媒体如杂志等一般总体篇幅较长，容量较大，办展机构可以利用这一特性，采用图文并茂的形式，对会展进行较详细深入的介绍，使受众获得尽可能丰富的信息。

(3) 寿命较长，重复出现率高。很多专业媒体如杂志等都有保存价值，常常被读者长期保存，并反复阅读，这使得在它们上面所做的宣传也被长期保存和反复阅读。

在专业媒体上的会展宣传也有其局限性：时效性较差，专业媒体的发行周期一般都较长，如杂志一般是一个月一期，时间较滞后；在专业媒体上做宣传主要是针对专业观众的招商，它对普通观众的招商效果不如在大众媒体上做宣传；版面位置选择性较差；等等。

2. 专业媒体推广需要考虑的因素

为了达到推广效果的最大化，办展机构在专业媒体做宣传推广之前要考虑以下四个方面的因素。

(1) 客户规模与市场占有率。某专业媒体所覆盖的目标客户规模越大，在此平台上做宣传的效果就越好，对每一个目标客户单项推广活动的成本也越低。当会展的市场占有率还较低时，宣传推广的边际效果会随着宣传推广预算的提高而快速上升，因此，对市场占有率较低的会展，适当地提高宣传推广预算会达到更好的效果。

(2) 竞争与干扰。如果竞争的同类会展较多，会展的宣传推广预算就要高一些，这样才能让客户在众多的竞争者中听到本会展的声音；如果其他会展对本会展的替代性较强，宣传推广的力度也要加大。此外，如果一个媒体上的广告很多，不管这些广告是竞争者的还是非竞争者的，它们都会分散客户的注意力，这时，宣传推广的力度就应该适当加大一些。

(3) 会展发展阶段。在会展发展的不同阶段，宣传推广的目的和作用是有差别的。在会展的创立阶段，为了让市场尽快知道本会展，宣传推广的力度要大一些；在会展的培育阶段，为了建立会展品牌，宣传推广的力度也不应缩减；在会展的成熟期，因客户对会展已经比较了解，宣传推广的力度可以小一些；当会展进入衰退期，宣传推广的力度也可以小一些，但如果会展此时正在转型，为了突显会展的创新措施与服务，宣传推广的力度又应该大一些。

(4) 宣传推广的频率。对于一般的广告信息，客户一般要接触几次才能产生印象或者记忆。理论上，目标客户在一个参展周期里需要接触到三次广告信息才能产生对该广告的记忆，实际产生效果的次数要超过三次；一般认为，在一个参展周期里，让目标客户接触到六次广告信息为最佳频率[1]。

---

[1] 王杏丹.会展活动中新媒体传播研究[J].中国市场,2016(18):2.

(三) 同类会展推广计划

国内外举办的同类会展是会展目标客户最为集中的地方,在这些会展上进行宣传推广,费用较低,效果较好。

1. 同类会展推广的优缺点

选择到同类会展推广的优点是:可以直接面对目标客户,与客户进行面对面的交流;信息传达灵活,可以给目标客户以最直接的宣传刺激;容易与目标客户建立关系,可以即时得到客户的反应;容易引起目标客户的注意,迅速产生推广效果。由于这些优点,在同类会展上进行宣传推广被大量使用,以达到会展招展、招商和建立会展形象等目标。

当然,在国内外同类会展上进行宣传推广也有其局限性:宣传推广方式的选择受会展彼此之间竞争关系的影响较大,缺乏一定的灵活性;有些推广方式费用较高;每个会展的客户群都是有限的,宣传推广的目标客户范围因此也有一定的局限性。

2. 同类会展推广的不同形式

在国内外同类会展上进行宣传推广活动,可以根据同类会展与本会展竞争关系的不同而采取不同的形式。

(1) 互换展位。即互相在对方会展上设立展位进行宣传推广。这适用于在彼此竞争性不强的会展之间进行。双方免费获取对方一个展位作为本会展的推广展位,不仅可以让目标客户直接获取其想要的资料,直接回答客户的问题,直接展示本会展的形象,还可以直接获得客户的有关资料和信息,效果较好。

(2) 互换会刊版面。即在对方会展的会刊里刊登本会展的信息或者宣传广告。如果会展彼此竞争性不强,而派出人员到对方会展进行宣传推广的费用又太高,则可以采用这种形式。信息和宣传广告可以是单方面付费有偿刊登的,也可以是双方免费互换的。会展会刊都是直接发放到目标客户手中的,这种方式的有效率较高。

(3) 到对方会展召开新闻发布会。即在对方会展开幕期间举行关于本会展的新闻发布会。对于一些结成战略联盟的办展机构或者会展,可以在对方会展开幕期间,在会展里举行关于本会展的新闻发布会,这样效果很好;如果彼此有一定的竞争关系,可以选择在该会展附近或其他适当的地方举办。

(4) 到对方会展网站发布广告。即互相在对方会展的专门网站里发布关于本会展的信息或广告,或者双方网站互相建立友情链接,向对方会展的客户推介自己的会展。

(5) 代为派发对方会展的宣传资料。可以委托对方会展在会展里适当的地方(如信息咨询台等地)代为派发本会展的宣传资料。这种资料派发可以是单方面付费有偿的,也可以是双方免费互换的。

(6) 派出人员在同类会展上展开推广活动。如果同类会展彼此是竞争关系,上述方式将难以实现。这时,可以派出人员到该会展上进行专门的宣传推广活动,如直接向目标客户派发本会展的宣传资料、收集客户资料等。

以上这些方式可以结合使用,如互换展位、互相在对方会刊里做广告、网站互相链接等可以同时进行,这样信息传播的范围将更广泛,宣传推广的目标更容易达到[1]。

(四) 大众媒体推广计划

大众媒体包括各种报纸、电视、广播、户外广告媒体、交通广告媒体、包装媒体、焦点媒体、网站等。这些媒体普及性较强,社会接触面较广,它们既面向会展的目标参展商与专业观众,也面向会展的普通观众,是会展常用的宣传推广媒介。

1. 大众媒体推广的特点

会展宣传推广对大众媒体的使用与对专业媒体的使用有一定的差别。首先,从使用目的来看,会展在大众媒体上进行宣传推广一般是为了更好地树立会展的形象,建立会展品牌,或者吸引普通观众到会参观,它对会展招展与吸引专业观众的作用不如专业媒体大。其次,从使用的阶段来看,会展在大众媒体上进行宣传推广一般是在会展刚创立或者每届会展即将开幕时进行,而在其他环节使用得较少。大众媒体有其自身的许多优点。

(1) 时效性强,传播速度快。报纸和广播电视等每天可以把当天的新闻及时传播出去,在它们上面做广告能够及时地对外发布会展信息,传播会展最新动态。

(2) 覆盖面广,传播效率高。大众媒体的影响面涉及一般普通大众,覆盖面极广,受众群体极为庞大。会展信息可以在短时间内传递给所有社会公众,这是其他媒介无法比拟的。

(3) 选择灵活,形式多样。大众媒体的种类繁多,可以选择多种形式做会展宣传,如报纸的平面广告、软性文章、广播的声讯广告、电视广告、户外广告、交通媒体广告等。

(4) 新闻性强和可信度高。在报纸、广播和电视上推出的会展特写、评论、报道等软性广告,具有一定的新闻性质,可信度较高。会展可以充分利用大众媒体的上述优点,采取合适的形式进行会展的宣传推广工作。

需要指出的是,从功能来看,会展在大众媒体上的宣传推广在很多时候是作为对会展专业渠道推广方式的一种补充而出现的,它不是会展宣传推广的主要方式。

2. 大众媒体推广需要考虑的因素

大众媒体推广需要考虑的因素包括宣传主要目标、媒体特点与覆盖范围、宣传的费用、宣传时间安排等。

(1) 宣传主要目标。每次会展宣传的任务都会不同,必须明确每次宣传推广的主要目标,如招展或者招商。会展宣传的主要目的不同,其选择的媒体也不一样。例如,招展和吸引专业观众一般选择专业媒体,吸引普通观众则多选择大众媒体。

(2) 媒体特点与覆盖范围。是专业媒体还是大众媒体、媒体的表现力和渗透度、媒体读者群的大小、是全国性还是地区性媒体等,都是影响媒体选择的重要因素。另外,该媒体的读者定位和地区覆盖也是影响媒体选择的因素。

(3) 宣传的费用。在不同的媒体上进行宣传推广的费用有很大的差别,宣传的费用也是影响媒体选择的一个重要因素。考虑宣传费用的大小,不仅要考虑绝对宣传成本,还要考虑相对

---

[1] 王燕.大型会展的全媒体传播策略研究——以第四届山西文化产业博览交易会为例[D].山西大学硕士学位论文,2021.

宣传成本。绝对宣传成本是指每次宣传推广的费用总支出额；相对宣传成本通常用每一千个目标客户接触到媒体的费用来计算，它更能反映宣传的实际效果。

(4) 宣传时间安排。宣传时间安排是会展宣传推广的重要因素。除了集中时间安排，即将宣传推广集中安排在某一段时间内，以在较短时间内迅速形成强大的宣传攻势，还可以在一定时间里连续时间安排或者间歇时间安排宣传推广活动。集中时间安排方式适合在开拓新市场、集中招展或招商时使用；连续时间安排方式适合会展已经有一定影响，客户参展参观安排以理智动机为主时使用；间歇时间安排方式适合在产品季节性较强或者会展宣传费用不足时使用。至于究竟采用哪种时间安排方式，会展要根据自己的实际情况最后确定[1]。

(五) 专项宣传推广计划

除新闻发布会、专业媒体、同类会展和大众媒体等宣传推广方式外，办展机构通常还对以下专项宣传推广方式进行组合来宣传推广会展。

1. 人员推广

办展机构派出工作人员，通过登门拜访、电话交谈等形式直接与目标市场的客户建立联系，传递会展信息。人员推广灵活性强，信息反馈及时，具有一定的亲和力和说服力，有较强的竞争力，其在客户对会展的评估和参展参观决策阶段，能促使客户对会展建立长期的信心。但是，人员推广的费用一般较高，其能接触到的客户数量也较为有限。

2. 直接邮寄

办展机构直接向目标客户邮寄会展的各种宣传资料，这是会展最常采用的宣传推广方式之一。直接邮寄的针对性极强，效果也较好。

3. 公共关系

办展机构利用各种传播手段与社会公众沟通思想感情，建立良好的社会形象和经营环境，服务会展的长远发展。公共关系可分为三个层次：一是公共关系宣传，即通过各种媒体向社会公众宣传，以树立会展的形象，扩大会展的影响；二是公共关系活动，即通过支持和组织各种社会活动来宣传会展，建立会展品牌；三是公共关系意识，即在办展机构的日常经营中、在全体人员心目中树立维护企业和会展的整体形象的意识。

4. 机构推广

办展机构与有关媒体、国际组织、行业协会和商会、国内外其他会展主办机构和政府主管部门等机构合作，共同推广本会展，如委托上述机构代为发放会展宣传资料、代为组织观众、代为在会员中宣传本会展等。随着世界经济全球化步伐的日益加快和中国展览市场的日益国际化，机构推广正在被越来越多的会展采用。

5. 配套活动

在会展期间举办一系列配套活动，也是会展进行宣传推广的一种重要方式。

在会展业的实践中，宣传推广的各种方式往往组合使用，实现效果的倍增。在宣传推广

---

[1] 王燕.大型会展的全媒体传播策略研究——以第四届山西文化产业博览交易会为例[D].山西大学硕士学位论文,2021.

中,会有不少环节需要工作人员在公众场合演讲,会展从业者需要注重相关能力的培养。

第三节 | 会展宣传的文创设计

一、会展宣传文创设计的范畴

(一)会展宣传资料的文创设计

会展的宣传材料形式各异,主要包括会展宣传手册、宣传片,以及为会展宣传而设计的各种赠送材料等。它们对于会展宣传及推广有重要的作用,特别是会展参展手册的设计,更是体现了会展的文化创意程度和设计师的设计水平。

1. 会展宣传手册

会展宣传手册是会展主办方开展会展宣传工作时不可缺少的资料。会展宣传手册应当提供参展商参展所需的全部信息,包括名称、地址、电话、城市、气候、合作场地、餐饮住宿信息、会议室、展览安排、场馆设施、费用、休闲娱乐活动等。现在,越来越多的企业在参展时会用宣传册的形式进行宣传,尤其是通过电子宣传册进行品牌营销。在制作上,应该注意以下四个方面。

(1) 重点介绍优势。人们的记忆力是有限的,因此,只需要让读者在看完宣传手册后记住企业的名字或者产品的名称、特点,或产品与众不同的功能等某一个方面的重点优势即可。

(2) 页数不宜过多。会展宣传手册一般以 12 页较为合适。目标受众的注意力停留时间是短暂的,因此,宣传手册的页数最好能让他们在最短的时间内获得更多想要知道的信息。

(3) 有针对性地制作。会展宣传手册的类型多种多样,不少企业都比较喜欢选择制作企业形象宣传手册,以企业的整体形象、产品介绍、工厂展示来宣传企业。这类宣传手册的好处是无论何时何地,人们通过翻阅手册,都可以大而全面地了解企业形象和产品。另一种类型是特定的产品宣传手册。不少高科技产品和技术类产品都会有专门的产品宣传手册,以教会人们使用方法,这类型的宣传册适合在产品展示的时候,以电子宣传册的形式展示,比如,很多企业喜欢制作翻页会展宣传手册,或把二维码印刷在易拉宝展架上,人们扫码即可阅读。这样的形式能够更好地加深受众印象和提升受众好感[1]。

(4) 体现文化创意和设计美感。在会展宣传手册的视觉呈现上,尤其要注意体现有深度的文化创意和和谐统一的设计美感。视觉设计最基本的方法就是使用点线形状来进行图形的构建,在开始设计之前首先要连接两个点,使其变成一条直线,然后通过直线就能够演变出无数形状。在设计当中,最重要的还是配色的问题,以吸引更多人的目光。人的眼睛能够看到多达 1 000 万种颜色,并且人对于每种颜色的含义也有特定的相关联想,在设计中,要注意传达积极的正面联想,避免负面联想。在设计会展宣传手册时,还需要注意排版的问题。排版是设计师

---

[1] 如何制作展会宣传手册?[EB/OL]. https://baijiahao.baidu.com/s?id=17550776109403830955&wfr=spider&for=pc. [访问时间:2023-02-14].

们最看重的元素,不同的排版,其效果也会有所不同。在进行排版的时候,可以根据需要创作统一的模板,但是要注意创作的方式。尽可能选择一些简单字体,以免造成整个画面混乱的情况。通过排版的设计,能够决定宣传手册整体的氛围和色调[1]。

2. 会展宣传片

除了使用宣传手册,许多办展机构还会在展台前播放宣传片,以进行会展宣传。大多数会展宣传片都是短片,时长在4~6分钟。它们必须在如此短的时间内展示会展的优势。当潜在参展商对会展进行调查时,宣传片能够以十分直观的方式向其充分、全面地展示会展的情况。针对目标客户的宣传片通常会把现场活动与会展场馆配置的动态图表结合起来,此外,它还被用来在室内向目标客户做销售陈述,或在展示会、年会上使用。

会展宣传片的文案(脚本)是整个拍摄过程中最关键的一部分,起到重大的指导意义。会展宣传片文案策划的技巧主要有四点。一是时间限制。运用语言文字描绘出一个个画面,必须时时考虑时间的限制,每个画面的叙述都要有时间概念。在有限的时间内,传播出所要传达的内容。二是感染力。撰写文案时,要写得生动、形象,以情感人,以情动人,具有艺术感染力。三是文法句法。运用蒙太奇思维,用镜头语言进行叙事,要具有直观性、形象性。四是视觉形象,宣传片文案的写作必须做到声音与画面的和谐。

在拍摄时,可以巧妙利用光线。比较常见的拍摄手法就是利用光线制造明显的光暗对比,以此引导观众视线,给观众不一样的视觉感受。另外,宣传片中自然离不开某些产品的展示,依据产品材质选择合适色调的光线,可以很好地提升产品质感,进而提升宣传片的画面美感。

在拍摄时,还要注意选择合适的构图。简单来讲,构图就是画面中各个组成元素的摆放位置,它是直接影响宣传片视觉效果的一大因素。根据产品的特点去选择合适的构图方法是宣传片必须掌握的一个拍摄技巧。目前常用的构图方法有居中构图法、留白构图法、三角构图法、对角构图法等[2]。

3. 其他附赠材料

其他附赠材料是指与直接邮寄、杂志广告以及其他促销活动一起使用的材料,包括促销材料、年会和展位宣传手册、通讯简报、明信片、小传单、地图、菜单、桌卡、纪念品等。附赠材料和其他广告活动最大的区别在于直接性,赠送材料的目标直接对准决策人,这些材料不仅能让潜在客户记住会展的名称和特征,还可以用来帮助会展销售人员增强销售陈述效果。

(二)会展媒体推广的文创设计

1. 基于传统媒体推广的文创设计

如前所述,办展机构通常会在传统的大众媒体和专业媒体上进行会展的广告宣传和推广。这些传统的大众媒体包括电视、报纸、户外广告、综合门户网站、交通媒体等。其作用在于塑造会展品牌形象和吸引一般观众参与会展活动。它的优势是覆盖面十分广泛,能让大量受众获

---

[1] 视觉设计的几大原则[EB/OL]. http://baijiahao.baidu.com/s?id=17006229109760148l2&wfr=spider&for=pc. [访问时间:2023-02-14].

[2] 企业形象宣传片如何拍摄?[EB/OL]. https://zhuanlan.zhihu.com/p/360136651. [访问时间:2023-02-14].

取关于该会展的信息,时效性强。传统的专业媒体是指会展主题所在行业的专业网站、报纸、杂志等媒介。它是专业类会展项目进行广告宣传的主要选择,其主要优势在于针对性强。专业媒体的阅读者通常都是会展题材相关行业的从业人士或者其他相关者,这正是会展项目的目标客户。面向专业媒体的广告投放一般能够起到较好的营销效果。另外,专业媒体往往在行业内有一定的权威性和影响力,这也从侧面提升了会展项目的真实可信度[1]。

会展广告文案是会展广告设计的重中之重。它的使命是让受众产生动机与欲望,而这一使命的完成是建立在信任感之上的。先有信任然后才有接近的愿望,还要给参展商和观众找一个来参展的理由。因此,会展广告文案要可信,要有号召力,也要富于创意。文案撰稿人必须具备创造力与创造精神,因为这决定着会展广告文案的原创性和影响力。人们把创造力和创造精神表述为一种创意思考的精神状态,比如灵光乍现。灵感也可以说是创作欲望、创作经验、创作技巧、思维准备和情景引导的综合产物。但是在灵感与优秀的会展广告文案之间还存在着很大的距离。这种距离必须依靠大量的工作去缩短,这需要经过艰苦的训练以及孜孜不倦的思考才能完成。因此,只有具有很强的创作精神的人才有可能把握住灵感,创作出富有魅力的作品。

在会展广告文案的创作过程中,需要针对不同的会展、不同的诉求对象运用不同的文案表现手法。在不断寻找有效的说服途径的过程中,针对观众认知和情感投入的差异,会展广告文案可以采取理性、感性和情理结合三种主要的诉求手法。

(1) 理性诉求。理性诉求定位于诉求对象的认知,力图真实、准确地传达办展机构、企业、产品和服务的功能性利益,为诉求对象提供分析判断的信息,或明确提出观点并进行论证,促使观众经过思考,理智地做出判断。理性诉求可以进行正面说服,如传达产品、服务的优势和购买产品、接受服务的利益,也可以进行负面表现,如说明或者展现不参与的影响或损失。

(2) 感性诉求。感性诉求的基本思路是:以人性化的内涵接近诉求对象的内心,让他们参与或者分享会展所带来的某种愉悦的精神享受,使之与会展建立情感联系,对办展组织、企业、产品或服务产生情感化的偏爱。如果展品或展品的使用情景与某些情感有直接的关联,就可以利用这种情感,使之成为有效的情感诉求工具。

(3) 情理结合诉求。情理结合诉求的基本思路是:采用理性诉求传达客观信息,又用感性诉求引发诉求对象的情感共鸣。它可以灵活地运用理性诉求的各种手法,也可以加入感性诉求的种种情感内容。情理结合手法在会展广告文案的写作以及广告运作中更为常见,但前提是产品或服务的特性、功能、实际利益与情感内容有合理的关联。如 2010 年上海世博会的口号"城市,让生活更美好",就是利用情理结合诉求的方式,既客观地反映我国城市发展和建设的进程,又唤起人们对城市生活的美好体验和愉悦享受[2]。

2. 基于新媒体推广的文创设计

基于数字技术和移动互联网终端的新媒体已经成为人们生活方式的一部分。充实过硬的

---

[1] 展会宣传与推广手段[EB/OL]. http://www.lps114.com.cn/416901.html. [访问时间:2023-02-14].
[2] 展会怎么做广告最吸引客户?[EB/OL]. https://zhaozhanwang.cn/wap/view.php?id=4024. [访问时间:2023-02-14].

文化内涵与前沿科技以各种交互形式结合，可以让会展宣传和体验的过程妙趣横生，这是传统媒体不能达到的效果。例如，北京故宫博物院出品的五款 App，即"故宫展览""每日故宫""紫禁城 600""故宫陶瓷馆"和"皇帝的一天"，都是在整合信息的基础上精心设计的。"故宫展览"是一款虚拟 VR 智能 App。该软件完美收录故宫各类优质经典展览和海量高清全景图片内容，能按照时间和展出状态为用户列出故宫近年的系列主题展览，使用户足不出户就可以随时随地参观故宫博物院，感受中国古代文化的魅力。"每日故宫"每天甄选一款馆藏珍品，邀请用户同游宋元山水，共访禁城别苑，探寻皇家日常中那些令人惊叹的细节，感受传世珍品不竭的历史生命。"紫禁城 600"和"故宫陶瓷馆"都从不同的侧面对故宫展览进行宣传推广。前者聚焦于故宫的古代建筑文化，后者则专注于故宫陶瓷展览服务，两者对于吸引线下观众、宣传故宫藏品和文化都起到了积极的作用。"皇帝的一天"则聚焦于青少年群体这一细分市场，带领孩子们深入清代宫廷，了解皇帝一天的衣食起居、办公学习和休闲娱乐。这些 App 用视、听、触多维度信息展现传统画卷，通过声、光、电、信息等多种技术，将常见的视觉文化信息转化为视、听、触、嗅、味多维度信息，以形式吸引人的同时，并没有丢失核心文化，延续了北京故宫博物院教育、传播文化、提升文化生活的功用[1]。

二、会展宣传文创设计的原则

（一）创造性原则

会展宣传文创设计的核心是创意。好的创意可以使得会展在与参与者沟通的过程中抓住参与者的注意力，加深其记忆，降低传播成本，并最终促成购买。首先，在信息爆炸和信息过载的时代，受众对信息传播的免疫力在不断增强，而快速的生活节奏也使那些平铺直叙、反复轰炸的枯燥的宣传形式逐渐失去生命力。要想使人产生购买欲望，就必须先让受众注意到你，从而诱发潜在消费。好的宣传创意可以将独特的艺术表现手法融入信息传播，通过情感沟通把信息及时有效地传递给受众。其次，加深受众印象对于会展宣传来说也至关重要。如果不能使人留下深刻印象，传播效果必然不会理想。美国学者戴维·刘易斯（David Lewis）曾做过受众对广告的情感反应的相关实验，研究发现，在受众大笑和微笑时，会有更多血液流入大脑，而大脑会分泌化学物质使人产生愉悦舒畅的感觉，并加深对所接收到的信息的记忆[2]。因此，可以采用故事性强的会展宣传创意，以幽默、动人的情感传递增强宣传内容的亲和力、说服力，并加深受众的记忆。最后，除了直接促进销售外，形象塑造类的宣传内容也可以充分感染受众，传播会展活动的价值理念，提高受众对会展的认可度、美誉度和忠诚度。

（二）目的性原则

会展宣传文创设计必须首先明确会展宣传活动的目的，是扩大影响力和提高知名度，还是抢占市场，促进产品销售并追求经济利益。按照价值进行划分，会展宣传活动的目的包括非经济性目的和经济性目的。非经济性目的是指不以营利为目的的宣传，如博物馆、美术馆为了文

---

[1] 杨慧子.非物质文化遗产与文化创意产品设计[D].中国艺术研究院博士学位论文，2018.
[2] 常惠娟，赵希武.论广告创意的情感表达[J].美与时代，2007，322(10)：83-84.

化推广和公众文化艺术教育而进行的会展宣传活动;经济性目的是指以营利为目的的宣传,它是为推销商品或提供服务,以付费方式通过广告媒体向消费者或用户传播商品或服务信息的手段。按照形象塑造的导向进行划分,会展宣传活动的目的可以分为巩固形象的目的和改善形象的目的。按照受众认知和行为过程进行划分,会展宣传活动的目的可以分为培养受众接受度的目的、改变受众行为习惯的目的,以及直接促进销售的目的等。

针对不同的目的,应该分别设计相应的会展宣传文创方案。例如,经济性目的的会展宣传文创设计,必须考虑宣传活动如何能够为会展带来直接的经济效益,其中尤其要考虑会展广告活动的转化率问题。广告转化率(conversion rate)指反映网络广告对产品销售情况影响程度的指标,主要指受网络广告影响而发生购买、注册或信息需求行为的浏览者占总广告点击人数的比例。其具体计算公式如下:

$$广告转化率 = 发生转化的广告浏览者人数 \div 点击广告的总人数 \times 100\%$$

(三) 统一性原则

会展宣传文创设计是一个整体,必须对其进行全面分析以选择最佳方案。会展宣传活动的所有环节必须是一致的,如宣传目标的统一、宣传策略的统一、宣传媒体的统一、表达形式的统一等。这样可以减少会展宣传活动的随机性和混乱性,逐渐积累宣传效果,促进宣传效果的实现。在这一原则下,可以遵循整合营销传播(integrated marketing communication)的思路。整合营销传播是将与企业进行市场营销有关的一切传播活动一元化的过程。整合营销传播的本质就是以消费者为核心,将会展想要展示的内容信息通过多种本质一样的途径传递给消费者,实现传播的目的。整合营销传播就是将以往传统的传播手段和方式串联起来,形成一条完整且方便的"宣传链",以达到营销传播的目的。整合营销传播在会展宣传文创设计中的应用主要体现在能够使会展充分了解参与者的需求。参与者作为会展宣传活动面向的主要群体,包括参展商、采购商及观众,而成功的会展的首要条件是必须同时满足这三种群体的需要,才能更好地发展壮大。通过整合营销传播,能够在会展前期很好地开展调研工作,并最终使会展成功进行[1]。

(四) 灵活性原则

会展宣传活动目标受众的认知和行为机制十分复杂,而宣传环境和竞争条件则在不断地发生变化,因而宣传活动的设计必须灵活。如果宣传活动设计与实际情况有所出入,应及时进行调整和修订,甚至重新设计会展宣传活动。会展企业还必须根据实际情况不断调整设计规划,如修改广告创意、调整宣传媒体、调整宣传区域、调整广告投放时间和方式等,以确保宣传效果。

(五) 可行性原则

会展宣传文创设计必须结合会展企业的真实情况,采用科学的方法,同时还必须满足相关法律法规和政策的要求,然后才能实施并达到预期的效果。即使是富有创新性的方案,如果因为各种因素无法落地实施,那么也不具备实际的应用价值。

---

[1] 万青松.整合营销传播背景下的会展策划路径探究[J].山西农经,2020,269(5):135,137.

三、会展宣传文创设计的程序

(一) 设定目标，分析问题

任何形式的设计策划(包括会展宣传文创方案的设计策划)都包括战略和战术两个层面。其中，战略指的是为实现目标而应该解决的大的方向性问题，如采用正面宣传还是侧面宣传。统一战略的制定可以让整体策划保持步调一致，达到最终效益最大化。战术指的是为实现目标而制定的具体的行动计划，通常都是一些短期和明确的项目，如由谁来执行、何时开始等。在会展宣传文创方案的设计中，首先要开展的就是战略和战术目标的设定，即设置明确的整体宣传目标和具体的阶段宣传目标。只有在目标的指引下，才能进入具体问题具体分析的调研阶段。

在调研和分析阶段，应当采用科学的方式和方法，对影响会展宣传活动的有关因素及其发展进行调查研究。调查分析的主要内容可以分为信息研究和媒介研究。信息研究进一步包括消费者研究、产品研究、市场竞争研究、企业经营情况和形象调查等。媒介研究包括定性研究和定量研究，定性研究主要调查分析不同媒介的传播特征、内容偏好、传播方式、受众定位、风格调性等，而定量研究则关注一系列可量化的媒介传播指标，如收视(听)率、有效到达率等。收视(听)率(audience rating)是指接收某一特定电视节目或广播节目的人数(或家户数)的百分数。收视(听)率是广播电视媒体研究中最重要的术语之一。有效到达率(effective reach)则是指在某一特定暴露频次下，由一媒体广告排期表所达到的个人(或家庭)数目[1]。有效到达率又被称为"有效暴露频次"(effective frequency)。收视(听)率和有效达到率都是用来确认媒体广告传播效率和效果的重要指标。对于会展企业来说，应在成本可控的基础上，尽可能选择收视(听)率和有效到达率较高的媒体，以尽可能接触到更多的受众。了解这些指标的估值对于后续宣传方案的设计(尤其是传播媒体的选择)具有重要的意义。

(二) 确立主题，展开构思

在设定宣传目标，并就面临的问题掌握了充分信息的基础上，可以开始着手进行会展宣传活动主题的创意化设计。

会展宣传主题是会展宣传活动要表现的中心思想，是会展企业的立场、目的和希望的集合体。各种不同的会展项目因本身性质的不同，在宣传主题上不能相袭或套用，必须从实际出发精心选定。同时，为了更好地抢占受众的心智空间，会展宣传主题的确定最好采用差异化的策略，突出创意性和独特性，以便与其他会展宣传活动进行区分。会展本身的目标和所涉及的题材是会展宣传活动主题的主要来源，因为会展宣传活动是为了宣传会展主题而服务的。对会展宣传活动主题的构思要注意以下五点。

(1) 会展宣传活动的主题必须与会展目标相一致。这样才能充分地表现会展目标。例如，第三届上海国际工业博览会的主题是"信息化带动工业化"，这一主题反映了博览会的目标：用高新技术和国际先进技术改造我国传统工业，加快提升我国工业的整体素质和国际竞争力，努力将信息化和工业化、国际化和工业化结合起来。

---

[1] 艾琳·R.米汉,吴悠. 收视率评估产业及其制度研究路径：大众传媒商品问题的第三种答案[J]. 国外社会科学前沿,2021,498(11):44-51.

（2）会展宣传活动的主题应该反映会展的题材。会展题材即展会的行业或展品范围、会议的议题等。会展活动主题往往是对会展题材的高度概括。例如，葡萄牙里斯本世博会的主题是"海洋——未来的财富"，土耳其伊斯坦布尔人居大会的主题是"人人享有适当的住房"。

（3）会展宣传活动的主题应该尽量突出会展特色。会展特色可以包括时代特色、地域特色、题材特色等。只有突出会展特色，才能引起目标客户和公众的兴趣。例如，第五届进博会主题是"激发全球开放新动能，共享合作发展新机遇"。当今，全世界面临着非同寻常的挑战，确保经济一体化仍然是所有人迈向更繁荣未来的动力，因此，这一主题不仅突出了进博会本身的举办目的，而且也同时反映了当前的时代特色。

（4）会展宣传活动的主题应该迎合会展参与者及公众的需求和心理。设计者不仅要了解参展商和专业观众的参展目的和需求，而且也应当对社会一般公众的生活方式、审美情趣、文化心态有所了解，将其融合到宣传主题的提炼中。

（5）会展宣传活动的主题还必须具有较强的可传播性。会展宣传活动的主题在语言上要朗朗上口，文字上力求简练，能被长久而深刻地记忆和迅速传播；词句要能打动人心，激发参与欲望；表述要有新意，语言个性化，具有时代气息；在形式和创意上都需要借鉴广告艺术[1]。

（三）整合资源，系统规划

在确定好会展宣传主题后，会展企业下一步应该要对能够被加以利用的宣传资源进行梳理和整合，结合前期信息研究和媒体研究的结果，按照整合营销传播和全媒体传播矩阵建设的思路，对会展宣传活动进行系统规划。

随着网络的普及和媒介技术的变革，电视、报纸、杂志等传统媒体的传播作用日渐衰减，其价值意义主要集中在活动公信力背书上。由于新媒体传播具备速度较快、覆盖面广、影响深远的特点，目前新媒体传播手段已经越来越被会展企业所接受和依赖。在全媒体发展的大趋势下，会展活动本身也将成为一个巨大的媒体平台，会展企业可以发挥优势，构建自身的新媒体传播影响力，自建流量池、数据池[2]。

例如，义博会在整合宣传资源、构建全媒体传播矩阵方面就是一个值得学习借鉴的典型范本。义博会入驻微信公众平台，开通了微信服务号（"义博会"）和订阅号（"中国义乌国际小商品博览会"）。目前，义博会微信平台的日均关注人数以30%的比例增加。综合微信平台的功能来看，义博会公众号侧重商务和服务方面。加上义博会微信的好友客商，可通过微信了解展会的展商及展区分布信息，还可以通过线上导购功能迅速查找感兴趣的参展商。另外，如果需要了解与展会相关的交通、翻译、住宿等信息，也可以咨询微信平台的客服人员。展位特装的参展商还能享受微信营销的增值服务——把参展商的简介、主推产品、联系方式等信息整合到义博会微信平台，并在展会现场赠送展台二维码。采购商扫描二维码后可迅速获取并保存该企业的信息，方便日后洽谈业务。在义博会官方微博上，安排了两名专职客服人员在线解答问

---

[1] 展览主题如何确定？[EB/OL]. http://www.cnsuge.com/news/1628.html. [访问时间：2023-02-14].
[2] 浅析会展活动产业的整合营销策略[EB/OL]. https://www.cwhello.com/166953.html. [访问时间：2023-02-14].

题,他们分别是"Mr. 义"和"Miss. 义"。其中,"Mr. 义"专为"粉丝"和参会者提供与本届义博会有关的议程、资讯信息等内容;"Miss. 义"则为大家介绍与展会有关的服务内容。义博会官方微博设有"义博会资讯""义博会动态""义博会回顾""义博会展商风采""义博会心语"等固定话题栏目,参会者还可以通过微博了解义乌市场和义博会的发展历程,以及义乌部分知名企业的成长故事。为鼓励参展商、采购商关注订阅义博会微信平台以及主动参与微博互动,展会现场将设置"幸运大转盘""刮刮乐"等有奖活动;此外,还设立微博大屏幕,义博会期间进入展馆的参会者也将有机会获得展会纪念品[1]。

 **案例研读**

《如果国宝会说话》的博物馆文创宣传启示

博物馆是指以教育、研究和欣赏为目的,收藏、保护并向公众展示人类活动和自然环境的见证物,经登记管理机关依法登记的非营利组织。通俗地讲,博物馆是一座城市的文化载体与特殊名片,它为未来保存历史,同时也是历史与未来的对话窗口。近年来,社会各界对博物馆的关注度不断提高,电视综艺、纪录片、官方媒体乃至自媒体的宣传,使得博物馆不再是传统印象中暮气沉沉的科普场所,"网红打卡地"成为博物馆的新标签,这为博物馆的发展注入新的活力。博物馆的生机勃勃体现在历史悠久、科普教育性高的文物,充满独特设计与个性的常规展览与特展,活泼生动、极具地方特色的宣传讲解,等等。博物馆文化创意产品不停地推陈出新,亦成为博物馆发展的新活力点。

一、我国博物馆文创产品的初期阶段

博物馆文创产品是指以博物馆馆藏资源为核心创意来源,通过设计手段提炼文化内涵,从而实现文化价值与经济价值的特殊消费品。

博物馆文创产品的设计与开发在国外早已成熟。我国博物馆文创开发最初出现在上海博物馆,文创的高潮则掀起于台北"故宫博物院"。2013年台北"故宫博物院"的"朕知道了"胶带走红后,受其启发,北京故宫博物院开始进行文创开发。

在此之前,国内大多数博物馆的文创产品呈现出同质化、碎片化的特点。此时博物馆对文创产品的定义更多为游客的"参观纪念品":一类设计粗糙单一,价格相对较低,实用性较强,如带有博物馆 logo 或名称的明信片、信封、书签、笔记本、钥匙链、服饰配件、文化衫等;另一类则价格相对较高,如按一定比例整体复刻馆藏精品的仿制品,品种单一,华而不实,大多数沦为装饰品,实用性弱。

二、我国博物馆文创产品的快速发展阶段

随着我国博物馆事业的快速发展以及人民群众文化消费需求的不断增加,博物馆文创

---

[1] 展会资源整合[EB/OL]. http://www.lps114.com.cn/293540.html. [访问时间:2023-02-14].

产品开发也越来越受到重视,许多博物馆都在积极探索文创产品的开发和创新,并获得了丰富的成果,我国博物馆文创进入快速发展的新阶段。现阶段,我国博物馆文创产品开发的主要特点包括以下三个方面。

（一）聚焦快速消费品

在保持文创产品传统门类的同时,将目光投向快速消费品领域,这符合社会大多数年龄层人群的日常需求,在创收的同时也作为一种可移动的广告对博物馆进行了良好的宣传。

例如,仍较为传统的文创产品,如玩具、摆件、饰品、改良服装、手账、胶带、日历、水杯、书衣、帆布包袋等,均为早期文创产品的进阶版,虽然仍然有设计简单、生搬硬套、浮于表面的弊病,但已逐步将文化元素和内容与商品自身的功能和特点相结合,种类多样,设计也逐渐迎合观众的审美和消费需求。

文创产品开发中的快速消费品主要包括个人护理品和品牌包装食品饮料两大类,如与品牌合作的彩妆、雪糕、食品礼盒等。商品的本质并没有变化,但因被赋予更多的文化内涵,得到了更多的关注与宣传。对于此类文创产品,在保证品质、价格合理的前提下,加上快速消费品特点的加持,短期内观众的购买力是惊人的。

（二）关注网络消费热点

通过请明星代言或者电商直播等方式,充分利用网络媒体进行宣传,可以提高文创产品的影响力和受众购买力。通过这些方式,吸引的不仅是博物馆爱好者或者来博物馆参观的观众,更多的是普通消费者,而他们则是博物馆的潜在观众。

（三）注重与"互联网+"的关联

博物馆的文化创意产业在"文创"一词尚未广泛普及时,主要以文化产业的形式存在,随着不断深入发展,博物馆文创产品势必也要从"商品消费"升级到"体验消费",注重观众（消费者）的个人体验,利用"互联网+"这一时代语境,将线上与线下结合,此类文创产品势必会突破销售空间的限制,挑战和机遇并存[1]。

三、《如果国宝会说话》的典型案例分析

自《我在故宫修文物》走红以来,越来越多的文物类纪录片在影院、电视频道、移动终端取得了较高的播放量。以《如果国宝会说话》为例,其爆红于网络背后也有多方因素影响。在信息碎片化、传播融媒体化的新语境下,《如果国宝会说话》无疑是新文创思维模式下纪录片制作与传播的典范。"新文创"着眼于知识财产的文化价值构建,通过广泛连接各种协作主体、文化资源以及创意形式,实现更高效的数字文化生产。《如果国宝会说话》通过每集五分钟的短视频走近年轻人,巧妙地打开了中华文化的大门,让文物"活"起来、火起来,形成了具有广泛开发价值的精品纪录片IP,打造了一个纪录片品牌发展链。作为承载文

---

[1] 马新玥. 初探博物馆文创产品的开发与发展——以河南博物院"考古盲盒"为例[J]. 今古文创,2021(34):65-66.

化、传播文化的重要艺术形式，文化类节目及纪录片无疑最具代表性。《如果国宝会说话》便以国宝为对象，打破传统文物科教片模式，创新挖掘文物之美，系统构建国宝的文化价值，全新打造了一个纪录片领域的超级文化 IP。

（一）文化协作，内容创新

从新石器时代到宋元明清，《如果国宝会说话》目光跨越八千年，摄制组足迹遍布全国，拍摄了近百家博物馆和考古研究所、五十余处考古遗址、千余件文物，从中精选 100 件国宝，用文物讲文化，用文物梳理文明，通过每集五分钟的短片解读构建中华文明视频索引，引领受众走进一段对中华文明再认知的过程和国宝再发现之旅。

传统纪录片在新媒体推广上是个短板，很大原因是没找到作品与互联网潮流文化的契合点。如果国宝会说话，会说什么？这无疑需要制作团队发挥想象空间，做到运用先进的科技呈现手法，采取新颖的融合设计理念，通过融媒体传播，让文物"活"起来，走进大众视野。新文创希望通过更广泛的主体连接，推动文化价值和产业价值的互相赋能，从而实现更高效的数字文化生产和 IP 构建。《如果国宝会说话》从拍摄到制作再到营销的一系列创新之举，无一不是基于中华文化价值的二度融合创作，打开了纪录片的新文创融合发展思路。

《如果国宝会说话》为了打破受众和文物之间的壁垒，让文物变得生动鲜活，走进大众视野，开启了全新的制作营销模式。在《如果国宝会说话》里，由于使用了新技术，观众可以 360 度无死角地看到文物的每一个细节，也能更好地洞察这些细节背后隐藏的信息。新技术不仅能尽可能呈现文物全貌，还让历史变得通俗易懂。在《如果国宝会说话》中，导演大量运用动画来诠释文物的历史背景。如"刻辞骨"那一集，导演寇慧文就用一段画风可爱的甲骨文动画片还原了商代男子的一天："人"插上发簪就成了"夫"，这是他可以担起家庭的证明，出门打猎时，"夫"双手摆动又形成了一个"走"。这种动画再现不仅让历史变得生动形象，还非常符合甲骨文的象形魅力。节目中新技术的运用、文物的视觉化呈现是现代人通往一件件国宝的路径。

为了让国宝"活"起来，《如果国宝会说话》宣推团队基于全程大数据分析，精准定位了作品的正片属性和目标受众，选择当下品牌互动热度、人流量极高的地铁场景，并对地铁人群和分布进行精准数据分析，精心设计了"因为刻骨，所以铭心""自称奥特曼的三星堆青铜人像"等国宝创意地铁广告，引发网友热议并发酵出一批又一批诸如"国宝三连系列""笑得像 6 000 岁的孩子"等生动有趣、与文物对话系列的新媒体传播图片和视频，推动了《如果国宝会说话》有效传播。为增强传播效果、扩大大众参与，《如果国宝会说话》充分利用融媒体协作，宣推团队紧密围绕该片内容属性，精心策划了"给我五分钟，向你呈现全新的国宝，大家一起，向全世界打招呼"的主题活动，得到了各大社交平台响应。今日头条、抖音上发起了"Give me five"大众用户生成内容（UGC）活动，百度百科数字博物馆发起了"最可爱的国宝"评选活动，同时通过 VR 等技术进行互联网化展示，让用户身临其境观赏藏品、倾听故事。

此外,该团队围绕"从历史走向未来"的主旨,还量身定制了古今对话场景下,中国戏曲与当代音乐曲风融合的穿越千年时空场景的融媒体产品。节目用现代科技手段带领观众在历史中穿行,让观众仿佛身临其境,触摸到文物的纹理,深刻感知浩瀚如海的文物所蕴藏的中国古代创造者的情感和审美观。

（二）媒介融合,路径创新

传统电视台在播放文博类题材纪录片节目时,节目制作者并不能第一时间了解观众的看法,观众也往往处于一种被动接收节目信息的状态,当观众缺少参与感时必然会对播放的内容失去兴趣。新媒体语境下,节目传播途径不断更新与发展,观众可以通过不同的渠道获得节目信息。《如果国宝会说话》选择了当下年轻人比较关注和认可的网络视频播放平台——哔哩哔哩（B站）,观众可以通过弹幕来发表自己的意见和感想,同时也可以在其他社交平台上宣传自己喜欢的节目。

1. 借助社交媒体——微信、微博

当下的纪录片在进行传播的过程中,大都能做到台网联动、台网同步播出,不再受时间、空间的限制,但文博类题材纪录片在传播渠道方面的探索不应止步于此。易观分析结果表明,市场前三名微信、新浪微博及手机QQ占据TOP20总下载量五成以上份额。由此可见,这三款社会化媒体应用在移动互联网领域获得了较为稳定的用户。《如果国宝会说话》在对节目的宣传上突破了传统文博类题材纪录片宣传渠道方面的限制,在微博和微信上开设同名微博账号和微信公众号。新浪微博上的观众可以在官方设置的话题讨论区发表自己对节目的看法和建议,同时节目组还发起"国宝表情包"征集大赛,观众可以通过观看节目截出国宝美图,制作国宝表情包,将表情包分享到话题讨论社区,由网友投票选出的表情包会获得国宝专属头像挂件……这些有趣的互动形式不仅激发了观众的参与热情,还增添了节目的话题讨论热度,丰富了节目的宣传渠道。在微信公众号上,节目组会把最新的节目动态分享给观众,观众可以通过一键转发将自己喜欢的内容分享到朋友圈,形成小范围的传播。

2. 创新海报宣传——极具表现力的宣传

海报新媒体语境下,传统的文案解说宣传较难引起观众的关注,相反地,融入图像、动态画面等一些视觉元素的宣传海报更能带给观众视觉上的冲击,抓住观众的眼球。节目组在进行海报宣传时,制作了两种不同形式的海报,一种是网络上流行的放大三连图,另一种是图像加文字点睛的海报形式。

在《如果国宝会说话》第一季开播时,节目组模仿网络上流行的放大三连图制作出人头壶撒娇三连、陶鹰鼎嘴硬三连、龙山蛋壳黑陶杯精致三连等图片,通过不断重复、不断放大国宝来加深观众的印象。同时,节目组制作的海报既具备国宝本身的传统韵味,也融入了当下网络语言的趣味性,每一款海报文案都与国宝本身的庄严特性形成强烈的反差。例如,在宣传三星堆青铜像时,海报的宣传文案是"说我像奥特曼的你别走";在宣传木雕双头镇墓兽时,海报的宣传文案是"我头上有犄角";在宣传陶鹰鼎时,海报的宣传文案是"陶醉了6 000年"……两种海报都以生动活泼、风趣幽默的形式,激发了观众在社交平台转发、点赞、收藏的热情,有利于打破传统单一的节目宣传渠道,为文博类题材的纪录片宣传提供更多样化的选择[1]。

(三)品牌塑造,理念创新

1. 打造全新纪录片IP

习近平总书记在党的十九大报告中提出:"推动中华优秀传统文化创造性转化、创新性发展。"IP的创作发展既有助于提高传统文化的传播能力,又有助于增强跨文化的传播能力,增强我国优秀传统文化在国际视野中的传播能力,推动文化走出去,提高我国文化软实力。文化的多样性可以给创作者提供更多的创作空间和创作角度,给予文化更加立体、多元、深入的呈现。《如果国宝会说话》制作组可以趁热打铁推出同名书籍,把节目解说词印制成书,打造自己的IP,延伸产业链。

《如果国宝会说话》以数分钟的篇幅浓缩聚焦一件文物,以物证解读文物的大美,涵盖中华历史、科学、经济、社会生活等方面,呈现出中华文明维度。该片虽短,信息量却很大,纵览仰韶、半坡、良渚、龙山、红山文化,解读民族信仰、礼制、等级、恩典,品味古人的艺术审美与创造,感悟先民对自然、生命的崇拜与寻秘……这些具有时代指向性的文物犹如浩瀚文明天际中的时空坐标,为观众精准定位,从文物中重新认识中国的历史演进、文物体系、民族审美情趣和中华文明的发展脉络与价值理念。

《如果国宝会说话》从国宝看国脉、思国魂,用文物讲文化、谈文明,令国人感到既新鲜又自豪。它的价值不仅在于以大格局、大视野和海纳百川的气魄归纳数千年中华文明,展现文化自信的中国,更在于以引人入胜的新手法实现了关于中华文明的"古今对话",重现中华文物之美,真正让国宝活起来、火起来,向观众传递了中国审美、中国精神和中国价值观。

2. 线上线下打造完整产业链

在"文化IP"的传播中,社交媒体将塑造和传播文化的权力交到大众手中,加强文化与观众日常生活的交互能力,同时在"文化IP"价值的衍生过程中,推动了文化辐射其他领域的再生产能力。随着《如果国宝会说话》的热播,节目组推出了许多文创产品,最终通过跨界、多领域联动,促进了文博类纪录片产业的深层次开发。

为了进一步拉近观众与文物之间的距离,把国宝更多的故事分享给青少年,《如果国宝会说话》节目组联合全国多家博物馆推出"青少年走近国宝"主题活动,让青少年与国宝"面对面",了解"如何让国宝开口说话"的拍摄幕后。活动结束后,很多学生表示非常有意义,愿意继续深入了解文物的故事[2]。

---

[1] 李艳峰. 纪录片《如果国宝会说话》:新文创思维的成功之作[J]. 当代电视,2018(7):2.
[2] 代佳鑫. 新媒体语境下文博纪录片的创新研究——以《如果国宝会说话》为例[J]. 西部广播电视,2022,43(1):2.

思考题

1. 如何正确理解会展宣传的内涵？其基本步骤是什么？
2. 会展宣传体系包括哪些内容？
3. 什么是招展宣传？什么是招商宣传？两者的宣传资料和渠道有什么区别？
4. 会展宣传对象有几类？分别是哪些？
5. 简析会展宣传组织和控制的内涵。
6. 如何正确理解会展宣传媒体推广的含义？
7. 会展宣传媒体推广有哪些特点？又有哪些类型？
8. 简析会展宣传媒体推广的计划。
9. 如何正确理解宣传资料和媒体推广的文创设计？
10. 会展宣传设计和导向有什么原则？适当举出相关的案例。
11. 试述会展文创宣传设计的程序。

本章参考文献

[1] 高峻,张健康.会展概论[M].重庆:重庆大学出版社,2019.
[2] 周杰,王菁娜,成红波.会展营销[M].重庆:重庆大学出版社,2018.
[3] 刘松萍.会展营销[M].重庆:重庆大学出版社,2014.
[4] 王承云.会展经济[M].重庆:重庆大学出版社,2018.
[5] 林元媛.国内会展传播现状及其策略研究[D].南昌大学硕士学位论文,2012.
[6] 肖帅.BT国际会展中心营销策略研究[D].东北农业大学硕士学位论文,2022.
[7] 杨慧子.非物质文化遗产与文化创意产品设计[D].中国艺术研究院博士学位论文,2018.
[8] 渠小玉.会展活动中新媒体传播研究[J].课程教育研究,2017(1):17.
[9] 王燕.大型会展的全媒体传播策略研究——以第四届山西文化产业博览交易会为例[D].山西大学硕士学位论文,2021.
[10] 饶倩倩,许开强,李敏."体验"视角下文创产品的设计与开发研究[J].设计,2016(9):30-31.
[11] 吕锋,周越."互联网+"语境下文创设计新媒介研究[J].包装工程,2017,38(4):29-33.
[12] 王杏丹.会展活动中新媒体传播研究[J].中国市场,2016(18):2.
[13] 李艳峰.纪录片《如果国宝会说话》:新文创思维的成功之作[J].当代电视,2018(7):2.
[14] 代佳鑫.新媒体语境下文博纪录片的创新研究——以《如果国宝会说话》为例[J].西部广播电视,2022,43(1):2.

[15] 秦硕泽.新媒体在会展营销中的运用[J].现代商贸工业,2017(8):57-58.

[16] 马勇.会展学原理[M].重庆:重庆大学出版社,2015:120-130.

[17] 常惠娟,赵希武.论广告创意的情感表达[J].美与时代,2007,322(10):83-84.

[18] 万青松.整合营销传播背景下的会展策划路径探究[J].山西农经,2020,269(5):135,137.

[19] 发展会展经济需要政府之手[EB/OL].https://www.ub1.com.cn/zhengfaxitong/2022/0304/709732.html.[访问时间:2023-02-14].

[20] 会展城市事件营销策略[EB/OL].http://www.xdmice.com/Study/Study_list_450.html.[访问时间:2023-02-14].

[21] 如何制作展会宣传手册?[EB/OL].https://baijiahao.baidu.com/s?id=1755077610940383095&wfr=spider&for=pc.[访问时间:2023-02-14].

[22] 视觉设计的几大原则[EB/OL].http://baijiahao.baidu.com/s?id=1700622910976014812&wfr=spider&for=pc.[访问时间:2023-02-14].

[23] 企业形象宣传片如何拍摄?[EB/OL].https://zhuanlan.zhihu.com/p/360136651.[访问时间:2023-02-14].

[24] 展会宣传与推广手段[EB/OL].http://www.lps114.com.cn/416901.html.[访问时间:2023-02-14].

[25] 展会怎么做广告最吸引客户?[EB/OL].https://zhaozhanwang.cn/wap/view.php?id=4024.[访问时间:2023-02-14].

[26] 展览主题如何确定?[EB/OL].http://www.cnsuge.com/news/1628.html.[访问时间:2023-02-14].

[27] 浅析会展活动产业的整合营销策略[EB/OL].https://www.cwhello.com/166953.html.[访问时间:2023-02-14].

[28] 展会资源整合[EB/OL].http://www.lps114.com.cn/293540.html.[访问时间:2023-02-14].

第七章 会展文创流程

学习目标

学习完本章,你应该能够:
(1) 了解会展文创的调研内容和方法;
(2) 了解会展文创策划的流程;
(3) 了解会展文创组织实施的主体和程序。

基本概念

会展文创调研　会展文创策划　版权　组织实施

第一节　会展文创的调研

会展文创的调研是会展文创策划前期收集、分析、处理相关资料的过程,为后续的策划提供信息支持。作为一项系统性和目的性很强的活动,会展文创的调研也是为组织者和决策者提供依据的重要环节。

一、会展文创调研概述

(一) 会展文创调研的内涵

会展文创调研指的是会展文创的组织者利用市场调查的方法,对与自身发展相关的文创市场信息进行收集、整理、分析、处理,并为后续的行为决策和产品策划提供科学依据的系统性活动。面对复杂的消费环境变化,会展文创调研始终处于动态的发展过程。其主要有两个特点:一是目的性;二是系统性。目的性在于会展文创调研是为顺应市场发展的决策需要,经过深思熟虑和精心安排的行动;系统性在于从最初调研目标的确立到最后调研报告的撰写,都有一套规范的标准和程序制约,参与调研的人员须按照相应的程序进行操作[1]。

(二) 会展文创调研的意义

1. 会展文创的调研为策划环节提供依据

任何一场活动的策划都需要前期大量的信息收集和围绕活动展开的调研,会展文创也不例外。为了活动的顺利开展,在文创策划前期,策划人员需要面临许多问题,如设计会展文创的目标为何、文创面临的市场环境如何、文创的消费人群如何定位、文创设计的调性偏向如何、文创通过何种方式进行视觉呈现以及利用何种技术手段,等等。这一系列问题的解决不能靠决策者和设计者的主观臆断,而是需要论证各种方案的合理性,通过科学的调研实现。可在会展文创的调研反馈数据基础上进行科学分析和预测,为会展文创决策提供可行性依据。

2. 会展文创调研有助于对未来发展趋势做出分析及预测

会展文创作为一个较为新兴的产业领域,目前正处于探索阶段。在把握当前市场的前提下,更要立足长远的产业发展。会展文创调研是一种管理工具,利用它对市场数据进行深入分析,能够更加全面客观地剖析当下行业发展的总体市场规模、消费者需求、竞争格局、市场容量、市场动向等特征,并能根据行业发展的轨迹以及历史实践经验,对发展趋势做出相对准确的分析和预测。

3. 会展文创调研有助于了解消费者心理

会展文创是传播会展文创产品或会展文创信息的市场活动,消费者则是其服务的对象。

---

[1] 黄合水.广告调研方法[M].厦门:厦门大学出版社,2006:1.

导致消费者产生消费行为的因素是复杂的，但消费者寻找、发现、购买和使用符合自身需求的会展文创商品和服务的过程是有规律可循的，它们是在一定的心理和动机驱使下实现的。作为整个会展文创活动的重要环节，调研给文创企业或品牌提供了了解消费者对会展文创产品或服务的想法、期待和评价的机会，可以据此对相关的产品和服务进行调整，同时这也给消费者提供了一个表达自己意见的机会，让他们可以反馈自己对产品或服务的真实意见。

4. 会展文创调研是研究文创业发展规律和特点的手段

会展文创产品或服务的推出有自身的规律和特点，决策者只有掌握、了解、遵循和运用这些规律，才能够使会展文创达到最理想的效果。市场瞬息万变，文创业发展的规律不是一成不变的，随着产品和服务的更新迭代，会展文创调研者必须不断进行调研，及时把握发展规律，为会展文创的组织策划提供理论依据及指导。

（三）会展文创调研的基本原则

1. 客观性

客观性是会展文创调研的精髓。客观性强调文创调研工作者应当搁置个人的喜好和价值取向，不受外界因素干扰，始终保持中立的立场。在整个调研过程中，应尊重客观实际，实事求是、真实准确地反映会展文创市场和消费者的境况，为会展文创的设计开发提供可信赖的数据。

2. 科学性

会展文创调研的科学性原则是指对调研过程要科学安排，要以科学的知识理论为基础，采用科学的方法去设计方案、定义问题、采集数据以及分析数据，从中获得有效、准确、可靠、有代表性的信息。调研并不是单纯地搜集信息的活动，而是要用有限的时间和精力，获得更多更准确的资料，这就必须对调查的过程进行科学的安排。例如，对调研的主要内容是什么、调研的主要对象是谁、采取什么样的方法等问题都要进行认真的研究。在对主要目标对象的调查中，可以采用 AR 或 VR 交互性技术增加消费者对于会展文创产品或服务的沉浸式体验，获得更为深入的反馈。在资料整理的过程中，可以利用大数据技术的支持，对大量信息进行严格的计算和分类。

3. 效率性

效率性是会展文创调研工作的命脉。随着经济的迅速发展，人们的物质生活得到满足，继而转向文化消费和精神消费。为抢占市场，抢先影响消费者心智，打造出圈的会展文创品牌，效率性的重要性尤为凸显。这就要求关于会展文创的调研工作要在时限内完成。调研工作的进行应当自觉地将调和研交替结合在一起。在调查时思考分析，在研究中反思积聚信息，避免掌握情况和研究分析出现断层的现象，继而影响会展文创活动和会展文创产品的推出进程和效果最大化。

4. 保密性

调研工作基于信任展开，保密性则为信任提供保障。会展文创调研工作的保密性原则主要体现在两个方面：一方面，要对被访者提供的信息保密；另一方面，要为调研所服务的客户保密。对被访者提供信息保密的原因在于,如果被访者发现自己提供的信息被泄漏,那么无论此信息是否重要或是否会对被访者的生活产生影响,他们都会因此对调研失去信心,不愿再参与到相关的调查采访中,这将对整个调研市场产生打击。这也是为什么在进行问卷调查或访谈前,调研人员都会对被访者强调会对本次调查的信息严加保密。为调研所服务的客户保密的原因在于,在激烈的会展文创市场竞争中,信息是至关重要的,甚至关乎一个会展文创品牌的存亡。信息的泄露会造成客户利益的损失,也会给市场调研公司的声誉造成影响[1]。

5. 贴近性

在进行会展文创调研过程中,调研人员要尽量贴近调查对象,亲自感受调查研究对象的信息。调研一般可分为直接调研和间接调研两种。直接调研就是面对信息源,获取第一手资料,通常所获得的资料与需要解决的问题的关系更为密切;间接调研即通过阅读查找资料,从他人的实践经验中提取可为自己运用的信息,通常所需的花费更低。这两种方式虽各有优点,但调研工作者应尽量采取直接调研的方式,在最大程度上获取详明、切实的资料。

6. 全面性和系统性

文创调研的客观性本身就关乎全面性和系统性的原则。全面性指的是对文创面临的市场消费环境、消费者行为与需求以及竞争者状况等信息资料的收集必须要全面。要考虑到政治、经济、文化、风俗等因素对于自身文创活动的影响,既要了解对调查对象的正面反馈,也要清楚对调查对象的反面意见。同时,文创调研要做系统性的观察,从众多资料中细致筛选,把握发展本质;调研程序也要有系统性规划,按照相应的程序环节有序进行。

二、会展文创调研的内容

(一)市场环境调研

会展文创的市场环境调研可以发掘会展文创活动和产品的市场潜力和推广机遇,便于策展公司、会展公司和会展文创衍生品的生产公司等主体找到市场切入点,制定成功的策略,由此在整个会展文创市场中赢得一席之地。会展文创的市场环境主要分为宏观的市场环境和微观的市场环境两大板块。宏观的市场环境指的是政治、经济、文化、自然资源等因素;微观的市场环境指的是与会展文创密切相关的上下游企业,如场馆、渠道公司、会展公司、策展公司等。这里主要从宏观的市场环境调研进行分析[2]。

1. 政治环境

政治环境是指企业市场活动的外部政治形势、国家方针政策及其变化,主要由政策法规、政府影响和国际环境构成。2013年,中国国家主席习近平提出"一带一路"的合作倡议,契合沿线国家的共同需求,成为国际合作的新平台,也为会展文创业的发展提供新的机遇。在"一带一路"倡议背景下,各种经济助推政策为会展文创业走向特色化和专业化提供了政策保障;经济动力的加持促使会展文创业逐步优化特色品牌建设,促进产业升级转型,为会展文创提供了

---

[1] 黄合水.广告调研技巧[M].厦门:厦门大学出版社,2003:45-46.
[2] 黄鹂,杨洋.会展营销[M].武汉:华中科技大学出版社,2019:89.

创新活力[1]。更具体地,2014年2月26日,《国务院关于推进文化创意和设计服务与相关产业融合发展的若干意见》发布,对会展文创业的指向性更为明确。2015年3月,国务院颁布《博物馆条例》,首次鼓励博物馆挖掘藏品的内涵,与文化创意产业相结合,开发衍生产品,鼓励博物馆文创产品的开发。2016年5月,文化和旅游部等八部门联合印发《关于推动文化文物单位文化创意产品开发的若干意见》,指出文化文物单位要依托馆藏资源、陈列展览和形象品牌等要素,积极稳妥地推进文化创意产品的开发[2]。这些政策的发布使得文创的开发有了合法性依据,助推整个会展文创产业,会展业和文化创意产业已成为我国经济发展的策略性产业之一[3]。

2. 经济环境

经济环境对会展文创的设计生产需求和市场的消费需求格局等有重要影响。2019年年末开始的新冠疫情对中国乃至全球的经济都产生了冲击,会展文创业面临更加复杂的经济背景。新冠疫情以来,世界经济呈现增长率放缓的趋势,甚至出现负增长,只有中国在其中呈现正增长的势头,但是就统计数据来看,增长率也仅在2%左右,这些都给会展文创的发展带来了负面影响[4]。在新冠疫情中,众多产业萎缩,不计其数的中小型公司难以支撑,市场整体环境低迷,人们的收入水平降低,社会购买力不足,而一个重要的经济指标就是社会购买力,因此,会展文创的发展必须审时度势,参考商品投入市场的经济条件和消费者的消费水平。

3. 文化环境

文化环境是指影响一个社会的基本价值、观念、偏好和行为的风俗习惯和其他因素。人们成长于特定的社会,社会塑造了人们的基本信仰和价值观。文化是决定人们行为的基本因素,文化的差异能够引起消费行为的差异,文化的特征也能够影响营销活动决策。文创产品的设计开发如果想要获得消费者的喜爱和认同,就需要考虑到自己面向的消费人群的价值取向、习俗文化、民族文化、消费文化等。南京的江宁博物馆位于文化深厚的江宁地区,长江文化、湖熟文化以及秦淮河文化融汇于此,其推出的"镶宝石金盒"耳机壳文创产品就以出土于江宁区将军山明代沐瓒墓的镶宝石金盒为设计载体,凸显当地文化风貌,展现文化底蕴[5]。

4. 自然环境

自然环境对文创的影响主要在于地理条件和资源。不同地区拥有各具特色的物产资源,我国西南地区有丰富的水能资源和生物资源,西北地区有丰富的油气资源和光热资源,北方地区有丰富的煤炭资源和森林资源,南方地区有丰富的有色金属资源和水资源。地区的资源是这一区域拥有的宝藏,文创产品的设计开发可以对此进行挖掘借鉴,或者可以把具有地区特色的物产资源作为材料运用到文创产品的制作中,如长白山地区会展文创产品的设计与运用就

---

[1] 赵富森."文化创意+"会展业融合发展[M].北京市:知识产权出版社,2019:7-8.
[2] 韩鑫.博物馆文创产品的传播功能实现[D].华东政法大学硕士学位论文,2018.
[3] 蔡嘉清.广告学教程[M].3版.北京:北京大学出版社,2009:61.
[4] 刘大可.当前经济环境下,会展业何去何从?[J].中国会展,2021(1):77-78.
[5] 吕亚泰,张聪,顾越凡.江宁博物馆文创设计研究[J].文物鉴定与鉴赏,2022(18):49-52.

可以很好地结合纤维材料。在长白山地区的会展文创产品设计中,可以利用当地丰富的玉米叶和秸秆等纤维材料,就地取材,采用编织、裁剪等工艺方式,如此既可以保障材料资源的充足,又可以起到环保的作用,并对长白山地区传统的手工艺文化进行继承与发扬[1]。

(二)消费者需求和购买行为调研

会展文创调研内容的重点就在于对消费者需求和行为的研究。营销的最终目标就是使消费者的需求在最大程度上得到满足。这就需要对消费者的购买动机、需要和偏好等进行了解分析。

1. 消费者需求

消费者对于会展文创产品的消费可能更多是出于个人的喜好或者文化需求,而不带有功利性的目的。他们的需求和欲望受到多种多样因素的影响,包括心理因素和文化因素。

(1)心理因素。马斯洛的需求层次理论把人类的需求分为五个层次,并按照紧要性进行了排列:生理需求是人类最基本的需求,主要包括衣食住行等方面;安全需求表现在保障人身安全和生活的稳定,是人的一种特殊的、较高层次的心理期待;归属与爱的需求关乎感情联系和归属,当生理需求和安全需求基本得到满足以后,归属与爱的需求就成为人们的强烈动机,希望和人保持友谊,希望得到信任和友爱,渴望有所归属,成为群体的一员,这就是人的归属感;尊重需求包括自尊和被别人尊重的需要,具体表现为希望自己拥有实力和取得成就,得到他人的赏识和高度评价;自我实现的需求是指个体的才能和潜能在社会环境中得到充分发挥,实现个人理想,马斯洛认为这是个体追求未来最高成就的人格倾向性,是人最高层次的需要。会展文创产品本身富有的文化底蕴和情感价值在一定程度上可以满足消费者更高层次的需求。可以将马斯洛的需求层次理论用于分析消费者心理和偏好,描述人类需求的结构,强调多元化和个性化的特点,满足不同人的不同需求。

(2)文化因素。第一财经商业数据中心(CBNData)发布的《2020 Z世代消费者态度洞察报告》显示,中国的Z世代消费人群已经超过2.6亿,撑起了4万亿的消费市场,开销占全国家庭总开支的13%。由此可见,会展文创产品若能赢得他们的消费热情,便能够在未来的发展上获得优势,而现今的青年群体对亚文化投注了相对较多的注意力。当代的青年亚文化以富于创造性和娱乐性的内容,深受青年们的喜爱,它丰富的想象力和文创所需的思维不谋而合。在传统的文化中注入亚文化因素,用亚文化的方式表现传统文化的内涵,是文创抓住Z世代消费者的创新型发展方式。以北京故宫博物院为例,其推出了一系列"萌文化"文创产品,如朝珠耳机、奉旨旅行行李牌、帝后书签、故宫猫等,具有"反差萌"、轻松愉悦的特征,符合年轻人对于个性化的追求。这类文创产品一经推出就广受好评,使得2018年北京故宫博物院的销售额超过10亿元[2]。

2. 消费者购买行为

会展文创产品的消费者购买行为是复杂的,消费者在购买文创产品或服务的过程中会产

---

[1] 马小艳. 纤维材料在长白山地域文化创意产品中的设计与应用研究[D]. 吉林建筑大学硕士学位论文,2019.
[2] 韩鑫. 博物馆文创产品的传播功能实现[D]. 华东政法大学硕士学位论文,2018.

生一系列行为。它是一个行为过程系统,一般包括六个要素:谁会购买;买什么;什么时候购买;为什么会购买;在什么地点购买;采取什么样的方式购买。消费者购买过程中的一系列行为是对外界的刺激产生反应,最终引起的。因此,消费者的购买行为可被视作"刺激-反应"(S-R)的行为。从受到外界刺激到产生反应的阶段包括两个部分:一部分是消费者的个性特征、生活方式和不同心态等因素会影响消费者对于刺激的理解反应,不同特质的消费者对于相同的刺激会产生不同的理解与反应;另一部分是消费者的决策过程,涉及确认需要、收集信息、比较挑选、决定购买、购后感受五个阶段,这会影响消费者最终的购买结果[1]。

(三)竞争状况调研

只要在市场上售卖产品或者服务,企业就会面临竞争。俗话说"知己知彼,百战不殆",竞争环境调研的目的是认识市场竞争状况和竞争的强度,进而明确自身的竞争地位,为制定正确的竞争策略提供现实依据。不断搜集竞争对手的各种资料,对于开展会展文创调研十分重要。

1. 判断竞争对手

会展文创的竞争对手主要是在会展文创产业处于竞争优势地位的品牌以及与自身的文创产品和服务构成直接竞争的品牌。文创品牌在分析市场环境时,可以将竞争品牌文创产品的视觉设计、形象设计、价格、服务等与自身进行比较,利用SWOT分析法,全面地分析自身的竞争优势与劣势,以及面临的机会和威胁,为竞争做好充分的准备,以便在受到竞争对手的攻击时做出及时有效的防御。

2. 评估竞争实力

对于竞争对手实力的评估可以从其占领的市场份额、社会资源、生产资源、人才资源、市场应变能力、市场推广手段等方面出发,目的在于找出并解决竞争威胁,发现有利于自身发展的市场机会。在竞争状况调研环节,了解竞争对手近期的销售额、市场份额以及生产能力等情况,能够评估竞争对手的优势和劣势,分析自身机会,抢占竞争者在一定区域范围内未能发现的市场机会,扩大本文创品牌的市场份额。对竞争者在面临风险时的应变反应能力进行评估,既能了解其转移风险的策略,也能从中汲取可为己所用的方法[2]。

三、会展文创调研的程序

对会展文创调研需要建立一套科学系统的程序,提高整体的工作效率和质量,最大限度地调动积极性。会展文创调研的程序分为五个基本步骤,即调研目标的确立、调研方案的制定、调研计划的执行、调研资料的整理分析和调研报告的撰写。

(一)调研目标的确定

会展文创调研工作首先要确立此次调研的目标:为什么需要调研?调研是为了解决什么问题?调研最终为什么而服务?只有这些问题清晰了,才能更好地推动调研工作的顺利进行。在初步明确此次会展文创调研的目标之后,调研人员需要限定调研的范围,找出最需要解决或最需

---

[1] 周承君,何章强,袁诗群.文创产品设计[M].北京:化学工业出版社,2019:75-78.
[2] 蔡嘉清.广告学教程[M].3版.北京:北京大学出版社,2009:62.

要了解的问题,分析现有的资料,并在此基础上明确还需要补充获取哪些信息,最终锁定此次调研的目标。

(二) 调研方案的制定

在明确调研目标之后,下一步就是制定可落地执行的调研方案。调研方案是为整个调研工作服务的,贯穿调研过程的始终,可以说是调研工作的指导性文件。调研方案主要包括调研的内容、调研的方法、调研人员、调研可使用的经费以及调研工作各阶段的时间进度等。

1. 确定调研的内容

调研的内容关乎企业想要了解和解决的主要问题,因而需要围绕确定的目标制定,它涉及诸多方面,如市场环境调研、竞争环境调研、消费者调研等,调研内容的分析结果会为会展文创品牌或公司制定正确的策略提供客观可信的依据。

2. 确定调研的方法

会展文创调研最常用的方法有问卷调查法、焦点小组访谈法、观察法等,具体采用何种方法还需要考虑调研的目标以及内容。由于各种调查方法有利有弊,通常在操作中会组合使用多种调研方法,以确保获得的数据科学有效。

3. 选定调研人员

调研人员的选择直接关系调研的效果,所以需要综合考虑各个方面谨慎选择。在思想品德素质层面上,调研人员要有较高的职业道德修养:在调研工作中实事求是;工作认真细致,有敏锐的观察能力,不放过任何有价值的资料;为人谨慎谦虚、平易近人,会与他人打交道,更容易得到被调研对象的配合。在业务素质层面上,调研人员要具有一定的表达能力、观察能力和随机应变能力。表达能力在于在调研过程中能够将调研问题表达清楚;观察能力在于能够判断被调研者回答的真实性;随机应变能力在于在调研过程中遇到形形色色的人时,能够随机应变,适应不同类型的人的特点。为了确保调研的质量和效果,在开展正式的调研之前,应当对调研工作者进行集中的培训。

4. 调研可使用的经费

一项工作的进行必然需要一定的费用支出,会展文创调研工作的费用主要包括调查费用、分析费用和资料费用。调研工作的组织者应当合理地规划调研过程中各项费用的支出,既不能为节省费用刻意缩减开支,也不能毫无节制地浪费。

5. 确定调研工作各阶段的时间进度

调研工作的时效性十分重要,在调研方案制定的环节,要明确各阶段工作的时间节点,制定详细的时间进度表,按规定对各个流程进行推进,避免毫无意义的时间浪费[1]。

(三) 调研计划的执行

会展文创调研计划的执行阶段应当按照调研方案的要求有序地进行,系统地收集调研所需要的各种资料。

---

[1] 黄鹂,杨洋.会展营销[M].武汉:华中科技大学出版社,2019:91-92.

1. 征集调研人员

调研工作的进行往往需要大量的调研人员,在工作开始前必须进行招募和培训。在选定调研人员的过程中,要综合考虑各方面的因素,选择最适合的人选。再组织他们进行调研内容和调研方法的培训,确保工作的顺利推进。

2. 调研资料和物品的准备

调研需要调查问卷、录音设备、照相机等,应当在进行实地调研前检查好物品和资料是否完备,以防因为资料的缺失,耽误工作进度。

3. 资料采集

调研人员在现场进行资料采集工作时,务必要遵守调研的规范,随机应变,提升问卷的回收率,并填写"问卷收发表"。"问卷收发表"是以每份问卷为单位编制的,调研人员需要填写每份问卷发出的时间、发出的地点、收回的时间、收回的状态以及备注的事项。在结束工作阶段,要对问卷进行复核,一旦发现问题,必须采取相应的措施进行补救。

(四)调研资料的整理分析

1. 数据统计处理

调研资料整理分析的第一步就是对获取的问卷信息统计处理,按照适当的类别将数据分类编码,便于录入计算机,再依次进行统计运算和结果输出等过程。编码是将调研资料转化为计算机可以识别的符号或代码;数据录入是将编码的结果录入计算机;统计运算是指计算机根据统计指令,对数据进行运算。

2. 数据分析

数据统计处理之后得出的结果需要分析,为后续撰写调研报告做准备,目的是发现数据中存在的规律和反映的问题。在对数据进行分析时,工作人员应当有足够的判断力去甄别哪些数据是有效的,哪些数据是无效的,哪些数据是完善的,哪些数据是不完善的。对于存在疑虑的数据可以重新运算[1]。

(五)调研报告的撰写

整个会展文创调研程序的最后一步就是撰写调研报告。调研报告是会展文创调研的成果,需要提交给文创策划的决策部门,它所呈现的内容会对决策产生重要的影响。因此,在撰写报告时要秉承客观、真实、准确的原则,尽量做到内容简明扼要,表达清晰简练,结构完整严谨。

1. 撰写调研报告的注意事项

语言要客观,不掺杂个人的情绪。要核对所有的数据和统计资料,务必保证数据的准确。充分利用统计图表来说明资料,简洁且直观,反映数据变动的趋势和规律。

2. 调研报告的组成部分

一份完整的会展文创调研报告应当包括以下四个部分。

---

[1] 黄合水.广告调研技巧[M].厦门:厦门大学出版社,2003:45-46.

(1) 序言。序言部分主要介绍调研的基本情况,包括封面、目录和索引。

① 封面。封面包括的内容有调研报告的标题、承办部门、撰写人和完稿日期。

② 目录。目录是调研报告内容的一览表,会列出各部分的标题名称和页码。

③ 索引。索引一般是为了便于图表资料的查找阅读,会列出图表号、名称以及所在的页码。

(2) 摘要。摘要是调研报告很重要的一部分,可以概括说明调研工作的结果,以最少的文字总结调研报告主要观点和内容,是浓缩的精华所在。摘要用词简练,能够简明扼要、准确地概括全文信息。摘要的内容包括调研的研究目的、意义、方法、重要结果和结论,使得读者拿到报告后,即使没有阅读原文,也能了解全文的主要信息。

(3) 正文。调研报告的正文部分要呈现全部资料和事实,要详细阐述调研的目的、过程、采用的方法、获得的结果和结论,以及根据结论提出的合理建议。

(4) 附录。附录部分主要呈现正文中涉及的相关资料,供读者参考,包括调查问卷、统计图表、参考数据和资料来源等[1]。

四、会展文创调研的基本方法

对于会展文创调研来说,选择合适的调查方法很重要。会展文创调研的方法涉及所需要的文创信息怎样收集,以及每种调研方法如何使用和什么时候使用的问题。会展文创调研的基本方法有问卷调查法、访谈法和观察法。在具体实施环节,调研组织者通常会组合使用多种方法。

(一) 问卷调查法

问卷调查法是通过问卷的发放收集资料信息。在问卷调查中,问卷的设计是关键的环节,其是否科学合理决定了问卷的回收率和有效率,进而影响整个文创调研的最终效果呈现。

1. 问卷调查的目标设定

调研的问卷在设计环节都会围绕特定的目标进行。问卷的问题应当尽量具体而不抽象,将专业的话语词汇转换成非专业、易于被调研者理解的词汇。问卷应避免问题产生歧义或具有诱导性,导致被调研者给出错误的回答。还要考虑到被调研者的情况,避免问题冗长复杂而造成他们疲于应对。

2. 调查问卷的基本结构

调查问卷的基本结构包括标题、简短说明、被调查者基本情况、问卷主体内容和结束语。

(1) 标题。问卷的标题要简明扼要、主旨突出,说明调查的目的和意义,一般由调查的对象和内容再加上"调查问卷"组成,如"关于某博物馆文创形象的调查问卷"。

(2) 简短说明。问卷的说明一般放在标题下方,帮助被调查者了解此次问卷调查的目的,

---

[1] 黄鹂,杨洋.会展营销[M].武汉:华中科技大学出版社,2019:93.

声明收集的信息仅供此次调查使用,不会泄露被调查者的信息给任何第三方,消除他们的不安感。

(3) 被调查者基本情况。对被调查者情况的了解,有的问卷会放在主体内容之前,有的则会放在问卷快要结束的部分。对被调查者情况的了解主要涉及性别、年龄、职业、文化水平、收入等,主要是为了掌握他们的基本特征。

(4) 问卷主体内容。问卷主体内容包括具体问题、选项、回答说明等。具体问题是围绕调查主题而设计的,问题形式分为开放式和封闭式。选项是供被调查者对封闭式问题作答时选择的;回答说明是对如何回答问题的指示。

(5) 结束语。结束语在问卷最后的部分,主要是感谢被调查者的合作和配合[1]。

(二) 访谈法

访谈法是会展文创调研过程中一种常用的调查方法,可以分为面访访谈、电话访谈以及视频访谈的形式,需要注意的是,无论采取何种访谈方式,在访谈过程中,调研人员都要进行文字、录音或者视频记录,以便于在访谈结束后再系统地梳理信息。

1. 面访访谈

面访访谈顾名思义就是调查者与被调查的对象面对面地沟通交流,获取与会展文创活动相关的资料。在面访访谈中,双方可以按照访谈的提纲进行问答,也可以自由地交谈,对问题进行延展和深入的探讨。面访访谈的优势在于面对面交流,可以拉近双方距离,能够直观地看到被调查者面对问题时的神态,对回答的真伪进行判断。

2. 电话访谈

电话访谈即通过电话与被调查者进行沟通,由此获取信息。电话访谈的优势在于可以打破空间的限制,花费的成本较少;劣势在于相较于面对面沟通,电话访谈时无法看到被调查者的动作和神态等,无法全面地了解所有信息。

3. 视频访谈

技术的进步让现在的许多访谈都可以通过视频的方式进行。在视频交流的过程中,虽然访谈双方不在同一空间,但交流依然能够顺利进行,可以将被调查者的声音、动作、神态等传达给调查人员。

(三) 观察法

观察法是一种对行为和现象进行系统的观察记录以获取所需要的资料的方法。观察法要在有明确目标的基础上进行,要有系统的设计和记录,尽量避免观察人员的主观性,也需要能够被反复查证。

1. 观察法的形式

观察工作可以由人完成,也可以由仪器完成,由此可以将观察法分为直接观察法和仪器检测法两种形式。

---

[1] 黄合水. 广告调研方法[M]. 厦门:厦门大学出版社,2006:155-156.

(1) 直接观察法。直接观察法即调研人员直接到会展活动的现场,观察和记录消费者对文创产品的态度、喜好程度和购买情况。同时,也可以转换身份,把自己当作消费者,对文创产品的形象设计、价格、包装等方面进行观察,获得真实的感受。直接观察法要求调研人员边观察边记录,及时并且详尽地记录下观察到的内容。但是需要注意的是,要尽量避免给被观察者带来不便和不适感,慎重选择记录的时间。同时,为保证观察结果的客观性,可以由两个或者多个调研人员共同进行观察记录。

(2) 仪器检测法。仪器检测法就是借助仪器设备记录发生的行为和现象,例如,调研人员可以使用摄像机、监控器等专业设备。仪器记录比调研人员直接观察记录更加精准,但是仪器只能够记录现象,对现象的分析还需要人工进行。

2. 观察法的优缺点

观察法的优点主要是可以深入现场,在当时当地观察现象,从全局进行把握;被观察者在不知情的情况下被观察记录,感受不到调查的压力,不会影响他们的行为,所获取的信息也就更为客观真实;观察法能够让调研人员从消费者的视角分析问题,调查结果具有真实性。

观察法的缺点主要在于只能观察到表面的行为和现象,无法了解被观察者内心的想法和变化,所以得到的只是统计意义上的结果;观察者难免会有自己的主观偏向,会对调查结果的公正性产生影响;对观察的结果难以进行量化的统计,因而工作量会增加。

3. 观察法的内容

(1) 现象。采用观察法时需要对会展活动上具有意义的现象进行观察记录,如会展中展出的文创产品吸引的人流量、购买量等。

(2) 行为。观察人物的行为,包括他们的语言、肢体动作、表情、神态等,观察记录行动的变化、行动的趋势和行动的目标。

(3) 人物。人是行为的主体,观察人物是调研人员最主要的工作。调研人员需要注意观察参加会展活动的人群的特征,如年龄、性别、外在形象、身份等,同时更要注意这些人群中购买会展文创产品和服务的人的特征[1]。

第二节 会展文创的策划

策划是综合性的系统工作,而会展文创策划的目的就是对会展文创的全过程进行全方位的规划,为会展文创提供具有可行性、科学性和前瞻性的方案,以实现会展文创活动的理想目标。经过对会展文创的版权许可、市场分析与定位、产品设计、营销和预算与效果预测各个阶段进行系统性的构思和可实施性操作判断后,提供策划方案,最终使会展文创达到预期效果。

---

[1] 黄合水.广告调研方法[M].厦门:厦门大学出版社,2006:213-218.

一、会展文创版权许可

《中华人民共和国著作权法》(以下简称《著作权法》)第3条对"作品"做了界定。文化文物单位进行文化创意产品开发时,其开发的文字、口述、音乐、美术、摄影、影视等作品受著作权法的保护。因此,在会展文创开发前需要先获取相关会展的许可[1]。

(一)会展文创版权概述

版权作为知识产权的重要组成部分,在文化创意产业中发挥着切实保护创意的关键作用。文化创意产业是以文化资源为基础、以创造力为核心的新兴产业,强调创意和创新。会展文创是以会展资源为基础,对其进行再创作、再开发的新型文化产业。会展文创也成为时下各类会展增加营收和传播文化的关键路径。与此同时,会展文创产品的版权问题也就成为关键。在会展文创的实践过程中,要梳理好文化创意产业和版权的关系,做到版权的有效开发、运用和保护,才能实现会展文创的良好发展。

1. 会展原始藏品版权

会展文创的开发是在会展资源的基础上进行的再创作。因此,应当厘清会展与会展文创之间的版权关系。会展文创这一创新性行为涉及会展原始藏品,所以在进行会展文创的开发时,首先需要保证开发者具有再创作的权利,即相应的著作权。只有拥有了相关的著作权,才有权利进行再创作行为。

2. 会展文创产品版权

会展文创产品不同于简单地复制或者临摹会展原始藏品的行为,而是赋予了会展文创产品新的思想内涵,是创作者价值观念的新的表达方式,相较于会展原始藏品而言是一个独立的新作品。所以,会展文创产品的诞生必然存在版权归属和使用权的问题。当然,会展文创不同的开发模式又会引发不同的版权问题[2]。

(二)会展文创的不同开发模式

在会展文创开发的实践过程中,各个会展会依据自身实际情况和需求运用不同的开发模式,其中包含授权开发、委托开发、合作开发、自主开发等多种模式。在不同的开发模式中,也会产生不同的版权归属问题。所以,需要结合不同的开发模式来探讨相应的版权问题。

1. 授权开发

会展长期以来主要从事藏品的收藏和展示等专业工作,虽然在会展资源方面拥有天然的优势,但会展文创开发对其来说却是一个新课题。由于在创意、研发、设计、营销等方面缺乏相关经验和专业人才,许多会展选择将相应的文创产品的开发授权给专业的公司或机构。授权指的是通过合同约束,有偿使用第三方所拥有或控制的受法律保护的材料的权利。会展以授权的方式进行文创的开发是一种优势互补的决策,将会展的资源优势与相关公司或机构的专业优势相结合,以开发理想的会展文创。但是这种开发模式也存在一定的弊端,由于在整个文创开发

---

[1] 湖南省文化厅重大课题课题组.文化文物单位文创产品开发中的知识产权保护论纲[J].邵阳学院学报(社会科学版),2017:1-7.

[2] 聂洪涛,李宁.保护与创作:博物馆文创产品著作权法律问题分析[J].中国博物馆,2020(1):6.

过程中会展无法深入参与,会导致会展在文创产品开发方面的主导权有所削弱。在这种开发模式下产生的会展文创产品版权归属取决于双方明确的合同约定[1]。

2. 委托开发

部分会展由于会展规格和专业能力的限制,会选择将会展文创开发的环节委托给专业的团队或机构。依据不同的开发规模、难度和会展的自身情况等因素,会尝试多样化的委托方式,如全部委托和部分委托等。委托开发的模式通常是由会展提出需求和总体任务,被委托方据此提交相应的具体方案。由此创作产生的会展文创,其版权归属可以由双方协商约定。如果没有明确的约定,版权属于受托方。

3. 合作开发

为了实现"一加一大于二"的效果,会展会选择与外界专业团队形成文创产品共同开发的意向。在共同参与会展文创产品研发设计的过程中,双方或多方都付出了创造性的智力劳动,通过这种合作方式形成的会展文创就属于合作作品。除非有合同明确约定版权归属,否则文创产品的版权属于双方或多方所共有。

4. 独立开发

独立开发模式指的是由会展内部独自承担会展文创的开发。当下,一些大型会展都设有专门负责文创开发的专业部门或研发团队。他们依托自身资源优势,结合专业的会展研究及成果,推出独具特色的会展文创产品。基于这种开发模式,会展能够整体把握研发进程和规模等,也能够在最大程度上发挥会展自身独创性。当然,在独立开发的过程中需要注意馆藏资源的版权归属,并且与研发设计人员约定好双方的权利义务关系和版权归属[2]。

二、会展文创市场分析

会展文创市场分析旨在通过分析时下消费环境的市场变化,对会展文创产品的开发和经营进行新的思考,基于会展文创研发理念,探索会展文创的创新性,满足如今消费环境下的市场需求,提升文创产品的物质属性、价值属性和精神属性。市场分析主要包含市场环境分析、营销策略分析、竞争对手分析等。

(一)市场环境分析

市场环境分析主要分为宏观环境分析和微观环境分析。宏观环境分析主要针对政治环境、经济环境、社会环境、技术环境等进行分析;微观环境分析主要针对市场状态、会展文创优势和会展与文创融合可行性等进行分析。

1. 宏观环境分析

(1)政治环境。会展文创是会展产业和文化创意产业的融合,在会展文创的策划过程中,需要了解并熟知会展产业和文化创意产业的相关法律法规和政策等,要结合国家相关发展战略和产业发展趋势,根据不断变化的产业发展实际,更新理念,创新思路,确立会展文创发展的

---

[1] 马衍明.博物馆文创产品开发中的版权及相关问题[J].法制与经济,2021(7):7.
[2] 同上。

战略导向。

(2) 经济环境。会展文创作为一种新型产业实践,具有强大的生命力和巨大的发展空间;作为一种新的产业形态,能够成为区域或城市经济转型和产业升级的重要动力和领域。与此同时,也要求会展文创在发展的同时与现代经济转型升级的内在要求和发展方向相契合。因此,经济环境发展的前沿和方向是不可忽视的。

(3) 社会环境。社会生活和社会文化等环境的变化都会影响会展文创的策划。在社会发展需求的不断变化中,消费者对会展文创的文化需求和生活需求会发生改变。消费者对新事物的接受度、价值观念和文化认同度等的变化都为会展文创提供有力支撑。只有真正地了解并满足社会需求,对经营方式也进行相应的调整,才能够实现在良好运营的同时更好地承担社会责任。

(4) 技术环境。会展文创的可持续发展离不开现代科技的支持,技术的日趋成熟能够为会展文创开发提供良好的生产基础。技术的发展不仅能够拓宽会展文创生产的融资渠道,还能够丰富文创设计创意的境界,拓展会展文创产品的内容呈现方式,进一步开拓营销渠道和营销方式。因此,会展文创应将技术创新融入开发过程,发挥技术最大优势。

2. 微观环境分析

(1) 市场状态。会展文创体现了人民群众对高品质文化产品的需求,更反映出会展对社会需求的积极回应,通过市场化的方式创新和拓展新产品和服务的努力。会展在探索将馆藏资源融入民众生活的过程中,需要提前调研市场饱和度和市场发展前景等。

(2) 会展文创优势。会展进行文创产品开发,关键是要合理地社会化,找到会展所拥有的资源和市场的嫁接点。每个会展都有其独有的特色和资源,因而在会展文创开发过程中,应充分发挥会展自身优势和文创产品创意优势。可以从会展中提取代表元素和关键创意,选择合适的产品量身打造,推出带有鲜明文化特色的会展文创,从质量、创意等方面综合塑造会展文创优势。

(3) 会展与文创融合可行性。会展文创不仅仅是对会展象征性符号的推广,更重要的是对会展文化价值的转化,形成与当下社会相协调的时代适应性。会展文创并非对会展元素的简单提取和复刻,而是一种趣味化和创意化的文化价值输出。因此,会展与文创的融合可行性也就成为会展文创策划的重要基础。

(二) 营销策略分析

营销策略指的是针对一定的目标市场所采取的一系列可测量、可控的,旨在提高销售及声誉的活动,是多种营销方法(如产品、价格、渠道、促销、公关策略)的综合。营销策略的分析和制定有利于在最大程度上使会展文创达到理想的传播力。

1. 产品策略

所谓产品策略,即明确企业所能提供的产品和服务,以满足消费者的需求。产品策略是市场营销策略的基础,产品策略的正确与否关乎产品的生命力和市场占有率。会展文创的产品策略要考虑以下三个方面。

(1) 要素多元化。要素多元化指的是会展文创产品能够兼具美观性、实用性、创新性以及文化内涵等要素。会展文创具有文化属性、社会属性、经济属性、艺术属性等多元属性，这也就决定了会展文创产品要素的来源多元化。所以，会展文创产品除了可以采用自身丰厚的文化底蕴中的元素，还可以吸纳多元的创意元素进行创新。

(2) 风格多样化。会展文创产品形式多样，创意不受局限。不同时空的文化元素碰撞都为会展文创产品注入了灵魂。会展文创产品应在设计风格合适的前提下进行产品搭配，满足消费者日新月异的需求，增强自身特色，打造风格多样化的产品。

(3) 受众差异化。会展文创产品可以针对不同层次的群体，进行产品差异化的设计和营销。由于受众存在多元化的审美诉求和消费心理，所以在开发会展文创产品时应分析不同消费群体的特征，并以差异性的产品特点进行设计和营销[1]。

2. 价格策略

价格策略是指通过对顾客需求的估量和成本分析，在维护生产者和消费者双方经济利益的前提下，以消费者可以接受的水平为基础，根据市场的变化情况决定价格的策略。价格策略包含心理定价策略和折扣定价策略，如整数定价、声望定价、尾数定价、招徕定价、数量折扣、季节性折扣等。价格是影响消费者购买会展文创的重要因素之一，因而制定好价格策略是会展文创营销策略中至关重要的一环。

3. 渠道策略

渠道策略指的是企业为了使产品进入目标市场所进行的路径选择活动和管理过程。渠道策略的选择关乎会展文创的最终市场效益。因此，构建多营销渠道，精准到达消费者，才能更好地实现从文化共鸣到消费转化的过程。充分利用不同渠道的优势，为消费者创造新的情感体验，提高会展文创的传播度。

（三）竞争对手分析

竞争对手分析即在确定了重要的竞争对手后，对每个竞争对手做出尽可能深入、详细的分析。想要占有更大的市场份额，竞争对手分析是必不可少的。竞争对手分析的本质是吃透竞争，可以运用4P营销分析和SWOT分析等方法来把握竞争对手的市场策略和营销战略，并确定自身会展文创的核心竞争力。

1. 4P营销分析

4P营销分析指的是对四个基本策略的分析，即产品、价格、渠道、促销四个维度。产品营销分析即分析企业提供给目标市场的有形与无形产品，包括实体产品、技术、服务、包装、样式等。价格营销分析是指对基本价格、折扣价格、定价方法及技巧等方面的分析。渠道策略分析即对从产品生产企业到消费用户的产品销售路径进行分析，其中包含代理商、批发商、销售渠道和运输设施等。促销策略分析是指分析企业刺激顾客消费的各种方法，包括广告、人员推销、直销、促销等方式。

---

[1] 黄思诗,曹晓娜,端木千慧.故宫文创产品的营销策划分析[J].经营与管理,2020(12):54-57.

2. SWOT 分析

SWOT 分析中的一个核心部分即态势分析,也就是将与研究对象密切相关的各种主要内部优势、劣势和外部的机会和威胁等依照矩阵形式排列,运用系统分析的思想,把各种因素相互匹配加以分析。SWOT 具体来说分别是优势(S)、劣势(W)、机会(O)和威胁(T)。SWOT 分析可以分为两部分:第一部分为 SW,主要用来分析内部条件;第二部分为 OT,主要用来分析外部条件。S 是指一个企业超越其竞争对手的能力,或者企业所特有的能提高企业竞争力的东西;W 是指企业缺少或做得不好的东西,或者某种会使企业处于劣势的条件;O 是指市场潜在的发展机会,是影响企业战略的重大因素;T 是指危及企业的外部威胁,在公司的外部环境中,总是存在某些对公司的盈利能力和市场地位构成威胁的因素。

三、会展文创市场定位

市场定位是由美国营销学家里斯和特劳特在 1972 年提出的。市场定位有助于会展文创形成竞争优势,增强自身市场竞争力。

(一)目标市场定位

目标市场定位是对企业的目标消费者或目标消费市场的选择。明确会展文创的目标市场有利于确立会展文创产品的特色,树立和巩固市场形象。会展文创在进行目标市场定位时,应充分考虑目标市场购买力以及企业的需求应对能力和竞争力等。

1. 避强定位

避强定位是把自己定位于另一市场的领域内,使自己的产品在某些特征或属性方面与强势对手有明显的区别,有利于避免与强有力的竞争对手发生直接的竞争。这种定位方式可使企业迅速在市场上站稳脚跟,并在消费者心中树立一定的形象。

2. 迎头定位

迎头定位是企业根据自身的实力,为占据较佳的市场位置,不惜与市场上占支配地位、实力最强或较强的竞争对手发生正面竞争,从而使自己的产品达到与对手相同的市场位置。由于竞争对手强大,这一竞争过程往往相当引人注目,企业及其产品能较快地被消费者了解,达到树立市场形象的目的。迎头定位具有较大的风险,因而企业必须知己知彼,了解市场容量,正确判定凭自己的资源和能力是不是能比竞争者做得更好,或者能不能平分秋色[1]。

(二)价格定位

价格定位指的是企业依据产品和服务,把产品价格确定在某一区间。价格定位对产品竞争力、企业形象和营销运作都有着重要的影响,需要结合不同的市场条件和业态确定。因此,会展文创在进行价格定位时需要充分考虑到行业平均定价、市场需求和营业成本等相关因素。

1. 撇脂定价

撇脂定价又称高价法,指的是一种高于类似产品价格的定价方法,它主要应用于没有竞

---

[1] 市场定位的策略——定位销售专家吴玉龙[EB/OL]. http://www.doc88.com/p-080712147495.html. [访问时间:2022-11-14].

争对手的新产品或消费者无法比较的新产品。撇脂定价有利于产品获取丰厚利润,但也存在因价格过高而不利于市场开拓和增加销量的风险。所以,在采用撇脂定价策略时必须要谨慎。

2. 渗透定价

渗透定价指的是一种低于同类产品的定价方法,采用渗透定价策略有利于迅速渗透市场从而提高市场占有率,还能刺激消费需求,但是利润微薄,并且有损企业优质产品的形象。

3. 竞争定价

竞争定价就是根据市场上同类产品的可销零售价格进行反向计算,进而确定出厂价格的方法。竞争定价策略着眼于市场,考虑了市场的供求和竞争因素的影响,能够较好地适应市场,有利于企业竞争。但这种定价方法与企业成本费用脱节,不一定能保证企业要求的利润[1]。

(三) 产品定位

产品定位就是针对消费者对某种产品的某种属性的重视程度,塑造产品的鲜明个性或特色,从而使目标市场的消费者了解和认识产品。会展文创在进行产品定位时可以分别考虑功能属性、产品线、外观及包装、卖点等方面[2]。以下是三种会展文创可以参考的产品定位类型。

1. 奢侈型

奢侈型主要指的是做工精细、价格高昂、具有收藏价值的会展文创产品。其主要面向高收入人群和会展文创收藏爱好者。这一类型的消费人群人数较少,产品定位的主要目的是为会展文创打造品牌,提高知名度。

2. 创意型

创意型指的是将会展产品与现代工艺结合,富有创意性的会展文创产品。这类型的产品价格适中,主要面向中等收入的消费人群。这一类型也将成为会展文创的主打产品,引领会展文创的销售和传播。

3. 极简型

极简型主要是指与日常办公和生活用品相结合,贴近消费者的日常生活,价格优惠、种类丰富、外形简约的会展文创产品,主要面向注重产品实用性的消费人群。这一类型的产品是会展文创的基础,有助于会展文创走进大众生活,使大众感受会展的魅力。

(四) 消费者主力人群定位

消费者主力人群定位是指对产品的主要目标消费群体进行定位。消费者主力人群定位有助于分析消费者的心理和购买动机,满足消费者的不同需求。对消费者主力人群的清晰定位有助于明晰会展文创的开发和发行方向。对消费者主力人群的定位依据可以是多方面的,如区域、阶层、职业、个性、年龄等。

---

[1] 产品价格定位策略[EB/OL]. https://www.docin.com/p-86705952.html. [访问时间:2022-11-14].
[2] 产品定位[EB/OL]. https://wiki.mbalib.com/wiki/产品定位. [访问时间:2022-11-14].

1. 区域定位

区域定位指的是在进行消费者主力人群定位时，会展文创应当根据产品所要进入的市场区域确定会展文创的消费主力人群。不同的会展文创会面向不同的市场，如国际市场、全国市场或区域市场等。区域性的会展进行文创开发时，就可以发挥区域特色以获取消费者主力人群的注意和喜好度。

2. 阶层定位

阶层定位是指根据社会阶层划分和定位消费者主力人群。不同的社会阶层有着不同的消费特点和消费需求。会展文创产品主要面向阶层是企业需要考虑的问题。依照不同的标准，会产生不同的阶层划分方式。如按照学识程度，可以划分出高知阶层、中知阶层和低知阶层。依据阶层来进行消费者主力人群定位，有助于会展文创牢牢把握某一阶层的需求特点，在设计、营销等各个层面上满足他们的需求。

3. 职业定位

职业定位是指根据消费者职业类别进行消费者主力人群定位。从事不同的职业的人拥有不同的需求，同时由于职业的特性，也会产生特殊的消费品，如白领人员就会对办公用具产生需求、学生群体会对文具产品有需要等。因此，会展文创可以根据职业进行消费者主力人群的定位，这为会展文创产品的开发提供了思路和主要方向。

4. 个性定位

个性定位是指依据人的特殊个性进行消费者主力人群的定位。这种定位方式把相同个性的消费者作为自己的消费主力群体，可以依据他们的爱好和特殊个性来实施不同的营销策略和产品的开发设计。不同个性的消费者在进行消费时，会出于不同的消费心理产生不同的消费倾向，所以会展文创根据个性定位消费者主力人群有助于产品的风格多样化开发。

5. 年龄定位

年龄定位是指依照年龄标准定位消费者主力人群，这种定位方式主要考虑消费者的年龄问题。不同年龄段的消费者有不同的需求特点和消费理念，只有充分考虑到这些特点，满足消费者需求，才能够赢得消费者，占领消费者主力人群这一年龄层的市场。未成年人、青年、中年和老年人都有不同的消费偏好，确定了消费者主力人群的年龄层，也有助于确定会展文创的主打产品。

四、会展文创产品设计

会展文创产品设计是指从会展文创产品概念的生成到产品设计，再到最后形成商品的一系列工作。产品设计的优劣是能否赢得市场的关键。与此同时，会展文创产品不同于其他产品，会展文创产品是结合文化要素、功能要素和情感要素于一体的产品，其本质是实用性与艺术性的链接。会展文创产品需要对会展文化内涵进行符号化和传播化的设计，注重产品的实用价值和艺术化表达。会展文创产品设计需要先进行会展文化资源分析，从而选择可利用资源，进行会展文创产品的设计定位，随后制定产品设计开发策略，最后决定产品开发种类。

（一）会展文化资源分析

会展文化资源分析是指针对会展展开前期调研，在对会展现有的文化资源进行梳理的前提下，选择适合开发的会展文化资源。会展作为文化资源的重要聚集地，拥有丰富的文化资源。在会展文创产品设计环节合理开发利用会展文化资源，积极挖掘会展文化资源的可研发点和可开发元素，不仅能够最大限度地将会展的文化资源转化为经济价值，还有助于促进优秀会展文化资源的传承与传播。需要注意的是，在进行会展文化资源分析时，不仅要考虑到艺术性，也要兼顾市场性。

（二）会展文创设计定位

会展文创设计定位是指为了会展文创产品的个性与消费者的个性追求相匹配而确定设计基调。会展文创设计定位的准确性直接关乎会展文创开发的成败，因而需要从产品、文化、消费者等多个角度确定设计定位。会展文创产品设计定位有三个类别，分别是传统款、潮流款和经典款。

1. 传统款

传统款的产品设计立足于会展中的典型传统元素，对会展中的典型传统元素进行提炼、概括和修饰，通过直观的呈现，让消费者更容易感知会展文创的文化内涵。传统款可以突出会展文创产品的文化性。

2. 潮流款

潮流款是指会展文创产品设计结合当下潮流时尚和会展文化资源的共性，将会展文化与现代艺术时尚进行完美的融合，以符合现代消费者的审美评价。潮流款强调会展文化产品的审美性，在保留会展文化的基础上，借鉴当今流行的风格进行会展文创的创新性演绎。

3. 经典款

经典款的产品设计寻找会展文化与现代文化的共性元素，注重古今结合，力求寻找会展文化与现代文化之间的契合点，从而建立与消费者的情感共鸣。情感的交流是可以跨越时间与空间的，经典款会展文创产品突出的是情感元素，通过感性的文化表达讲述会展文创背后的故事，成为与消费者进行情感交流的载体。

（三）会展文创产品设计开发

会展文创产品设计开发策略是指根据市场需求和会展内部资源的优势和劣势，制定全面的会展文创产品设计开发策略。在确定会展文创产品设计开发策略时，需要充分考虑到市场的需求和策略可行性，以及会展内部是否有条件支持策略的执行和落实。会展文创产品设计开发可以考虑系列化策略、多元化策略和品牌化策略等。

1. 系列化策略

系列化策略是指会展文创产品设计采取系列化的创作方式，即在色彩、图形、材质等方面设计具有统一性的视觉特征。系列化策略注重产品设计的连贯性和完整性，虽然不同产品种类具有不同的特点，但在设计会展文创产品时，可以通过图形和颜色的统一性和强关联性来实施系列化策略。系列化的产品设计比单一的产品设计更有优势，能够使会展文创的艺术内涵和文化特征从多角度、多方面得到充分的表达和展现,并且系列化的统一多样性也更容易吸引消费者的关注。

2. 多元化策略

多元化策略是指会展文创产品设计的理念、风格和造型等都呈现多元化。多元化策略下的产品设计开发具有创新性、独特性和多样性。多元化策略有助于会展文化和艺术的立体化、多层次表达,同时也更容易获得市场的认可,不同的消费者往往能够在多元化的会展文创产品中找到符合自己偏好的产品。多元化策略有助于体现会展文创的多样设计风格,设计者可以根据产品的不同性能和特点进行细节化的设计,表现出会展文创产品的多样化和各具特色的风格。

3. 品牌化策略

品牌化策略指的是在设计会展文创产品时突出品牌独特个性,塑造品牌形象。在如今竞争激烈的会展文创市场环境下,品牌化策略有利于会展文创在市场上占据一定地位。品牌化策略要求建立和完善 CIS 系统,以此有效地传播和建立品牌形象,传达会展文创的产品设计理念和文化内涵,提升消费者对品牌的认可度。品牌化策略不仅能够为会展文创带来经济效益,更能够促进会展文化的推广和传播[1]。

(四)会展文创产品开发种类

会展文创产品开发包括出版品、典藏复制品、艺术纪念品和体验型产品等,依产品功能可以分为生活类、服装类、装饰类、食品类。会展文创产品开发的种类选择是激发消费者购买欲望的重要因素,因此,在进行开发种类选择时不应该拘泥于市场上现有的产品种类,而应该在保证产品质量的前提下丰富会展文创产品的种类,挖掘自身会展文创所特有的产品种类,让百变的会展文创产品走进大众生活。了解市场需求,结合会展特色进行会展文创产品开发,有助于会展文创走进大众视野。

五、会展文创营销策划

营销指的是通过发现或挖掘消费者需求,使消费者了解会展文创产品进而产生购买行为的过程。会展文创营销就是建立在市场营销的基础上,根据会展文创的独特营销环境采取相应措施的营销。营销是连接会展文创与社会需求的中间环节,营销的目的在于深刻地认识和了解消费者,从而使会展文创适合消费者需求。营销是会展文创发展的关键因素,实施有效的营销能够让会展文创更好地走进大众视野。会展文创营销主要分为线上营销和线下营销两种方式。

(一)线上营销

线上营销也可以称为网络营销,是指以互联网为平台进行营销策略的制定和实施。线上营销包含线上宣传和线上销售。互联网平台扩大了会展文创的营销范围,丰富了会展文创的营销形式,更提升了交易的便捷性。会展文创的线上营销具有较强的趣味性、显著的个性和科

---

[1] 蔡雨晴.河北博物院文创产品设计研究与策划实践[D].湖南工业大学硕士学位论文,2019.

学的针对性。线上营销主要分为自建平台、第三方合作和社会化媒体营销三种方式。

1. 自建平台

自建平台是指会展文创依靠自身自主搭建营销平台,主要包含建设官方网站和 App 这两种方式。自建平台的优势在于自主搭建的网络平台能够获取第一手流量数据和用户网络行为等信息,同时能够在搭建平台时充分掌握页面设计、功能设计等的主导权,灵活地运营自建平台。但同时,自建平台也面临着流量基础积累较困难以及对消费者的忠诚度要求较高等劣势。

2. 与第三方合作

淘宝、京东等网络消费平台的快速发展,使会展文创可以通过与第三方合作的方式进行线上营销。由于第三方平台拥有足够的流量基础,所以与第三方合作能够降低营销成本,较快地获得一定量的曝光度,进而积累会展文创自身的忠实消费者。但是这种方式也存在平台限制导致营销方式受限的问题。

3. 社会化媒体营销

社会化媒体营销是指利用社会化网络平台媒体进行营销。社会化媒体营销能够增加会展文创的网络曝光量,实现与目标消费者和潜在消费者的关系连接,并且能够以较低的成本进行数字化营销,以此获取数据化、可视化的相关营销数据,有助于进行灵活、动态的营销。社会化媒体营销主要包括电商平台营销、新媒体平台营销、网络直播营销三种方式。

(1) 电商平台营销。电商平台营销是以电商平台为核心进行营销。在当今的消费环境下,消费者越来越依赖电商平台进行消费,使电商平台成为营销的重要渠道之一。电商平台营销能够充分发挥其自身的信息集成和处理优势,形成依托于电商平台,连接会展文创、第三方物流和消费者的营销模式。该营销模式能够使会展文创基于电商平台自身的专业系统,为消费者提供优质服务,降低与消费者信息沟通的成本,还能够有效地扩大营销范围。

(2) 新媒体平台营销。新媒体平台营销指的是以新媒体平台为传播和购买渠道,把相关产品的功能和价值等信息传递给消费者,从而实现产品宣传和销售的目的。新媒体平台的出现为会展文创营销提供了点对点互动营销的渠道,实现了信息推送的精准化和形式多样化,有助于增加会展文创目标消费者的黏性。

(3) 网络直播营销。网络直播行业的迅猛发展让网络直播营销成为一种新的营销形式。网络直播营销的娱乐性、精准性、实时互动性等特点都有助于增强会展文创营销效果、提高会展文创营销质量。但与此同时,由于网络直播的多元化,容易过度消费优秀的会展文化或造成价值扭曲的问题。因此,会展文创在进行网络直播营销时需要注意避免过度娱乐化。

(二) 线下营销

线下营销是针对线上营销而言的,是指以非网络媒体的方式进行营销活动。线下营销有助于企业与消费者之间更好地交互沟通,也能够为消费者提供更优质的服务。与此同时,线下营销能够增强消费者的消费体验感,使其对会展文创有直接的感官体验,但也面临着营销成本高和效果受到时间和空间的限制等困难。会展文创线下营销的方式众多,主要包括主题活动、展览、实体店等。

1. 主题活动

主题活动营销指的是以一个主题为线索，围绕着主题进行整体性的营销活动。策划和开展主题活动的关键之一是要将会展文创与主题巧妙地结合，通过多样化的活动策划达到宣传会展文创的目的。会展文创主题活动可以以巡回或系列化的方式开展，形成大范围、多层面、立体式的会展文创营销。巡回的主题活动可以达到扩大宣传范围的效果，而系列主题活动则有助于以串联或板块化的方式宣传会展文创产品和传播会展文创理念。

2. 展览

展览作为会展进行文化传播的主要方式，也可以成为会展文创营销的重要方式。会展本身就是一种营销的载体，不仅可以成为传达会展理念和审美标准的渠道，也可以成为营销会展文创产品的重要方式。展览营销最大的优势就是情景化，消费者在体验的同时更容易想要做出消费行为。通过展览向消费者展示会展文创实物，结合专业人员的周到服务和介绍，能够有效增强消费者的消费体验。会展文创也能够通过消费者的消费情况和反馈进行进一步的产品升级，以贴近消费者需求，拓展会展文创的可能性。

3. 实体店

实体店是相对于虚拟店铺而言的，是指地点相对固定、以盈利为目的的商业机构。即使在网络购物逐渐成为人们的主要消费形式的市场环境下，实体店依旧有其独特的优势。体验、服务、社交是实体店得以生存的关键因素，因此，会展文创在开设实体店时应尽量实现消费体验感的提升、周到的服务以及社交空间的预留。同时，快闪店也是实体店营销的新模式。快闪店指的是品牌在商业繁华地区设置的地点不固定、开店时长有限的临时性实体店。快闪店抓住了消费者猎奇心理，并以不同于普通实体店的创意和体验感达到营销的目的。会展文创能够通过搭建快闪店的方式实现造势和提升知名度。

线上营销和线下营销各有其优势和劣势。只关注一种营销方式有许多局限性，无法达到会展文创营销效果最大化。因此，采取线上营销和线下营销相结合的方式可以让营销取得更好的效果，相辅相成，尽可能转化潜在消费者。

六、会展文创预算与效果预测

（一）会展文创开发、设计、推广预算

预算是指为实现企业的战略规划和经营目标，对预定期内的经营活动、投资活动和财务活动，通过预算量化的方式进行合理的规划和预测。会展文创开发是一个长期的过程，需要大量的人力、物力、财力，从产品设计到产品包装，从营销策划到推广方案的落实，从人员组织到人员管理，都需要一定的费用。从发展的角度对会展文创开发、设计、推广等各个过程进行预算考量，有利于企业进行全面的预算管理和实施动态调整[1]。

---

[1] 预算[EB/OL]. https://wiki.mbalib.com/wiki/预算. [访问时间：2022-11-14].

(二) 会展文创策划效果预测

会展文创效果预测是指在会展文创策划的基础上,运用科学方法分析相关资料,对会展文创策划的效果进行推测和估计,以此为会展文创营销决策提供科学依据。可以把会展文创策划效果预测与实际情况进行比较,从而总结各方面差异产生的原因,也为以后的会展文创策划提供借鉴和参考。在进行效果预测时,可以从时间和空间两个维度进行,时间维度上是指会展文创在不同周期内预计取得的效果,空间维度上是指会展文创在传播范围方面预计产生的效果。需要注意的是,会展文创策划在进行效果预测时不仅要考虑经济效果,也要关注文化效果[1]。

第三节 会展文创的组织实施

一场会展活动从策划到具体落地实施要经历一系列复杂的环节,有着繁复的工作内容。既要从宏观的视角把控每个大的运行环节,如场馆选择、版权获取、衍生品生产、营销方案执行等;又要兼具微观的视角,把控细节,如对于高水准的博物馆级别的展品,策展者甚至要考虑场馆的恒温恒湿情况,做到事无巨细。本节内容主要介绍会展文创组织实施的各个主体以及执行的流程。

一、组织实施的主体

会展文创组织实施的主体十分复杂,每个主体的目的不同,工作内容的侧重点也就有所差异。一次会展可能会涉及诸多组织、企业或个人团队,由几方共同操作,为保证整体活动的顺利进行,就需要各个主体有效合作,保持工作进程的一致。

(一) 场馆

1. 会展场馆概述

通常情况下,场馆向会展的主办方收取租金,将场地出借给主办方使用。当然,有时场馆也会自行举办展览或者与其他展会的主办方联合办展,目的在于提高场馆的经营效益,增加自身收入。场馆自行办展不仅可以节省昂贵的场地租赁费用,而且由于熟悉场馆的组织架构,利用率和施工的效率都会明显提升。

会展活动需要在一定的场馆空间举办,由于每一个展览的类型和主题千差万别,场馆的选择也就有所不同。文物类的展览适合在博物馆的场馆举行,多元的特展和艺术展适合在美术馆开展,大型的综合类展览则更加适合在软硬件设施完备、综合配套服务完善的会展中心举行。不同的场馆空间决定了不同的功能形式[2]。

---

[1] 市场预测的概念和作用[EB/OL]. https://wenku.baidu.com/view/7dead28c83d049649a665801.html?_wkts_=1668438911571. [访问时间:2022-11-14].
[2] 张俊竹,苏镜科,尹铂. 会展设计[M]. 北京:化学工业出版社,2019:47.

2. 会展场馆规划

一场会展活动往往会划分多个展区,因为每个展区的内容特色不同,所以需要根据会展主题的要求进行整体的设计。整体的设计(如结构、形态、色调等)不仅要与此次会展的格调统一,空间的形式也要围绕主题,体现个性化特色。场馆的平面规划方面,应考虑每个展区所需的面积、容积和位置,合理分配划分功能区域。场馆的立面规划方面,根据平面分区并结合展线的分配,确定展区立体空间的搭建高度以及空间的连接方式。场馆空间的过渡衔接方面,结合会展内容和场馆条件,确定与之相适应的空间形式,增强观众的现场体验感和趣味性。总之,场馆所有的设计都须从整体出发,精心策划,每个环节在一定程度上都会对会展的推广和文创产品展示的效果产生影响。

(二)独立策展人

策展人是指在展览活动中进行构思、组织、管理的专业人员。策展人是艺术家、资金、机构与宣传等因素之间的组织者和调停者,也可以说是促成整个活动运转的一个媒介。在2018年出版的译著《策展性与艺术家策展》前言中,e-flux创始人、艺术家安东·维多柯尔(Anton Vidokle)认为,当代策展人除了精心策划展览和管理艺术收藏之外,还有许多其他的职责。策展人通过选择参展作品还原艺术品的语境和历史框架,同时负责分配艺术家之间相互竞争的资金、费用、奖项等。策展人还要联系收藏家、赞助者和受托人等。换句话说,他们是艺术生产者和我们社会权力结构之间的中间人。现在的策展工作从业者不仅有专业的独立策展人,也有艺术家直接担任策展人来策划整个展览[1]。

(三)版权所有者

版权所有者是在法律层面上对某一具体的文学、艺术或科学等作品享有版权的人。会展的展品以及衍生的文创产品多多少少会遇到与版权相关的问题,因而获得版权所有者的授权对合法使用作品来说意义重大。就一场会展文创展览活动来说,涉及的版权所有者可能包括美术馆、博物馆、艺术家、作家、画家、摄影师等。

1. 美术馆

美术馆以艺术品为收藏对象。一般而言,美术馆运营主要是通过对艺术品载体的所有权主张法律权利,进而实现对馆藏品的利用。根据《著作权法》第20条的规定,美术馆取得美术作品原件或复制件的所有权时,便同时享有美术作品的展览权,这在很大程度上简化了美术馆利用作品的程序。但是,美术馆的展览通常不局限于自己主办的,还存在承办展览以及与他馆合作展览的情况,其中如果涉及借展,甚至以复印其他美术馆藏品的形式进行藏品补足,则需要单独获得作者的授权。会展文创产品的设计开发如要借鉴藏品的造型或需要运用藏品的图案,须获得美术馆或作者的授权[2]。

2. 艺术家

艺术家对于自己的作品拥有著作权,包括发表权、署名权、修改权、复制权、保护作品完整

---

[1] 徐志君.后批评时代的策展——2019中国当代艺术策展综述[J].艺术工作,2020(5):24-32.
[2] 韩雨潇.文化创意产业立法视角下的文创产业版权保护问题探析[J].传播与版权,2022(3):110-113.

权、使用权和获得报酬权等。会展文创活动实施阶段,务必要确认艺术家作品是从合法的渠道借得且已获授权,展览时要标明作品出处,做到对版权的有效开发、运用和保护。

(四)会展公司

1. 会展公司的作用

我国有相当比例的会展活动是由专业的会展公司组织和承办的。国内主要专业会展企业有中国对外贸易中心集团有限公司、中博会事务局、中国国际展览中心集团公司、长城国际展览有限责任公司、上海市国际展览(集团)有限公司、上海外经贸商务展览有限公司、上海新国际展览中心有限公司等[1]。

会展公司在整个会展文创项目中承担的角色至关重要。会展公司负责完成项目的市场调研,组织安排搜集相关展会信息、客户信息、竞争对手信息等,分析市场发展趋势,还要负责完成会展的立项、主题、招商、预算和运营管理等方案的策划。它的作用体现在三个方面。一是会展公司为会展企业提供方案,有好的方案为基础,才能做出好的决策。会展也希望获得更合理、经济、有效的方案,为会展决策提供科学的依据。二是会展公司帮助会展文创塑造品牌形象,在自身优势与特色的基础之上,在会展内容与形式上创造出全新的亮点,提高会展文创的竞争实力,进而塑造品牌形象。三是会展公司助力会展文创项目经济效益的提高,由于会展策划使用了科学的方法,能够大大减少会展活动的盲目性,同时有效预防一些潜在风险,进而提高会展活动的效率与效益。

2. 会展公司的职能部门

会展公司的职能部门是根据展览的需要设立的,不同会展公司的设置会有所差异,以下列举几个较为常见的职能部门及其主要职责。

(1)策划部。策划部主要负责企业策划和展览策划。企业策划是对会展企业形象的策划和包装,展览策划即整个展览活动的工作方案。

(2)业务部。业务部主要工作在于招展,同时还需要参与展品运输、展台布置等工作。

(3)对外联络部。对外联络部主要工作职责是招商、宣传公关、广告策划实施等,协调好各方的关系。

(4)市场部。市场部的工作主要包括依据市场的变化对价格的制定和修正提出建议、制定销售计划、参与营销活动等。

(5)管理部。管理部负责对整个展览活动进行统一的管理,协调各部门关系,确保工作的有序进行,并进行后续对展览的整体评估工作管理等。

(五)衍生品生产者

如今,会展文创产品越来越受到欢迎。博物馆中的镇馆之宝在创意设计的加持下,摇身一变成为文创圈的顶流,如铜奔马玩偶、三星堆棒棒糖、飞天口红等。会展文创衍生品的设计产出并不是凭借一己之力就能完成的,其中需要各方的通力合作,包括设计师、供应商等。

---

[1] 张义,杨顺勇.会展导论[M].上海:复旦大学出版社,2009:111-112.

1. 设计师

设计师可以说是会展文创衍生品设计环节中最核心的人物。设计师要根据市场和展览活动的策划需要，负责文创产品的设计工作，发掘展览的文化意义，进一步设计开发配套的文创产品。设计师还要对文创产品设计有独特的见解并对文创市场有敏感度。

2. 供应商

经过设计师的精心设计，会展文创衍生品已经成为图纸上的想象之物，要把产品从图纸上的想法真正变成市场上有人买单的商品，就需要合适的供应商的合作。供应商负责会展文创衍生品的制作生产，在这过程中，供应商还必须关注品控和成本控制的问题。

（六）渠道公司

渠道公司主要是指连接企业和消费者的第三方，包括产品代理商、零售商家、批发商等，它们是以经营和管理销售渠道为主的公司。渠道公司的主要工作就是实现产品的顺利销售，为企业建立稳定的销售渠道。文创衍生品的销售渠道有传统的美术馆、博物馆、书店等，观众可以在观赏展览的同时完成文创产品的消费。这类渠道比较稳定，但由于地理位置的限制，销售范围也存在有限性。现今，线上购物平台的发展对传统的销售渠道进行了很好的补充，消费者可以在淘宝、天猫、京东等多个购物平台的文创品牌旗舰店选购感兴趣的文创衍生品。购物平台的搭建甚至能够助力具有传统个性特色的会展文创产品走向海外，大大拓展销售渠道。以淘宝上的故宫博物院文创旗舰店为例，截至2022年11月，故宫博物院文创旗舰店粉丝数高达478万，热门产品书画版故宫日历月销售量达三千册，万福启祥·福禄贺岁对联套装月销售量达六千套，如此可观的销售量单纯依靠线下销售渠道恐怕难以实现。

二、组织实施的流程

（一）获得版权

会展文创策划组织实施的第一步就是获得版权。这包括两个方面：一方面，要获取艺术家、摄影师、画家等作品的著作权授权；另一方面，要获取自身开发的会展文创衍生品的著作权。

1. 个人作品版权获得

要获得个人作品的著作权授权，可以直接与著作权人联系，通过签订合同付费购买。因合同取得著作权，一般分为两种情况。

（1）依委托合同取得著作权。如果合同约定著作权由委托人享有，委托人即成为作者之外的"其他著作权人"。

（2）著作权的转让。著作权人可以将其享有的著作权中的财产权利全部或部分转让给他人，著作财产权的受让人也是著作权的主体。另外，可以在知识产权或版权交易中心购买中国文字著作权协会、中国音乐著作权协会、中国音像著作权集体管理协会、中国摄影著作权协会、中国电影著作权协会等著作权集体管理组织代相关权利人管理的相关作品著作权，要使用其中的作品也可以找集体管理组织获得授权许可[1]。

2. 文创衍生品版权获得

获得自身设计开发的文创衍生品的著作权有两种方式。

(1) 注册取得制度，也叫登记取得，是指以登记注册为取得著作权的条件，作品只有登记注册后方能产生著作权。著作权注册取得的原则，又称有手续主义。

(2) 自动取得制度。著作权自动取得是指当作品创作完成时，作者因进行了创作而自动取得作品的著作权，不再需要履行其他任何手续。这种获得著作权的方法被称为无手续主义、自动保护主义。在特殊情况下，如有些文化创意虽然没有形成完整产品，不属于《著作权法》保护的范畴，但是经过后续进一步开发形成完整的文创产品，就实现了定型化，也可以归入现行《著作权法》的智力创新成果范畴，即在法律上也可以视为作品受到保护[2]。

（二）组织生产

获得图像等版权之后，就可以使用和开发。会展文创组织者在结合展览受众、市场调研、此前各种会展文创衍生品的销售数据等信息的基础上，基本可以预判什么样的产品可能受到消费者的欢迎，再据此进行创意设计。把图纸上的设计变成实物，需要经历研发打样和模型制作的环节。打样和模型制作是为了检验设计的文创产品生产出来后的效果是否符合预期，也是为了检验制作工艺是否符合要求。打样的质量将直接影响成批生产的产品质量的稳定性。如果不经过打样就直接进入实际生产流程，极有可能发生货不对板的情况，造成难以挽回的损失。因此，通过打样发现实际呈现的文创产品问题所在，并及时对搭配、材质、工艺等方面进行调整，是十分重要的。

1. 产品打样

产品打样前要与专业的制作人员沟通，确定所使用的材料、制作工艺、产品重量等。打样要遵循从小样到大样，再到末稿，最终形成样本的流程。小样主要表现最基本的东西，呈现大致效果图以预估最终效果并进行样式的调整。大样与实际产品有相同的大小，便于进一步预估成品效果并继续调整。末稿几乎和成品一样，设计师可以通过末稿修改不符合自己要求的细节。样本基本呈现的就是成品的效果，真实还原设计师图纸里设计的文创产品。在完成这一系列打样流程后再组织实际的生产，能够更好地确保成批量生产的产品的稳定质量[3]。

2. 模型制作

模型制作也是在产品实际生产前让设计师有机会进行细节修改、完善作品的重要环节。3D打印技术为现在的模型制作提供了便利，其是以数字模型文件为基础，运用粉末状金属或塑料等可粘合材料，通过逐层打印的方式构造物体的技术，不需要用机器额外加工或使用模具，大大降低了生产成本。3D打印技术是对传统生产制作方式的一种有力补充，可以满足个性化、高度复杂的设计需要，同时具有独特的外形塑造能力，很适合用在文创设计制作领域。

---

[1] 韩雨潇. 文化创意产业立法视角下的文创产业版权保护问题探析[J]. 传播与版权,2022(3):110-113.
[2] 如何得到版权方授权[EB/OL]. https://china.findlaw.cn/zhishi/a1629561.html. [访问时间:2022-11-16].
[3] 周承君,何章强,袁诗群. 文创产品设计[M]. 北京:化学工业出版社,2019:95-99.

以上海明珠美术馆与巴黎博物馆联盟联合举办的"维克多·雨果:天才的内心"展览为例,就利用3D打印技术制作了雨果弥留之际写下的诗句中形容的花器。

(三) 营销执行

现代营销之父菲利普·科特勒对于营销是这样定义的:"市场营销是创造、沟通、传递和交换对顾客、客户、合作伙伴和整个社会有价值的产品的一种活动、制度和过程……营销管理(marketing management)是选择目标市场并通过创造、传递和沟通卓越的顾客价值来获取、维持和发展顾客的艺术和科学。"[1]营销的意义不是单纯地促进销售,而在于双方交换价值。所以,营销的关注点要在客户价值的满足上,而非直接指向销售。会展文创的营销执行主要包括两个层面:一个是线上的营销执行;另一个则是线下的营销执行。

1. 线上的营销执行

线上营销根据呈现的载体不同,主要可以分为社交媒体营销、第三方平台营销、自建平台营销等类型。

(1) 社交媒体营销。社交媒体营销可以依托小红书、微博、抖音等平台进行。除直接投放广告推广外,与各大平台博主合作、联动音乐或游戏推广文创或者开设官微与粉丝互动都是可行的营销方式。

① 博主测评。与平台博主联系进行合作,寄送相关文创产品,测评博主通过视频、图片、文字等向粉丝直观地展示产品,让消费者在购买之前对文创产品有一个清晰的认知。

② 音乐或游戏联动推广。在年轻人的世界里,游戏和音乐的地位举足轻重,如果能够将音乐或者游戏与文创结合起来,则无疑可以为年轻的群体提供更多的精神食粮。可以围绕文创产品制作可传唱的音乐,也可以把文创产品的形象以游戏皮肤的方式应用到游戏中。

③ 官微粉丝互动。营销离不开活动,要想与粉丝建立关系,就需要双方的互动。官微和粉丝互动可以寻找相关目标人群的圈子发布话题,或者设置转赞评抽奖的活动,调动大众参与积极性,获取热度,也可以在文创产品设计之初就征集粉丝的意见和建议,建立黏性。

(2) 第三方平台营销。第三方平台包括淘宝、京东等网络消费平台,这类平台的营销方式是多样的,想要做好文创产品营销,选择合适的形式和渠道非常重要。以下就以淘宝平台的营销执行方式为例。

① 淘宝直播。使用淘宝直播就像是给文创产品的客户提供了一位比较专业的导购,能够实时为用户解决其对文创产品产生的疑问,有利于帮助商家进行多方面的引流,促进用户增量和转化,积累更多的用户。

② 图片和文字的结合。图片和文字相结合的宣传形式非常常见,可以利用淘宝上的微淘、有好货、淘宝头条、必买清单等渠道,发布文创产品信息。

③ 短视频。短视频是淘宝营销的重要表现形式,优质的短视频能够快速抓取用户注意力,获得展示的机会,并且能够形象生动地让消费者了解产品,进行商品的场景化营销,提升用户

---

[1] [美]菲利普·科特勒,凯文·莱恩·凯勒,亚历山大·切尔内夫.营销管理[M].16版.陆雄文,等译.北京:中信出版社,2022:2-3.

的代入感。

（3）自建平台营销。自建平台营销是指企业根据所在行业情况，针对产品和服务特点利用自建网络营销平台来推广品牌、促进销售。自建平台的线上营销时间节点把控很重要，可以是节假日、产品销售的旺季、定期的优惠活动时间等。营销活动的执行方案主要包括市场分析、活动目的、活动形式、活动流程等。营销执行的市场分析从文创产品的市场、差异化、竞争情况、活跃用户四个方面进行简单的阐述，让活动能有翔实的数据作为支撑。活动目的要么是提升文创品牌知名度，要么以提高销售量为主，但需要把握最主要的目的来设计整个活动的细节，力求达到最佳效果。要根据自建平台的特点、活动目的策划活动形式，包括秒杀、有奖转发、有奖征集、网上评选、注册送券等等。活动流程主要涉及活动过程中各类人员如何参与到活动中，是否需要符合条件、需要符合哪些条件，不同条件下对用户行为怎样进行判断，还包括客服、意外情况的处理及反馈机制等。

2. 线下的营销执行

会展文创线下的营销主要涉及实体书店、美术馆、博物馆和图书馆等场所。在活动现场可以采取视频播放、图片宣传、设置游戏互动环节、沉浸式的场景参观、开设主题讲座等方式，引导展览的参加者一步步深入了解会展及其文创衍生品想要传达的内涵。以上海明珠美术馆与上海书画出版社合作开展的"读画系列"讲座为例，每一期会邀请一位专家讲解中国美术史中一位重要画家的一幅作品以及画家的整个人生经历和所有创作，因此，观众每一期都可以深入地了解一位画家。"读画系列"中产出了许多优秀的会展文创衍生品，其中最具创意的应当是系列护照。每一期活动中，都会给前来参加的观众在护照上印章。集齐所有的印章说明观众对于中国美术史有了从个案串联起来的既深刻又生动的轮廓了解。这一系列讲座既具备专业性又深入浅出，同时也符合上海明珠美术馆开展艺术教育展的理念。

（四）销售实施

销售实施可谓会展文创组织实施流程中重要的一环，关乎最终的销售效果。销售实施需要经历定价、销售场合选定等环节。

1. 定价

绝大多数文创产品消费者都比较理智，他们会为自己的兴趣付费，但是希望能够买到"物有所值"的商品。由于文创产品的情感溢价带来的附加价值比较多，定价也就尤为重要。定价要事先经过调研，预测消费者对于某一类文创产品价格的心理预期，将价格确定在一定的范围之内。

2. 销售场所选定

一般在会展活动的现场都会有特定的区域进行会展文创衍生品的售卖，但会展毕竟是有时间限制的，会展文创衍生品不能随着会展的落幕就停止销售，为后续的销售选定合适的场所是必需的。通常会选择与文创衍生品文化基调相符合的书店、图书馆等，或者在博物馆或美术馆附近开设文创商店。在线上电商平台开设文创旗舰店也是如今多数文创品牌的选择。

(五）消费者反馈

文创衍生品的价值最终取决于消费者，而不是单纯靠设计师的设想。消费者在使用过程中发现产品存在的问题并进行反馈，有助于产品的改进。同时，消费者反馈不一定是提出产品的问题，也可能是提出困惑。运营人员在收集到反馈信息之后，可以帮助消费者及时解决问题，将产品的使用功能最大化。不管是满意还是不满意的反馈，对主办方来说都是珍贵的，可以帮助企业进行舆情的监测，及时调整方向。

消费者对文创产品的反馈也一定程度地体现在购买上，销售量是消费者反馈的最直观的数据。除了分析销售量，通常也可以通过以下方式获取消费者反馈。

一是现场的反馈采集。可以在展览或者其他销售现场设置留言板，引导观众或消费者留下自己的评价和感受。

二是大众的点评。多数消费者在完成消费行为后，会在大众点评或其他平台进行评价，主办方可以利用各个消费平台收集消费者反馈的信息。

三是微博、小红书等社交媒体。社交媒体是网友分享生活、与他人社交的平台，在完成一次消费体验后，网友极有可能在社交平台发布自己的感受感想，希望获得他人的共鸣，主办方通过关键性词语的抓取也能够获得消费者的反馈。

（六）工作总结

工作的复盘总结是通过对已经完成的工作进行整理和总结，反思工作中的得失，找到存在的问题和改进方向。不管会展还是文创衍生品都有可以优化的地方，如团队的优化和合作模式的优化。会展文创的开发是一个专业性和系统性比较强的工作，不同的部门拥有各自不同的专业偏向，跨部门合作、协同创意的情况时常出现。加强团队合作，进一步深化和开发更为系统化、成规模的"调研—研发—制作—销售"营销体系，对于会展文创产业化发展会有更大的推动作用。

第四节 会展文创效果评估

一、会展文创效果评估概述

（一）会展文创效果评估的含义、特征和分类

1. 会展文创效果的含义

会展文创效果指的是会展文创对个人的心理和行为以及社会各方面产生的影响，这种影响是综合性的。

2. 会展文创效果的特征

会展文创作为来自博物馆或艺术馆等主体的衍生品，其所产生的效果受到参展观众、社会传播等因素的影响，因而会展文创效果具有以下三个特征。

(1) 延伸性。会展文创作为一种衍生品,兼具商业属性和文化属性,博物馆和艺术馆的文化与思想内涵也集聚于文创产品。参展观众在参展过程中被文创产品吸引,从而产生喜爱之情进行购买,观众购买的不仅仅是文创产品本身,更是它背后所代表的文化和思想内容。这种文化、思想与历史内容都会对参展观众之后的生活产生影响。

(2) 复合性。会展文创效果受到会展前期主办方对文创产品宣传的影响,每一个会展的开展都会有各种传播形式的宣传,其宣传内容包括会展的衍生品,即会展文创。丰富的传播媒体与传播形态将会展文创全方位地展现给观众,会展文创效果也受到文创展览方式和营销策略的影响。现如今,新技术的发展给会展文创带来新的呈现形式,赋予其科技力量。此外,主办方对会展文创的定价也影响着会展文创的效果。因此,会展文创效果的影响因素是具有复合性的。

(3) 规模性。会展文创所产生的经济效果是巨大的,博物馆或艺术馆的文创产品已经逐渐成为其主要经济来源,在缓解博物馆或艺术馆的资金不足方面发挥着巨大作用。同时,会展文创在设计、开发和生产的过程中带动了一整条产业链,拉动了当地经济的发展。尽管我国会展文创发展还处于初级阶段,其经济影响的规模性特征不太突出,但是会展文创在国外的发展已经到了成熟阶段,会展文创所产生的收入在 GDP 中所占比重已经超过了原有传统产业[1]。这足以说明会展文创效果的规模性特征。

3. 会展文创效果的分类

会展文创效果的范围非常广泛,以下将从不同角度对会展文创效果进行分类。

(1) 会展文创效果的作用范围的角度。会展文创作为博物馆或艺术馆的衍生产品,兼具商品属性和文化属性,文化属性是会展文创的根本,商品属性则是其保证,所以它既会产生经济效果,也会产生社会效果[2]。

① 会展文创的经济效果。会展文创作为一种商品,带来的经济影响不言而喻。在制定了设计、定价及销售渠道等方面合适的策略的情况下,会展文创将有助于提升消费者的兴趣,消费者的整体需求也会有所提升,也就会提升文创产品的销售额。同时,会展文创借助互联网平台进行全方位的宣传与销售,能够在很大程度上提升产品的销售额。比如,2016 年苏州博物馆与淘宝合作推出"型走的历史"服装走秀活动,在短短三天的活动中,线上的文创产品大受欢迎,达成 2 000 多笔订单,增加了其影响力[3]。这种线上线下相结合的方式能够在最大程度上展现会展文创的经济效果。不仅如此,会展文创所展现出的经济效果还体现在各种博物馆或艺术馆之间的文创产品竞争方面,各大博物馆或艺术馆都加强了对会展文创的设计与创新,出品独特的文创产品,从而实现经济收益。

② 会展文创的社会效果。会展文创的社会效果指的是会展文创对人们的价值观、道德伦理以及整个社会的精神风尚等方面所产生的影响,这种影响是潜移默化的。会展文创产品不

---

[1] 马晶晶. 当代博物馆文创产品与产业的发展现状与对策探讨[J]. 吕梁学院学报,2015,5(4):5.
[2] 吴明. 展览文创产品开发——博物馆展览阐释的新途径[J]. 博物院,2019(5):5.
[3] 韩鑫. 博物馆文创产品的传播功能实现研究[D]. 华东政法大学硕士学位论文,2018.

等同于一般的文创产品,它的第一属性就是社会属性。会展文创作为博物馆或艺术馆的一种文化符号,具有传播历史文化的功能,通过会展文创产品,能够传递出博物馆或艺术馆的文化特色,也延伸了博物馆或艺术馆的教育功能。现如今,对于会展文创产品感兴趣的大部分都是Z世代,他们对会展文创充满了好奇与兴趣,通过会展文创所传递出的思想、历史与文化,能够让他们在认知、行为等方面发生变化,改变他们对博物馆或艺术馆的印象。

(2) 会展文创效果的表现形式的角度。会展文创效果在表现形式上可以划分为传播效果和销售效果。

① 传播效果。传播效果指的是一定的传播行为对受传者产生的影响,以及受传者所产生的变化。会展文创产品传播效果在微观层面上可以表现为人的认知、心理、态度及行为方面的变化[1]。首先,在认知方面,会展文创产品的信息对受众的价值体系产生影响,对受众进行审美上的熏陶;其次,在心理和态度方面,当参展观众对会展文创产生兴趣时,其对会展文创的喜爱便会转化为对博物馆或艺术馆的认同,改变其对博物馆或艺术馆的印象;最后,在行为方面,通过前期会展文创对参展观众的认知、心理及态度的影响的积累,参展观众会采取一定行动来表达他们对这些文创产品和博物馆、艺术馆的喜爱,可能表现为在社交媒体上发布动态,进一步将展览和会展文创的信息传播出去,扩大会展文创的实际传播效果。

② 销售效果。销售效果指的是售卖会展文创所产生的销售额。这种售卖可以分为两个方面。线下售卖能够让参展观众实际感知文创产品的物理性状,并且通过深入展览体会会展文创的实际内涵,激发参展观众的购买欲,从而化作实际的销售额。同时,针对大部分无法亲自参观展览的消费者来说,线上销售是十分必要的。可以通过微博、微信公众号等渠道进行会展文创的推广,也可以开设淘宝店铺来进一步提升会展文创的知名度,提高其销售额。"线上+线下"的销售模式能够有效提高会展文创的销售量,扩大其销售额。

(3) 会展文创效果的产生时间的角度。从会展文创效果的产生时间的角度划分,有即时效果和长期效果两类。

① 即时效果。即时效果指的是参展观众在观展过程中看到文创产品时立即产生的效果。这种效果可以表现为参展观众在观展过程中对文创产品的直接购买,也可以表现为参展观众在接触文创产品时立即产生的认知与态度上的变化,包括对文创产品的喜爱和对文创产品所传递的思想、历史、文化的理解。这些都是可以在对会展文创的接触中直接产生的影响。

② 长期效果。长期效果也就是会展文创对人与社会所产生的长期性的影响。对人而言,接触会展文创并感受文创背后的文化底蕴能够重塑其价值观,这种价值观的重塑对他们整个人生历程的影响都是巨大的。对于社会而言,人们对会展文创的喜爱会延伸为对博物馆或艺术馆的喜爱,可以从根本上改变其对博物馆或艺术馆的固有看法。过去人们常常认为博物馆或艺术馆是高深莫测、难以理解的,而会展文创产品的开发则表现出对于普通社会民众的重

---

[1] 韩鑫.博物馆文创产品的传播功能实现研究[D].华东政法大学硕士学位论文,2018.

视,以会展文创产品作为连接大众和博物馆或艺术馆的桥梁,可以改变博物馆或艺术馆的形象,激发博物馆或艺术馆的生命力。

(4) 会展文创效果发生的整体过程的角度。从会展文创效果发生的整体过程的角度而言,有事前效果测定、事中效果测定和事后效果测定[1]。通过这些测定方式,可以了解会展文创在各阶段产生的具体效果,并且据此来调整设计和策划方案。以参展观众为例,首先是事前效果测定,选取一定数量的参展观众,了解他们在参展前对会展的了解程度与喜爱程度;其次是事中效果测定,可以在会展期间,采用问卷调查等方法了解参展观众参展时对文创产品的感受;最后是事后效果测定,在会展结束后,对参展观众进行追踪调查,了解他们的认知与行为改变。

(二) 会展文创效果评估的含义

会展文创效果评估是指用一系列方法和技术,评估会展是否达到预期目的、会展文创的实际销售额以及参展观众的实际体验等,会展文创效果评估是对整个会展文创的总结性评估,它是一项复杂的工作,需要采用科学系统的方法进行分析。

(三) 会展文创效果评估的原则

会展文创效果评估需要遵循以下四项原则。

1. 客观性原则

为了保证效果评估的客观性,会展文创效果评估需要大量的数据。在数据的采集和加工中需要客观地使用相关技术,形成资料数据库。在分析数据的阶段不能掺杂任何个人情感。评估的内容和指标需要从实际出发,评估的结果需要经得起推敲和检验,以保证效果评估的客观性。

2. 统一性原则

会展文创效果的评估要有统一性和一致性。要有统一的评估方法和标准,不能经常变化,以便其他人对会展文创的效果进行评估,保证评估的可比性。同时,评估会展文创的效果时应该将评估的内容看作一个整体,不能割裂开来评估整体性的评估才有利于展现会展文创的整体性效果。

3. 可操作性原则

效果评估的方法应该具备可操作性。数据的采集要能够进行下去,操作方面需要简化、易于计算。

4. 明确性原则

效果评估不是盲目的,需要评估主体针对评估目的设置明确的评估指标,帮助评估工作更好地开展。

(四) 会展文创效果评估的意义

会展文创效果评估的积极意义主要体现在以下三个方面。

---

[1] 王艺,李列锋.广告学[M].广州:暨南大学出版社,2017:193.

首先,对主办方来说,整个评估工作不能仅仅停留在参观人数、文创产品销售额方面,更应该对观众质量、文创产品呈现效果等方面进行深入的挖掘。这种横纵交织的评估方式能够将会展文创效果更加完整、具体地呈现出来,帮助主办方检验、调整和完善会展及会展文创的呈现方式和策略,实现经济效益与社会效益。

其次,对于会展文创本身来说,会展文创效果评估可以检验文创产品创意和呈现方式,从而有利于后续文创产品的设计与制作。会展文创产品作为博物馆和艺术馆的衍生产品,必须具有博物馆和艺术馆的文化、思想与历史内涵。同时,它要实现商品化,就必须与购买者的心理产生联系,也就是在创意和呈现方式上要吸引参展观众。

最后,增强主办方的效果评估意识,有利于形成权威的评估体系。会展文创所带来的效果是巨大的,主办方对会展文创效果也有一定的认识,但他们没有意识到会展文创效果评估的重要作用,这是大部分会展的共性所在。缺乏科学的效果评估方法,主办方对文创效果的认识也是主观且不准确的。因此,对会展文创效果进行评估,有利于发展效果评估的方法,提高主办方对会展文创的认识与重视,对形成一整套文创效果评估流程来说,也具有很大的意义。

二、会展文创效果评估的基本流程

会展文创效果评估是一项涉及面广、内容复杂的工作,因此,开展评估工作时,必须依照科学、合理的程序进行。会展文创效果评估一般可以分为五个部分,包括评估前准备、制定评估计划、实施评估计划、进行评估分析和撰写评估报告。

(一)评估前准备

主办方在进行会展文创效果评估之前,必须提前明确评估主体。评估主体的不同会在一定程度上影响评估质量,因此,在评估前选取适当的评估主体非常重要。评估可以分为主办方评估和第三方评估。主办方评估可能由于主办方个人的倾向而导致效果评估的主观性太强,而第三方评估则是以一种独立的视角,对各种效果评估指标进行科学、综合分析,这种以第三方视角进行效果评估的方式具有较强的抗干扰性、科学性和可比性[1]。为了保证评估的客观性,需要尽可能选择第三方机构进行评估。明确了评估主体之后,需要根据评估主体的要求,指定评估的负责人,安排具体的评估时间,提供评估所需要的人力和金钱。

(二)制定评估计划

评估工作不能随意开展,而是需要制定相关计划,并根据计划采取实际行动。评估计划包括评估的目的、评估的内容、评估的指标、时间进度、经费预算和人员安排等。

1. 评估目的

效果评估的首要目的就是让展览方了解会展及会展文创的情况,会展是否有继续开展的必要,会展文创是否有设计、创作、生产、展示的必要,活动中有哪些不足之处,等等。会展文创

---

[1] 黎菲,方坚辉.会展活动绩效评估指标体系研究[J].创意城市学刊,2020(1):11.

效果评估对于下一次的会展文创展示具有借鉴意义,主办方可以在会展文创效果评估的过程中吸取经验教训,使下一次会展能够更顺利地展开,并最大化其效果。通过会展文创效果评估还可以了解参展观众对于会展文创产品的态度及其购买行为。明确的评估目的能够指导评估程序有效地展开。

2. 评估内容

评估会展文创效果之前,首先要对"目标群体"及会展的功能性因素进行评估。因为参展观众是规模巨大且具有分散性和异质性的群体,会展的传播过程也是通过非语言传播和人际传播进行的,所以其产生的效果具有复杂性与难以估计性。因此,需要进行以下四个方面的评估。

(1) 参展观众评估。对参展观众的评估包括评估观众自身、评估观众的参观过程和评估观众满意度。

① 评估参展观众。参展观众的个体差异是影响会展文创效果的重要因素,因而需要对参展观众进行细分化,可以从不同的角度对参展观众进行划分:按照观众对会展和文创产品的喜爱程度,有狂热喜爱者、一般喜爱者和漠不关心者;按照观众在参观时所承担的社会角色,有陪同观众和以自己参观体验为主要目的的观众;还可以按照对会展的不同期待程度或按照观众原有的知识储备和对历史、文化的感兴趣程度进行划分[1]。

② 评估观众的参观过程。人是具有个性的主体,在参观会展的过程中,他们会根据自己的爱好和性格制定专属的参观路线规划,但是他们的参观路径也会受到会展环境、展品特色、陈列方式等因素的影响。因此,需要对观众的观展路径进行评估,主要可以从三个方面进行调查研究。一是利用跟踪与计时研究法,得出两个量化指标,包括有效观众比例和参观速率指数。通过这两个指标,可以比较相同规模的会展的被参观程度。二是评估特定展项的吸引力和持续力。吸引力是指观众在某一展项前停留的比例,可以用于评估观众在哪种文创产品面前驻足的比例较高,从而判断怎样的文创产品才能够吸引观众;持续力指的是观众参与到展项中的时间,用以评估观众在观展过程中分配的时间。三是评估参观体验中的参观路线和等待时间[2]。

③ 评估观众的满意度。观众对会展及其衍生品的满意程度是效果评估的一个主要方面,观众的态度对于下一次会展的策划和衍生品的创作具有很大意义。因此,对会展文创效果进行评估,首先要着重探讨会展中的哪些因素令观众满意,哪些因素令观众不满意,这些因素包括会展的整体设计、会展规模、观展形式、会展文创产品展览方式及创意度等。可以利用问卷调查法,明确观众对会展及会展文创的评价。同时,对于一些线上观众和文创购买者,可以利用线上推广平台与网友进行互动,来收集网友们对该会展及会展文创的评价。

(2) 经济效果评估。会展文创的经济效果评估主要是针对会展文创的成本、收入和利润进

---

[1] 温超. 美国科技类博物馆展览效果评估分析——以 NSF 项目展览效果评估案例为例[J]. 科普研究,2014,9(2):7.
[2] 同上。

行分析。会展文创的经济效果不仅体现在线下会展文创的实际销售额中,线上销售渠道所带来的销售额也是评估的一部分。通过经济效果评估可以了解哪种文创产品最受关注,可以从投资回报率和成本利润率两方面对会展文创的经济效果进行评估。

投资回报率指投入资金的回报程度及投入产出比。它的计算公式如下:

$$投资回报率=年利率/投资总额\times 100\%$$

评估成本和利润时需要计算成本、收入和成本利润率。计算公式如下:

$$平均成本=会展文创总成本/成交笔数$$
$$利润=成交总额-会展文创总成本$$
$$成本利润率=利润/展览成本^{[1]}$$

(3) 社会效果评估。会展文创的社会效果评估可以从短期社会效果和长期社会效果两个方面来讨论。对于短期社会效果,可以简单地将其定义为观众在接触会展文创产品时发生的认知、理解和态度上的变化。可以采取事前、事后测定法评估短期社会效果,即评估参展观众在接触会展文创前和接触会展文创后对相关文创产品所蕴含的文化、历史、思想的了解程度上的差异。长期社会效果不仅包括短期社会效果,而且还包括会展文创在社会环境中所产生的社会效果,长期社会效果是很难定量测算的,需要评估的内容包括其是否有利于社会公民整体素质的提高、是否有利于城市形象的树立、是否能够促进文化与科技的结合等。

(4) 宣传效果评估。会展文创是一种特殊的商品,既是商品就会有销售,销售活动则离不开宣传。要评估宣传效果,就要明确宣传目标、精准客户群、宣传渠道等内容。宣传目标是指通过对会展文创的宣传想要达到的目的,可以是吸引更多的参展观众,也可以是提高会展文创的话题度;宣传活动必须要明确精准的客户群,如现在对会展文创充满好奇的 Z 世代,客户群的确定也有利于线下会展开展及会展文创的销售;宣传渠道是各种各样的,可以通过各个渠道对会展文创进行宣传,增加其曝光率。线下的宣传效果难以计量,线上宣传则可以利用大数据爬虫对会展文创的话题进行数据统计收集,可以通过曝光量、点击率、媒体报道的次数等指标进行评估。

3. 评估指标

会展文创效果评估比较复杂,针对不同的评估目标和评估内容,评估指标也有所差异,以下是四种比较典型的评估指标。

(1) 成交评估。会展文创的成交评估内容有很多,主要包括成交额多少、成交笔数多少、展期成交额多少、展后线上成交额多少、销售目标是否达到等[2]。

(2) 会展文创记忆率评估。这是一项能够反映会展文创对参展观众吸引力的指标,指参展观众在接触会展文创之后的 8~10 周仍能够记住会展文创情况的比例。记忆率高就说明会展

---

[1] 许传宏.会展服务与现场管理[M].2版.中国人民大学出版社,2013:231.
[2] 刘松萍.给自己打分——参展商如何评估展会效果[J].中国会展,2005(6):4.

文创的独特性、创意性好,反之则一般。

(3) 观众数量与质量评估。观众数量和质量评估是会展文创评估中一项非常重要的指标,评估结果能够使会展文创更加明晰其受众。

(4) 会展文创的种类和数量评估。此评估内容包括会展文创产品是否符合大众审美、哪种会展文创产品的市场效果更好、会展文创产品的种类有多少、会展文创产品的质量优劣等。通过对会展文创的评估可以了解哪种产品最受关注,供以后的会展文创产品创作参考。

4. 时间进度、经费预算和人员安排

效果评估是最耗费时间、金钱和精力的,因而在进行评估的每项工作时,都需要把握好所耗费的时间、金钱和人力。在时间安排方面,在展览前、展览中、展览后都需要对会展文创进行及时的评估,因此,需要在每个评估阶段都把握好时间,方便下一个程序能够及时进行。在经费预算方面,每一项活动的开展都有相应的经费预算,应尽可能获得最大的回报率。在效果评估的过程中,每个阶段都需要花费金钱,如制作调查问卷、准备赠送被调查者的小礼品等,评估人员在进行效果评估时,需要尽可能地在预算内获得更好的评估效果;进行会展文创效果评估,评估人员是不可或缺的一部分,需要根据不同评估人员的不同优势,进行恰当的评估工作安排。

(三) 实施评估计划

根据评估计划开展评估工作,首先需要收集信息,收集信息是效果评估中最复杂也最耗费时间和精力的步骤。收集信息时可以采取的方法有问卷调查法、收集历史资料、现场观察记录、深入面谈等。

1. 问卷调查法

问卷调查法是最常用的信息收集方法,会展文创效果评估中使用的调查问卷主要包括观众问卷和参展商问卷:通过观众问卷可以了解参展观众的基本情况以及他们对会展文创的评价;参展商问卷这里主要针对的是参与会展文创创作的艺术家们[1]。

问卷调查工作通常采取的是概率抽样方法,因而准确性很高。同时,应尽可能让专家来设计调查问卷。

观众问卷的内容可以包括以下问题:①年龄? ②职业? ③性别? ④从何途径知道本展览? ⑤参观时间多长? ⑥哪种会展文创产品更吸引您? ⑦购买了哪种会展文创产品? ⑧是否参加过其他同类展览? ⑨您对会展文创产品有何建议? ⑩您对会展文创产品展台设计的态度如何,有何建议? ⑪参观目的是什么?

参展商问卷的内容可以包括以下问题:①在文创产品创作过程中,您是从哪里获得灵感的? ②您认为会展文创产品设计应该更注重创意性还是实用性? ③您认为会展文创产品的展台设计是否重要? ④您认为哪种会展文创产品更吸引您? ⑤您认为哪种会展文创产品更吸引参展观众? ⑥您认为哪一种会展文创产品的销售量、销售额更高?

---

[1] 许传宏. 会展服务与现场管理[M]. 2版. 中国人民大学出版社, 2013:231.

2. 现场观察记录

在会展的进行过程中,主办方可以组织评估人员在现场进行直接观察,了解观众何时进入会展、在哪些地方停留、被哪些文创产品吸引、停留时间多长等。通过直接的观察可以了解观众参加会展的活动轨迹,这些信息可以用录像的方式进行采集。为了避免信息的不确定性,还可以结合面谈的方式,确保所采集信息的准确性和完整性。

3. 深入面谈

深入面谈需要找对人,还需要提前做好准备,列好问题提纲,以免浪费他人时间。参观会展的人有些是普通观众,有些则是艺术家。艺术家作为面谈者可以提供更多的办展意见,对会展文创展品的陈列与设计提出专业的想法,他们的观点更能切中要害;选取普通观众作为面谈者,则可以得知会展是否符合大众审美、会展的哪些部分观众无法理解、会展文创产品所传达的思想普通观众是否能够理解与接收等,这些都是判断一场会展和相关文创衍生品是否成功的要素。

(四)进行分析评估

在获得所需要的数据信息后,需要对数据信息进行分析评估,因而要保证所收集到的信息的完整性、准确性和可靠性。这就要求评估方对数据进行系统的整理,再根据所选定的评估目的和内容选择恰当的评估方法进行统计分析。通过统计分析,能够得到会展文创的销售金额、参展人数、最受欢迎的文创产品等信息。但是对于一些关于社会效果、文化效果等的指标,没有办法进行定量分析,需要结合其他手段来分析。以下提出三种分析评估的方法。

1. 层次分析法

会展文创效果评估的指标构成具有成分复杂、难以完全定量分析的特点,而层次分析法能够将人们对各项指标的主观感受和评价通过重要程度的对比化作可量化的数值,从而为评估提供更便利、可靠的参考。层次分析法下的群组决策是指让专家根据自身知识和经验对层次分析法下的各项指标进行打分,将相关意见汇总后决策。

具体程序如下:首先,需要建构层次模型;其次,针对各专家的意见依次构造比较矩阵;最后,计算分析,需要把具体的评估要素看作内容,对这些评估要素的重要性进行问卷调查,采用因子分析的方法,筛选出各级评估指标。通过层次分析法对会展文创效果进行评估,有利于减少专家评价的主观误差,也有利于评估的体系化评价[1]。

2. 菲利普斯的六级评估模型

杰克·菲利普斯(Jack Philips)的六级评估模型在理论和实操上取得了比较好的平衡,也是国际上采用较多的评估方法。菲利普斯评估模型的第一级是项目规模,体现在会展文创上就包括参观人数、费用大小等;第二级是反应层面,包括参会者对会展及会展文创的满意度,参展过程中的认知、态度、产生的想法,以及观展后采取的行动;第三级是学习层面,包括参展观

---

[1] 林振.市级政府主导型展会活动的绩效评估指标体系及应用研究[D].福建师范大学硕士学位论文,2021.

众通过会展文创所学到的知识、文化,在会展上结识到的新朋友等;第四级是应用层面,包括将会展中学习到的知识应用在生活中;将文创所具备的内涵传播至整个社会,以及与会展中结识的新朋友进一步联系;第五级是效果层面,即应用之后给相关组织带来的效果,包括会展文创销量的增加、会展文创知名度的提升、传播力的扩散等;第六级是投资回报率,指对会展文创的投入给利益相关者带来的回报,需要借助统计学方法进行定量分析,从而计算出投资回报率[1]。

利用菲利普斯的六级评估模型对会展文创效果进行评估,能够知晓参展观众对会展文创是否满意、是否通过会展文创产品学到了知识、自身行为是否有所改变,以及会展文创给组织方带来的经济效益。

3. 统计分析法

统计分析法即对收集到的数据资料进行统计整理,形成系统化、清晰的数据材料,再根据评估标准进行分析、比较,找到规律性的问题及原因。

首先是统计。比较容易统计的数据有参观人数、文创销售金额、展览的总成本、展台设计和人员投入的成本等,难以统计的是会展文创市场状况和发展趋势等,需要结合其他方式来进行分析。

其次是比较。统计完成后,需要与其他参照物进行比较,如相同级别的展览、不同地区的同一展览等。通过比较结果,可以分析展览是否成功、是否达到了目的。例如,使用参观人数作为评估标准比较观众质量和数量,如果接待的观众质量高,那么可以认定展出成功。

最后是分析工作。分析工作十分繁琐,可以由熟悉业务的内部人员完成,也可以委托专业的公司完成。总之,分析必须有理有据,具体问题具体分析,从而得出一个可靠、客观的结果[2]。

(五)撰写评估报告

经过烦琐的数据收集和严密的分析评估,就可以得出一个总结性的评估报告。评估报告作为效果评估的最后一个环节,发挥着关键性的作用,它能够为主办方下一个会展文创提供参考。因此,评估报告的撰写有以下要求:一方面,评估报告的文字必须简洁明晰,能够让阅读者直接明白评估的结果;另一方面,评估报告不仅仅只是对评估结果进行简单的阐述,还需要针对评估结果提出建设性意见,以便主办方能够对下一个会展文创的行动方案进行调整[3]。

评估报告的内容也会因为评估重点的不同而有所差异,但一般情况下,其内容包括评估背景及目的、采用的评估方法、评估结果以及评估的结论和建议。为了确保评估报告的严谨性和完整性,需要严格遵循上述要求撰写。

---

[1] 雨阳.会展项目评估[J].中国会展,2021(1):104-106.
[2] 会展评估的方法[EB/OL].https://www.guayunfan.com/lilun/659209.html.[访问时间:2022-11-17].
[3] 肖葱,罗明志.会展策划与管理[M].华中科技大学出版社,2019:122.

案例研读

缘起书香,以艺术点亮生活
——新华文创·明珠美术馆"慕夏"展文创案例

一、背景介绍

新华文创·明珠美术馆(Pearl Art Museum,PAM)是上海新华发行集团基于国有企业对推动文化艺术事业发展的责任而创办,邀请国际建筑大师安藤忠雄设计、打造的全球首个"书店+美术馆"项目。起源于1937年延安新华书店的上海新华发行集团,作为中国文化传播事业重要的启蒙者和引领者,担当着推进上海文化事业和文化产业的重要职能。迈进新时代,上海新华发行集团陆续打造了光的空间、明珠美术馆、武康大楼"30°空间"等多个文创产业标杆型项目,并通过整合品牌"新华文创",传承、创新传统文化,将优质的文化艺术资源,以年轻人喜闻乐见的形式呈现出来,打造品牌与产业结合的平台,从而为老品牌注入新内容,焕发新动能。

明珠美术馆是一所非营利民营美术馆,宗旨是与全球最具创造力的文化艺术机构、艺术家、文化人通力合作,探索属于自己的运营模式、展览内容以及与业界及观众互动的独特方式。遵循集团"营造读书氛围,倡导理性精神,推广深度阅读,传承经典文化,践行新华使命"的理念,明珠美术馆把阅读和艺术有机地结合在一起。安藤忠雄设计的"光的空间"由上海爱琴海购物公园内七楼的新华文创·光的空间与八楼的新华文创·明珠美术馆组成。两个空间通过一个独特的星空穹顶多功能活动区域连接。这种独一无二的形式既是明珠美术馆出身书香的独特身世的艺术外化,也是美术馆赖以发展的文化、精神根基。观众从八楼步入新华文创·明珠美术馆的展厅,在观展后步入七楼的新华文创·光的空间。从艺术的视觉审美进入对书籍的文本阅读,在这个当代空间里,观众可以穿梭于叠加的思想维度之间(见图7-5-1和图7-5-2)。

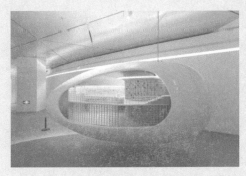
图7-5-1 光的空间·心厅模型

图7-5-2 新华文创·明珠美术馆外景

"有书店的美术馆"是新华文创·明珠美术馆的独特定位,这也决定了它的运营理念——寻找"艺文两栖人"。因此,美术馆在策划展览时立足于上海文脉、本土文化艺术生态,又放眼全球,以开阔的视野、专业性和权威性的标准发掘国内外的优秀创作者,策划展出他们跨越文字与图像的艺术作品,开展一系列"从文本到展厅的冒险"。重磅展览往往以主题串联起不同的艺术门类,开展跨越时空、地域和文明的对话。

自 2017 年开馆以来,新华文创·明珠美术馆在集团战略思想的指导下,自主策划举办了"安藤忠雄展·引领""读书行路:《路易威登游记》艺术展""(重)塑世界:法国国立当代艺术中心数字媒体艺术二十年""慕夏""维克多·雨果:天才的内心""风景与书:明珠美术馆两周年庆典展""以花之名""时间剧场:翟永明文学与摄影展""没有足够的距离——跨界潮流艺术展""从泥土到语言——以陶瓷为媒介""想象的相遇——《神曲》对话《山海经》""长效设计:思考与实践"等一系列关注"最经典与最前沿"的国际艺术展览,开展高水准的学术与公共审美教育活动,并在艺术出版领域不断探索。这些展览各有特点,但从文创角度而言,无论社会影响力还是文创衍生品销售,"慕夏"展是其中最成功的展览之一。那么,艺术成功破圈,走向更多参与者乃至文创产品消费者,这是如何实现的呢?

二、"慕夏"文创的前期调研与策划

作为具有国际化视野的生态型文化产业集团,新华发行集团坚守中华文化立场,把优秀传统文化中的文化精髓展示给世界,讲好中国故事,传播好中国声音。在集团与国际接轨的布局引领下,新华文创·明珠美术馆肩负着"打造高水准国际艺术交流平台,在全球化语境中努力尝试新发展可能"的使命。2019 年恰逢中国与捷克建交 70 周年,加强中捷两国的艺术文化交流成为新华文创·明珠美术馆策展时关注的重要选题。自 2017 年 12 月开幕大展"安藤忠雄展·引领"以来,新华文创·明珠美术馆一直秉持"让艺术点亮生活"的理念,以"引领"为基调,希望呈现国际视野下最经典与最前沿的艺术文化,走出一条引发思考、引领心智的成长之路。这时,捷克伟大的国宝级艺术家阿尔丰斯·慕夏(Alphonse Mucha)就进入了新华文创·明珠美术馆的视野。

慕夏在艺术史上被称作新艺术风格的创始人,新艺术风格的主张是提倡"艺术走进生活",这与"让艺术点亮生活"在调性上高度一致。慕夏的成名缘于为戏剧演员做海报,后来又给很多商品(如饼干、香水等)做海报,这本身就是面向大众的艺术表达。慕夏创作的海报与饰板在当时并不是昂贵的艺术品,在某种意义上,是普通人也能买得起的装饰艺术。他的创作让艺术走进了更多人的生活。与此同时,作为新艺术风格的创始人,慕夏也是新艺术运动引领者、希望之光传播者,这也正与新华文创·明珠美术馆主张的"引领"基调相契合。

更重要的是,策划"慕夏"展还具有高度的可行性。新华文创·明珠美术馆是中国第一家和布拉格慕夏基金会合作的美术馆,与基金会有学术、工作上的合作,有能力把大量的慕夏原作带到中国,通过恒温恒湿的展厅向大众高水准地展示这些作品。

2019年3—7月，新华文创·明珠美术馆隆重推出"慕夏"展，首次在国内集中展出慕夏家族收藏——捷克伟大的国宝级艺术家慕夏一生的杰出作品。此次展览规模空前，逾200件作品，类型丰富。除了慕夏最负盛名的新艺术风格海报、装饰品、珠宝设计等经典杰作，更涵盖其有生之年从未公开的素描、绘画，以及摄影、书籍设计、私人物品，围绕这位艺术大师的六重身份进行分区展示，包括巴黎的波希米亚人、肖像画艺术家、国际艺术家、神秘主义者、爱国者和艺术家-哲学家，从多种角度研究探索慕夏本人特质及其艺术精髓，揭示这位多产艺术家的艺术理念和精神世界（见图7-5-3）。

为了让展览能更长久地延续其影响，甚至融入观众在观展之外的日常生活，基于慕夏作品IP的文创产品开发与销售成为与展览呈现同样重要的策划板块。

新华文创·明珠美术馆拥有独立的研究、创意与执行团队，创建名为"艺术生活实验室"（LAb）文创平台品牌，链接展览、公共教育、出版等多元领域，在汇聚全球一流艺术与创意资源的基础上，"打造无墙的美术馆与流动的艺术学院"，推进艺术、文化、创意等跨领域合作，以此用艺术点亮生活，为城市赋能。"艺术生活实验室"的工作是展览策划的重要一环，与策展同步开展，根据每一场展览的定位和风格推出相关的会展艺术衍生品。"慕夏"这个重量级的展览在中捷建交70周年之际推出，不仅是对"新艺术运动"的展示，更是中捷友谊的见证。因此，"艺术生活实验室"投入了很多精力去推进文创产品的开发。一方面，新华文创·明珠美术馆已开办近两年，以往展览的文创产品销售数据能在一定程度上反映市场偏好；另一方面，更具创新性的文创衍生品设计也在"慕夏"展上得到了试验，并取得了较大成功（见图7-5-4）。

图7-5-3　"慕夏"展现场　　　　　　图7-5-4　艺术生活实验室（LAb）

三、"慕夏"展文创的执行与评估

选择文创衍生品要符合会展的主题和定位。会展文创是展览的延伸，为了让会展与会展文创衍生品产生联系，新华文创·明珠美术馆在设计文创衍生品时会对会展主题IP图案进行转移和再创作。在设计"慕夏"展的文创衍生品时，新华文创·明珠美术馆先梳理"慕夏"展本身的定位，寻找其亮点所在，调查哪些"慕夏"图案能被授权进行开发利用，再回溯新华文创·明珠美术馆以往文创品的销售数据,锚定最受欢迎的文创产品类型,进行文创产品的创意设计,将受欢迎的"慕夏"元素印刻在文创产品上,"慕夏"明信片、"慕夏"文件夹等文创产品就是通过这种方式设计生产出来的(见图7-5-5和图7-5-6)。观众在新华文创·明珠美术馆购买会展文创产品更多呈现情景消费和冲动消费的特征,即消费者在看展看得心情澎湃之时,希望能够把这样一份美好的体验继续延续下去,就往往会选择购买会展文创衍生品。

图7-5-5 "慕夏"展明信片

图7-5-6 "慕夏"展文件夹

除了常规的会展文创衍生品,如"慕夏"胸针、"慕夏"文身贴、"慕夏"文件夹、"慕夏"明信片、"慕夏"日历、"慕夏"海报外,新华文创·明珠美术馆在打造"慕夏"文创产品时还尝试了和品牌联名、与非遗联合。

慕夏在1900年为法国饼干品牌露怡(LU)设计过盒子,而今天这个品牌依然还在,属于亿滋国际(奥利奥的母公司)。"慕夏"文创团队跟露怡(LU)联手,推出联名限量款礼盒——Lefèvre-Utile饼干盒,在一百多年后重现了慕夏跟露怡(LU)的合作,消费者除可以食用饼干外,还能获得一个印有慕夏作品的限量版饼干盒(见图7-5-7)。

此外,文创团队还尝试IP与非遗的联合。新华文创·明珠美术馆与苏州的一位非遗传承人合作了团扇,团扇上印有慕夏的艺术作品,把中国的非遗元素和西方的现代艺术结合到一起(见图7-5-8)。

图7-5-7 LU露怡×慕夏联名限量款礼盒

图7-5-8 "慕夏"展团扇

除了转移"慕夏"图案的文创品,新华文创·明珠美术馆还进行了一些文创衍生品的深度开发。简单的图案转移只是满足了外在审美,而文创衍生品开发还要兼顾内在价值。会展文创品面向市场,同时也是对新华文创·明珠美术馆的品质、审美、展览内容的一种宣传,因此,富含内涵、兼具工具性和审美价值的文创会更受欢迎。在"慕夏"展中,新华文创·明珠美术馆联合"再造衣银行"创始人、著名设计师张娜携手推出的联名"慕夏"服饰系列,包含服装、丝巾、抱枕等多种类目,采用100%环保面料,结合环保概念、传统元素与现代形式,这是对慕夏作品之美的新演绎、再创造,将其融入现代生活的方方面面,点亮生活之美(见图7-5-9)。

新华基因带给新华文创·明珠美术馆的不仅是硬件上的"新华文创·光的空间",使其成为"有书店的美术馆",还有艺文融合的理念与活动。

图7-5-9 "慕夏"展服饰

配合"慕夏"展,新华文创·明珠美术馆在2019年3—7月推出了11场活动,形式有讲座,有对谈,诗歌诵读,有花艺表演,有音乐日,还有儿童手工坊;内容则既有围绕慕夏及其艺术作品的解析,有基于慕夏作品及艺术风格延伸开来的中西文化对话,有美术、音乐与文本的碰撞,也有面向孩子的艺术教育活动。这种错落有致的安排建构了展览的立体面和层次感(见表7-5-1)。

新华文创·明珠美术馆是新华发行集团旗下文创产业的重要布局之一,它能充分利用新华文创平台旗下的其他品牌资源,联合文汇出版社,共同推出自身编著的首本展览画册《慕夏Mucha》,书中囊括了展出的200逾件精彩作品,收录策展人对慕夏艺术魅力的深入解读,是国内最为全面的慕夏作品集合,也是首部中英文对照的慕夏读本。画册设计由荷兰著名设计工作室托尼克(Thonik)担纲,以创新的现代式优雅呼应19世纪末艺术大师的丰饶之美。《慕夏Mucha》画册涵盖了"慕夏"展中的逾200件作品,按展览脉络,以六大展区为线索梳理呈现,分关键词解读慕夏在不同时期的创作经历与艺术特色,还有对重点代表作的特别解说。全书采用中英文双语对照,图文并茂,读者不仅可饱览众多慕夏代表作的精美大图,更可阅读慕夏艺术研究专家独家撰写的解读文章,深入探讨"慕夏风格"风靡全球的魅力之源,堪称目前国内最为全面翔实的慕夏作品集合,是研究慕夏、新艺术运动乃至19世纪末时代风貌时不可不看的必备资料(见图7-5-10)。

图7-5-10 《慕夏》画册

从销售渠道来看,新华文创·明珠美术馆各展览的文创衍生品在线上线下同时销售。在实体店方面,自有渠道艺术生活实验室、新华文创·光的空间里均有文创衍生品销售,此外,上海以及全国其他城市的合作伙伴(如上海思南书局和上海图书馆等)也有售点;在线上渠道方面,新华文创·明珠美术馆的微店等平台也同时销售会展文创衍生品。

在宣传上,新华文创·明珠美术馆不仅通过传统媒体对"慕夏"展进行宣传,如通过电视、报纸、杂志、广播、网络等多种媒体平台进行宣传,在澎湃新闻艺术评论栏目上就有多篇关于"慕夏"展的评论,同时也在地铁站户外广告屏传播"慕夏"展的展讯。除了传统媒体渠道,新华文创·明珠美术馆还通过各种社交新媒体平台、短视频平台等多元渠道来宣传"慕夏"展。

新华文创·明珠美术馆很重视每一场会展开办后受众方、合作方的反馈,并会在展览结束后进行复盘和效果评估,不断进行优化。"慕夏"展的观展人数和收益都达到了预期,文创衍生品的销售量也是可观的。在"慕夏"展开办期间,美术馆还在展厅门口放置了留言簿,观众看完展后会在上面留下评价。此外,网络舆情监测也是很重要的,大众点评等网络平台上的网友反馈也是帮助美术馆评估展览效果的重要信息。此外,合作的艺术家、媒体、供应商等合作伙伴的反馈也是效果评估的重要信息来源。在进行"慕夏"展的复盘后,新华文创·明珠美术馆认为要在团队或合作模式上进行优化。文创的开发其实是一个专业性、系统性、需要跨部门进行协同创意合作的工作。

展望未来,新华文创·明珠美术馆将根据集团对旗下文创品牌的整体布局,进一步优化团队和流程,对文创产品从调研、研发制作到销售的整体流程做更具系统性、成规模的深化开发,源源不断地输出更多、更好的文化产品和服务,让艺术点亮生活。在上海这座国际大都市,新华文创要坚守中华文化立场,把优秀传统文化中的精髓展示给世界,讲好中国故事,传播好中国声音,为上海高质量发展贡献文化品牌力量。

表 7-5-1 "慕夏"展活动一览表

"慕夏"展活动一览
第一场　阿尔丰斯·慕夏:人,艺术家,与他的"遗产"
日期: 2019.03.30 周六 14:00—16:00
主讲嘉宾: 马库斯·慕夏(Marcus Mucha)
主办: 慕夏基金会
语言: 中文、英文
主要内容:慕夏基金会执行理事长,阿尔丰斯·慕夏曾孙马库斯·慕夏,讲述新艺术运动大师慕夏从广为人知到鲜为人知的一生。

第二场 "慕夏风格",一种视觉语言

日期: 2019.03.31 周日 14:00—16:00
主讲嘉宾: 李丹丹、佐藤智子
主办: 上海明珠美术馆、慕夏基金会
语言: 英文、中文

主要内容:两位策展人李丹丹女士与佐藤智子女士将举行对谈,进行一场关于此次展览从策展理念到艺术呈现的精彩对话。

第三场 阿尔丰斯·慕夏:其人其艺

日期: 2019.04.13 周六 15:00—17:00
主讲嘉宾: 宋建明
主办: 上海明珠美术馆
语言: 中文

主要内容:中国美术学院学术委员会副主任、博士生导师宋建明教授,以《阿尔丰斯·慕夏,其人其艺》为主题,深入解读慕夏的艺术成就与其时代精神。讲座将从三个角度切入:揭秘20世纪"新艺术"领军人物慕夏的往事与色彩艺术成就;沿着慕夏人生之路的起伏,了解慕夏的思想与艺术变化之道;为艺术设计的"新艺术"风格表现与为斯拉夫民族历史文化所做的"斯拉夫史诗"的宏大叙事。

第四场 花间集

日期: 2019.05.25 周六 14:00—15:30
主讲嘉宾: 谈瀛洲
主办: 上海明珠美术馆
语言: 中文

主要内容:复旦大学外文学院教授、博士生导师,摄影师和花艺爱好者,《人间花事》的作者谈瀛洲老师,聊聊慕夏与花儿的事。谈教授把慕夏作品中随处可见的"花"元素与和植物有关的文学写作相联系;同时结合德国的理查德·费舍尔(Richard Fischer)、日本的东信与椎木俊介以及谈教授本人的植物摄影作品与观众展开畅谈。

第五场 世界美如斯

日期: 2019.06.02 周日 14:00—15:20
主讲嘉宾: 徐惟杰、孙净、蔓颐茂(Maggie Mao)
语言: 中文

主要内容:徐惟杰和孙净将现场合作诵读节选自《世界美如斯》中的短篇《马哈的花束》,和现场的观众一起穿越时空,漫步在布拉格冬日白雪皑皑的街头,去轻嗅暮春时节绽放的青果树的花枝,去寻找诗人低吟诗句时坐过的长椅,去等待仲夏六月令人沉醉的野蔷薇。花艺艺术家蔓颐茂将

以慕夏的作品为创作灵感,现场进行花艺表演。在蔓颐茂看来,造就慕夏风格的重要部分其实是一种有序和无序的结合。这和插花的技巧相似,看似每朵花都长相相同,然而并不是单纯的复制粘贴。大自然造就了它们不同的样式,却要在有限的容器里重新排列组合,寻找一种若有似无的秩序感。

第六场　从慕夏风格到上海月份牌艺术

日期：　　　　2019.06.16 周日 14:00—16:00
主讲嘉宾：　　朱海辰
主办：　　　　上海明珠美术馆
语言：　　　　中文

主要内容:中国美术学院副教授、研究生导师,中国美术家协会会员朱海辰老师,为大家解读慕夏作品与上海月份牌之间鲜为人知的缘分与故事。朱海辰老师将以丰富的图例和深入浅出的口吻,为大家拂开月份牌百年历史下的面纱,带领大家感悟艺术史的色彩斑斓与扑朔迷离,再读上海这座城市的精彩往事。

第七场　装饰的罪与罚

日期：　　　　2019.06.22 周六 14:00—15:30
主讲嘉宾：　　杭间
主办：　　　　上海明珠美术馆

主要内容:中国美术学院副院长、国美美术馆总馆长、博士生导师,同时也是艺术史学者、设计策展人的杭间教授走进心厅,和大家分享他在《装饰》杂志从执行编辑到主编这13年间与装饰、与设计的故事。

第八场　2019夏至音乐日

日期：　　　　2019.06.22 周六 18:30—20:00
表演：　　　　Fresh Zero、萌萌薰 Free U、"Petite Brise 小小分贝"法语童声合唱团
主办：　　　　上海明珠美术馆
语言：　　　　中文

主要内容:新华文创·明珠美术馆邀请三支各有特色、风格鲜明的乐队,和观众一起在美术馆中邂逅音乐,点亮夏夜;用艺术与音乐,品味盛夏之美。

第九场　儿童手工坊:慕夏风格装饰纸盒制作

日期：　　　　2019.07.13 周六 14:00—16:00
指导老师：　　丁雪莹
主办：　　　　上海明珠美术馆

主要内容:复旦中学的丁雪莹老师以游戏和手工坊等孩子们非常喜欢的形式,帮助孩子们一边动手一边发现慕夏作品中的艺术元素,寻找色彩搭配与造型带来的乐趣。

第十场　五彩彰施：由色彩与图案编织而成的花样年华

日期：　　2019.07.20 周六 13:30—15:30
主讲嘉宾：　石建邦、李胜菊、姜庆共、赵瑾
主办：　　　上海明珠美术馆、上海书画出版社
语言：　　　中文
主要内容：新华文创·明珠美术馆与上海书画出版社携手，邀请图案设计稿收藏者石建邦先生、平面设计师姜庆共先生，以及《五彩彰施》一书编者李胜菊女士、设计师赵瑾女士一同对话，就近代纺织业革新引起的图案与设计的关系展开讨论。四位嘉宾围绕民国织物彩绘图案艺术书籍《五彩彰施》展开谈话，把目光聚焦在彼时上海中西文化碰撞背景下通过图案构筑的典雅图景。

思考题

1. 会展文创的主要调研内容包括哪些？
2. 会展文创有哪些调研方法？各自有什么特征？
3. 请谈一谈会展文创策划的主要流程。
4. 会展文创组织实施的主体包括哪些？
5. 会展文创组织实施的主要程序是什么？

本章参考文献

[1] 王艺,李列锋.广告学[M].2版.大连:东北财经大学出版社,2019.
[2] 许传宏.会展服务与现场管理[M].2版.北京:科学出版社,2017.
[3] 肖葱.会展策划与管理[M].武汉:华中科技大学出版社,2019.
[4] 黎菲,方坚辉.会展活动绩效评估指标体系研究[J].创意城市学刊,2020(1):83-93.
[5] 温超.美国科技类博物馆展览效果评估分析——以NSF项目展览效果评估案例为例[J].科普研究,2014,9(2):47-53.
[6] 吴明.展览文创产品开发——博物馆展览阐释的新途径[J].博物院,2019(5):71-75.
[7] 韩鑫.博物馆文创产品的传播功能实现研究[D].华东政法大学硕士学位论文,2018.
[8] 马晶晶.当代博物馆文创产品与产业的发展现状与对策探讨[J].吕梁学院学报,2015,5(4):59-63.
[9] 雨阳.会展项目评估[J].中国会展,2021(1):104-107.

[10] 刘容辰.博物馆文创产品价值评估指标体系构建研究[D].北京服装学院硕士学位论文,2020.

[11] 刘松萍.给自己打分——参展商如何评估展会效果[J].中国会展,2005(6):30-33.

[12] 林振.市级政府主导型展会活动的绩效评估指标体系及应用研究[D].福建师范大学硕士学位论文,2021.

[13] 韩雨潇.文化创意产业立法视角下的文创产业版权保护问题探析[J].传播与版权,2022(3):110-113.

[14] 周承君,何章强,袁诗群.文创产品设计[M].北京:化学工业出版社,2019:95-99.

[15] 张义,杨顺勇.会展导论[M].上海:复旦大学出版社,2009:111-112.

[16] 张俊竹,苏镜科,尹铂.会展设计[M].北京:化学工业出版社,2019:47.

[17] 徐志君.后批评时代的策展——2019中国当代艺术策展综述[J].艺术工作,2020(5):24-32.

[18] 蔡雨晴.河北博物院文创产品设计研究与策划实践[D].湖南工业大学硕士学位论文,2019.

[19] 黄思诗,曹晓娜,端木千慧.故宫文创产品的营销策划分析[J].经营与管理,2020(12):54-57.

[20] 马衍明.博物馆文创产品开发中的版权及相关问题[J].法制与经济,2021(7):7.

[21] 聂洪涛,李宁.保护与创作:博物馆文创产品著作权法律问题分析[J].中国博物馆,2020(1):6.

[22] 黄合水.广告调研方法[M].厦门:厦门大学出版社,2006:213-218.

[23] 湖南省文化厅重大课题课题组.文化文物单位文创产品开发中的知识产权保护论纲[J].邵阳学院学报(社会科学版),2017:1-7.

[24] 黄鹂,杨洋.会展营销[M].武汉:华中科技大学出版社,2019.

[25] 蔡嘉清.广告学教程[M].3版.北京:北京大学出版社,2009:61.

[26] 吕亚泰,张聪,顾越凡.江宁博物馆文创设计研究[J].文物鉴定与鉴赏,2022(18):49-52.

[27] 马小艳.纤维材料在长白山地域文化创意产品中的设计与应用研究[D].吉林建筑大学硕士学位论文,2019.

[28] 赵富森."文化创意+"会展业融合发展[M].北京:知识产权出版社,2019:7-8.

[29] 黄合水.广告调研技巧[M].厦门:厦门大学出版社,2003:45-46.

[30] 刘大可.当前经济环境下,会展业何去何从?[J].中国会展,2021(1):77-78.

[31] 预算[EB/OL].https://wiki.mbalib.com/wiki/预算.[访问时间:2022-11-14].

[32] 市场预测的概念和作用[EB/OL].https://wenku.baidu.com/view/7dead28c83d049649a665801.html?_wkts_=1668438911571.[访问时间:2022-11-14].

［33］市场定位的策略——定位销售专家吴玉龙［EB/OL］. http://www.doc88.com/p-080712147495.html.［访问时间：2022-11-14］.

［34］产品价格定位策略［EB/OL］. https://www.docin.com/p-86705952.html.［访问时间：2022-11-14］.

［35］产品定位［EB/OL］. https://wiki.mbalib.com/wiki/产品定位.［访问时间：2022-11-14］.

［36］如何得到版权方授权［EB/OL］. https://china.findlaw.cn/zhishi/a1629561.html.［访问时间：2022-11-16］.

第八章

会展文创的组织保障

学习目标

学习完本章,你应该能够:
(1) 了解会展人才、文化创意人才与会展文创人才的概念;
(2) 了解会展文创人才的特点及培养路径;
(3) 了解会展文创中介机构的类型;
(4) 了解会展文创中应急处置的必要性及实施路径。

基本概念

会展文创人才　会展文创中介机构　应急处置　危机管理

第一节 会展文创人才的要求与培养

一、会展人才的内涵、分类与特点

(一)会展人才的内涵

所谓人才,是指那些具有良好的内在素质,能够在一定条件下通过不断地取得创造性劳动成果,对人类社会的发展产生较大影响的人[1]。这一定义强调了四个要点。一是人才的内在素质。内因决定事物的发展,而人才的内在素质正是人才形成的内因和主观条件。二是人才实现条件。人才的成长需要一定外部条件的支持,即人才成长的外因。三是人才动态。由于人才内在素质的提高和外在环境的变化,人才的质量会不断提高,而人才取得的创造性劳动成果也不断增加。四是人才创造性劳动成果。人才通过创造性劳动取得的劳动成果必须是能够推动社会进步的较大贡献。2016年4月26日,习近平总书记在知识分子、劳动模范、青年代表座谈会上发表重要讲话,指出:"要建立适应网信特点的人才评价机制,以实际能力为衡量标准,不唯学历,不唯论文,不唯资历,突出专业性、创新性、实用性。"[2]这一新的人才衡量标准深刻地揭示了人才概念的科学内涵。人才的分类有很多种,例如,可以将人才分为"研究型""技能型""工程型"以及"技术型",也可以将人才分为"技能人才""技术人才""管理人才"以及"经营人才"。此外,因为各行业各具特点,所以人才还可以按照行业标准进行分类。

美国著名化妆品公司玫琳凯的创始人玛丽·凯(Mary Key)曾经说过:"优秀的员工是企业最重要的资产,拥有优秀员工并和其一起发展,是一个优秀公司的标志。"[3]会展产业的关键资源之一就是人才,是否具有高素质、高能力的会展专业型人才,在一定程度上决定了一场会展活动能否成功举办。

所谓会展人才,可以将其理解为掌握一定会展理论知识、具备一定会展专业技能、服务于会展产业的专业性人员。从广义的角度来看,任何参与到会展产业链中的人员都可以被称为会展人才。

(二)会展人才的分类

1. 会展活动全流程层面

会展人才是整个会展活动的灵魂,会展活动的流程也是会展人才培养体系的战略要素。会展人才的作用贯通策划、组织、布展以及相关的服务、支撑整个活动流程。因此,从会展活动流程出发,可将会展人才分为设计策划人才、执行实施人才和辅助支撑人才。

---

[1] 罗洪铁.人才学学科30年建设和发展研究[M].北京:中央文献出版社,2009:62.
[2] 新华社.习近平在网络安全和信息化工作座谈会上的讲话[EB/OL]. xinhuanet.com/zgjx/2016-04/26/c_135312437_6.htm.
[3] 李丁.上海会展专业人才开发研究[D].石河子大学硕士学位论文,2014.

2. 产业链层面

会展业是文化产业中的一个重要部分，人才是会展业蓬勃发展的原动力，而在文化产业背景下，会展更加离不开"文化"。会展人才可以分为会展创意人才和会展经营管理人才。会展创意人才的创新性主要体现在会展文化的创新性。会展文化创意人才主要指创意、策划、会展设计人才，其工作包括展台设计与综合协调。会展经营管理人才是会展中从事经营和管理工作的人才，具体工作包括会展品牌策划、会展管理等内容。

3. 人才性质层面

会展人才可以分为核心人才、辅助人才、支持性人才三大类，这种分类可以用"金字塔"形状进行描述[1]，如图8-1-1所示。

会展活动中，核心人才主要是负责会展组织策划、项目开发以及会展具体运作的管理人员。该类人才在会展行业中具有极高的地位，并具备极强的专业性。由于核心人才的市场洞察力较为敏锐，而且会展项目运作管理经验丰富，所以可以对市场进行精准的预测。作为会展活动的中心支柱，核心人才的水平与素质直接决定了会展活动的效果，但核心人才的培养时间较长，而且要求较高，不仅需要全

图8-1-1 会展人才分类

面掌握会展策划与管理的专业知识，还需要具有丰富的实践经验，并能够在更深层次上了解会展行业。同时，核心人员还要有相关工作经历，因此，培养会展专业人才时，核心人才是重点培养对象。

会展辅助人才主要是负责会展活动准备与实施的现场工作人员，具体工作内容包括广告发布、活动宣传、现场布置等，是辅助核心人才工作的专业人员，也是保障会展活动有序进行的关键。相较于核心人才的工作而言，会展辅助型人才的工作更为具体，而且分工较为细致，因而需要极高的专业化程度。通常情况下，该类人才的工作是相辅相成的，而且紧密地联系在一起，其中任何一项内容或环节出现问题，都会对会展活动产生影响。因此，为了保证会展活动的顺利开展，辅助型人才必须掌握会展专业的相关知识。在培养该类人才时，主要以学校教育以及社会培训为主。由此可见，辅助型人才是院校会展策划与管理专业培养的重点。

会展支持性人才又称会展服务型人才，在会展活动中，主要是提供各类产品与服务的工作人员，如会场翻译人员、旅游接待服务人员等。相较于核心人才与辅助人才而言，其工作性质较为烦琐，需要极强的观察能力以及分析能力，以便有针对性地将服务提供给会展参与人员，具有不容忽视的作用，也是保证活动顺利开展的前提。一般来说，会展活动举办期间，对于支持性人才的需求量较大，但服务周期较短，因而在对该类人才进行培养时，主要采用社会职业培训为主、高校教育为辅的人才培养模式。

---

[1] 李丁.上海会展专业人才开发研究[D].石河子大学硕士学位论文，2014.

(三) 会展人才的特点

会展人才的特征是由他们所从事的会展活动所决定的。会展活动具有综合性、专业性、高效性、互动性、艺术性、创新性和国际性等特点,因此,会展人才不仅需要有充足的知识储备,更要具备一定的综合能力。总而言之,会展人才不仅是会展专业的专属人才,更是一种复合型人才,具有丰富的知识储备和过硬的专业知识、较强的身体素质和心理承受能力、娴熟的人际沟通和协调能力、较强的创新意识等。表 8-1-1 列出了会展人才分类、涉及领域、培养特点以及支撑专业等。

表 8-1-1　会展人才分类[1]

人才分类	涉及领域	人才培养特点	支撑专业
核心人才	会展策划、运营与管理、营销、人力资源管理等	层次较高,专业性强,对企业发展起关键作用	会展经济与管理、策划、营销管理、人力资源管理
辅助人才	场馆设计、展厅搭建、展品的运输与处理、展览器材生产与销售等	承担某一项专门的管理职能,对行业的顺利发展和不断完善起重要作用	会展艺术与设计、现代物流、交通运输管理
支持性人才	会展翻译、服务、旅游接待等	提供辅助性服务	外语、服务接待、旅游与酒店管理

1. 扎实的专业知识

会展人才作为一种社会知识型人才,首先需要掌握一定的专业知识。在知识结构上,会展人才既要掌握本专业最新研究成果和发展趋势,又要了解相邻学科知识,具备较好的科学人文素养和相关财务、管理、社交能力,要求基础扎实,发展后劲足,专业知识完整、系统。只有具备一定的理论知识,才能更好地指导实践。会展人才应熟悉会展操办的一般程序和相关事项,具有策划、组织、营销、广告、公关、文案设计等相关知识,具备一定的经济、管理、法律和外语水平。此外,会展活动大多会设置某一主题,这就要求会展业人员还应掌握与会展主题相关的知识,特别是在举行专题会展时,还要了解行业的动态和相关政策方针、市场状况。会展业涉及的专业十分广泛,有广告设计、国际贸易、外语外贸、物流、法律、保险、金融、经济管理、城市建筑、旅游、文化、交通、产品检测、卫生防疫、医疗等。在操办会展时,没有专业知识,不了解会展主题相关情况和会展活动具体操办过程是难以将会展举办成功的,合格的会展人才需要综合塑造自身的知识结构。

2. 良好的身心素质

除具有良好的专业知识外,会展人才还需要较强的心理承受能力。会展业作为一个"风险行业",其运作周期较长,特别是一些大型会展活动,有的甚至需要四五年的准备时间,如奥运会、世博会等,其间很容易产生各种意想不到的问题,甚至受各种不可控因素的影响而夭折,故此会展业也被称为"脆弱行业"。一旦会展举办不成功或没有达到预期效果,会造成举办方巨

---

[1] 刘学莉,徐虹. 我国会展人才培养模式和结构探析[J]. 北京第二外国语学院学报,2005(1):83.

大的经济损失。此外,在操办会展活动中,会展从业人员的工作量一般较大,工作压力也很大,而且需要考虑到方方面面的因素,没有较强的身体素质和心理承受能力是很难做好此项工作的。

3. 娴熟的人际沟通与协调能力

在当今社会,良好的沟通协调能力是各领域人才都需要具备的基本能力之一,对会展人才来说,更需要具备一定的沟通协调能力。这种能力既体现在会展活动的团队之间,也涉及会展公司与政府部门、布展公司以及其他的参展人员的沟通协调,因而是会展人才最基础的特征和能力要求之一。

4. 较强的创新意识

知识经济的本质属性是创新性,想要发展知识经济,创新型人才是关键要素。随着会展产业在我国不断发展壮大,人们不断思考如何策划出更具创新性的会展方案、如何将展览空间设计得更加新颖、如何通过创新性的手段吸引更多观展人员……创新意识和创新能力贯穿会展产业的方方面面。会展人才的创新能力会直接影响最后会展项目的成败。较强的创新意识贯穿整个会展工作的始终,也是会展人才的特征之一。

二、文化创意人才的内涵、分类与特点

(一) 文化创意人才的内涵

文化创意是"文化"和"创意"的高度融合,那么,文化创意人才的主要工作便是通过"文化"创造和挖掘实现价值,从而形成"产业"的一系列活动。因此,文化创意人才首先是从事"文化"工作的人才,"文化"和"创意"是其最主要的内涵。根据《辞海》中对"文化"的定义,从广义角度来讲,文化是指人类在社会历史发展过程中所创造的物质财富和精神财富的总和。1952年,美国文化学家阿尔弗雷德·克罗伯(Alfred Kroeber)和克莱德·克拉克洪(Clyde Kluckhohn)在《文化:概念和定义的批评考察》一书中对西方一百多年来关于文化的160多种定义做了总结:文化代表了人类群体的显著成就,文化的核心部分是传统观念,尤其是它们所带来的价值观;文化体系一方面可以被看作活动的产物,另一方面是进一步活动的决定因素[1]。

对于文化创意人才概念首先做出解释的是美国学者理查德·佛罗里达(Richard Florida)。他主要从美国文化创意产业的发展情况出发,将创意阶层分成"具有特别创造力的核心"(super creative core)和"创造性的专门职业人员"(creative professionals)。前者包括科学家、大学教授、诗人、小说家、艺术家、演员、设计师、建筑师、引导当代社会潮流的小说家、编辑、文化人士、咨询公司研究人员以及其他对社会舆论具有影响力的各行各业人士。后者包括高科技、金融、法律及其他各种知识密集型行业的专门职业人员,他们以创意解决问题,或运用许多复杂知识找出创新的解决方案[2]。我国的一些学者对文化创意人才也进行了自己的概念界定。表8-1-2展

---

[1] 萧俊明.文化转向的由来——关于当代西方文化概念、文化理论和文化研究的考察[M].北京:社会科学文献出版社.2004:10.
[2] 刘润.基于"3T要素"的上海市杨浦区建设创意城区的研究[D].同济大学硕士学位论文,2007.

示了国内一些学者对文化创意人才的相关定义。

表 8-1-2　国内学者关于文化创意人才的定义

作者	年份	定义
李　津	2007	创意人才区别于传统的劳动力,传统劳动力是利用体力进行服务,而创意人才一般指利用专业知识和相关技术开展脑力服务的优秀人才
楼晓玲	2007	对创意产业的内涵做界定,提出只要与创意产业链相关的从业人员都是创意人才
李　扬	2007	作为创意人才,以知识产权为核心,提供的是脑力或者智力服务,他们通常以专业技能为手段,服务于创意产业
蒋三庚、王晓红	2009	创意人才一般具有较高的教育水平和创意能力,这也为其创意能力打下坚实的基础,这类人能够将特殊的内容与信息通过特殊的创意手段加工,从而将其转换成所需要的服务以及产品,达到高效益和高产出
李元元、曾兴雯	2011	创意人才指脑力劳动者,一般能够利用脑力以及相关专业技能去创造生产具有高附加值的产品以及服务。这些人才对创意都有着自己的独特见解,一般能够根据周围环境或者国情进行不断的创新以及探索

(二) 文化创意人才的分类

不同的国家和地区对文化创意产业的分类都有所区别。在不同的领域,文化创意人才的类型也有所不同,因为不同领域的经营与管理方式方法也各不相同,所需要的专业知识、专业技能、审美甚至个性都有一定差别。

从职业的层次进行分类,文化创意人才既包括具有创新力和专业技能的专业人才,又包括将创意转化为经济价值和社会价值的人才,是有创新精神、管理能力和专业技术的"三栖"复合型高级人才。

根据人才的层次结构,文化创意产业人才可以分为三类。第一类是高端人才,主要包括可以开拓新领域、提供新思路、完成符合市场需求的新作品的原创人才,掌握尖端技术、拥有较强研发能力的科技人才,以及深谙市场、善于经营、精通管理的企业管理者和精通创意内容产业化、市场化运作的经营者。第二类是中端人才,主要包括常规经营管理、职能管理的经营管理人才,在这个层面,国内人才的流通较常见,比如,学习工科的人才在积累数年工作经验之后会被任命到与其原本专业关联性不太强的领域做管理人员,这种人才通常具备某一方面的技术才能,同时兼备较为丰富的工作经验。第三类是低端人才,主要包括熟练掌握产业相关专业技术,不涉及技术研发工作的技术支持人才和经营管理活动中的基层人员。

佛罗里达的"创意阶层"理论认为,经济的发展使得创意阶层不断壮大。创意阶层是指需要在工作过程中运用创新思维的人,包括作家、书法家、设计师等,以及高精尖技术和知识密集型行业的工作人员。2008 年年初,英国学者尼克·克里夫顿(Nick Clifton)在"创意阶层"理论基础上做出了进一步阐述。他认为在同一个阶层的创意人才也有不同的分工,包括创意的制造者和创意行业相关职业人。创意的制造者包括各类工程师、大学讲师、作家、表演艺术家、美学家,以及现代社会主流思想的领跑者,如文化人士、编辑、咨询分析师等,他们的工作主要是为文化创意产业提供创意服务;创意行业的相关职业人是指在知识密集产业工作的人员,如银行、证券公司、医药公司、法律咨询公司等工作人员,他们善于利用完善的知识结构找到创新的解决方案[1]。

向勇将文化创意人才分为七类,其中包括专业技能人才(软件编程师、灯光师、化妆师等)、经营人才(CEO、总经理等)、创意人才(演员、造型师等)、通路经营人才、营销人才(产品推广、市场营销人员等)、研究人才(科学家、研发工作者等)和管理人才[2]。

澳大利亚相关研究机构用另一种标准划分文化创意产业人才:核心型工作者,在文化创意产业中提供创意类服务;镶嵌型工作者,在非文化创意产业中提供创意类服务;辅助型工作者,在文化创意产业中从事非文化创意类工作。

《2009年联合国教科文组织文化统计框架》将文化创意产业人才分为六个大类:从事文字性工作的人;从事创新的人;艺术、文化和烹饪相关专业人员;档案及图书管理工作者;从事语言类和视觉类工作的人;从事实体艺术的工作者。

根据行业发展产业链分析,文化创意人才主要分为创新、规划、经营和管理四类人才。一是创意人才,即从事内容上的创新和设计制作,并提供各种文化服务的人才。创意人才是文化创意产业不断发展壮大的坚实基础,需要对文化创意产业的发展前景和方向极其敏锐,同时在创意方面也极为出色。二是规划人才。他们主要从事对接、承办、接洽等各类活动,要求具备专业的知识、细腻的思维、缜密的头脑,并且善于将多学科的知识综合运用。三是经营人才,即对市场情况进行合理的预判,并熟悉生产流程、原材料等专业知识,负责将生产出来的产品投入市场,并提供已经流入市场的产品的售后服务等的人才。四是管理人才。他们能从宏观的角度思考,具有战略性和长远性眼光,是企业发展方向的掌舵人,要具备相当强的综合能力和应变能力,应对市场上的各种突发情况[3]。

（三）文化创意人才的特点

文化创意产业领域的多样性和复杂性客观上决定了文化创意人才的多样性和复杂性。文化创意人才作为发展文化创意产业的坚实基础,具有以下五个方面的特征。

1. 文化创意人才具有前瞻性

文化创意人才对于文化创意产业的发展方向具有很强的预判能力,能够以长远的眼光推测文化创意产业的走向。目前我国的文化创意产业发展迅猛,一些具有先进性特点的新兴企业不断出现,需要具前瞻性和战略性眼光的人才去发现新兴的商业机会,进而将这一朝阳产业发扬光大。这些人才的存在推动了文化创意产业的持续以及健康发展。

2. 文化创意人才具备一定的专业性

随着我国文化创意产业的不断发展壮大,文化创意产业无论在量还是质上都有了飞跃式

---

[1] Clifton N. The "creative class" in the UK: an initial analysis [J]. Geografiska Annaler, 2008, 90(1): 63-82.
[2] 向勇,张相林.文化创意人才现状与开发对策[J].中国人才,2008(1):59-60.
[3] 黎铮.文化创意产业背景下的创意人才培养研究[D].湖南师范大学硕士学位论文,2012.

的发展。这在一定程度上也推进了对相关教育的投资,有利于对文化创意人才的培养,因而目前的文化创意人才已基本具备一定的专业素养。以动漫行业为例,近年来,我国动漫类人才创作出一些受到国际好评的动画片。

3. 文化创意人才的创新性和科技性

文化创意人才往往擅长观察细微之处,有能力对许多新鲜的概念进行加工,最后形成文化产品。文化创意人才的创新能力主要表现为能够将抽象的文化内容转化为具体文化产品的能力。文化创意人才的创新对象为三个方面的有机整合:一是本土的文化;二是对外来文化的吸收与利用;三是个人的创造力。在当今社会发展中,高科技的发展也需要文化创意产业的配合,创意人才需要运用一定的科学技术,才能通过智慧创作的加工把原始的文本和创意升华为文化产品。例如,电影行业需要特技技术,因此,在电影这一领域就需要既掌握特技技能又具备文化素质的人才。

4. 知识结构和能力结构具有复合性特点

文化创意产业是一个多元复合的行业,文化创意人才需要把课本上所学到的知识与实际操作结合起来,提高自己的综合能力。文化创意产业作为一门具有高度交叉性的学科,其知识与能力的运用应是复合型的。例如,游戏编程设计是新兴发展起来的专业技能,我国在这方面的高端从业人员相对匮乏,即使有些院校开设了计算机等相关专业,但是就实际情况而言,还需要解决如何将计算机专业及软件工程专业知识熟练运用到游戏编程中的问题。这就需要从业者在实践中慢慢积累相关工作经验,不断更新自己的知识储备,进而发展成为专业、具有高端技能的游戏编程人才。

5. 文化创意人才团队具有较强的流动性

在文化创意产业的不断变革中,人才是发展的重中之重。目前,很多省区市都制定了符合当地特点的人才发展纲要,并对文化创意人才这一特殊群体的发展给予了多方面的扶持政策。对文化创意人才的渴求加速了文化创意人才的流动,文化创意人才同样在各个城市寻找适宜自己发展的空间。首都文化创意产业人才状况的实证调研显示,在被调查者中,77%的文化创意人才跳过槽,47.6%的文化创意人才不拥有本地户口,而接近一半的管理者认为本单位的文化创意人才流失严重[1]。

三、会展文创人才的内涵、素质能力与作用

(一) 会展文创人才的内涵

2012年,国家统计局颁布新修订的《文化及相关产业分类(2012)》标准,明确了会展服务属于文化产业的九大门类之一,国民经济行业代码为7292,这说明国家把会展归为文化产业,会展服务属于文化服务的范畴。会展文创人才属性由会展的行业属性决定。因为会展行业属于文化产业,所以会展文创人才属于文化创意类人才。

---

[1] 姜菁.创意人才五大特质[J].管理学研究,2006,43(6):21-23.

会展文创人才不同于一般的会展人才或文化创意人才,但又具有会展人才和文化创意人才的一般特征。所谓会展文创人才,就是在会展领域具备文化创意意识和文化创意精神,具有丰富专业或经验知识和重要技能的人才。

(二) 会展文创人才的素质能力

会展文创人才不同于一般的人才,既要具备会展相关知识,又要有文化创意思维,因此应该具有非常优秀的多种素质。

1. 精湛的专业素质

隔行如隔山,每个产业都有其自身的特殊性,因而不同行业从业人员的知识和技能千差万别。专业素质是每一个从业人员应该具备的基本素质,会展文创人才应具备精湛的专业素质。会展文创人才首先需要扎实的专业素养,而这种专业素养又可以分为好几个方面。会展文创人才要有一定的会展知识,如要了解会展的发展史、会展经济的核心以及会展相关政策法规,特别是需要布展的人员,更要明晰布展的基本原则、注意事项等诸多要素,甚至还需要懂得专业的光影技术、色彩搭配技术等,因此,会展文创人才离不开专业素养。同时,会展文创人才不同于一般的会展人才,除了需要掌握会展相关知识外,还应有一定的文创知识积累。这些文创领域的知识不限于理论层面,还包括技术应用层面,会展文创人才必须能够将文创领域的各方面知识运用到会展领域全流程。此外,会展文创人才要与时俱进,不断更新知识,保持知识技能的适应性和先进性,在专业知识和专业技能储备上要立足现在、着眼未来。

2. 深厚的人文素养

所谓文化,广义上指人类在社会历史发展过程中所创造的物质财富和精神财富的总和,狭义上指精神财富,如文学、艺术、哲学、科学、伦理等。文化素养是指一个人从世界文明和民族文化中吸取精华,获取历史、文学、音乐、诗歌、绘画、舞蹈、地理、科技等各类知识,并进行理解、消化、吸收,最终形成自己独特的价值观和知识结构。在这种人文素养下,会展文创人才应具有政治学、社会学、经济学、历史、哲学、法学等相关人文学科知识的素养。会展文创人才只有具备深厚的文化底蕴,才能够对会展文创产业的特点、现状、发展规律、发展走向等具有战略性的前瞻与远视,才能够为会展文创产业提供科学的管理与服务。总体而言,会展文创人才既需要一定的会展文创理论知识,也需要较高的审美情趣和人文情怀,需要具备深厚的人文素养。

例如,在策划会展活动的时候,如果具备一定的人文素养,就能更好地赋能会展品牌的建设。以第二届中国文化旅游博览会为例,为提升展会的品牌附加值,突出文旅融合对城市发展、满足人民群众对美好生活的需要的重要价值,其在品牌升级、IP赋能等方面均进行了创新。在品牌感观层面,展会年度主题品牌形象被全新定义,在主视觉的设计上,以"文旅融合的诗与远方"为概念,提炼山、水、城、人等元素,既表现"文"与"旅"交融的人文内涵,又传递文旅产业发展的蓬勃生机;在环境感观层面,深度提炼齐鲁文化元素,将文化浸润全方位展现在空间中,营造五感互动的"浸入式"参观体验。从"融合与连接"到"诗与远方",文旅融合有了更深层的内涵。在中国传统文化中,诗人用"诗"描绘山水与对远方的向往,"山水与远方"又承载着人们对美好生活的期待。诗与远方生动地体现着"文旅融合"的本真与内涵,代表着大家对美好生活的期待、渴望与追求。

随着数字展厅的不断发展,非常多的人文元素也开始被运用到展厅设计方面。通过在展厅设计中加入一些人文的元素,能够使观众真实地融入展厅。如在展厅中使用互动地幕系统,将画面直接投射到地面,呈现出各种环境效果,如草坪、雪地、水池等,同时加入互动技术,使整个展厅参观更具科技性、创新性、趣味性,不再枯燥乏味。

3. 敏锐的市场意识

会展文创产业的经济属性要求相关人才要有市场意识。不符合市场需求的会展活动或相关产品无法实现其经济价值,而要实现会展产业的市场化,会展文创人才扮演着非常重要的角色。因此,会展文创人才作为会展活动或相关产品或服务的研发者和提供者,必须懂得会展文创市场的供给和需求。

为了进一步增强展会活动或展会品牌的影响力,各种展会活动或展会品牌也纷纷开始打造与之相关的各类会展文创产品。这种会展文创产品的打造更要求会展文创人才具备一定的市场思维。如2022年中国国际服务贸易交易会开设了专门的文博文创展区,吸引了人们的高度关注。展区以"文物·创意·生活"为主题,聚集了28家北京地区博物馆、14家博物馆文创服务企业,展出了近千件文创产品,包括北京中山公园"来今雨轩"花笺信纸、故宫角楼咖啡的"月桂玉华"系列茶具和杯垫、《觉醒年代》文创产品和公园文创雪糕等产品,这些都是文创在新发展理念下的创新成果,也正是通过这些文创产品的打造,我们进一步看到人们对传统文化的好奇与热爱,也从新文创消费趋势中感受到年轻人传承和弘扬传统文化的新姿态,从而可以更好地指导会展品牌的发展。

4. 丰富的创意想象

会展文创产业从策划维度来看,属于一种创造性活动,这就要求会展文创人才具备创意思维。会展文创创意人才必须具有提出新思想、新意境、新形象、新概念的能力,能以新颖的艺术形式打动人们。拥有创意思维可以说是会展文创人才的核心素质。创意思维有很多种,如辐射思维、直觉思维、灵感思维、形象思维、抽象思维等。

会展文创人才的创造性还表现在拥有很强的创意想象能力。创意想象能力离不开创意者创造性的想象力。创造性的想象力不同于复现的想象力,而是在记忆表象的基础上,展开联想和想象的翅膀,对已有的表象进行加工改造,通过"精骛八极,心游万仞",创造出新的形象。会展文创人才在会展领域的各个环节中都需要具有高度想象的能力。一方面,创意者可以"有中生有",不断提升会展各环节领域的创意表现;另一方面,还可以"无中生有"。法国启蒙运动领袖德尼·狄德罗(Denis Diderot)高度重视想象,他不仅重视想象在艺术创造中的重要性,而且还把想象看作人的本质特征之一,是人区别于动物的标志。他在肯定艺术家要知道取舍的前提下,进一步强调了"有权创造"和"无中生有"的重要美学内涵。

5. 良好的综合素质

会展行业自身的行业属性决定了会展文创人才除了需要具备专业素质、人文素养、市场意识和创意想象能力之外,还应该具有协调沟通能力、国际视野、应急处理能力等多种综合素质。

(1) 较强的协调沟通能力。人类社会形成伊始,就有各种类型的会议、展览及活动产生。不论是为了突显科学研究的成果、接受新知识、解决问题、联谊交流、协调谈判、交换意见、扩大市场份额、建立宣传形象、教育培训还是为了提升地位,不论用什么样的名称,也不论会展的地域范围,更不论何种产业或是何种类型专业,会展活动的召开举办都主要以"沟通"为目的,这一直是人类交流的基本需求,更是建立彼此认知了解的"桥梁"或"平台"的重要方式。同样,服务于会展行业的专业性人员更需要具备一定的协调沟通能力。《左传》指出,沟通即开沟,是两水相遇之意,英文中"沟通"即"communication",指信息交流。从管理学的角度讲,沟通就是指组织中各部门之间、各层次之间、人员之间凭借一定的媒介和通道传递思想、观点、情感和交流情报、信息、意见,以期达到相互了解、支持与合作,从而实现组织和谐有序运转的一种管理行为或过程。协调沟通能力是建立良好人际关系的重要因素,而良好的人际关系则是公共关系学所说的无形的重要财富,也是会展文创人才必须具有的一种基础资源。在与各会展中介机构、部门沟通时,尤其需要出色的协调沟通能力,才能在各个主体之间起到沟通桥梁的作用。

(2) 广阔的国际视野。随着我国会展行业的不断发展,我国已经初步成为会展大国,然而面对国际竞争,要实现会展强国的目标仍然任重而道远。会展业是我国加入世界贸易组织时最先承诺全面开放的产业。随着我国发展壮大并且与世界的交流不断密切,我国会展业规模已经发展到占世界会展业总量的12%以上,开放范围不断扩大,程度不断加深。时至今日,德国、英国的展览公司,美国、瑞士的会议代理,西班牙、巴西的节庆活动,已经抢滩几乎全球所有大中城市。在外部环境上,未来中国会展业将在国外和本土两个市场全面迎接来自会展强国的专业化、品牌化竞争。在这种竞争之下,离不开具有国际视野的会展文创人才的支撑。他山之石,可以攻玉,这种国际性视野能够克服坐井观天的局限性,克服意识形态的狭隘性,而以高瞻远瞩的格局,以海纳百川的胸怀,以广采博取的方式,推动会展文创产业适应国际发展。

(3) 灵活的应急处理能力。会展行业是一个存在很多变数的领域,特别是在会展活动的进行过程中,不可避免地会出现一些突发状况,这就需要会展人才具备一定的灵活应变能力,能够迅速地发现问题,并且找到问题的关键,及时解决问题,保证整个会展活动的顺利开展。当然,这种灵活应变的能力的培养需要在长期的工作实践中历练,还要学会在会展活动中总结经验教训。例如,遇到人员拥堵怎么办?遇到参展的观众与参展的企业发生矛盾冲突怎么办?灯光等机器设备突然出问题怎么办?这些都需要会展人才能够灵活多变、及时处理,但关键是防患于未然,提前做好各种相关问题的预案。

此外,优秀的会展文创人才的综合素质还表现在具有责任心、主动性、思考能力、团队合作能力等方面。会展文创人才要不断追求个人进步,要善于发现问题,懂得与他人分享沟通,经得起挫折和失败,扛得起大梁与重担,能够预测事情发生的可能性,并有计划地采取行动提高工作绩效,避免问题的发生。

(三) 会展文创人才的作用

1. 运营策划会展活动

会展文创人才首要的作用就是运营策划会展,即整合各种有效资源,结合会展主题,运用文化创意思维,为整个会展活动制定科学的计划。具体说来,一般在策划会展之前会成立专门的团队,整个团队中需要集合各种人才。这些人才既懂得会展知识,又拥有一定文化创意能力,包括擅长组织、擅长文案、擅长创意、擅长设计以及擅长媒体公关等各方面的人才。

会展策划的第二个工作就是进行充分的市场调查和分析,一般包括行业分析和企业分析,尤其要对同类会展的发展状况进行分析,同时,一定要结合企业自身的优劣势、现有资源等各种因素,在明确的会展目标的指导下,为整个会展项目制定一个完整的行动方案。这套会展策划案要具有可操作性、目标指向性,并且要对时间、地点、会展流程、人员安排、日程安排、营销方案、预期效果、评估标准等各个方面做出详细的安排。

根据会展流程,负责会展策划的人员还需要为整个会展活动做出详细的预算,如场地经费、行政费用、宣传推广费用、招商费用、会展各项收入以及其他的经费等,都要统筹协调,进行科学的运筹谋划。以上所有元素准备妥当之后,负责运营策划会展活动的人员要完成最后的策划书或者企划书,在分析行业背景的前提下,对整个会展活动详细的流程安排、预算、人员以及会展过后的评估做出详细的说明。

2. 组织布置会展活动

会展文创人才的作用之二即组织布置会展活动。在组织布置会展活动时,不同的人员负责的工作也有所区别。例如,行政人员需要负责邀请参展企业,并且做好接收回执等相关工作,确定哪些企业参展。行政人员还需要负责参展企业或者参会人员的签到、住宿、茶歇等其他行政事务。布展人员在行政人员联系、租赁好展馆之后,需要组织人员制作好包含展馆卫生间、出入口、消防栓、电梯口等的展位图,并放在醒目的位置,以确保参展商和参观人员能够熟悉场馆地形,以更好地应对火灾等不确定情况的出现。此外,还需要提前进行场馆展区划分工作,要根据展馆的展位数、参展商的具体情况进行适度调配,并且提前联系好展商告知布展情况。开展之前,协助参展商进行布展,交代相关注意事项,做好水电、桌椅等供应工作,协调需要调换展位的参展商。会展正式开始之后,还需要负责现场秩序的维护,并且要处理一些突然停电、停水或者展具缺失等突发状况。最后,在会展活动结束之后,还需要通知和协助参展商撤展,并做好后续整理工作。

3. 服务支撑会展活动

一项成功的会展活动离不开运营策划者,也离不开专业的组织布置者,但是还需要一大批服务支撑者,因此,会展文创人才的另外一个作用即服务、支持会展活动,主要包括会展翻译、旅游接待、展品运输、展览会餐饮、礼宾等服务支持性工作。目前我国会展行业发展程度并不高,因而专业分工有待精细化,专门从事会展服务的公司数量少,且影响力较弱。

4. 扩展延伸会展服务

区别于一般的会展人才,会展文创人才的特殊性更多体现在能够为会展活动进行文创赋能,打造开发与会展相关的一系列文创产品,进一步提升人们的文化体验,为会展文创产业提供发展新动能,引领会展文创产业释放新活力。会展文创人才在进行会展展品的文创开发时,也会基于前期的市场调查,进行受众分析,确定产品定位和产品类型,同时紧扣会展主题,以实用性与纪念性为主要原则,使会展文创产品能够真正彰显会展品牌价值。

四、会展文创人才的培养

(一) 中国会展文创人才的发展现状

从 2012—2021 年这十年的发展来看,我国会展产业在量和质两方面都有新的突破,已成为名副其实的"会展大国"[1]。据中国就业培训技术指导中心最新统计显示,截至 2022 年 8 月,我国会展从业人员约有 100 多万人。在 100 多万从业人员中,从事经营、策划、设计、管理的人员约有 15 万人以上;会展设计人员不足 1%[2]。核心人才和辅助人才的缺乏已成为制约我国会展行业健康发展的一大瓶颈。

随着全国文化产业的蓬勃发展,文化产业从业人员的人数也在迅速上升。在文化产业人才数量迅速上升的同时,人才质量也需要随之提高。从我国文化产业人才数量来看,近些年,我国文化产业从业人员总量较大,根据《中国统计年鉴》的统计数字,2018 年年末,纳入统计范围的全国各类文化和旅游单位 31.82 万个,从业人员达 375.07 万人。然而其中,我国创意从业人员占总就业人口比重不足 1‰,即使在文化创意产业较发达的北京、上海,也不足 1%[3]。相关统计表明,美国的创意从业人员在总就业人口中的比重在 30% 以上,日本为 15%,英国为 14%。在纽约、伦敦、东京分别有 12%、14%、15% 的就业人员在从事这一新兴产业[4]。美国有 3 900 万人接受过创意专业培训,日本则多达 5 000 万。

虽然我国会展业和文化创意产业发展迅速,但鉴于起步较晚,整个产业链还不够完善。人才是会展文创产业的支撑力量,人才的缺乏会导致会展创意产业发展动力严重不足。

(二) 会展文创人才的培养模式

1. 中国传统思想

(1) 积极的价值观是人才发展的重要基础。传统文化中,先秦诸子呈现出来的文化争鸣基本上奠定了中国自春秋战国以来的整体文化发展格局。在人本主义的范畴中,无论是儒家的"里仁为美",还是道家的"上善若水"、法家的"化性起伪"、墨家的"兼爱""为乐非也",都从不同的角度对人做出了明确的价值趋向性定义。由于要实现人生价值必然需要首先明确主体性,所以以儒家为代表的君子观,即精英价值观和文艺伦理观,可以被视作先秦时期"礼乐文化"背景下,人才发展和文艺发展最重要的标杆。

---

[1] 中国会展这十年[EB/OL]. news.sohu.com/a/591222215_121473169.[访问时间:2023-07-06].
[2] 目前我国会展人才的现状[EB/OL]. http://cv.qiaobutang.com/knowledge/articles/517a2b400cf2ecd3f985bf21.[访问时间:2023-03-03].
[3] 梦君. 创业风向标[EB/OL]. http://jhkb.jhxww.gov.cn/html/2008-01/25/content_3445.htm.[访问时间:2023-01-13].
[4] 丁向阳. 首都经济社会发展研究与探索[M]. 北京:中国人口出版社,2006:59.

儒家人生价值观首先坚持对传统的继承与肯定、对社会责任的勇于担当。孔子认为"周监于二代，郁郁乎文哉"，认为周朝传承夏、商文明，是最正统文明的唯一代表，坚持对传统的继承与肯定。这一观点在"楚庄王问鼎轻重"的礼崩乐坏的背景下具有更多的固守意味。儒家所坚持的君子观不仅仅是"固穷"或其他某个要求，而是一个内在逻辑严密的系统，我们需要全面审视儒家的人才发展观、文化伦理观的内在意蕴以及两者的紧密结合。

(2) 做人先做"仁"。"里仁为美"体现了评价一个人好坏的标准在于内心是否达到和实现了"仁"。因此，孔子提出"仁政"的概念，"道之以政，齐之以刑，民免而无耻；道之以德，齐之以礼，有耻且格"。"仁"的表现之一就是"仁者爱人"，仁是一个人内心的自我追求，是自觉自愿的人生目标，更是在天、地、人之间，人类最重要的标志。但这也是最难把握的一点，所以孔子提出："吾日三省吾身，为人谋而不忠乎？与朋友交而不信乎？传不习乎？"不断地自我反省，将"仁"作为一生的目标。面对大江反省，他可以感慨得出"逝者如斯夫，不舍昼夜"；面对政治反省，要求"为政以德，譬如北辰，居其所而众星共之"；面对子夏对"绘事后素"的艺术观点的提问反省，说"起予者商也！始可与言《诗》已矣"。这些都是他自己实践和追求"仁"的努力，也是他以身作则，启发学生和后人的最重要的精神力量。

(3) 启迪人性，注重兴趣。儒家认为"兴于诗，立于礼，成于乐"，重视艺术在学童蒙养、启迪人性的过程中的积极意义。按照李修建的观点，"兴于诗"是重视《诗经》在知识教育上的功能，从《诗经》中可以获得对社会知识的全面了解，故"不学《诗》，无以言"，缺少对诗经的理解与把握，不仅仅代表知识的匮乏，更重要的是在"小学"功夫上的欠缺。从这一点来看，《诗经》的象征意义在于文艺可以夯实人才培养的基础，是解决早年"礼乐射御书数，洒扫应对进退"的"小学之道"。

"立于礼"体现了艺术对于社会规则和群体行为方式的界定。个体在交往过程中，遵守外在带有强制性的准则，在约束和限制当中才能建立起基本完善和全面的心智模式，成为社会性的个人。儒家坚持高雅文化追求，乃至要"放郑声，远佞人"，都是为了保留文艺的典雅性，进而保护人心的正直与道德。因此，"子所雅言，诗书执礼，皆雅言也"，从而更加确定了《诗经》《尚书》以及礼制的有机统一性。

但是外在的规则也好，内在的基础知识也罢，都是对人性的强制性约束。个人要发展，必然要首先自我肯定，掌握知识，但是掌握知识并不能解决所有问题，还要和社会进行交往，因而要再次否定自我，学习礼制。但是学习礼制之后，礼制与原有的知识会有二元割裂的潜在隐患，人格的完满需要进一步发展，因而在"成于乐"阶段，会经历自我肯定、自我否定从而自我确认的过程。虽然东汉刘向认为"乐者德之风"，肯定了艺术伦理价值观，但是在先秦时期，艺术首先是个体自我认知的对象，其次才是社会性的反射，因此，"成于乐"不仅是儒家理想，也是政治上的追求。"莫春者，春服既成，冠者五六人，童子六七人，浴乎沂，风乎舞雩，咏而归"，这是最能够打动孔子但也最难实现的人生理想。

(4) 人才集聚是关键。除了重视艺术在个体发展过程中的积极作用，还要重视艺术在团结社群、凝聚人心方面的社会作用。"《诗》可以兴，可以观，可以群，可以怨。"艺术可以引发情绪的表达,可以审视个体以外的存在,可以成为凝聚集体的工具,也可以成为发泄压抑和不安的重要方法。按照杜维明的观点,儒家文化观很重要的一个方面就在于社会性,即团结人心的功能。

因此,不难发现,儒家把文艺理论和个人成长紧密结合在一起,更加注重两者在社会中的协调发展,赋予艺术和艺术工作者最主要的责任:"成人达己,成己达人",最终实现的是一个和谐发展的大美社会。这样的一种艺术发展观确定了儒家文明在中国历史上的最终定位,所描绘出的大美社会也更是我们当代努力和不懈奋斗的目标[1]。

2. 西方三螺旋理论

三螺旋理论是由美国学者亨利·埃茨科威兹(Henry Etzkowitz)和洛埃特·雷迭斯多夫(Loet Leydesdorff)共同提出的著名的产业理论,也被业内称为"三圈理论"。20世纪,这一理论受到了世界各国的政府部门、学者和产业相关人员的关注和学习,成为产业内必须了解的基本知识[2]。

该模型突破了20世纪90年代之前人们普遍关注的"大学-产业""大学-政府""产业-政府"双螺旋模式,探讨大学、产业、政府三个机构的相互作用对创新的影响。具体来说,三螺旋就是一种创新模式,是指大学、产业、政府三方在产业发展、创新力推动过程中密切合作、相互指导。该理论认为,大学、产业、政府都是创新三螺旋的重要成员,同时每一方都保持自己的独立身份:大学作为新知识、新技术的来源,是知识经济的生产力要素,将知识资本化,通过鼓励大学学术研究为产业发挥作用;产业是进行生产的场所,通过提高员工的工作技能和建立企业内部的教育机构等方式促进知识的共享与转移;政府是契约关系的来源,确保稳定的相互作用与交换。需要指出的是,三螺旋模型中的"大学"的范围比我们常说的大学要广,它涵盖了大学、学院等各种以培养人才为本职的高等学校,基本等同于我们常说的"高校"一词。

在大学与产业、政府的关系上,该理论也给我们提供了一些指导。大学应该与产业保持密切的良好合作关系,因为大学可以针对产业中出现的问题进行分析研究,解决和分担一部分产业的压力,从而使产业合作者获得更多的经济利益。反过来,产业合作者也能实际地反哺大学学术理论,促进学术的发展。这两者的合力作用需要政府的推动和促成,是三者联结的基础。三螺旋理论也提出,虽然三者关系密切、相互作用,但是也要保持相对的独立性,才能更加良性和有效地促进产业的发展。

(三)会展文创人才的培养路径

会展文创产业作为一种综合性产业,汇集了多个领域的内容。因此,要想真正让会展文创产业快速发展,就需要深刻认识到人的智慧是一切创意的源头,要更加注重对会展文创人才的培养。会展文创人才的培养和开发要以产业特性为基础、以市场需求为导向,同时也要遵循人才开发的一般规律,需要协同政府、高校、企业、社会组织等多方力量共同参与,形成人才培养的整体合力。

---

[1] 曹锦凤. 孔子"道艺兼通"艺术观刍议[D]. 长安大学硕士学位论文,2020.
[2] 张杨洋. 文化创意产业人才培养模式研究[D]. 北京舞蹈学院硕士学位论文,2014.

1. 政府层面

总体而言，目前我国会展文创人才开发尚处于初级阶段，鉴于会展文创人才培养的重要性和紧迫性，国家应从战略层面出发，由政府相关部门加强宏观引导和监督。

首先，各级政府应积极组织、协调地方高校、科研院所、社会组织、会展文创企业等团结协作、形成合力，服务产学研结合，促进创意产出与创意开发。例如，在政策上可对开设会展教育工作的高校予以政策扶持，同时要为会展人才培养领域的科研、相关教师的培训、外来人才的引进等事项做好资金支持。可以鼓励高校设置专项资金吸引有经验的老师编写会展文创产业相关的教材以及进行理论体系的建设。一方面，要组织专人翻译在国际上有影响力的会展文创专业方面的教材；另一方面，也要集结全国有实力的高校专业老师，针对本国国情开展教材的集中编写工作。对于有志向走出国门、学习欧美会展发达国家经验的老师应该给予资金支持，提供各种优惠政策和利好条件，在提高本国会展教师专业技能的同时，尽可能地吸引国际会展文创优质人才。

其次，要加强会展从业人员的资格认证工作，促成会展行业协会的成立和完善，引入国外已经发展成熟的会展职业认证培训体系，建立政府、协会联合制定的从业人员资格认证制度，以形成进入门槛，从根本上提升会展人才的质量。同时，政府应该以国际化视野指导行业发展，如与国际会展专业机构联合开展相关证书的认证工作。

再次，加强会展职业培训机构的监督和管理，既要避免出现部分机构在会展发展大热之下以假乱真的现象，也要避免部分地区不顾市场需求、办学条件，盲目办学甚至攀比办学的现象，更要避免各个地区之间、会展人才层次之间结构比例失衡而造成的资源浪费现象。目前，我国的会展人才培养还存在缺乏有效监督机制的情况，特别是一些职业技术培训，鱼龙混杂，对于参加培训的人以及整个行业的发展都是不利的，政府应该尽快建立相关的考核、认证机制。同时，各级政府应在原有人才培养计划的基础上进一步研究制定会展文创人才专项培养目标与规划，并从资金投入、产业集聚区建设、人才吸引开发、知识产权保护等方面入手，进一步完善专门的政策体系。

最后，各级政府应积极打造多元、开放、宽容的人文社会环境，为国民构建更多更好的公共文化服务设施，更完善、更便捷的会展文创生态系统，形成独特的地方人文精神，以广聚人才、哺育人才。

2. 高校层面

高等院校是培养会展文创人才的主力军，应自觉响应国家、地方经济社会发展需求，建立起会展文创人才供给的长效机制。

（1）精细化的人才培养方向。由于国际会展业和文化创意产业的发展，会展创意产业的需求与分工日益细化。例如，会议的组织和活动安排要有所创意，必须考虑到对会议地点的环境优化，设计会场的色彩布置、音响控制以及信息通信技术的使用等。同时，详细职业化的分工也开始出现，如会议与参观考察的联动、商务洽谈与会展的恰当衔接、会场内外的社交公关礼仪等，而在细分领域都需要进行针对性的专业化人才培养。

高职高专院校的任务是培养一线的实用型人才,其本身在实用型人才的培养方面就有独特的优势,但需要进一步专业化。可以在吸引专业型会展人才、文化创意人才,分析把握市场供需信息的基础上,对该专业学生进行定点、定向精细化培养。除了专业上的精细化培养,还要发展学生的创意思想,形成特有品牌。依据市场反馈来看,会展创意产业需要的人才不仅要具有专业的会展知识,也要有新颖敏锐的创新能力。另外,为体现人才培养的普适性,高职高专院校在培养一线实用型人才时,还应充分考虑国际会展业发展潮流与趋势。同时,着手并强化创意设计、物流服务、专项评估等方面的投入,在培养一线实用型人才的同时,培养一批会展辅助型人才。

我国很多高校已经关注到这方面的需求动向,在教学中开始对市场进行细分和研究,在专业设置上形成了独有特色。随着日趋激烈的会展创意行业竞争,"一招鲜吃遍天"的模式已经与时代脱节。高职高专院校在专业设置上不能故步自封、停滞不前,应当在发挥原有优势的基础上,结合市场需要、市场发展趋势等信息,不断改进本校的专业设置,充分利用现有资源,迎合会展创意产业各个环节、各个部门对专门技术和专项管理的创新人才的要求,扬长避短,精确培养,特色办学,从而推动高职院校会展创意人才的培养。

(2) 实践导向性的教学方式。会展业和文化创意产业是对政治、经济、文化、科技反应相当敏锐的产业,社会上的任何变化都是会展业和文化创意产业从业者必须捕捉到的。所以,会展业和文化创意产业的教育应当是不断发展的,仅仅关注传统知识,将教学停留在已有理论层面远远不够。在现有教学方法基础上,如何融入会展行业和创意产业的新发展、新内容、新趋势对传统教学方法进行改造是重点。我们不能忽略传统理论的影响,不能低估课堂讲授的功用,当然也不能忽视现场实践的意义。如在德国瑞文斯堡大学,会展专业的教学目标更多地侧重实践能力的培养,以期为社会培养具有实践精神的会展人才。因此,设有会展专业和文化创意产业的院校应当将教学视角向实务方向适当倾斜,设置包括课堂理论教授、现场实践指导、课后经验总结等在内的新的教学模式,并不断收集、分析会展行业最新的信息,结合学生发展需要对课程内容、课程安排进行灵活调整。另外,在强调实务教学的同时,也应加强理论教育。一方面,会展和文化创意知识理论体系是不断发展的;另一方面,理论学习是有效实践的必要基础。没有理论而空谈实践将会限缩学生的认知能力与创新能力。但是传统的背书式教学法应当有所改变,可考虑运用主题研讨、案例讲授等方法,增强理论教授趣味性,如此,既吸引学生注意力,又有利于学生对理论知识的理解和记忆。另外,课堂理论教学应当带有问题意识,既要求老师有目的地向学生讲授知识,又要求学生在理论学习中提出问题:一方面,带着理论知识去实践;另一方面,带着新问题反思理论知识。

(3) 多元化的师资力量建设。会展文创人才的培养理念、培养方案、培养活动归根结底需要教师来执行,因此,教师的结构情况会直接影响人才培养,决定其是否能满足市场需求。师资配备应是高校会展专业关注的重点。具体来看,高校可从三个方面入手。一是建立以专业师资为核心的教师结构体系。当前,高校会展专业或文创产业的教师多从其他学科跨专业而来,存在对行业研究不深、专业基本功不足等问题,因此,要通过引进国内外会展专业出身的教师,以其为核心建构教师结构体系。二是建立行业师资库。开展多元形式的产学合作,主要以高校所在地的会展企业为主,广泛吸纳企业人士协同开展教学活动,使学生了解企业对会展管理人才、运营人才、创意人才的具体要求。三是组织全校专职教师参加教学观摩活动、基本技能大赛等,锻炼教师的专业能力,增强其专业素质。由此,构建一支精通会展与文创专业知识、具有实际动手能力、年龄结构合理的会展专业教师梯队,实现多元化的师资配备,从而为高校会展文创人才培养提供支持。

(4) 深入式的校企人才共育。一是与会展行业协会合作。会展协会是会展企业聚合体,举办许多会展项目,需要大量会展人才。高校大学生需要实习机会,对专业实践充满热情,是很好的人力资源。但高校和企业常常信息不对称,两者可构建互动机制,有效实现实习需求对接。高校可在会展企业建立实习基地,并将其建成集学生实习、教师培训和学生就业于一体的综合平台。二是建立校企互访制度,加强交流和合作。结合会展企业岗位需求,共同制定教学计划,安排教学内容。高校所邀请业界精英参与学校人才培养质量的评价工作,对学生就业和发展状况跟踪调查,对教学质量做出客观评价。三是聘请会展企业或文创企业精英为高校客座教授。高校会展专业大都成立不久,师资力量弱,不仅人数少,而且行业实战经验欠缺,需要通过"练内功、请进来、走出去"的方式加强师资团队建设。"请进来"即请行业精英进入校园,请他们培训专任教师,举办专题讲座,承担教学任务,指导学生实习,与高校教师合作开展学术研究,指导专业建设。四是构建会展专业创业孵化平台。台北科技大学校长李祖添曾指出:"创新能力的培养有助于创业成功。学校要激发学生们敢做梦的想法,大学是未来企业家的摇篮,培养学生的创新能力,最好的方式是让他们直接接触创业过程,而不是教育。"[1]通过创业实践,可增强学生团队合作精神以及组织协调、心理承受和社会适应等能力,真正成为社会需要的会展文创人才。

3. 企业层面

与会展文创产业相关的企业既是会展文创人才的使用主体,又是会展文创人才的栽培者,在会展文创人才的成长、发展中的作用自然不可小觑。会展文创相关企业为培育社会所需要的会展文创产业人才提供了必要的硬件、软件设施以及创意的环境与氛围。

首先,企业通过校企合作,不仅可以为高校人才培育提供必要的实践教学基地,还可以通过实践经验的交流向高校师生传递最前沿的产业信息,为高校培养人才提供一臂之力。

其次,企业要对新招收的人才有针对性地进行岗前培训,以有效提高企业员工的职业技能和职业素养,并根据企业需求进行规范化的人员设计、整合以及管理。

再次,会展文创人才必须不断学习、补充和更新知识,这就要求企业不仅要通过内部培训的方式保证员工的胜任力,而且要尽可能地为他们提供国内外行业交流的渠道和进一步深造的机会,在满足员工自我实现、自我发展需求的同时,有效提升他们的创意能力。

最后,企业应根据会展文创人才特质,采用有针对性的人力资源管理办法与激励机制,如采用将员工的个人收益同企业效益直接挂钩的高浮动薪酬制度等,调动创意员工的工作积极

---

[1] 张健康,黄彬.会展特色专业建设理念、实践与探索[M].杭州:浙江大学出版社,2011:87,105.

性并保障企业会展文创人才队伍的稳定与壮大。

4. 社会组织层面

社会组织是培育会展文创人才的重要补充力量。近年来,各级政府从资金、政策等方面切实鼓励与扶持会展企业,文化创意产业培训机构、咨询机构、中介服务机构,社会学术群团组织等,以聚集、吸引更多民众参与到会展文创产业中,这对于会展文创人才的培养意义重大。

一方面,各地社会培训机构充分利用政府政策,直接而有效地培养社会急需的各级各类人才,不断壮大与整合会展文创人才队伍。尽管其专业理论水准也许略逊于高等院校,但在实践应用方面明显体现短平快特色,在一定程度上弥补了高校培养的不足。

另一方面,在政府支持和鼓励下各地成长起来的会展人才或文化创意人才以及咨询、认证、评估等社会中介机构,在为社会提供服务获取自身盈利的同时,客观上也为文化创意人才的培养营造了良好的社会氛围。如美国国际展览管理协会(International Association for Exhibition Management, IAEM)创造了一套系统完善的会展业专业人才职后培训计划,通过课程学习、实际经验、参与协会活动和考试给予会展业专业人才继续进修和资格认证的机会。新加坡展览及会议署(Singapore Association of Convention & Exhibition Organisers & Suppliers, SACEOS)也使用同样的人才培育模式。

第二节 会展文创的中介机构

一、文化中介机构的定义、特征和功能

(一) 文化中介机构的定义

1. 中介

中介,字面意思是中间介绍或介引,即在中间起媒介作用。德国古典哲学家格奥尔格·黑格尔(Georg Hegel)认为:"作为事物之间联系环节和事物转化、发展中间环节的中介,是普遍存在的。"[1]在德语中,"中介"一词具有居间介绍、联系和居间调解、调和的双重含义,黑格尔用它来表征对立面之间的同一乃至调解,反对那种把"对立"绝对化的形而上学观点[2]。《现代汉语词典》超越抽象的哲学范畴,将"中介"简单地解释为"媒介"二字,更加实际。中介作为一种媒介形式,在我国古已有之。例如,我国古代的"驵侩""互郎""掮客""牙商"等称谓都是古代市场上中介人的代名词。如今,处在我国市场经济体制下的中介主体,无论在从业领域、从业方式上,还是在其他方面,都与历史上的那些中介不可同日而语,有着质的区别。在市场无处不在的当代社会,中介已然成为社会各个领域中必不可少的组成部分,信息、咨询、评估、公证

---

[1] 列宁.《哲学笔记》[M]. 黄楠森,译. 北京:人民出版社,1974.
[2] 李田田. 马克思的中介理论及其当代意义[D]. 山东师范大学硕士学位论文,2010.

服务等中介活动或中间行为已经成为一种广泛存在。在这些中介活动中,中介人和中介机构又起着主导性的作用。

2. 中介机构

中介机构,从词面上看,即主要履行中介活动的组织或机构。从一般意义上讲,中介活动系由中间人居间帮助发生某种关系的双方达成某项协议的活动。在具体的中介活动过程中,就牵涉到中间人与委托方签约,搜集、发布和传递信息,寻找委托方合作者,帮助双方完成签约并获取报酬等活动。这种由中间人(或称中介人、经纪人)组成的,主要职责为履行中介活动的组织,就称为中介组织或机构。

我国出台的相关规定和文件曾对"中介机构"做出过明确的界定。例如,1993年《中共中央关于建立社会主义市场经济体制若干问题的决定》明确指出:"发展市场中介组织,发挥其服务、沟通、公证、监督作用……发挥行业协会、商会等组织的作用。"市场中介组织在社会主义市场经济中的地位由此获得政治承认[1]。

3. 文化中介机构

焦斌龙在《光明日报》上提出,"文化中介机构是连接文化产业生产、流通和消费诸环节的服务性组织,是沟通政府、文化企事业单位、消费者和市场的桥梁和纽带"[2]。一般来讲,文化中介机构是指在文化经济市场中,为进行文化产品生产和服务交易的双方提供信息、促成交易而收取报酬的文化服务机构[3],涉及文化信息、文化产品、文化人才、文化生产传播的资料、设备和技术等文化市场要素,从事文化的策划、居间、行纪、代理、咨询、出租等经纪活动,由自然人、法人取得必要的文化经纪资格证书,经工商行政管理部门注册登记并领取文化中介机构营业执照,而成为文化市场的经营性主体[4]。

(二)文化中介机构的特征

文化中介机构属于社会中介组织的范畴,它既有与其他社会中介组织相通的地方,又具有独特的文化个性。因此,依据文化中介机构的定义,可将文化中介机构的特征主要归纳为以下四点。

1. 自主性与依赖性并存

通过文化中介机构的定义可以看到,文化中介机构是依法成立,设置独立机构,自主经营、自负盈亏,具有独立的内部运行机制和民事责任能力的经营型主体。无论在法律意义上,还是在事实上,文化中介机构都属于自主经营的文化市场主体。但是,作为发展还十分不成熟的市场主体,文化中介机构还不能完全脱离政府的规制,它的许多不规范行为都需要政府行政力量的介入。而且,作为连接政府与其他文化市场主体的重要纽带,文化中介机构的发展壮大和其中介功能的发挥也在很大程度上需要政府在政策、法律等方面予以支持和保障。因

---

[1] 闫海,张天金.市场中介组织的法律地位重塑:以经济法主体理论为分析工具[J].社团管理研究,2011,49(10):28-31.
[2] 焦斌龙.鼓励发展文化中介组织推动市场化交易[N].光明日报,2012-2-8.
[3] 刘金样.社会文化服务体系中的中介组织[N].中国社会科学报,2011-11-29.
[4] 闫平.文化中介:文化产业链的关键环节[J].理论学习,2008(6):10.

此,无论在宏观层面,还是在微观层面,文化中介机构在一定程度上都与政府有着某种无可超越的关系。

2. 服务性与经济性同在

1989年,我国东方出版社翻译出版了日本日下公人的一本名为《新文化产业论》的专著。日下公人在书中将"文化产业"概括为三类,其中第二类为"以劳务形式出现的文化服务型行业,如戏剧、舞蹈、体育、娱乐、策划、经纪业等"[1]。无论从日下公人的阐述,还是从现实的情况来看,从经营方式的角度看,在各种文化活动领域从事包括文化经纪在内的不同文化中介行为的文化中介机构,其业务形式在本质上无疑都是服务性的。在中介活动中,文化中介机构以其独特的信息优势和突出的专业技能,为文化市场经营主体提供职业化的高效服务。然而,作为一个经营性主体,与其他类型的中介机构一样,文化中介机构为当事人提供服务又是以收取相应的佣金等报酬为条件的。文化中介机构与当事人之间形成的是一种契约关系,营利性是其典型特点之一。

3. 精神性与物质性相通

作为文化领域的中介,文化中介机构与其他领域中介机构的根本区别就在于其文化性或精神性,它的经营范围只能是文化市场要素。无论是娱乐业、演出业、图书业、影视业、旅游业还是网络业等文化产业门类的经纪、代理和信托等中介服务,中介对象都是有形的文化物态产品与无形的文化服务活动。但是,文化中介机构提供精神服务活动也是以物质要素和设备为载体的。从文化中介机构的定义可以看出,文化中介机构涉及文化生产传播资料、产品、信息、人才、设备和技术等文化市场要素。其中,除信息、技术等精神要素以外,文化中介机构所涉及的其他要素都是物质形态的,这些精神形态和物质形态的要素共同构成其中介活动的载体。

4. 创新性与累积性共生

文化中介机构不仅是市场的服务者,更是文化创意的发现者和推广者。面对文化市场瞬息万变的激烈竞争环境,处于文化市场中间环节的文化中介机构,只有具备足够的创新精神和创新能力,才能占据文化中介市场的高地。阿尔伯特·爱因斯坦(Albert Einstein)曾经说过:"想象力比知识更重要。"如果单纯从创新这个层面来讲,科学家的这句话固然有它的合理性,但是作为一种思维现象,创意并非都是凭空而降的。一个好创意的产生必然需要经历一段长期的潜在过程。因此,就文化中介机构而言,机构内人员扎实的专业功底和公司深厚的文化底蕴是决定其经营成功与否的关键性因素。

(三)文化中介机构的功能

批评家吕澎曾提到:"在未来市场里没有代理人和经营者,艺术家的创造是很难社会化的,这是个社会分工的问题。"[2]"中介组织是不可或缺的,尤其是当一个产业面临走向市场、走出'闺阁'的关键时刻。加入世界贸易组织,尤其是随着我国政府承诺大范围、多领域开放文

---

[1] 吕艺生. 艺术管理学[M]. 上海:上海音乐出版社,2004:44.
[2] 刘玉珠. 文化经纪人与文化产业[J]. 经纪人,2003(1):39.

化产业和文化市场的时间表的临近,我国的文化产业,目前正处在这样一个时刻。"[1]文化中介机构是文化商品交换发展到一定阶段的必然产物,在现代市场经济条件下,尤其是在我国文化市场已经面向海内外实现全方位开放的形势下,文化中介机构发挥着愈来愈重要的作用。

1. 服务功能

服务功能是文化中介机构的一项重要功能,其服务对象主要包括政府和文化经济主体、法人和公民。一方面,我国一部分文化中介机构是由政府部门转变而来,承担着政府的部分职能,特别是管理型文化中介机构。例如,中国出版协会承担着贯彻落实政府的有关政策、促进出版行业的健康发展的职能[2]。另一方面,文化中介机构联系面广、信息渠道多、掌握的信息量大,能够凭借专业性特征,依靠专业人才和专业技术及时、迅速地获取市场信息,并对信息进行分析、归纳和整合,最终形成信息资料数据库。因此,文化中介机构的这些资料数据能够给政府提供一定的智力支持。

此外,文化中介机构可以为经济主体、法人和公民提供全方位、多领域、多层面的服务。在文化产品和服务的交换过程中,文化中介机构涉及的领域宽广,通过快速高效的信息传播,能够促进文化信息交流渠道多样化,为交易双方提供更多接触机会,扩大文化信息传播范围,促进文化商品交易。文化中介机构既服务于文化生产者,将文化产品和服务及时卖出,又服务于文化消费者,及时满足他们的文化需求。文化中介机构还可以发挥"把关人"作用,对文化市场需求进行因势利导,引领文化消费时尚,掀起各种文化消费热潮,从而培养文化消费群体,在带来经济效益的同时创造更多的社会效益。

2. 沟通功能

文化供给和需求是文化商品流通领域中的两个重要方面,文化生产者专注于文化产品的生产,往往没有足够的时间和精力去了解需求市场、对产品和服务进行策划以及更好的营销等[3]。文化中介机构既是文化产品和文化市场沟通的桥梁,促进文化产品的流通循环,也是政府与市场主体之间的桥梁和纽带。一方面,文化中介机构与政府部门保持着密切的联系,对政府的政策方针有比较深入的了解;另一方面,文化中介机构与文化经济主体、法人和公民交往密切,比较了解他们的要求和呼声,文化中介机构可以代表文化企业与政府对话,充当政府和企业之间的桥梁和纽带。

文化中介机构不仅可以发挥政府与社会、政府与企业以及不同企业之间的桥梁和纽带作用,还可以协调不同利益主体之间的关系。在市场经济条件下,各种文化主体之间的矛盾和利益突出,如制造虚假广告、侵权盗版等行为会损害不同文化主体的合法利益,文化中介机构可以通过调节利益群体之间的关系,缓解或者避免矛盾的激化。协调不同文化主体的利益、维护不同文化主体的合法权益是文化中介机构的重要职责。

---

[1] 林峰.建立发展文化产业中介组织[J].出版参考,2003(33):2.
[2] 朱静雯.现代书业企业管理学[M].2版.苏州:苏州大学出版社,2013:33-34.
[3] 胡攀.我国文化中介机构自议[J].重庆社会主义学院学报,2007(3):39-41.

3. 公证功能

市场经济之下,受到经济利益的诱惑,各文化市场主体的违规违法行为层出不穷。一方面,尽管文化中介机构的全部职能是提供文化中介服务并获取报酬,但文化中介机构的服务不同于其他商业服务,这种服务是居间性、双向的,既要对政府负责,又要对文化企业负责,服务的质量和内容要接受政府的管理和社会监督。因此,公正性和客观性是对文化中介机构的必然要求。另一方面,文化中介机构作为独立法人组织,其从业人员具有明显的专业优势,能够对相关法律法规和产业政策的落实进行查证核实,对市场主体发布的各种文化经济信息进行核实并发表客观公正的核查报告,还可以为政府制定行业规范提供咨询等。文化中介机构的地位和性质是促进文化市场主体经济活动的公平和公正、促进文化经济秩序的规范化。此外,文化商品既有精神价值,也有经济价值,因此,文化中介机构不仅可以沟通供需双方,提供信誉保证,也对文化产品的价值认定起着举足轻重的作用[1]。

4. 监督功能

市场经济中,政府并不能直接干预企业的生产经营活动。在这种情况之下,一部分权力还给企业,一部分权力交给市场,一部分权力放给社区组织,一部分职能就转给了中介组织[2]。然而,由于市场经济本身具有的自发性、盲目性、滞后性等弊端,加上我国文化市场体系发育不完善,文化生产者、经营者不成熟,必然会导致盲目竞争,因此,需要文化中介机构承担政府的某些社会职能,对文化市场运行进行监督和协调。文化中介机构的监督是一种综合性监督,而且独立于行政管理之外,在某种意义上比政府监督更有效、更贴近市场,特别是非营利性文化中介机构,如行业协会、同业公会、商会等。

二、会展文创中介机构的定义、定位和功能

(一)会展文创中介机构的定义

因为会展行业从属于文化产业,所以从宏观层面看,会展文创中介机构属于文化中介机构的范畴。依据文化中介机构的定义,从经济学角度来看,我们可以将会展文创中介机构定义为沟通和组织会展文创活动和服务交易的媒介体。会展文创中介机构是指在会展行业中,主营(兼营)为会展文创产业的生产和服务交易双方提供信息、促成交易的经纪与代理、交易与会展、信息咨询、评估与鉴定等中介服务活动,经工商行政管理部门注册登记并领取出版中介机构营业执照的出版市场经营性主体。具体的服务有会展活动代理、会展配套文创开发、会展文创场馆服务、会展宣传推广、会展文创效果评估等中介活动。

(二)会展文创中介机构的定位和功能

随着我国会展文创产业向纵深发展,其中介机构在我国会展文创产业发展历程中起到日益突出和重要的作用,会展文创中介机构的主要功能表现为以下四个方面。

---

[1] 胡攀. 我国文化中介机构自议[J]. 重庆社会主义学院学报,2007(3):39-41.
[2] 丁玉霞. 我国市场中介组织若干问题研究[J]. 河北经贸大学学报,2002(3):66-72.

1. 沟通协调的功能

人们一般把纷繁复杂的经济生活主体分为三个层面：一是政府及其相关的职能部门，它们是经济生活方针、政策、规划的制定者和重大问题的决策者，处于经济生活的宏观层面；二是不同经济主体、法人、公民，涉及各类所有制企业的生产经营活动及广大消费者的市场交往活动，他们处于经济生活的微观层面；三是这两个层面之间，这个层面就是人们常说的社会中介组织。由于中介组织客观上起着承上启下、沟通协调的作用，它们在经济活动中发挥沟通协调的职能，有着得天独厚的优势，原因包括两个方面。

一是中介机构在会展文创活动中所处的地位。一方面，它们与政府及其职能部门保持着密切联系，对相关政策有一定的了解；另一方面，它们与各个市场主体交往频繁。因此，由中介机构来沟通协调会展文创利益相关各方之间的关系较为顺畅。

二是中介机构由于开展业务工作的需要，掌握着政府宏观决策层面和微观操作层面的大量信息，这为它们扮演沟通协调的角色打下了坚实的基础。

2. 信息咨询的功能

会展文创中介机构与各个利益主体之间都有着密切联系，掌握的信息量很大，因此，提供信息咨询相关服务是会展文创相关中介机构的重要职能。会展文创中介机构通过提供准确、及时、全面的供求信息、价格信息和其他方面的信息咨询服务，依托市场公平、平等的竞争，促进社会信息流、人才流、物质流、资金流在经济活动中形成良性循环的态势，使各方从中受益。例如，举办一场具有特定主题的会展活动，需要提前咨询了解与该主题相关的各种信息，这时不妨找一找与之相关的行业协会、会展文创公司、展会服务商等中介机构，对相关可行性进行研究和评估，还或许能获得更多相关信息，迸发出更多新的点子，促进会展活动成功举办。

3. 监督的职能

会展经济同其他经济形式一样，也是法治经济。市场经济不能没有秩序，不能搞无序的交往和竞争，它要求参加市场交往的各方经济利益主体在法律允许的范围内活动。会展文创产业的有序运行，既需要法律的保障，更需要相关主体监督这些法律落地。会展文创中介机构的出现与积极参与正好适应了会展文创产业发展的需要，既能保障各主体的合法权益，更能推动会展文创产业的正常稳定运行。因此，监督也是会展文创中介机构的重要职能之一。

4. 开拓国际市场的功能

我国加入世界贸易组织后，全球化、国际化程度不断提升，会展文创企业可以通过组建行业协会的方式，利用协会的力量开拓国际市场。因此，会展文创中介机构中的行业协会把开拓国际市场也作为自己的重要职能之一。行业协会为企业收集国外技术信息，策划举办各种国际会展文创活动，从而进一步宣传企业和产品。行业协会不仅与国外经贸组织打交道，也与外国政府交涉，呼吁外国政府降低关税，对我国企业实行国民待遇等。行业协会应成为国际市场的开拓者，不断提高影响外国政府贸易政策的能力。行业协会在企业遇到国际法律诉讼时应提供指导和支持。

三、会展文创中介机构的分类

(一) 会展文创行业协会

会展行业协会是指由会展业的经济组织以及相关单位自愿组成的,以增进会展业共同利益为目的,在政府、企业、市场之间起中介服务作用的非营利性社会团体组织[1]。目前,我国在建立会展行业协会方面取得了一定的成果。上海、宁波等城市均已成立了相关的会展行业协会,以此推动当地的会展发展(见表8-2-1)。与此同时,各会展行业协会也在努力探索与文化创意产业的融合路径,通过与各省区市的文化创意协会合作或成立会展文创联盟协会等方式,更好地助推会展文创行业的发展。如2021年,成都牵手重庆,成立了成渝文创会展联盟。成渝文创会展联盟由两江新区、天府新区共同倡议成立,是由重庆、成都的会展协会、会展院校及相关会展服务机构自发建立的公益性内部合作机制。借助成渝文创会展联盟,依托重庆国际博览中心、中国西部国际博览城国际展览展示中心和天府国际会议中心重大会展平台优势,集聚一批高能级会展企业,大力引育一批有助于传统产业转型升级、现代产业加速发展的国际化、专业化展会项目,以展会为平台,为两地企业配置优质资源,助推成渝地区双城经济圈发展。可以说,众多地区及全国性的会展行业协会的不断建立与完善将为展会的发展提供更多更具专业性的指导意见,对于推动我国的会展业以及会展文创行业的持续健康发展具有重要意义。

表 8-2-1 部分会展行业协会/文化创意产业协会及成立时间

行业协会名称	成立时间
中国展览馆协会	1984 年 6 月
上海市会展行业协会	2002 年 4 月
湖南省会议展览业协会	2002 年 7 月
福州市会展行业协会	2002 年 9 月
重庆市会展行业协会	2003 年 9 月
合肥市会展行业协会	2004 年 7 月
海口市会议展览业协会	2005 年 12 月
浙江省会展行业协会	2009 年 5 月
苏州市会展行业协会	2011 年 6 月
深圳市文化创意行业协会	2014 年 9 月
成都市会议及展览服务行业协会	2015 年 4 月
长沙市文化创意产业协会	2016 年 9 月
西安市文化创意产业协会	2017 年 10 月

---

[1] 刘德艳.行业协会对中国会展业发展的作用与展览研究[J].生产力研究,2005(12):183.

(续表)

行业协会名称	成立时间
长三角文创特展产业联盟	2018年12月
陕西省会展行业协会	2020年8月
成渝文创会展联盟	2021年4月
贵州省会展行业协会	2021年12月

通过制定相关的行业发展规划以及宣传相关的行业法规，会展行业协会能够有效促进行业的健康发展，对于规范行业的市场秩序、助力展会品牌建构等诸多方面都发挥着重要的作用。与此同时，作为政府与企业之间良好的沟通桥梁，会展行业协会能够有效向政府反映企业及行业的最新诉求及发展动态，这对于促进会展行业以及具体展会的持续健康发展有着积极的推动作用。

此外，从欧美国家关于发展会展业的经验来看，各种类型的会展业行业协会都对本国会展经济的发展起到了不可磨灭的重要作用。西方发达国家的展览业都设立有展览管理机构，如美国国际展览管理协会，德国经济展览和博览会委员会，法国海外展览委员会技术、工业和经济合作署（CFME-ACTIM），英国会展业联合会（Exhibition Industry Federation，EIF），等等，它们在推动展览产业标准化方面扮演了重要角色。如在英国，对会展行业而言，政府只管政策与财政拨款，而文化协会、艺术协会、博物馆协会等负责对相关企业或机构进行评估和拨款。因此，各种非政府公共会展文化机构建立了相关产业发展与融合的网络体系，成为政府、协会和企业协同治理的组织网络。欧盟各成员国都有完善的会展行业管理部门对会展活动进行统一监管。这些部门在国家相关政策法规的保证下，可以独立运作专门的会展活动。另外，这些部门在全国的会展市场上也具备权威性和专业性[1]。

（二）会展文创企业

会展文创企业是会展经济运行的主体和微观基础，它涉及的往往是具体的展览或会议。会展文创企业这一微观单元不仅是影响会展文创产业的增长、滞缓或衰退的基本因素，而且它在要素市场和产品市场的运营中，与其他企业、经济部门所形成的相互联系（产品、服务、信息、技术联系）及其强度决定了会展文创产业的整体发展。会展文创企业的结构、功能、规模及其要素组合影响着会展业的性质、规模、产业结构以及发展潜力。

随着我国会展产业和文化创意产业的加速发展，兴起很多与之相关的会展文创企业。这些会展文创企业作为会展文创产业的重要组成部分，积极寻求文化价值的升级，建构起"+文化"生态模式，自觉承担起推动我国会展文创产业发展的责任。根据会展文创项目的业务流程，一般来说，会展文创企业的职能部门主要有以下10个。

---

[1] 舒莉.会展业发展的国际经验与启示[J].湖南商学院学报,2005,12(5):3.

1. 策划部

策划部是会展文创企业基础部门，其主要工作包括企业策划和展出策划两部分。企业策划主要是对整个会展文创企业形象的策划、包装等。展出策划则是指围绕展览活动而开展的一系列工作。展览是一项复杂工程，详细而合理的展出策划工作是保证各方人员按时、按质、按量完成各项工作必不可少的环节之一。可以说，展出策划是会展的基础工作，也是其核心工作。

2. 业务部

业务部是会展文创企业的重要部门之一，企业盈利与否与业务部招商业绩息息相关，成绩斐然的业务部能激发企业活力，推动企业进入良性循环。会展文创企业业务部的主要职责是招商，即招徕和联系参展商，说服他们来参展，故有些企业直接设立招商部。其具体工作包括招展宣传、选择参展商、组织展览团等。对申请参展的公司要依据事先约定的参展标准进行公平合理的选择，并召开筹备会，对入选的参展商进行展前"培训"，签订合同，还要与相关部门联络，谈好合作条件，做好准备工作。此外，业务部的其他工作还包括展品运输、展台设计与施工等。

3. 市场部

市场部主要负责新闻宣传、广告策划实施、协调与各社会团体或政府的关系等。宣传工作是展出成功的基础保证，其手段主要是广告与联络，如查发信函、登门拜访、电话联系、媒体广告、印发资料等。公关的主要目的是争取与企业有关单位的理解与支持，特别是争取得到新闻媒体、政府机关等影响力比较大的单位的认可与帮助。市场部工作的具体内容还包括：制定年度场馆销售计划；根据市场变化，对价格政策的制定和修正提出建议，并报请企业领导批准后执行；审核参展单位的资质；负责场馆营销，签订场馆出租合同；执行合同收款；负责相关展会的报批手续等。

4. 信息部

信息部负责展会的通信、网络数据的租赁业务，以及会展企业信息系统的规划、建设与维护，应用软件及办公电脑、耗材的采购与管理，同时还负责企业内部的通信系统以及网络的建设与保障工作等。

5. 管理部

管理部的工作包括展台准备工作的管理、展台后续工作的管理以及展会整体评估工作的管理等，有些企业称之为会务部。管理部与业务部都是实战工作部门。如果说业务部主要活动于展前，那么管理部则主要活动于展中与展后，鉴于管理部承担了整个展会最重要的阶段，即展台工作的组织与安排，管理部成为整个展会工作中最重要、最关键的部门。

6. 工程部

工程部负责的工作包括：组织会展文创企业各项基建工作；企业所属各建筑物、构筑物、道路及各类管线的维修和养护；企业机电设备的日常管理工作；保证会展企业经营及展会期间所有服务设施（如展馆内装修和陈设、水电、音响系统、空调系统、电话等）正常运行和使用。

7. 财务部

财务部是会展公司的重要保障部门之一,它的主要职责是直接管理资金,进行账目处理,协助会展文创企业经营者搞好企业经营核算,控制企业经营费用,使企业获得最佳经济效益。

8. 人力资源部

人力资源部是负责企业员工招聘、培训、考核、激励等的部门。它是确保企业在任何时候、任何地点、任何情况下都能找到合适人选的重要部门。

9. 保安部

保安部的主要职责是维护会议或展览的良好秩序,确保展会环境安全,也是举办展会活动时不可或缺的部门之一。

10. 项目合作部

项目合作部以合作方式与有关部门共同承担各类型展会的组织和接待工作,并通过对项目的再策划不断提高管理和服务水平,为参展企业和广大用户提供优质服务。

(三)会展文创相关企业或公司与展会服务商

会展文创的中介机构除了相关的行业协会联盟、会展文创企业外,还包括会展文创相关企业或公司与展会服务商,它们在整个会展文创产业的发展过程中发挥着重要的中介作用。

1. 会展文创相关企业或公司

会展文创相关企业或公司包括文化创意类企业或公司、传媒类企业或公司、广告类企业或公司、科技类企业或公司等。这些企业或公司都直接或间接地服务于会展文创产业的发展,发挥着重要作用。

例如,点意空间文化创意产业集团于1999年在北京成立,主要从事国内外博物馆、科技馆、主题馆、主题公园的主场服务、展览展示等,集策划、设计、搭建、运营、多媒体影片等于一体,目前在海内外已有15家分公司,与包括华为、海尔、中国普天、加拿大赛瑞(CSC)设计顾问公司等在内的海内外百余家公司建立了合作伙伴关系。点意空间作为2010年上海世博会、2012年丽水世博会、2015年米兰世博会、2020年迪拜世博会的国家馆设计运营供应商,深耕文化创意产业领域,并不断实现创新突破。

在2012年韩国丽水世博会中国馆的设计中,点意空间文化创意产业集团以"人海相依"为主题,以"中华白海豚"为线索,通过"生命之光"的海洋文化解构、"自然之美"的诗意描绘、"民俗之乐"的动态演绎、"海洋文脉"的思辨梳理,表达人海相依、相互关爱中共生和谐的主题思想,展示中国与众不同的海洋文化和生活。

在第二届中国国际进口博览会的衍生品设计中,点意空间文化创意产业集团建立了四大创意体系、12项衍生品设计矩阵。其中的上海特色系列,如石库门钟、四季旗遇、枫之邂逅,内容上从"上海海派文化+传统文化"中汲取创意之源,形式上融合又不拘于国家特色材质,甚至创新采用法国微雕技术工艺,也于无形中展现了我国开放包容、博采众长的大国风范,实现了文化元素的深度挖掘。

此外,在2019年中国北京世界园艺博览会国际馆建筑中,点意空间文化创意产业集团通过还原百花齐放的花瓣造型,充分运用自然采光,以"五洲融合精彩绽放"为主题,体现"一带一路"倡议核心精神,通过园艺手段,融合全球文化精华,向世界传递幸福与希望。2020年迪拜世博会中国馆"华夏之光",取形于中国灯笼,代表光明和团圆,寓意世界各国在世博会平台上欢聚沟通,追求繁荣发展,共同构建人类命运共同体,实现了创意和文化的深度开发融合,同时自觉以现代化展览展示方式实现了中华优秀传统文化的创造性转化、创新性发展。

以点意空间文化建设为例:"点"为小亦为大;"意",意境、思想,亦为独特及个性。点一线一面发展的集合元素,从小到大;"空间"意为发展、强大。点意空间在成立之初就树立了"塑造百年点意、铸就世纪空间"的发展愿景,以"突破创意、引领未来"为工作理念,给自身带来了日益广阔的发展空间。其充分汲取了中华优秀传统文化"大音希声,大象无形"中注重无形、注重未来的内核,关注当下,践行发展。

2. 展会服务商

展会服务商的工作效果和服务水平极大地影响参展商和观众对展会的看法和认知。参展商和观众很多时候都把展会服务商的工作看作展会组展工作的有机组成部分,将展会服务商所提供的服务看作展会本身提供的服务,将展会服务商的工作失误当作展会的失误,将展会服务商工作的成功归功于展会的成功。因此,一定要为展会选择好的服务提供商。

展会服务商包括展会承建商、展会运输代理商、展会清洁商、展会安保服务商等。

(1)展会承建商。展会承建商主要负责展会的公共环境布置和展会展位的搭建工作。它不仅对展会负责,还要对有展位搭建要求的参展商负责。展会公共环境和展位外观设计效果的好坏在很大程度上会影响展会的整体形象和参展商的展出效果。展会承建商的任务不仅是切实满足有展位搭建要求的参展商的展位设计和承建需求,将参展商的展出理念艺术地体现在展位设计和搭建中,还要能全面领会展会的办展目标和定位,在展会的公共环境整体设计和布置中把握展会的整体形象。

(2)展会运输代理商。展览运输不只是运输展品,还可能要运输展架、展具、布展用品和道具、维修工具、宣传资料和招待用品等。如果运输不当,就可能导致展会已经开幕了但物品却还未运到,或者物品在运输中途损坏和丢失。不管哪种情况,都会严重影响参展商的展出计划,损坏展会的声誉。展会运输也是一项专业性很强的工作,办展单位往往指定一些专业的运输公司来负责展会的展品运输工作。展会运输代理的基本任务是将参展商的展品、展具和宣传资料等物品安全及时地运到展会现场,如果是国际运输,还涉及相关物品的报关和清关工作。

(3)展会清洁商。在展位搭建、参展商布展和展会撤展的过程中,都会产生很多垃圾,展会一般会指定一些清洁服务商来搬运和及时处理有关垃圾。展会清洁工作涉及两个方面:从时间上看,展会清洁包括布展时的垃圾清理、展会开幕后的清洁和撤展时的垃圾清理;从空间上看,展会清洁包括展位内的清洁和展馆通道及公共区域的清洁。

(4) 展会安保服务商。在展会进行展位搭建、布展和撤展时,往往需要大量用水、用电,有的还会动用明火,展馆内存在较大的安全隐患,一旦失火或者用电过量引起断电,都会影响展会的筹备或撤展进程,严重的还会造成重大损失。展会是一项大型的公众参与性活动,安全问题十分重要。展会常常将展会的安全保卫工作委托给指定的展会安保服务商来负责。展会的安全保卫工作主要有消防安全、人员安全、展品安全以及公共安全等。

(四)会展文创园区/场馆

创意需要一定的聚集空间、特殊的氛围和有组织的活动,作为一种创意文化与会展融合而形成的展示形式,创意园、创意展、创意会等在现代投资体制的支持下不断发展。例如,我国台湾地区的华山1914文化园区前身是酒厂,后来改造为文化园区,包含户外文艺空间和室内展演空间两个部分。整个园区形成集公园绿地、创意设计工坊、创意作品展示中心、文艺表演、文化教育学习、特色商店、创意市集于一体的创意文化园区。消费者来到文化园区,可以看表演或展览、逛特色商店或创意市集、参观酒作坊,或者在公园休憩,或者点杯咖啡或啤酒,坐在广场或大树下的露天座位,享受这难得的空间与时光。

目前,我国文化创意园区主要存在五种类型。一是以旧厂房和仓库为基础,通过文化创意将其改造成集工业历史建筑保护、文化创意与展示、文化旅游与休闲于一体的区域。二是以大学区或大学城为依托,形成文化产业基地或园区,形成集文化创意与研发、文化体验与学习、文化旅行与展示于一体的区域。三是以高新技术开发区为依托,通过将设计与技术开发相结合、将文化与技术相结合,建成集技术创新与文化创意研发、展示和学习体验于一体的区域。四是以传统特色文化街、社区、艺术家村为依托,在原有文化资源的基础上,通过进一步的产业聚集、产业融合和产业化运作以及空间改造,形成集文化生产、展示、旅游、休闲于一体的区域。五是以博物馆网络为依托,形成集展示、学习、体验、休闲与旅游于一体的区域。

因为会展业和文化创意产业的巨大经济价值和社会效应,全国各地都迅速建起了各种会议展览馆和文化创意产业园区。从全国范围看,我国各省区市对大中型会展场馆的建设存在数量有余、规划不足的问题。从数量上看,我国不论普通会场面积还是现代化会场面积都不落后于国际发达国家,但从质量即场馆规划上看,选址草率、规模混乱、功能单一、配套设施不健全、营运不科学、维护不妥当等问题频发,场馆容量不足与场馆空置现象并存[1]。

对此,建议加强对有关部门工作人员的专业培训,并将馆内设施的配套设置及维护、馆内运营业务通过购买服务的方式外包给有资质的专业企业。应当定期对场馆的商业活动承受力、人流量、设备需求量进行评估,及时调整接待能力,还应加强会展创意产业专业人才的培养与输送,包括技术性人才与辅助性人才。

---

[1] 焦微玲.我国会展业发展现状及对策研究[J].商业经济研究,2013(18):134-136.

(五) 媒体机构

媒体机构作为会展活动信息的传播载体，其作用主要包括以下四个方面。

1. 信息传播功能

媒体的功能首先是传播信息，会展媒体也不例外。各种与展览活动相关的信息通过会展杂志、报纸、广播、电视、网络等形式传递给社会公众，最大限度地满足公众的知情权。会展活动作为一种以参展商与观众交换产品供求信息为主的展示行为，需要信息高度集中。这种集中既包括展示物品的集中，也包括参展商和观众的集中，同时还包括同行业信息的集中。国外的有关资料显示，参加展览会是企业成本最低、收效最好的营销方式。展览会之所以受到商家的青睐，除了信息集聚效应外，还因为展览会提供了一种信息筛选机制，市场竞争是这种机制的驱动力量。买方之所以愿意通过参加展览会购买商品，一个重要的原因在于展览会上有大量的卖家，卖家之间存在面对面的竞争，买家不仅可以从展览会上获取更多同类或替代产品的信息，有利于买方对商品性能、质量等方面进行比较，扩大选择空间，而且还可以从各卖家的竞争中获取商品真实的成本信息，避免上当受骗。因此，信息传播成为会展媒体的首要功能。

2. 宣传推广功能

从会展文创企业的实践来看，现实经济中存在大量的会展活动组织者，同时也存在着数量庞大的参展商。虽然从企业最根本的利益出发，主办方希望更多的企业参加他们主办的展览会，参展商也期望能够从众多展览会中选择最能够达到其预期目标的展览会，但是现实中，由于主办方与参展商之间存在着"信息的不对称性"，主办方和参展商往往都无法达到自己的预期目标。主办方不可能找到全部的潜在客户，总会有一定数量的目标客户因为不了解展览会的信息而没有参展；与此同时，参展商也不可能了解同行业中所有展览会的信息，它们通常只能从主办方传递给它们的有限信息资源中选择相对满意的一家，而很难找到在理论意义上最理想的组织者。显然，在这样一种信息特征下，谁被目标参展商了解得多，谁就可能成为参展商的选择对象；与此相反，如果参展商不了解展览会的信息，那不论该展览会组织得多么出色，参展商都不可能参与。所以，主办方采取主动策略，通过各种会展媒体将展览会的真实信息传递给目标参展商和专业观众，这是展览会成功招展、招商的基本前提。可见，宣传推广是会展媒体的重要功能。

3. 信息收集和质量监督功能

媒体除了具有信息传播和宣传推广的功能外，还具备收集客户信息、强化质量监督等功能。比较明显的例子就是展览会的入场券中除了印有以宣传推广为目的的展会相关信息外，一般还会印有参观登记表，主要用于收集参观人员及其公司的相关信息，帮助主办方更有针对性地了解市场需求、开发会展产品。在展览会的官方网站上，往往还会有客户满意度调查表，用于及时收集客户反馈意见，这是展会后期评估工作的主要途径，此时的会展媒体除了收集信息外，更重要的是发挥了其质量监督的功能。

4. 审美娱乐功能

在会展文创经济步入产业化和市场化的今天,媒体的审美娱乐功能无疑对会展文创活动和产品的成功推广、会展文创品牌的有效延伸具有不可或缺的作用。许多会展文创活动或产品的宣传已经不再局限于普通的信息传播,而是更加注重信息传递的视觉效果和听觉感受。减少雷同、增加差异化,已成为各类会展媒体创新的切入点。越来越多的会展杂志、会刊、展览会入场券和官方网站在强调信息传递的真实性和实用性外,也更加注重信息传递方式的多样化和有效性。不管怎样,会展媒体的信息传播和宣传推广是其最主要的功能,由此衍生出来的信息收集、质量监督及审美娱乐等功能都是为了更好地实现其信息传播和宣传推广的效果。

第三节 会展文创的应急处置

一、会展文创应急处置概况

(一) 应急处置和应急管理

1. 应急处置

应急处置是指突发事件发生后,政府或者公共组织为了尽快控制和减少事件造成危害而采取的应急措施,主要包括启动应急机制、组建应急工作机构、开展应急救援、适时公布事件进展等。在我国,开展突发事件的应急处置工作需要遵循"统一领导、综合协调、分类管理、分级管理、属地管理为主"的原则,本地和本级政府是大部分突发事件处置工作的主要力量,如果突发事件的规模和破坏程度超出了地方政府的应急处置能力,可以由上一级政府介入。任何重大的突发事件发生后,事发地政府都应该根据事件的特点、性质和危害程度,快速组织有关部门并调动应急救援队伍开展先期的处置工作,防止突发事件扩大、升级。

2. 应急管理

应急管理是指政府及其他公共机构在突发事件的事前预防、事发应对、事中处置和善后恢复过程中,通过建立必要的应对机制,采取一系列必要措施,应用科学、技术、规划与管理等手段,保障公众生命、健康和财产安全,促进社会和谐健康发展的有关活动。

事故应急管理包括预防、准备、响应和恢复四个阶段。尽管在实际情况中,这些阶段往往是重叠的,但每个阶段都有自己独立的目标,并且成为下个阶段内容的一部分。

(二) 危机管理和应急管理的概念辨析

1. 从管理对象辨析危机管理与应急管理

从字面来看,危机管理的对象显然是危机。危机可以被视为一种急迫而又构成重大威胁和危害的事件。应急管理的对象则是突发事件。《中华人民共和国突发事件应对法》中明确界定:"突发事件,是指突然发生,造成或者可能造成严重社会危害,需要采取应急处置措施予以应对的自然灾害、事故灾难、公共卫生事件和社会安全事件。"应急管理与突发事件的这种对应关系实际上从2003年中共中央十六届三中全会开始就已确定，之后在《国家突发公共事件总体应急预案》等多项重要相关文件、政策中均有较充分的表述。

2. 从管理内容辨析危机管理与应急管理

从管理对象来看，危机管理的内容可与危机本身的生命周期对应起来，危机生命周期的理论主要包括四阶段、五阶段和三阶段等模型，每个危机阶段都对应着一定的管理内容。应急管理中可将突发事件分解为事件发生前、事件进行中和事件发生后三个时间阶段，分别讨论相对应的管理内容。在突发事件进行过程中，应急管理的内容包括"救援"和"复位"。事件基本结束后，管理内容包括"重建"和"重构"。事件发生前，管理内容包括："灾害减缓"，对应着消除或减少突发事件的发生；"应急准备"，对应着应急救援和复位工作；"恢复准备"，对应着事件后的重建和重构等。总之，应急管理的管理内容比危机管理更宽泛一些。应急管理延续的时间要比危机管理长很多，危机管理更多到复位阶段就结束了，而应急管理则还包括重建和重构。危机管理的事前准备更纯粹一些，就是为了应对发生概率小而危害重的危机，而应急管理的事前准备工作更加庞杂琐细。最大的区别在于，应急管理的管理内容还包括大量危机管理所不涉及的，介乎常规程序化处置与突发应急处置之间的，对常规型突发事件的应对。例如，消防队大部分工作都无法归入危机管理，但属于应急管理不可或缺的部分。

3. 从概念渊源辨析应急管理与危机管理

危机管理首先是从企业实践和工商管理学科发展起来的，时至今日，危机管理的领域已经扩展到包括公私部门的各类组织。与危机管理不同，应急管理从一开始就与政府紧密联系。英文文献中，"emergency management"概念的使用主要集中在美国。应急管理活动的出现被认为可以追溯到19世纪。早在1803年，美国国会就通过法案确定联邦政府负有帮助遭受毁灭性火灾的城镇重建的责任。2003年我国经历了非典事件后，党中央、国务院做出重大决策，要求全面加强应急管理体系建设，其出发点首先是应对如非典这样的危机，但最终还是没有采用"危机管理"，而是使用了"应急管理"一词。这种选择可能有多种因素的考虑，但希望对应政府职能中非常态管理的完整部分而非仅考虑危机响应机制可能是影响这种选择最重要的因素。从此以后，中国政府体系和学术界才开始广泛使用"应急管理"这一概念。应急管理恰好与美国政府使用的"emergency management"相吻合。这是一种巧合，但也是应急管理概念本身蕴含的特征决定的。2003年后，我国应急管理领域的实践也证明这一选择的适当性。

（三）应急处置的原则

一是体现以人为本。要把切实保障人民群众的生命安全和身体健康放在第一位，时刻不能动摇。"人"就是最广大的人民群众，在当代中国，就是以工人、农民、知识分子等劳动者为主体，包括社会各阶层在内的最广大人民群众。以人为本的"本"，就是根本，就是出发点、落脚点，就是最广大人民群众的根本利益。

二是体现统一领导。没有一个领导小组，没有一个总指挥，势必就是一盘散沙，很难实现人员、资源的科学调配。因此,展会组委会应建立一个分级负责、条块结合的展会突发事件应急管理工作小组,并实行责任制,将工作落实到具体人头上,避免"谁都管,等于谁都不管"。同时,还要缜密考虑、综合部署,防止出现事故管理的盲区,形成真空地带。展会突发事件的应急处置工作要和当地政府及有关部门积极密切配合,充分发挥当地政府的指导、协调和主力军作用。

三是坚持预防为主。制定一个展会应急预案并不是说就一定会有灾难发生,而是说,万一遇到了突发灾难,可以迅速调集力量化解灾难,把损失降低到最低限度。所以,应急预案本身就是一种"预防针"。制定应急预案必须贯彻国家"安全第一、预防为主"的方针政策。在预防为主的前提下,如果发生了意外的灾难性事故,就积极启动应急预案实施救援工作,同时,在实施救援的过程中还要积极采取有力措施,防止次生、衍生灾害事件,并做好预防、预测、预警和预报等工作。

四是坚持快速反应。突发事件发生后,现场工作人员要积极发动参展商和观众在第一时间实施救援工作,同时,要迅速报告展会举办地政府和有关部门、应急机构。要积极发动展览会属地乡镇、社区、企事业单位和其他基层组织参与救援,不要死板教条非得等到本预案启动。不要认为应急预案明确的人员中没有自己,自己就不算成员,只是被列入预案的人员负主要责任而已。没有被列入预案的工作人员同样负有安全责任,有义务实施救援工作,按照国际人道主义救援精神,每一名参展商和观众都有义务实施救援工作。

五是善用科技。科技是第一生产力。现代科学技术发展日新月异,采用先进的监测、预测、预警、预防和应急处置技术及救援装备,并充分发挥各类专家和专业技术人员的智囊、科学决策作用,对提高处置应急事故的科技含量和指挥能力、减轻灾害带来的损失具有十分重要的作用。

(四)会展应急处置的概念

依据应急处置的概念,会展应急处置是指在会展活动过程中发生突发事件时,政府或者公共组织为了尽快控制和减少事件危害而采取的应急措施,以最大限度地减少会展突发事件对参展人员、设备、场所的危害,保障参展人员的生命财产安全和合法权益,保持良好的会展环境。

二、会展文创中应急处置的必要性

(一)确保会展活动如期举行

筹备一个会展活动,从前期的准备到最后的落地执行,都需要一定的时间。对于一些大型会展活动来说,如奥运会、世博会,其准备周期更是如此。在准备期内,任何一些突发事件的出现都可能导致会展活动延期举行或停止举办。在突发事件发生后,及时采取应急处置措施,可以对一些可控的危机事件提前进行有针对性的预防。对那些不可避免的突发事件,可以进行风险评估,分析其发生的概率及一旦发生这类事件对会展可能带来的影响,并在此基础上,采取必要的应对措施,防止和避免风险损失,最大限度地保证会展如期举行。

(二)保证会展活动的安全举办

作为公众性社会活动,一般的会展活动在举办时都伴随着高度集中的人员流动。例如,每年的广交会都有十多万外商、几十万国内参展商和其他来宾到会进行各种商务活动。如此众多的人员在短时间内聚集一堂,会场的安全问题当然是头等重要的。如果此时发生火灾、事故性停电甚至恐怖事件,后果都将不堪设想。一旦发生突发事件,对会展活动进行应急管理,就可以有效地应对会展现场可能发生的各种风险事件,保证会展活动安全举行。

(三)减少会展举办方的损失

大型会展活动的前期准备工作十分艰巨,不仅任务量大,而且投入也非常大。一旦突发事件致使会展活动被迫延期甚至取消,其前期投资很难收回,因此会给举办方带来巨大的经济损失。对会展进行有效的应急管理,并针对一些突发的风险事件建立一套有效的预防措施,可以将会展举办方可能面临的风险减小到最低程度,从而最大限度地减少其经济损失。

三、会展文创中应急处置的种类

(一)疫情防控类

疫情防控类突发事件主要是指在会展文创活动或项目进行过程中,发现参会人员有发热、干咳、乏力等可疑症状,或者接相关部门通知,参会人员中有疑似感染者、疑似密切接触者等情况。针对疫情防控类突发事件,应始终把人民群众生命安全和身体健康放在第一位,按照坚定信心、同舟共济、科学防治、精准施策的总要求,坚持预防为主、分类指导、快速响应、落实责任的防控原则,结合会展活动的实际情况,落实会展活动举办单位的疫情防控主体责任,建立"活动举办方+场馆运营方+活动参与方"的疫情联防联控机制,做好活动举办和疫情防控各项工作。按照"谁举办、谁负责,谁组织、谁负责"的原则,在活动举办过程中全面落实"四早"措施(早发现、早报告、早隔离、早治疗),严格遵循"六必"要求(身份必录、信息必验、体温必测、口罩必戴、消毒必做、突发必处),提升综合防控能力。

(二)安全事故类

安全事故类主要是指突发踩踏、盗窃、抢劫、火灾,以及火山爆发、战争等事件,从而影响会展文创活动或项目的正常开展。

突发安全事故类的例子比比皆是,如2005年2月3日上午9时左右,正在举办2005年迪拜购物节的"地球村"内突然起火,大火首先从尼泊尔展馆烧起来,继而波及隔壁的中国展馆和约旦展馆,并导致中国展馆内120个摊位中的110多个被烧毁。2006年1月28日,在波兰南部卡托维兹市展览馆举办的"鸽子2006"展览会,展馆屋顶突然倒塌,数以百计人被活埋,至少66人死亡,160多人受伤。上海新国际博览中心作为大型展会的承办地,云集了会展行业内大量的展会活动。2017年10月19日,中国国际玩具及连续设备展览("中国玩具展")就发生了展台倒塌的大型事故。此次倒塌的E3馆F21展台从属于朗晟商业(长沙)有限公司,公司主营进口婴童产品。由于展台倒塌时现场人员没有拿出可行应急处理方案,一时造成较大的负面影响。

这些都是发生在会展活动期间的涉及安全的恶性事件,会展活动人员密集,发生此类事件的后果必将是负面的且难以估量的,此类事件也正是会展文创活动中面临的安全事故类风险。

(三) 设备故障类

设备故障类是指在展会活动过程中,突发的计算机被病毒袭击或者舞台灯光、传输信号等各种辅助设备出现故障等情况。随着各种技术设备的广泛运用,对于会展文创产业来说,尤其要注意突发的设备故障类问题。对于这类突发问题,要做好设施设备的日常管理,保持设备的正常运转,充分发挥其效能,合理使用和安排工作负荷;同时也必须为设备提供良好的工作环境,安装必要的防护、降温等装置,为精密的仪器设立单独的工作间,保证一定的温度、湿度、防震等条件;此外还应加强对运行操作人员的规范化管理,严禁违章操作。此外,应提前做好应急预案,同时加强对技术人员的相关培训,当突发事件真的发生时,能够进行及时快速的处理,在最大程度上减少损失。

(四) 交通运输类

交通运输类既包括各类道路交通(含桥梁、隧道)突发事件,也包括因堵车、道路封锁或施工导致展会所需物品无法在指定时间到达会场或在运输过程中造成物品损坏等突发情况。对于一些易碎性的会展文创产品而言,要着重关注这类突发情况。

在2021年进博会举办之前,为了确保展会的顺利进行,相关单位进行了一次2021年进博会交通保障应急处置综合演练。演练模拟了展会期间,地铁2号线一列列车突然发生触网失电,迫停在距离徐泾东站约100米处,且短时间内无法排除故障的情况。此时,正逢入馆高峰时段,大批参展人员正乘坐地铁2号线,准备从徐泾东站4号、5号口入馆。"立即启动应急响应,对后续乘坐地铁2号线到徐泾东站的乘客在虹桥火车站进行分流,转乘17号线到诸光路站,由北登录厅进入展馆",车控室内,车站值班员接到命令后,立马通过广播启动车站应急公交预案及车站、区间疏散预案,关闭所有自动售检票机、进站闸机,通过广播不间断播放换乘提醒。与此同时,轨道公安民警、消防队员、徐泾东站工作人员组成疏散小组,前往列车迫停点,实施乘客的搜救和疏散工作。消防队员携带多功能担架、移动照明灯、便携式破拆工具等救生器材进入地铁站厅;轨道公安民警拉起警戒线;消防队员和地铁工作人员抵达地铁迫停处,有序引导乘客走出车厢,沿安全通道迅速撤离。另一边,地铁维修人员已排除列车故障,线路逐步恢复正常运营。

(五) 临时撤展类

临时撤展类主要是指各会展文创中介机构内部发生经营风险、财务风险或各会展文创中介机构之间产生纠纷冲突引发合作风险,从而导致相关会展活动不能及时举办或中途叫停的现象。

经营风险是指因举办方企业经营方面的原因给所举办的会展活动带来的不确定性。常见的经营风险有展会定位不当、主办方招展不力、招商不顺、宣传推广效果不佳、人力资源及人员结构不合理、展会出现新的竞争者等问题。经营风险一旦出现,很容易给相关会展文创企业的声誉造成伤害。

财务风险包括举债筹措资金给会展文创企业的财务带来的不确定性,以及会展活动举办方企业资金投入所带来的不确定性。如果举办会展活动的资金是企业举债筹措来的,息税前资金利润率和借入资金利息率之差可能具有很大的不确定性,这种不确定性会使会展活动举办方企业自有资金的利润率变化无常。另外,会展活动举办企业在筹备展会期间投入的资金能否按期收回也存在一定的风险。

合作风险指的是各个会展文创企业之间、会展文创企业与会展文创园区展馆之间、会展文创企业与会展文创各服务商和各营销中介之间在合作条件、合作目标和合作事务各环节上可能出现的不协调、不一致和其他的不确定性。合作风险的出现不仅会影响各会展文创企业、机构、会展服务商和会展营销中介之间的合作,而且还可能会给展会本身、展会服务及展会的展出效果等方面造成不良影响。

四、会展文创中应急处置的实施流程

(一)全面分析活动现场情况

会展活动是人们在一定物质条件下产生的某种或某几种行为。因此,会展活动安全应急预案应涉及人和物两个要素。全面分析活动现场情况为我们制定细致、有效的应急预案提供了必要的依据,应包含两个方面的内容。一是对会展活动突发事故进行分类。依照应急预案涉及的两个基本要素,可将会展突发事故分为三类,即人员安全类突发事故、物品安全类突发事故以及综合类突发事故。其中,综合类突发事故是指同时涉及人和物的突发事故,有伤及人员与建筑物的事故、伤及人员与设备的事故等。二是确定安全应急等级。依据上述会展活动现场安全事故分类,对应地确定安全应急等级并进入不同的状态。具体而言,当会展活动现场发生或可能发生人员伤亡事故时,应该进入一级应急状态,即紧急救援状态。当会展活动现场发生人员拥挤、因物品损坏即将发生安全事故以及危险品被带入时,应该进入全面应急状态,继而采取相应的应急措施,这属于二级应急状态。此外,当会展活动现场怀疑建筑或设备出现损坏,但并不致引发重大安全问题时,则需要进入三级应急状态,即原地待命,以备不时之需。

(二)构建完善的应急组织体系

会展文创应急处置是一个多组织系统化协调进行的过程,单纯地依靠场地提供方并不能处理好相关事故。会展文创应急救援组织应由总指挥、上级主管单位、安全应急指挥中心三个部门构成,而且其职责各有不同:总指挥一职由会展活动现场管理组织最高领导者或其授权的人担当,总指挥的权责就是全面指导活动现场紧急救援工作实施;上级主管单位的职责就是督导会展活动现场安全应急工作,确保会展活动安全事故应急预案的实效性;安全应急指挥中心工作由会展活动紧急救援领导小组主导,工作内容就是组织和协调应急救援工作,并将现场救援的实际情况和动态变化反馈给上级。会展活动中一旦出现紧急情况,总指挥应亲临活动现场,并

指挥各救援单位(如场地提供方、公安、消防、医院等)开展相关救援工作。

另外,会展活动所处地区政府应对恐怖袭击、非法劫持、炸弹威胁等危害社会公共安全的事件负责。在必要的情况下,安全应急组织可向驻场单位寻求人员支持和信息支持,从而确保应急预案的顺利实施,但在此过程中,务必要保证驻场单位人员的安全。

(三)制定详细的安全应急计划

会展文创应急突发事件的处理应有准备、有计划地进行,切实做到忙而不乱,才能保证高速、有效地处理安全事故。因此,会展文创应急预案应包括详细的应急计划。依据上文对应急等级的划分,现场紧急救援组织需要采用不同的安全应急方案。譬如,进入一级应急状态时,现场紧急救援组织应做出发出求救警报、发布事故现场救援信息及紧急通告、阻断通行道路等动作;进入二级应急状态时,现场紧急救援组织应及时通知相关单位做好应急准备并迅速到达事故现场,给予他们一切会场有关信息,包括人数、安全通道、结构图、展品性质和明细等;进入三级应急状态时,现场紧急救援组织应预判会展活动现场可能出现的事故情况,做好对应的应急准备,收集并整理活动信息及场馆信息。一旦安全事故发生,依据实际情况采取以上安全应急方案。因此,会展活动安全事故处理要始终遵循具体事件具体应对的原则,适时、适当地对安全应急计划进行调整和完善,只有这样我们才能尽可能降低安全事故带来的影响,减少因此给人们带来的损失和伤害。

(四)应急处置后的恢复工作

恢复工作是在突发事件已基本得到控制时全面展开的工作,也就是说,当突发事件这类危机已经不再继续造成明显的损害时,恢复工作小组就应该开始投入工作,尽快将展会和办展单位恢复到正常状态。一般而言,恢复工作可以按如下方式进行。

1. 成立恢复小组

恢复小组可以在应急处置的最初就成立,也可以在突发事件基本得到控制之后成立。恢复小组的主要任务是进行信息收集、制订恢复计划和进行恢复决策。成立了恢复小组,可以使恢复工作按计划有条理地进行,使展会尽快恢复到正常状态。

2. 及时沟通

在进行相关恢复工作时,保持及时有效的沟通仍然十分重要。通过及时有效的沟通,外界知道办展单位正在做什么,展会也知道外界期望自己去做什么,有关恢复人员也知道自己应该做什么,这对于尽快使事情恢复到正常状态十分必要。如果沟通中断,受害者就会感到被抛弃和孤立无援,利益相关者就会觉得展会对他们的利益漠不关心,社会公众会觉得办展单位缺乏人性关怀,这样可能引起新的冲突甚至新的危机,使得恢复工作难以进行。

3. 对需要恢复的对象进行排序

在进行恢复工作时,首先要明确需要恢复什么,然后要区分需要恢复的对象的重要性,按轻重缓急决定恢复工作的优先次序。一般地,如果在突发事件中有人员伤亡,那么,对人的恢复应该处在最优先的次序;如果没有人员伤亡,那么,对核心业务的恢复工作应该优先考虑。支持业务和延伸业务也是恢复的对象,但其优先次序不及上述两者。

4. 对人的恢复

对人的恢复包括对有关人员的生理恢复和心理恢复。这里所说的"人",包括明显受突发事件影响的受害者、与突发事件相关的利益相关者、进行突发事件反应的人、那些关注突发事件进展情况的人以及办展单位的内部员工,这些人的生理和心理状态至少都需要恢复到突发事件发生前的状态。人是受突发事件影响的最终承担者和评价者,从某种意义上讲,除非有关人员感到他们的需求和忧虑正在被妥善地解决,否则,恢复工作做得再好也是徒劳。

5. 整合资源寻求新发展

对于突发事件所造成危机的恢复目标,不是使遭受突发事件打击的有关展会及办展单位在突发事件过后劫后余生而勉强维持生存,而是要努力恢复到突发事件发生以前的水平并尽量超过该水平。突发事件的爆发会暴露展会及办展单位薄弱的一面,恢复工作可以对之加以改正和提高,使有关展会和办展单位获得新的发展。例如,改进业务流程中不合理的一面而提高工作效率,重新对展会进行定位以求新的发展等。

在进行恢复工作时,要防止出现追究责任式的恢复工作。突发事件已经出现,尽管其已经得到基本控制,但影响还远未消除,这时还不是追究责任的时候,此时,关键还是要努力保持内部团结,使大家齐心协力,努力进行恢复工作。如果此时就大张旗鼓地追究责任,可能会给恢复工作带来很大的危害[1]。

案例研读

后疫情时代的艺术展会

2020年年初,新冠疫情席卷全球,在疫情防控之下,文娱行业遭受重挫,而其中的艺术展会同样也遭受重大打击。疫情限制了人们的线下活动,迫使人们更为依赖网络进行交流互动。在这一背景之下,几乎所有的美术馆、博物馆等艺术机构都开始向社交媒体端发力,更加注重数字媒体的传播;在展览形式上,也出现了越来越多的虚拟展览、线上展览。

一、疫情之下的艺术展会

(一)疫情期间线下艺术展览数量和观展人数大幅度减少

由于会展业具有高度依赖人员流动、人员聚集性强的属性,新冠疫情的全球蔓延对会展业造成重创,全球会展业一度陷入停滞状态。2020年上半年,各地展会大多数取消或延期,线下展会按下"暂停键",中国会展业遭受了较大冲击。根据中国会展经济研究会会展统计工作专业委员会发布的《2020年度中国展览数据统计报告》,2020年全国线下展览总

---

[1] 马琪. 会展策划与管理[M]. 北京:清华大学出版社,2011:155-160.

数为5 408场,展览总面积为7 726.61万平方米,较2019年分别减少50.98%和48.05%。上海作为我国第一大会展城市,全市美术馆数量位居全国第一。在艺术展览方面,据《2020年度上海市美术馆运营报告》,2020年全市美术馆共举办展览数量仅600场,同比下降37.5%;观展人数仅406万人,同比下降51.7%。

(二)国家政策大力支持发展线上展会

2021年以来,文娱行业监管部门以及行业协会多次发布利好线上展览的新政策。2021年1月18日,中国贸易促进会发布《线上展会服务规范》,对线上展会服务进行标准化、规范化,这也意味着线上展会将"有规可依"。

疫情期间全球文娱展览行业被迫停摆,中国政府在一系列展览中提出"创新展览服务模式",2020年4月14日,由中国贸促会主办的全球首个线上数字展中国-拉美(墨西哥)国际贸易数字展览会在线上举行开幕仪式;2020年6月,第127届广交会改为线上举办。这一系列举动积极打造了线上展览行业,以平台、技术等多维度多手段提升线上展览的展示宣传手段,提升转化效果以及用户感知度。展览从业机构的调查显示,超过95%的受访者认可线上展览的价值,线上展览可谓2020年新冠疫情下的必然产物。

2020年4月,《商务部办公厅关于创新展会服务模式 培育展览业发展新动能有关工作的通知》发布,该标准也对下一阶段我国推动线上艺术展览模式的发展提供了规范。

(三)线上展览数量急速增加

以博物馆展览为例,2020年春节期间,全国各层级博物馆累计上线展览项目2 000余个,涉及交互设计、虚拟现实等多方面技术的综合应用。2020年1月27日,主管部门国家文物局牵头部署各地文博机构开展疫情期间展览展示工作,丰富人民群众的文化生活。同年2月以来,在国家文物局的指导下,国家博物馆、南京博物院等九家博物馆联合抖音推出云游博物馆大型直播活动,用户可以通过抖音云上游览馆中展品并享受专业的讲解服务;淘宝平台在疫情期间同样联动八家博物馆上线了"云春游"活动,同样采用了线上云游览的模式丰富受众群体的文化生活,一定程度上解决了不能线下观展的遗憾。除此之外,各地省级博物馆集合省内文博资源,统一资源对外出口,一键纵览博物馆优质展览以及讲解,在疫情的大背景下,多家博物馆的特色展览已经将线上作为一个核心阵地进行营销。

目前,越来越多的艺术展览、博物馆、美术馆等都开始从线下转变为线上或者只举办线上展览。《上海美术馆发展年度报告(2021)》显示,仅在上海地区,2020年全市美术馆举办线上展会数量达到了351项,2021年同比增长6.27%,达到373项。据统计,上海市各美术馆依托网站、微信微博、视频直播等在线平台,2021年全年举办"云观展""云公教"等活动2 000余场,点击量超过3 000万人次。美术馆展览季线上平台通过"主题展""新推荐""全名录""随艺看"四大板块,全方位展示各美术馆最新、最热门的展览;"云上馆藏作品展"

汇集20余家美术馆收藏的近300件作品,首次通过线上主题展集中亮相。第13届上海双年展以线上对谈的形式也成为疫情时期率先在全球启动的当代艺术双年展。

二、线上艺术展会的主要形式

(一) VR/AR线上云展览

采用VR技术,开放在线展厅,让用户身临其境感受现场氛围。刘海粟美术馆开展的"十上黄山绝顶人——馆藏刘海粟黄山精品研究展"的线上VR展览展出了刘海粟20世纪20年代、30年代、50年代和80年代画作精品。时代美术馆将展厅中"家的维度"展览搬到了线上,展览以裸眼VR的效果呈现,并配合人声导览。

上海久事美术馆为了让艺术教育更生动,同时也为了保留展览的记忆,采用了最先进的技术在其微信公众号上设置了虚拟展厅入口,将其展览馆中的所有展览一比一还原进行展示,同时配合导览。艺术头条App在"艺术依然在,那些因疫情延迟的艺术展览"中,推介了30场展览,涉及场馆众多,内容丰富,为线上观展做了重要的指引。博物馆、美术馆也纷纷利用自身网站、微博、微信开展宣传推广。观众可以在各机构网站、微信公众号等平台入口观看北京地区100余家博物馆、美术馆等线上展览资源[1]。

在呈现方式上,通过充分利用VR/AR技术,能够给观众一种身临其境之感,同时配以相关讲解,能够有效带动观众的情绪氛围,使之能够进入叙事空间,在一定程度上也加深了观众对作品的理解。

(二) 在线直播云逛展/视频呈现

各大博物馆、美术馆专家、讲解员、跨界嘉宾乃至一些网红人物,都通过直播或录制讲解视频的方式,进一步推动线上艺术展会的举办。微信小程序"博物官"为用户提供了500家博物馆线上内容,给很多精品画作(如《清明上河图》《千里江山图》等)配以动画和解说,作品惟妙惟肖地呈现在用户面前,解说则使用户了解画作的特点及历史价值。此外,中国国家博物馆"回归之路——新中国成立七十周年流失文物回归成果展"、浙江省博物馆"越王时代·吴越楚文物精粹展"、山西博物院"壁上乾坤——山西北朝墓葬壁画艺术展"等展览通过直播的方式,让观众边看展边听讲解,同时与主播积极互动,从而能够对历史文化有更加深入的了解与感受。其中,在中国国家博物馆"回归之路——新中国成立七十周年流失文物回归成果展"中,统计显示,直播期间先后有大约5.2万人观看直播,最高有2 200多人同时参与观看和互动,音浪过万。

2020年4月,故宫方邀请人民日报、新华社等多家新闻媒体进入闭馆期间的故宫博物院,通过抖音、快手、媒体自有平台等各渠道向广大网友发起了云游故宫的邀请,邀请广大网友在春暖花开之日共享故宫的磅礴与拓达。这是故宫首次对外直播。两天直播全网累

---

[1] 周浩,黄玉妹.以ChinaJoy为例,后疫情时代下动漫游戏类展会转型升级的思考[J].中国会展,2022(21):6.

计独立访客(unique visitor, UV)已经破千万,人民日报客户端抖音快手端直播累计观看人气值超过1 100万,新华网客户端抖音快手端直播累计人气值达3 492万人次,累计互动量达6万余条,创下云游探访类直播数据新高。

除了短视频平台外,强社区互动属性的B站也成为艺术展览方垂青的阵地,例如,木木美术馆尝试在B站试水线上直播,真人讲解互动使直播间最高观看人数(peak concurrent users, PCU)再次突破新高,拓展了更多艺术领域的受众群体。在线直播可以让受众更深入地了解展览详细信息,弥补了线下展览更注重实物观展而缺少指引和解说的缺点,既使观展更深入,又起到了宣传推广的作用。

(三) 图文形式

"图文看展"主要是在官网、微信公众号以图片和文字形式来呈现展览的大致内容,它的最大优势是最直接、最好实现,并且投入成本最低。2020年,深圳大芬美术馆发起了"疫心一艺"网络征稿并以持续更新的状态在官方微信公众号平台进行在线展览。此时美术馆的云展览成为与公众互动的平台,更像是美术馆面向公众开展的公教活动。对于美术馆而言,公众的独立创作、在线投稿、在线观看、在线转发、在线持续关注等举动,让美术馆从一座建筑变得鲜活、亲切。通过线上展览不断曝光的方式,在持续的网络互动中也增加了公众对美术馆的黏性。同样在疫情期间,深圳美术馆策划启动了"众志成城抗击疫情"馆藏作品在线专题系列展。深圳美术馆建馆44年,已累积国画、油画、版画等不同艺术门类藏品5 000余件,其中不乏潘天寿、陆俨少、李苦禅、李可染、关山月、吴冠中等大师佳作。在闭馆期间,深圳美术馆持续在官方网络平台上发布馆藏作品在线展览。对观众而言,不仅可以欣赏到难得一见的大师佳作,还可以根据线上美术馆提供的高清大图、细节图等更深入地观画[1]。

三、后疫情时代的艺术展会

(一) 加速艺术展览的数字化发展

新冠疫情期间,位于疫情风险区的展会无法如期举办,参展商难以运送展品与人员参展,参展观众不能前往参与现场展览,甚至展会达成的交易订单也会受疫情影响而导致无法发货、无法送达或迟到的结果。在后疫情时代,这种影响也同样存在。因此,这必将推动艺术展览的数字化转型。数字化会展就是以互联网为基础,结合云计算、大数据、移动互联网技术、社交社群、会展产业链中的各个实体等构建出一个数字信息集成化的展示空间,打造全方位立体化的新型展览和服务模式。

(二) 结合线上线下优势,融合办展

在疫情之下,线上艺术展览获得了前所未有的发展机会。相较于线下展会,其具备的

---

[1] 王茂琦. 互联网对美术馆运营的影响——从"线上美术馆"谈起[J]. 大众文艺,2020,484(10):260-261.

独特优势如下：一方面，线上展览可以实现多地区、长时间的连续展出，受众更多；另一方面，线上展览具有明显的成本优势，线上展览不需要租赁、制作展位，省去很多的材料、人工费用，不需要考虑场地带来的安全隐患。这些优点对于设计搭建商、行业主承办方、服务商、参展商具有较大的吸引力。但是，由于线上展览技术发展不完全成熟、观展体验性互动性不足等原因，线下艺术展览依然有其独特优势。因此，在后疫情时代，"线上+线下"融合办展会成为主流。

"线上+线下"融合办展的目的在于打破传统展会与线上展会模式之间的隔阂，令线上线下两种风格各异的展会形式形成互补。疫情给传统展会模式带来了时间与空间上的阻隔，让曾经习以为常的"特定时间+特定地点"办展模式成为展会主办方、参展方与参展观众共同的痛点。而通过"线上+线下"融合办展形式，同时打造线下实体会展空间和线上数字化会展空间，将打破会展业的物理时空限制，实现物理空间和虚拟空间的场景联通，向现有的以产品为核心的会展服务模式提出以用户为核心的会展服务模式新理念。作为实体会展的补充部分，线上会展在起到提高展览效果、减轻线下展会防疫压力作用的同时，也减轻了自身在技术与管理层面的压力。通过"线上+线下"融合办展，使线下会展高门槛高收益与线上会展低门槛低收益的特点产生有机融合。

（三）改变艺术展览的传统宣传思维

近年来，信息技术的不断发展为艺术展览提供了更高效便捷的宣传方法，新冠疫情的出现更加推动了这种变革。信息技术在会展行业的应用已经有十多年的历史。2005年国际展览联盟统计得出，有80%的参展企业和参展商会通过网络信息技术进行沟通，信息技术随着互联网的广泛应用而参与到各种会展活动中，有着更高的宣传效率与更小的宣传成本两大优势。同样，信息技术本身也在不断发展，十多年前会展业所应用的信息技术与如今的信息技术早已不能一概而论。传统的艺术类展会宣传以线下海报、线上媒体、公众号推送等方式展开，这种宣传手段有着信息传播平台固定、宣传方式被动的劣势。在后疫情时代，这样的传统宣传方式的消息流通速度已经追不上现实的变化速度。

因此，在后疫情时代，艺术展会需要改变传统的宣传思维，拥抱信息化技术，改变展会信息宣传理念，从而让展会信息传递迅速、展会通知及时下达，更高效地促使会展交易的达成，加快主办方参展商与观众之间的信息交流速度，达到面对情况变化、展会突发状况能够快速反应、及时处理的目的。

（四）夯实数字艺术展会基础设施，重视数字会展人才培养

在后疫情时代，信息技术的发展与应用以及数字化转型是艺术展会应对疫情影响的最有力武器。而信息技术的发展与维护离不开专业的人才，技术在艺术展会上的实际应用更是需要专业的数字会展人才建构与数字艺术展会相关的基础设施。

完善的信息基础设施是开展数字化应用的前提，对此要建设专业的数字化艺术展馆体系，强化会展场馆基础网络建设以及行业大数据平台和区块链技术的应用，为艺术展会数

字化转型提供良好的基础环境。此外,面对会展产业数字化的现状及趋势,各相关机构、企业也应加快对相关人才的培养,以更好适应后疫情时代艺术展会的发展需要。

媒介在数字技术的支撑下促成了艺术表现形态的迅速变化,复杂的媒介环境也对艺术展览的发展起到了很大的影响。艺术展览行业不仅在技术应用上不断创新,艺术形式也在潜移默化地发生变化。将来,虚拟现实与现代艺术展览之间的联系必将更加紧密,线上线下艺术展览联动发展,共同推动社会秩序健康有序发展。

艺术展览的发展是一项综合性项目,在充分运用数字技术的同时,也必须重视观众的艺术体验感,从观众的角度思考问题,了解观众的需求。同时,不过度使用技术,避免"技术本位"和"技术垄断"[1]。

后疫情背景下,线下展览不会完全消失,并且仍然有其存在的必要性。在疫情的特殊推动下,应该把握机会,在数字化进程的引领下让线上线下健康融合发展,把更多的艺术信息传播给社会大众,使艺术展览行业朝着更积极的方向发展。

思考题

1. 请谈谈会展人才、文化创意人才与会展文创人才有何不同。
2. 如何培育会展文创人才?
3. 会展文创中介机构有哪些?各有什么特点?
4. 试说明如何开展会展文创应急处置工作。

本章参考文献

[1] 罗洪铁.人才学学科30年建设和发展研究[M].北京:中央文献出版社,2009.
[2] 陆峰.发展数字经济,构建现代化经济体系[EB/OL]. https://zhuanlan.zhihu.com.[访问时间:2023-01-07].
[3] 李丁.上海会展专业人才开发研究[D].石河子大学硕士学位论文,2014.
[4] 萧俊明.文化转向的由来——关于当代西方文化概念、文化理论和文化研究的考察[M].北京:社会科学文献出版社,2004.
[5] 刘润.基于"3T要素"的上海市杨浦区建设创意城区的研究[D].同济大学硕士学位论文,2007.
[6] 向勇,张相林.文化创意人才现状与开发对策[J].中国人才,2008(1):59-60.

---

[1] 王思露.后疫情背景下国内艺术展览如何发展——关于艺术展传播形态研究调查报告[D].华东政法大学硕士学位论文,2021.

[7] 黎铮.文化创意产业背景下的创意人才培养研究[D].湖南师范大学硕士学位论文,2012.

[8] 姜菁.创意人才五大特质[J].管理学研究,2006,43(6):21-23.

[9] 梦君.创业风向标[EB/OL].http://jhkb.jhxww.gov.cn/html/2008-01/25/content_3445.htm.访问时间:2023-01-07.

[10] 丁向阳.2006首都经济社会发展研究与探索[M].北京:中国人口出版社,2006.

[11] 邱越.会展业与文化创意产业融合发展研究[D].四川省社会科学院硕士学位论文,2018.

[12] 张杨洋.文化创意产业人才培养模式研究[D].北京舞蹈学院硕士学位论文,2014.

[13] 张健康,黄彬.会展特色专业建设理念、实践与探索[M].杭州:浙江大学出版社,2011.

[14] 列宁.哲学笔记[M].黄楠森,译.北京:人民出版社,1974.

[15] 于书峰.如何界定"中介组织"[N].检察日报,2005-12-8.

[16] 焦斌龙.鼓励发展文化中介组织推动市场化交易[N].光明日报,2012-2-8.

[17] 刘金样.社会文化服务体系中的中介组织[N].中国社会科学报,2011-11-29.

[18] 闫平.文化中介:文化产业链的关键环节[J].理论学习,2008(6):10.

[19] 吕艺生.艺术管理学[M].上海:上海音乐出版社,2004.

[20] 刘玉珠.文化经纪人与文化产业[J].经纪人,2003(1):39.

[21] 林峰.建立发展文化产业中介组织[J].出版参考,2003(33):2.

[22] 朱静雯.现代书业企业管理学[M].2版.苏州:苏州大学出版社,2013.

[23] 胡攀.我国文化中介机构自议[J].重庆社会主义学院学报,2007(3):39-41.

[24] 丁玉霞.我国市场中介组织若干问题研究[J].河北经贸大学学报,2002(3):66-72.

[25] 刘德艳.行业协会对中国会展业发展的作用与展览研究[J].生产力研究,2005(12):183.

[26] 舒莉.会展业发展的国际经验与启示[J].湖南商学院学报,2005(5):28-30.

[27] 焦薇玲.我国会展业发展现状及对策研究[N].商业时代,2013-06-30.

[28] 周浩,黄玉妹.以ChinaJoy为例,后疫情时代下动漫游戏类展会转型升级的思考[J].中国会展,2022(21):54-59.

[29] 王茂琦.互联网对美术馆运营的影响——从"线上美术馆"谈起[J].大众文艺,2020(10):252-253.

[30] 王思露.后疫情背景下国内艺术展览如何发展——关于艺术展传播形态研究调查报告[D].华东政法大学硕士学位论文,2021.

图书在版编目(CIP)数据

会展文创理论与实务/薛可,陈晞主编. —上海：复旦大学出版社，2023.9
(博学. 文创系列)
ISBN 978-7-309-16908-9

Ⅰ.①会… Ⅱ.①薛…②陈… Ⅲ.①展览会-文化产品-产品设计 Ⅳ.①G245

中国国家版本馆 CIP 数据核字(2023)第 125188 号

会展文创理论与实务
HUIZHAN WENCHUANG LILUN YU SHIWU
薛　可　陈　晞　主编
责任编辑/李　荃

复旦大学出版社有限公司出版发行
上海市国权路 579 号　邮编：200433
网址：fupnet@fudanpress.com　　http://www.fudanpress.com
门市零售：86-21-65102580　　团体订购：86-21-65104505
出版部电话：86-21-65642845
上海崇明裕安印刷厂

开本 787×1092　1/16　印张 23　字数 515 千
2023 年 9 月第 1 版
2023 年 9 月第 1 版第 1 次印刷

ISBN 978-7-309-16908-9/G·2509
定价：69.00 元

如有印装质量问题,请向复旦大学出版社有限公司出版部调换。
版权所有　　侵权必究